《陕西通史》编纂委员会

主　　任　张岂之

副 主 任　萧正洪　黄留珠

编　　委

（按姓氏笔画排序）

　　　　　王大华　尹夏清　尹盛平　甘　晖　石兴邦　田培栋

　　　　　史红帅　吕卓民　任大援　刘东风　杜文玉　李　浩

　　　　　杨亚长　张岂之　张呈忠　张改课　张新科　陈战峰

　　　　　周伟洲　侯海英　秦　晖　黄正林　黄留珠　萧正洪

　　　　　梁星亮　雷永利

20世纪90年代版《陕西通史·隋唐卷》

主　　编　史念海

分　　撰　牛致功　马　驰　牛志平　史先智

图书代号：SK23N1845

图书在版编目（CIP）数据

陕西通史. 隋唐五代卷 / 杜文玉编著；张岂之主编；萧正洪，黄留珠执行主编. —西安：陕西师范大学出版总社有限公司，2023.10
ISBN 978-7-5695-3451-1

Ⅰ.①陕… Ⅱ.①杜… ②张… ③萧… ④黄… Ⅲ.①陕西—地方史—隋唐时代 ②陕西—地方史—五代十国时期 Ⅳ.① K294.1

中国国家版本馆 CIP 数据核字（2023）第 003710 号

陕西通史·隋唐五代卷
SHAANXI TONGSHI · SUI-TANG WUDAI JUAN

杜文玉　编著

出 版 人	刘东风
选题策划	侯海英　曹联养
责任编辑	张　姣　王　森
责任校对	王丽敏
出版发行	陕西师范大学出版总社
	（西安市长安南路 199 号　邮编 710062）
网　　址	http://www.snupg.com
印　　刷	中煤地西安地图制印有限公司
开　　本	710 mm × 1000 mm　1/16
印　　张	32.25
插　　页	6
字　　数	440 千
版　　次	2023 年 10 月第 1 版
印　　次	2023 年 10 月第 1 次印刷
书　　号	ISBN 978-7-5695-3451-1
审 图 号	GS（2020）613 号
定　　价	268.00 元

读者购书、书店添货或发现印刷装订问题，请与本社营销部联系、调换。
电话：（029）85307864　85303629　　传真：（029）85303879

主　编　张岂之
执行主编　萧正洪　黄留珠

陕西通史

隋唐五代卷

杜文玉 编著

陕西师范大学出版总社

编写说明

一 1993至1998年，陕西师范大学出版社陆续出版了14卷本《陕西通史》。该版《陕西通史》立足时代背景，突出西北地域，尤其是各个历史时期陕西地区的政治、军事、经济、文化艺术、社会生活等内容，填补了陕西无通史的空白。2001年，该套书荣获陕西省第六次哲学社会科学优秀成果一等奖。

二 在20世纪90年代版的基础上，本版特别注重体系重新建构、内容推陈出新，增补了新史料、新成果、新视角，使得陕西历史的叙述更为饱满、完善。

三 本套书分断代史9卷、专史6卷，共15卷。

四 断代史分别为《史前卷》《夏商西周卷》《秦汉卷》《魏晋南北朝卷》《隋唐五代卷》《宋金元卷》《明代卷》《清代卷》《民国卷》。

❺ 专史分别为《历史地理卷》《革命根据地卷》《民族卷》《社会经济卷》《思想文化卷》《文学艺术卷》。与20世纪90年代版相较，增设《文学艺术卷》。

❻ 本套书在地域上以现今陕西省区划为限，与邻省有关而必须写到的事将有所交代，主要活动不在陕西的陕西籍名人亦有所提及。

❼ 本套书在时间上起于更新世早期，断代史截止年代为1949年，专史不设统一截止年代，依内容实际做相应处理。

❽ 本套书纪年方法：清代以前（含清代），用历史纪年，必要时注以公元纪年，月、日亦按旧历，书写用汉字数字；《民国卷》《革命根据地卷》用公元纪年，书写用阿拉伯数字；其余各专史卷做相应处理。

❾ 地名沿用历史时期地名称谓，必要时注以今名。

❿ 历史时期使用的计量单位如里、亩等，因叙述需要沿用，必要之处注明法定计量单位。

⓫ 本套书断代史各卷前均增设了相关历史时期地图，各卷末设置大事年表。

⓬ 本套书各卷末设置索引以备查。

总序

人类的历史发展以文明的创造为主题。时至公元21世纪，我们回顾以往的历史，可以很清楚地看到这一点。从全球视野看，显而易见的是，中华民族以自己的勤劳和智慧创造了悠久且延绵不断的历史和光辉灿烂的文明，而大部处于黄河中游的陕西，于其中承载了重要的传承文明的历史使命，具有无可替代的文化意义。

就今日陕西论，这片土地并不是一个很大的空间，在国土总面积中所占不过2%。其地居于中国中部，南北较为狭长，东西并不十分开阔。秦岭山脉横亘于中部，将陕西大致分为分属于黄河流域和长江流域的两个部分：北为关中平原和沟壑纵横的黄土高原，南为秦巴山地和居于其间的汉水谷地。总体而言，陕西自然环境条件复杂，自北而南，地貌、气候类型较多且层次分明，为文明进步和文化发展提供了丰富的资源和多样的选择。至于周边地区，亦属于差异较大的环境类型：省境之东为以平原为主的河南，东南为鄂西山地，西为陇右，地接青藏高原，北则毗连内蒙古高原，而南越大巴山区可至成都平原。

这片土地，是中华民族重要的发祥地和古代文明的摇篮之一，早在一百万年以前，这里就有了远古人类活动生息的踪迹。考古发现的早期人类如蓝田人、大荔人、河套人、沙苑人，展示出中国境内北方直立猿人到晚期智人的发展脉络。西安半坡和姜寨、宝鸡等地数以百计的新石器时代遗址的发掘，则揭示了中国黄河流域原始社会的概貌，在中国多元性远古文化研究中具有典型的意义。陕北秃尾河北侧所发现的石峁遗址，属于新石器时代晚期至夏代早期遗存，被誉为"中国文明的前夜"，是中国早期文明发展历程中极其重要的一环。

进入有文字符号和早期城市的文明时期以后，陕西较早地成为古代中国政治、经济、文化的中心，在中国历史上占有重要的地位。从公元前11世纪西周建立，经过秦汉，直到隋唐，前后千余年，陕西作为中国古代13个王朝（不包括2个农民起义政权）国都的所在地，对中华民族的形成和中国古代文明的建设与传播均产生过巨大影响。概而言之，西周之时华夏族的发展壮大和礼乐文明构建，秦统一六国，融各地区多元文化为一体，奠定古代中国多民族统一国家政治、经济和军事的格局，汉唐高度发展的物质文明和精神文明，中华民族凝聚核心——汉族的正式形成和发展，特别是体现中华民族对不同文化的包容性的丝绸之路与中外文化交流，如此等等，大多是以当时国都所在的陕西为中心和基点的。至于古代陕西盛极一时的农业和手工业，众多的科技发明，亦对中国古代经济与文化的发展起了极为重要的作用。源远流长的陕西古代文化，成为中华优秀传统文化重要的组成部分。

古代陕西，堪称人杰地灵，有推动历史前进的明君贤相，有运筹帷幄、决胜千里的谋臣名将，有技艺卓绝、极富创新精神的大国工匠，有引领一时风骚又风流千古的文学、史学大家，有忧国忧民、视死如归的仁人志士。洎乎近代，陕西又成为中国革命的重要策源地之一。1911年辛亥革命首义后，首先响应并光复的即是陕西。在艰苦的抗日战争和新中国诞生的过程中，以毛泽东为首的中国共产党中央，正是在延安十三年里，团结和带领全国各族人民，打败了日本侵略者，并为建立新中国制定了宏伟蓝图。回顾历史，无数的风流人物，为伟大的中华民族文明的发展做出了巨大贡献，其立德、立功、立言，足为民族之宝，自当永垂青史而为后人所景仰、所传承。

多年以前，我曾经提出，关于古代中国的文明与文化，似可有一个基于哲学思想的论断，大致可用"守正、兼和、日新"六字加以概括。于陕西历史论，所谓"守正"，是说，在中国历史上起过非常重要的作用的传统政治理论如"正统""天下"之论，经常是以陕西特别是长安为基点进行系统解读的，而中国古代的礼法制度与礼乐文明，也多在陕西制定并推向全国，进而成为文化体系的制度性基础。在这个意义上说，陕西的历史，体现了中华民族对精神家园与文明根本的坚守，尽管它具有特定的时代性。所谓"兼和"，是说，历史上以长安为核心的文化体系所体现出的兼容并包，其对历史上中国不同地区多元文化的整合与吸收，无论就内涵还是形式论，皆表现得极为显著与典型。我以为，中华民族文明与文化发展历程的重要特点之一，是基于理解与包容的和不同文明与文化的融合。陕西的历史发展，是这一特点的一个明证。至于"日新"，则是说，历史上以长安为中心的陕西，所展现的民族进取心、与时俱进的变革精神以及制度性创设，都表现出传承与创新的密切联系。

本通史正是为阐明上述主旨而作。早在1989年，陕西师范大学出版社在出版《陕西五千年》一书的基础上，发起编纂多卷本《陕西通史》，当时由郭琦、史念海和我共同主持。其编委会会集多方贤能，成员有张勃兴、郭琦、史念海、张岂之、孙达人、石兴邦、斯维至、赵炳章、周伟洲、李振民、房成祥、秦晖、周天游、黄留珠、王大华、任大援、邵宏谟、韩敏、田培栋、李峰、朱永庚、韦建培、张军孝、高经纬。同人共襄盛举，不惮劳烦，其情其景，迄今仍历历在目。由此奠定了《陕西通史》的根基，更是本版的源头所依，在此致以深切的谢意。

然至今已三十年矣，旧作实有修订之必要。惟郭、史二位先生已然作古，我自当承此重任。所幸的是，陕西学界新人辈出，大家慷慨踊跃，我亦因此备受鼓舞。现在，各卷撰写工作已基本告成，其规模与学术境界似远超旧作。至于具体各卷的安排，出版社另有编写说明，于此不再赘述。不过有一点我仍想特别提及，即各卷作者在写作中，对陕西的历史与文化灌注了极为深厚的家乡情感。细究起来，本通史各卷的作者，本土人士当然居多，然其中亦不乏异乡之客而久居于此者。惟各卷作者将陕西视为民族文明与文化发展的重要根本之地，而本通史之写作关乎中华文明与文化的解释与传承，其体大而事重，故超越地域之大爱之情，溢于笔端。读者若能同心共情，则不难于阅读之中产生共鸣。若此，则我亦感幸甚。值此套书出版之际，草此数言，以为总序。

张岂之

2021 年 5 月 1 日

目录

Contents

绪论 /001

第一章　兴起于关中的隋朝 /009

第一节　隋朝的建立及其条件 /011
一、杨氏家族与关陇集团 /011
二、杨坚建隋的社会条件 /015
三、隋朝统一全国的条件 /017

第二节　大兴城与广通渠 /019
一、兴建大兴城 /019
二、开凿广通渠 /022

第二章　隋朝的灭亡 /023

第一节　宫廷斗争与繁重的徭役 /025
一、残酷的宫廷斗争 /025
二、开凿运河与三征高丽 /026

第二节　隋朝的灭亡 /030
一、隋末农民战争的爆发 /030
二、隋朝灭亡的原因 /032

第三章　唐朝建都长安 /035

第一节　攻取关中与建都长安 /037
一、太原起兵与攻取长安 /037
二、唐朝的正式建立 /041

第二节　长安在唐朝初期的地位 /043
一、唐初长安的地位 /043
二、统一战争的指挥中心 /045

第三节　突厥对长安威胁的解除 /048
一、唐朝对付突厥的策略 /048
二、唐朝对突厥政策的变化 /050
三、突厥威胁的解除 /053

第四章　长安与贞观之治 /055

第一节　玄武门之变与拱卫长安的府兵 /057
一、玄武门之变 /057
二、十六卫与十率府 /061
三、拱卫长安的府兵 /063

第二节　各族友好交往的中心——长安 /065
一、天可汗地位的确定 /065
二、文成公主入藏 /068
三、民族迁徙与融合 /071
四、唐初在长安的蕃将 /072

第三节　贞观时期的政治 /073
一、陕籍将相 /073
二、兼听则明 /081
三、贞观法制 /084
四、贞观之治的形成 /086

第四节　巍巍昭陵 /088
一、宏伟的昭陵 /088

二、陪陵的制度 /091

第五章 武则天迁都洛阳与中宗还京 /095

第一节 武则天东迁 /097
一、武则天出生于长安 /097
二、武则天临朝称制 /098
三、武则天迁都洛阳 /099

第二节 中宗复辟与还都长安 /103
一、中宗还都长安 /103
二、武则天葬于乾陵 /104

第三节 动荡的中宗、睿宗时期 /107
一、韦氏专权 /107
二、唐隆政变 /111
三、铲除太平公主集团 /114

第六章 开元之治与繁荣的长安 /119

第一节 稳定的政局 /121
一、任用贤能 /121
二、革新政治 /123
三、稳定政局 /125

第二节 繁荣的经济 /128
一、发展生产 /128
二、禁奢节用 /131
三、改革漕运 /132
四、繁荣的长安 /135

第七章 安史之乱与唐室播迁 /143

第一节 潼关失守与长安陷落 /145
一、天宝末年的危机 /145
二、"渔阳鼙鼓动地来" /147

三、潼关失守与长安陷落 /149
第二节　马嵬驿事变 /152
　　一、马嵬之变 /152
　　二、玄宗奔蜀 /155
　　三、肃宗即位 /158
第三节　唐军克复长安 /161
　　一、借兵回纥 /161
　　二、克复长安 /164
　　三、玄宗回銮 /165
　　四、平定安史 /168

第八章　吐蕃、回纥对长安的进犯 /171
第一节　长安陷落和代宗东狩 /173
　　一、唐蕃和战关系 /173
　　二、长安陷落与代宗东狩 /175
　　三、郭子仪收复长安 /176
第二节　唐纥泾阳会盟与共却吐蕃 /179
　　一、唐与回纥的关系 /179
　　二、回纥、吐蕃入寇 /180
　　三、泾阳会盟、共抗吐蕃 /183

第九章　藩镇割据与泾原兵变 /185
第一节　泾原兵变始末 /187
　　一、藩镇割据的形成 /187
　　二、泾原兵变的原因 /190
　　三、德宗避难奉天 /193
　　四、李怀光反叛 /195
第二节　李晟收复长安 /199
　　一、光泰门之战 /199
　　二、德宗重返长安 /202

第十章　宦官专权与朋党之争 /205

第一节　宦官专权局面的形成 /207
一、宦官干政始于玄宗 /207
二、内侍省与内诸司使 /211
三、宦官掌控禁军兵权 /218
四、激烈的朋党斗争 /222

第二节　在长安的朋党斗争 /225
一、早期的斗争 /225
二、甘露之变始末 /229
三、斗争的尾声 /234
四、宦官的历史作用 /241

第十一章　元和中兴之成就 /247

第一节　宪宗定策长安 /249
一、削藩策略的制定 /249
二、辉煌的削藩成就 /254

第二节　元和之治与宪宗暴死 /258
一、元和之治的成就 /258
二、短暂的安定局面 /261
三、法门寺迎奉佛骨 /264
四、宪宗暴死之谜 /269

第十二章　唐朝后期的长安 /277

第一节　穆宗、敬宗的短暂统治 /279
一、穆宗时的乱局 /279
二、敬宗的荒唐生活 /285

第二节　文宗、武宗的统治情况 /289
一、文宗其人其事 /289
二、武宗与会昌灭佛 /294

第三节　宣宗以来的长安 /303
　　一、"小太宗"李忱 /303
　　二、荒淫的唐懿宗 /311
　　三、僖宗时期的混乱政局 /318

第十三章　黄巢政权在长安 /325
　第一节　政权的建立 /327
　　一、攻占长安 /327
　　二、政权的建立 /329
　第二节　黄巢坐困长安与撤离关中 /333
　　一、官军围攻长安 /333
　　二、黄巢撤离关中 /337

第十四章　藩镇在关辅的混战与破坏 /341
　第一节　关辅大乱与昭宗东迁 /343
　　一、三帅犯阙 /343
　　二、天子东迁 /350
　第二节　长安城的被毁 /353
　　一、战火对长安的破坏 /353
　　二、韩建缩建长安城 /358

第十五章　五代十国时期的陕西 /361
　第一节　西北重镇长安与秦岐政权 /363
　　一、西北重镇长安 /363
　　二、秦岐政权始末 /365
　　三、割据陕西的其他势力 /367
　第二节　灾难深重的三秦大地 /372
　　一、战火连绵的陕西 /372
　　二、温韬盗掘唐陵 /379
　第三节　党项拓跋（李）氏、折氏的崛起 /381
　　一、党项在陕北的分布 /381

二、夏州政权的创建 /384

　　三、折氏家族的崛起 /387

第十六章　陕西文化的若干侧面 /391

　第一节　礼乐文明的中心 /393

　　一、《大唐开元礼》/393

　　二、雅乐与燕乐 /394

　　三、坐部伎与立部伎 /398

　　四、梨园与梨园弟子 /400

　第二节　宗教文明的中心 /402

　　一、佛教中心长安 /402

　　二、道教中心长安 /406

　　三、三夷教、伊斯兰教在长安 /409

　第三节　科技文明 /416

　　一、雕版印刷术的发明 /416

　　二、天文历算的成就 /417

　　三、孙思邈与唐代医学 /419

　第四节　史学、儒学、教育与文学 /421

　　一、长安的史学成就 /421

　　二、长安的儒学成就 /423

　　三、长安的教育机构 /424

　　四、繁荣的陕西文学 /425

　第五节　典礼与游艺 /430

　　一、三朝朝会 /430

　　二、宫廷游艺 /433

　　三、长安在丝绸之路上的地位 /440

　第六节　陕西境内的文化遗址 /447

　　一、陵墓遗存 /447

　　二、石刻与建筑遗存 /449

三、宗教遗存 /450

结语 /453

参考文献 /457

大事年表 /461

索引 /477

后记 /483

Contents

Introduction /001

Chapter 1
Rising of the Sui Dynasty in the Guanzhong Plains /009

Section 1　Establishment of the Sui Dynasty and Its Conditions /011
　　　　　1. Yang's Family and the Guanlong Group /011
　　　　　2. The Social Conditions of the Establishment of the Sui Dynasty by Yang Jian /015
　　　　　3. The Conditions for the National Unification of the Sui Dynasty /017
Section 2　The Daxing City and the Guangtong Canal /019
　　　　　1. The Construction of the Daxing City /019
　　　　　2. The Digging of the Guangtong Canal /022

Chapter 2
The Fall of the Sui Dynasty /023

Section 1　Court Struggles and Heavy Servitude /025
　　　　　1. The Cruel Court Struggles /025
　　　　　2. The Canal Digging and Subjugation of Koryo for Three Times /026

Section 2　Fall of the Sui Dynasty /030
      1. The Outbreak of Peasant Wars in the Late Sui Dynasty /030
      2. The Reasons for the Fall of the Sui Dynasty /032

Chapter 3
Establishment of the Tang Dynasty with Chang'an as the Capital /035

Section 1　Attacking on Guanzhong and Choosing the Chang'an City as the Capital /037
      1. The Initiation of Army in Taiyuan and Seizing the Chang'an City /037
      2. The Formal Establishment of the Tang Dynasty /041
Section 2　The Position of Chang'an in the Early Tang Dynasty /043
      1. The Status of Chang'an in the Early Tang Dynasty /043
      2. The Commanding Center of Unification Wars /045
Section 3　The Release of Threat from the Turks to Chang'an /048
      1. The Tang's Tactics against the Turks /048
      2. The Changing Policy towards Turks in the Tang Dynasty /050
      3. The Release of Turkic Threat /053

Chapter 4
Chang'an in the Times of Peace and Prosperity of Zhenguan /055

Section 1　The Incident of Xuanwu Gate and the Imperial Soldiers Protecting Chang'an /057
      1. The Incident of Xuanwu Gate /057
      2. The Military Organizations of Sixteen Wei and Ten Shuai Fu /061
      3. The Imperial Soldiers Surrounding and Protecting Chang'an /063
Section 2　Chang'an—the Center of Friendly Exchanges among Various Peoples /065
      1. The Determination of the Status of the Tian Khan /065
      2. Princess Wen Cheng Entering Tibet /068
      3. The Migration and Integration of Various Peoples /071
      4. The Generals from the Ethnic Groups in Chang'an of the Early Tang Dynasty /072
Section 3　Politics in the Zhenguan Period /073
      1. The Generals of Shaanxi Province /073
      2. The Wise Emperor Listening to Both Sides /081
      3. The Legal System in the Zhenguan Period /084
      4. The Formation of the Times of Peace and Prosperity of Zhenguan /086

Section 4　The Towering Zhaoling Mausoleum　/088
　　　　1. The Magnificent Zhaoling Mausoleum　/088
　　　　2. The System of Tombs Escorted the Imperial Mausoleum　/091

Chapter 5
Empress Wu Zetian's Relocation of Capital to Luoyang and Emperor Zhongzong's Returning　/095

Section 1　Empress Wu Zetian Moving Eastward　/097
　　　　1. Born in Chang'an　/097
　　　　2. Holding the Imperial Power　/098
　　　　3. Moving to the Eastern Capital Luoyang　/099
Section 2　The Restoration of Emperor Zhongzong and Returning to Chang'an　/103
　　　　1. Returning to Chang'an　/103
　　　　2. Empress Wu Zetian Buried in Qianling Mausoleum　/104
Section 3　The Turbulent Period of Emperor Zhongzong and Ruizong　/107
　　　　1. The Monopoly of Queen Wei　/107
　　　　2. The Coup in the First Year of Tanglong　/111
　　　　3. The Eradication of Princess Taiping's Group　/114

Chapter 6
Chang'an in the Times of Peace and Prosperity of Kaiyuan　/119

Section 1　The Stable Political Situation　/121
　　　　1. Appointing the Talents　/121
　　　　2. Innovating the Politics　/123
　　　　3. Stabilizing the Political Situations　/125
Section 2　The Prosperous Economy　/128
　　　　1. The Development of Production　/128
　　　　2. The Prohibition of Extravagance and Waste　/131
　　　　3. The Reforms in Canal Transport　/132
　　　　4. The Prosperous Chang'an　/135

Chapter 7
An-Shi Rebellion and the Imperial Family's Transferring　/143

Section 1　The Fall of Tongguan Pass and the Chang'an City　/145
　　　　1. Crisis in the Late Tianbao Period　/145

　　　　2. "The Turbulent Rebellion from Yuyang" /147

　　　　3. The Fall of Tongguan Pass and the Chang'an City /149

Section 2　The Incident in the Courier Station of Mawei /152

　　　　1. The Mutiny in Mawei /152

　　　　2. Emperor Xuanzong Running to Sichuan /155

　　　　3. Emperor Suzong's Accession to the Throne /158

Section 3　Tang's Forces Conquering Chang'an /161

　　　　1. Borrowing Troops from Huihe Tribe /161

　　　　2. Conquering Chang'an /164

　　　　3. Regaining Power by Emperor Xuanzong /165

　　　　4. Pacifying the An-Shi Rebellion /168

Chapter 8
The Invasion of Tubo and Huihe Tribes /171

Section 1　The Fall of Chang'an and Emperor Daizong's Hunting to the East /173

　　　　1. The Changing Relations between the Tang and Tubo /173

　　　　2. The Fall of Chang'an and Emperor Daizong's Hunting to the East /175

　　　　3. General Guo Ziyi Recovering Chang'an /176

Section 2　The Tang and Huihe's Alliance in Jingyang against Tubo /179

　　　　1. The Relations between the Tang and Huihe Tribe /179

　　　　2. Huihe and Tubo's Invasion /180

　　　　3. Forming Alliance in Jingyang against Tubo /183

Chapter 9
The Local Regimes Led by Military Satraps and the Mutiny in Jingyuan /185

Section 1　The Beginning and Ending of the Mutiny in Jingyuan /187

　　　　1. Formation of the Situation of Local Regimes Led by Military Satraps /187

　　　　2. The Reasons for the Mutiny in Jingyuan /190

　　　　3. Emperor Dezong Taking Refuge in Fengtian /193

　　　　4. Li Huaiguang's Rebellion /195

Section 2　Li Sheng's Recovery of Chang'an /199

　　　　1. The Battle of Guangtai Gate /199

　　　　2. Emperor Dezong Returning to Chang'an /202

Chapter 10
The Eunuchs Dictatorship and Cliques' Conflicts /205

Section 1   Formation of the Authoritarian Situation of Eunuchs /207
    1. Eunuchs' Political Career Starting in the Period of Emperor Xuanzong /207
    2. The Palace Domestic Service and Palace Commissioners /211
    3. Eunuchs Controlling the Imperial Protecting Troops /218
    4. Intense Cliques' Conflicts /222

Section 2   The Cliques' Conflicts in Chang'an /225
    1. The Early Conflicts /225
    2. Beginning and Ending of the Sweet Dew Incident /229
    3. The End of the Conflicts /234
    4. The Historical Role of Eunuchs /241

Chapter 11
Tang's Reviving in the Years of Yuanhe /247

Section 1   The Strategy Determined by Emperor Xianzong in Chang'an /249
    1. The Strategy of Cutting Down the Military Satraps /249
    2. Glorious Achievements in Cutting Down the Military Satraps /254

Section 2   The Times of Peace and Prosperity of Yuanhe and the Sudden Death of Emperor Xianzong /258
    1. Achievements in the Times of Peace and Prosperity of Yuanhe /258
    2. Short-term Stability /261
    3. Welcoming and Serving the Buddha Relics in the Famen Temple /264
    4. The Mystery of Emperor Xianzong's Sudden Death /269

Chapter 12
Chang'an in the Late Tang Dynasty /277

Section 1   The Short Rules of Emperor Muzong and Jingzong /279
    1. The Chaos in the Period of Emperor Muzong /279
    2. The Absurd Life of Emperor Jingzong /285

Section 2   The Governance of Emperor Wenzong and Wuzong /289
    1. Emperor Wenzong /289
    2. Emperor Wuzong and the Extermination of Buddha in the Years of

     Huichang /294

Section 3 Chang'an Since Emperor Xuanzong /303

    1. Li Chen —"the Junior Emperor Taizong" /303

    2. The Dissipated Emperor Yizong /311

    3. The Chaotic Political Situation in the Period of Emperor Xizong /318

Chapter 13
The Regime Led by Huang Chao in Chang'an /325

Section 1 The Establishment of the Regime /327

    1. The Conquest of Chang'an /327

    2. The Establishment of the Regime /329

Section 2 Huang Chao Getting Trapped and Evacuating from Chang'an /333

    1. Chang'an Besieged by the Imperial Troops /333

    2. The Evacuation of Huang Chao from the Guanzhong Plains /337

Chapter 14
Scuffle and Destruction of the Central Shaanxi Areas /341

Section 1 The Great Chaos in the Central Shaanxi Areas and the Eastward Transferring of Emperor Zhaozong /343

    1. Three Generals Offending the Imperial Court /343

    2. The Eastward Transferring of the Emperor /350

Section 2 The Destruction of the Chang'an City /353

    1. Chang'an Damaged by the War /353

    2. Official Han Jian's Downsizing Reconstruction of the Chang'an City /358

Chapter 15
Shaanxi in the Period of the Five Dynasties /361

Section 1 Chang'an as the Northwestern Strategic City and the Qinqi Regime /363

    1. Chang'an as the Northwestern Strategic City /363

    2. The Origin and End of Qinqi Regime /365

    3. Other Forces and Regimes Separating Shaanxi /367

Section 2 The Disastrous Land of Shaanxi /372

    1. Shaanxi with Endless Wars /372

    2. Wen Tao Excavating and Robbing the Tang Mausoleums /379

Section 3　The Rise of Dangxiang Families of Tuoba(Li) and Sheshi /381
    1. The Distribution of Dangxiang Tribes in Northern Shaanxi /381
    2. The Establishment of Xiazhou Regime /384
    3. The Rise of Sheshi Family /387

Chapter 16
Some Aspects of the Shaanxi Culture /391

Section 1　Center of Ritual and Music Civilization /393
    1. *Rites of Kaiyuan of the Great Tang* /393
    2. Ritual Music and Feast Music /394
    3. Sitting and Standing Music Performers in the Palace Banquet /398
    4. Liyuan (the Palace Theater) and its Operatic Disciples /400

Section 2　Center of Religious Civilization /402
    1. Chang'an as the Buddhist Center /402
    2. Chang'an as the Taoist Center /406
    3. Islam and the Three Western Religions in Chang'an /409

Section 3　Scientific and Technological Civilization /416
    1. The Invention of Woodblock Printing /416
    2. Achievements in Astronomy and Calendars /417
    3. Sun Simiao and Medicine in the Tang Dynasty /419

Section 4　History, Confucianism, Education and Literature /421
    1. Achievements in History in Chang'an /421
    2. Achievements in Confucianism in Chang'an /423
    3. The Educational Institutions in Chang'an /424
    4. Flourishing Literature in Shaanxi /425

Section 5　Ceremony and Recreation /430
    1. Three Kinds of Palace Meetings /430
    2. Palace Recreations /433
    3. Chang'an's Position on the Silk Road /440

Section 6　The Cultural Relics in Shaanxi Province /447
    1. The Mausoleum Relics /447
    2. The Stone Carvings and Architectural Remains /449
    3. The Religious Relics /450

Conclusion /453

References /457

Chronology /461

Index /477

Epilogue /483

插图目录

Illustration Catalog

图 1-1　隋文帝像 /011

图 1-2　隋大兴城平面图 /021

图 2-1　隋炀帝像 /027

图 3-1　晋阳古城遗址 /038

图 3-2　唐高祖像 /043

图 3-3　李卫公问对 /054

图 4-1　唐太宗像 /060

图 4-2　唐代列队骑兵俑 /062

图 4-3　隋唐时期甲胄图 /064

图 4-4　客使图 /067

图 4-5　客使图 /067

图 4-6　《步辇图》/069

图 4-7　青海塔尔寺松赞干布与文成公主塑像 /070

图 4-8　高昌故城遗址 /081

图 4-9　魏徵像 /081

图 4-10　魏徵墓 /083

图 4-11　昭陵远景 /088

图 4-12　新修昭陵祭祀广场 /090

图 4-13　李勣墓 /092

图 4-14　唐太宗"昭陵六骏"之白蹄乌石刻 /093

图 4-15　唐太宗"昭陵六骏"之什伐赤石刻 /093

图 5-1　武则天像 /099

图 5-2　唐睿宗像 /114

图 6-1　唐玄宗像 /121

图 6-2　大明宫丹凤门遗址保护展示工程图 /135

图 6-3　唐长安城图 /136

图 7-1　杨贵妃墓 /154

图 7-2　唐李昭道《明皇幸蜀图》/157

图 7-3　唐肃宗像 /159

图 9-1　唐德宗像 /189

图 10-1　朱全忠像 /238

图 11-1　唐宪宗像 /249

图 11-2　法门寺出土的佛指影骨 /266

图 12-1　唐宣宗像 /303

图 12-2　唐懿宗像 /312

图 14-1　唐昭宗像 /344

图 14-2　韩建改建后的长安新城图 /359

图 15-1　后唐庄宗李存勖像 /363

图 15-2　李茂贞墓室 /365

图 15-3　后周太祖郭威像 /375

图 16-1　西安唐李寿墓奏乐宫女壁画 /395

图 16-2　日本正仓院藏唐代琵琶 /397

图 16-3　西安唐苏思勖墓壁画乐舞图 /399

图 16-4　玄奘雕像 /403

图 16-5　西安荐福寺小雁塔 /404

图 16-6　法门寺 /405

图 16-7　楼观台老子像 /408

图 16-8　大秦景教流行中国碑 /410

图 16-9　陕西周至大秦寺塔 /411

图 16-10　波斯波利亚的袄教最高神阿胡拉·马兹达雕像 /412

图 16-11　史君墓石椁南侧的袄教祭司与火坛图 /413

图 16-12　敦煌文书中的《摩尼教经》/414

图 16-13　西安化觉巷清真大寺（始建于唐天宝元年）/415

图 16-14　唐咸通九年印刷的《金刚经》/417

图 16-15　唐代天文学家僧一行塑像 /418

图 16-16　《旧唐书》记载的《大衍历》/418

图 16-17　唐代医学家孙思邈像 /421

图 16-18　唐孙思邈著《千金要方》与《千金翼方》/421

图 16-19　李白像 /426

图 16-20　杜甫像 /426

图 16-21　白居易像 /427

图 16-22　唐大明宫舍元殿复原图 /430

图 16-23　宣政殿东廊复原图 /433

图 16-24　新疆吐鲁番唐墓出土的下围棋的仕女绢画 /434

图 16-25　新疆出土的唐代螺钿木双陆棋盘 /435

图 16-26　唐章怀太子墓壁画《打马球图》局部 /437

图 16-27　关中唐墓出土的彩绘骆驼俑 /440

图 16-28　唐骑驼乐舞三彩胡人俑 /445

图 16-29　陕西出土的唐代都管七国人物画六瓣银盒 /446

图 16-30　大雁塔 /450

图 16-31　唐兴教寺塔 /450

图 16-32　长安兴教寺 /451

图 16-33　西安青龙寺空海碑 /451

绪 论

在陕西悠久而辉煌的历史中，隋唐时期无疑是最为辉煌的一个历史阶段，五代时发生大转型，由全国的政治、经济、文化中心逐渐转变为西北区域中心。

被日本学者誉为"世界帝国"的隋唐王朝，在政治、经济、文化、军事等方面都创造出了辉煌的成就，走在了世界的前列，尤其是隋唐帝国的首都长安，更是东西方各国各族之人向往的胜地，是著名的世界级大都市。隋唐长安城面积84.1平方公里，是汉长安城的2.4倍、明清北京城的1.4倍；同时也是当时世界上规模最大的城市，是同时期东罗马帝国的都城君士坦丁堡的7倍，也是公元800年所建的巴格达城的6.2倍。位于长安城北龙首原上的三大宫城之一的大明宫，是我国历史上规模最大、最为宏伟的一处宫殿群，其面积是今北京故宫的5倍。据《唐六典》记载，当时来长安与唐通使的国家与地区多达300个，西域各国入居长安者近万家。不少外国人在长安长期居住，或供职于唐王朝，或在长安从事商业活动。再加上在城中居住的百姓、官员、军队、宫廷人员等，全城人口应在百万以上。可以毫不夸张地说，隋唐时期的长安城是一座地地道道的国际化大都会。

隋唐时期创立的制度文明对后世影响颇大，主要表现在如下方面：

其一，创立了以三省六部为核心的职官制度。三省六部制是隋朝在继承前代制度的基础上确立的，唐朝进一步完善这一制度，对后世产生了极大的影响。隋唐职官制度的特点很多，体现了我国古代高度发展的制度文明，主要表现在如下方面：（1）把事务性机构与政务性机构分开了，以三省六部为政务性系统，九寺、五监等为事务性系统。（2）把政府机构与为皇室服务的机构分开了，两者并行，相互配合，却又互不干扰。（3）体现了权力相互制约的特点。三省中的中书省为出令机关，门下省为审议机关，尚书省为执行机构，三者相互制约，使权力不能集中于一家之手，即使皇帝的旨意也要经过门下省审议；事务性与政务性机构的分立，体现的也是相互制约的制度安排。（4）谏官系统的完善，体现的是对皇帝权力与意志的限制。为了保证谏官畅所欲言，不以言治罪是这一制度顺利实施的最有力的保障,以保证言路的通畅。(5)限制宰相权力的制度安排。秦汉时期的宰相只有一人,是所谓个人开府制;隋唐时期的宰相是一个群体,三省长官皆宰相,其权力体现在政事堂会议对军国大事的决策上。后来三省长官退出宰相行列,但唐朝宰相的数量仍然保持为数人,这样就大大地降低了个人专权的可能性。

其二,建立了完善的考课与监察制度。就前者而言,首先是制定详尽的考课标准。其次,设立负责考课的专门机构与官员,即考功司与各级官府中的专职官员。再次,严格考课程序,程序不严格就会使这一制度流于形式。最后,严格把控好考课等级,在唐朝前期很少有官员能获得中上以上等级,后期虽然有所放松,但还不至于泛滥。这一套制度的实施,很好地发挥了奖勤罚懒、激励官员勤奋办事的作用。监察制度则起到了对官员们严密监察的作用,防止懒政和贪腐的发生。隋唐两朝均以御史台为国家最高监察机构,下设三院御史,把从中央到地方的各级官员都纳入监察的范围之内。这一制度的特点是:(1)实行垂直的监察体制,御史台不仅可以监察中央的任何官员,包括宰相在内,也可以对地方各级官员直接进行监察,而不必知会当地长官,以排除干扰。(2)监察机构对皇帝负责而不是对宰相负责,这样可以排除宰相对监察工作的干扰。(3)把监察工作贯穿于日常政务工作中去,而不是出了问题再去查处。(4)被弹劾的官员停职待罪的规定,这样是为了避免有问题的官员利用职权干扰办案工作。(5)对监察机构官员的监察,这是唐制的一大突出特点,规定尚书左右丞负责对御史台官员的监察,这样就把所有的官员都纳入监察范围之内,不留任何监察死角。

其三,健全了法律体系。唐朝的法律由四部分组成,即律、令、格、式。《唐六典》解释说"律以正刑定罪",即律为断案定罪的依据,因此居于各种法律文书之首。"令以设范立制",也就是说令是大唐帝国制度的总汇,包括官制、礼制、田制、学制、选举、兵制、赋役等制度的相关规定。"格以禁违正邪",

格共分二十四篇，以尚书省二十四司为篇目，编录当时的制敕，作为各曹司的办事法则，是尚书省各部门职掌的详细规定。我国一些学者认为格是国家的行政法规，是规定国家各级行政机构职能的行政法典，甚至认为格在某种程度上具有刑事特别法或行政特别法的性质，其效力往往大于律。"式以轨物程事"，式共分三十三篇，以尚书省二十四司再加上秘书省、太常、司农、光禄、太仆、太府、少府及监门、宿卫、计帐等为篇目，是对各官府行政事务的具体规定。日本学者仁井田升认为式是为了施行法律而制定的细则，对律、令而言具有从属性关系。有的教科书则认为唐式是国家机关的公文程式和行政活动细则，具有行政法规性质，令、格以至律中有关行政管理的法律规定的实施，无不是通过式来完成的，所以唐式是以行政法为主，间有军事法、民事法、诉讼法规范的综合法律形式。由此可见，唐朝的法律体系是十分完善的，日本学者认为唐朝是高度法制化的国家，并认为律、令是源于中国古代较高层次的文明，因此把这一时期的中国称为律令国家，其律、令较之以往，作为完成度极高的法典，具有超时代的普遍性。因此，唐朝的律、令不仅对后世各朝产生了极大的影响，并且对东亚各国也产生了深远的影响。同时，唐律被视为古代东方法系的代表，与罗马法被视为西方法系的代表一样，是具有世界意义的人类文明结晶。

其四，隋唐时期的赋役制度对后世影响甚大。隋唐时期实行租庸调制，它是与均田制相适应的。随着土地兼并问题的严重，均田制遭到破坏，在唐德宗建中元年（780）改行两税法。两税法与租庸调制不同，后者是以人丁为征税对象，而前者则是以资产即土地为征税对象，占地多者多征，少者少征，它既适应地主土地所有制的发展，又是一种相对公平的税制，对农业生产的发展有一定的积极意义。两税法对后世产生了巨大的影响，五代、两宋时期也实行两税法，明清时期的税制虽然不叫两税法，但其征税原则与两税法相同，也都是以土地为征税的主要依据。因此，可以说两税法的颁行具有划时代的意义。

其五，创立了科举制。随着门阀制度的终结，与此相适应的九品中正制也结束了其历史使命。为了适应新时代选拔人才的需要，隋朝创立了科举制度，唐朝则进一步完善这一制度，使其逐渐发展成为选拔政府官员的主要途径，影响后世最为深远。不仅对中国后世有着巨大的影响，同时也对西方国家产生过重要的影响，西方学者普遍认为其文官制度就是学习和借鉴中国的科举制度而来的。因此，科举制的创立也是具有划时代意义的，是中国古代文明对人类社会的贡献之一。

此外，隋唐时期尤其是唐代实行对外开放、对内宽松的社会政策，使得这一时期的中国充满了生机，呈现出一派欣欣向荣的崭新气象。对外开放不仅表现在中外频繁的外交往来上，在政治上也是如此，因此在这一历史时期有大批外国及各民族之人在中国做官，担任各种官职，不少人甚至统率军队，充任皇帝的宿卫。至于在中国留学、参加科举考试，并且获得官职的外国人也为数不少，这一切都充分地体现了当时政治上高度开放的政策。

同时，唐朝还推行兼容并蓄的文化政策，吸收大量的外来文化因素，比如乐舞、杂技、绘画、宗教、医学、数学、天文、建筑以及其他各种科学技术，经过消化吸收，与中国固有的文化融合，极大地丰富了中国文化的内涵。与此同时，大量的中国文化及科学技术纷纷传到域外，比如造纸术、印刷术以及一些生产技术等，为世界文化的发展与进步做出了很大的贡献。在这一时期，大量的外来物品包括一些动物、植物也纷纷流入中国，极大地丰富了中国的物种，有利于中国社会经济与生活的发展。

在对外开放的同时，这一时期的社会环境也比较宽松，人们对各种政治问题可以畅所欲言，甚至可以批评皇帝，当然这一切都是有条件的，比如在武则天时期社会环境就比较严峻，实行了酷吏政治。总的来看，唐朝基本不存在以言获罪的情况，没有文字狱，文人们可以自由地创作，允许其对社会问题、政治问题自由地表达意见，而不用担心受到政治迫害。有唐一代创造了灿烂的文化，对后世乃至于对世界都产生了很大的影响，取得如此成就的一个重要原因，就是社会宽松，没有禁忌，从而使各种文学体裁、文学流派都得到了充分的发展。

上述这些成就的取得，都与长安有着密切的关系，除隋唐时期各种政策的制定都出自长安以外，长安城本身也是当时的政治、经济、文化中心，许多事情就发生在长安城内，代表了这一时期政治、经济、文化发展的最高水平。换句话说，没有政治中心长安制定与坚持的开放政策，这一切成就都无从谈起。此外，隋唐时期这种开放的新气象，长安乃至于整个陕西地区都是独领风骚，在许多方面走在了全国的前面。

隋唐两朝统治集团的核心是所谓关陇胡汉贵族军事集团（简称"关陇集团"），今关中地区之所以能在隋唐时期取得辉煌成就，则是基于西魏、北周以来的关陇集团长期奉行的"关中本位政策"。陈寅恪先生指出：宇文泰以"关中本位政策"创建霸业，"隋唐因之，遂混一中国，为极盛之世"。由此可知，贯彻"关中本位政策"乃关陇集团的最基本的特征，亦是隋唐时期今陕西之所以能居于全国政治、文化及经济中心地位的重要原因。这个军事政治集团以关中为根据地，完成了国家统一大业。

为了巩固关中地区，保证这一地区的物资供给，隋唐两朝的统治者十分关注漕运建设。隋文帝即位之初，就诏令西起蒲（今山西永济西蒲州）、陕（今河南三门峡市陕州区东北），东至卫（今河南浚县西南）、汴（今河南开封）等十三州募丁运米，以供给京师粮食。又在京城设太仓，华州（今陕西华阴东北）置广通仓，陕州置常平仓，洛州（今河南洛阳）置河阳仓（在今河南孟州南），卫州置黎阳仓（在今河南浚县西南），从而通过漕运"转相灌注"，达到将"关东及汾、晋之粟"，"以给京师"的最终目的。后来关中大旱，文帝曾发广通仓储粟三百多万石，赈济灾民。特别有意义的是，隋文帝命大臣宇文恺组织民众开凿广通渠，此渠避免了渭水船运经常搁浅的弊端，使"转运通利，关内赖之"。后来此渠又与隋炀帝时开凿的贯通南北的大运河连接起来，不仅解决了南粮北运、东粮西调的问题，而且还大大改善了交通条件，加强了长安与全国各地的联系，使关中的政治中心地位更加巩固。

由于当政的关陇集团制定并坚持推行"关中本位政策"，所以隋唐前期的今陕西地区呈现出政治安定、经济繁荣、文化先进、人口稠密的兴旺发达景象。学界通常认为，自武则天始，改变了关中本位政策，其将统治中心移到了洛阳，并且大力排挤关陇集团中人。然而这仅仅是一个短暂的插曲，从总体上看，对关中政治与文化中心地位的影响不大，在唐玄宗统治时期仍然取得了开元盛世的辉煌成就。

安史之乱以后，唐朝的统治开始走下坡路，但是关中作为政治中心的地位仍然维持不变，时间达一百几十年之久，其间还出现了"元和中兴""会昌之政"的盛况。之所以仍然能够维持关中地区的政治中心地位，主要是基于以下几个方面的原因。一是唐朝面对吐蕃的军事威胁，实行"防秋"制度，从全国各地调集诸镇兵力到关中西北，形成了强有力的军事防线，多次挫败其军事进攻，保证了关中地区社会的稳定。二是完善漕运体系，从江南八道持续不断地大批调运粮食及其他物资，保证了关中地区军民所需要的粮食与物资供给。三是唐朝中央组建了强大的禁军——神策军，其最多时二十多万人，通常也保持十几万人的规模，装备优良，战斗力强，是唐后期中央政府所依赖的重要军事力量。四是全国的大多数藩镇还是服从中央命令的，长期割据的仅为河朔型藩镇。五是中外经济、文化交流持续进行，社会开放的国策并未发生改变，因此唐朝的文化发展仍然保持着活力，最具代表性的诗歌与传奇继续涌现出了一大批优秀的作者和作品，就是一个很好的证明。

不可否认的是，唐后期在朝廷中的确出现了宦官专权、朋党之争，也出现过藩镇叛乱，但是这一切并非持续地发生，改变不了上述的这些情况。唐朝的真正衰亡是从黄巢起义开始的，其不仅严重破坏了唐朝的经济重心所在地江淮地区的生产，还打乱了唐朝的统治秩序。在镇压黄巢军的过程中，各地的藩镇势力打破了原来的平衡状态，使得一些军事集团势力极度膨胀起来，如朱全忠集团、李克用集团等，最终导致了唐朝的灭亡。

五代十国时期由于政治中心的东移，这一时期长安的地位已大不如前，沦为地区性的一方重镇，但是仍不失为西北地区的军政中心。随着党项民族在陕北的崛起，并在宋代建立了西夏政权，为了对付西夏，陕西五路的军事、政治地位再度重要起来了，这些都是后话了。

第一章　兴起于关中的隋朝

大定元年(581)二月,外戚杨坚取代了北周的统治,建立了大隋王朝。又经过数年的励精图治,在开皇九年(589)灭南方的陈朝,终于统一了全国,结束了长达数百年的分裂割据局面。隋朝以关中为统治中心,兴建大兴城(唐长安城),开凿广通渠,推行各种改革措施,巩固了其在全国的统治地位。

第一节　隋朝的建立及其条件

一、杨氏家族与关陇集团

建立隋朝的隋文帝杨坚（见图 1-1），祖籍弘农郡华阴（今陕西华阴东南），是汉朝名臣杨震的后裔，其具体世系情况如下：杨震的八世孙杨铉，在十六国时的燕国任北平太守；杨铉之子杨元寿，在北魏任武川镇（今内蒙古武川西南）司马，自此其家族便迁至武川；杨元寿之子为杨惠嘏，任太原太守；杨惠嘏生杨烈，任平原（今山东德州市陵城区）太守；杨烈生杨祯，为宁远将军；杨祯生杨忠，在北周位至柱国大将军；杨忠生杨坚，在北周末年任左大丞相、都督中外诸军事。

由此可见杨氏家族不仅是名门之后，而且在十六国北朝时期世代高官，是一个颇有势力的大家族。其实杨氏家族的发迹与杨元寿任职于武川有着直接的关系，这是其家族能够成为关陇集团成员的关键一步。不过杨元寿的地位不高，在六镇中还算不上举足轻重的人物。杨元寿之子杨惠嘏，惠嘏之子杨烈，均官居太守，使得其家族地位有所提升，但是到了杨祯时，仅有一个宁远将军的虚号，说明其家族地位是起伏不定的。真正使杨氏家族在关陇集团中占有重要的地位是杨忠，其先后追随尔朱度律、独孤信、宇文泰等人，南征北战，

图 1-1　隋文帝像

屡立战功，历任统军、刺史、大都督、开府仪同三司，封爵陈留（今河南开封）郡公。西魏末年，赐姓普六茹氏。杨忠在西魏、北周时期多次统率大军出征，战功显赫，官至太傅，为八柱国之一，封随国公，死后赠太保，遂使杨氏成为关陇集团中的核心人物之一。

西魏大统七年（541）六月，杨坚生于冯翊（今陕西大荔）般若寺。由于体弱被一位刘氏尼姑收养，一直在尼寺中长到14岁才回到家中，因此杨坚受佛教思想影响很大。由于其父功大，杨坚14岁这一年被授予京兆（今陕西西安）功曹之职；15岁授散骑常侍、车骑大将军、仪同三司，封成纪县公；16岁迁骠骑大将军，加开府。自此，杨坚的官职越升越高，位至十二大将军、八柱国之一，成为北周政权中举足轻重的人物。周宣帝即位后，因杨坚之女为其皇后，皇帝每巡幸辄命杨坚留守京师。杨坚多次劝谏宣帝用法平和，宣帝不听，加之杨坚威望日高，因此宣帝对其十分忌惮。宣帝曾数次对皇后杨丽华说："必族灭尔家。"① 杨坚深知不为皇帝所容，所以深居简出，避免刺激宣帝，招来祸患。大象二年（580）五月，宣帝命其为扬州总管，杨坚知宣帝已患有重病，借口有足疾请求缓行。不数日，宣帝病死，其子年仅数岁即位，是为周静帝。由于静帝年幼，不能理政，于是杨坚的同党郑译、刘昉等以其为皇后之父，矫诏引杨坚入宫辅政。杨坚遂利用这个机会，铲除北周宗室诸王，又派兵镇压忠于北周皇室的相州总管尉迟迥、郧州总管司马消难、益州总管王谦等人的起兵反抗。大定元年二月，以禅让的方式取代了北周的统治，去掉"随"字的走之旁，以"隋"为国号，杨坚即隋文帝。

关陇集团肇始于北魏六镇中的武川镇。北魏初年，建都平城（今山西大同东北），为了拱卫首都，防止北方游牧民族柔然的进攻，在平城以北设置六个军事据点，即所谓六镇。六镇的军事将领，大都是鲜卑贵族，士兵也大都是拓跋族的氏族成员，还有些中原的高门子弟。由于六镇军事地位重要，颇受皇帝的重视。

魏孝文帝迁都洛阳后，由于鲜卑族封建化的进程迅速加深，阶级分化日益

---

① 魏徵、令狐德棻：《隋书》卷一《高祖纪上》，中华书局1973年版，第3页。

明显，少数贵族逐步与汉族地主阶级合流，而广大人民则日益贫困，社会地位大大降低。内迁的鲜卑人如此，留在塞上的鲜卑人还不如他们。由于平城失去了都城的地位，六镇的军事作用有所降低，再加上鲜卑贵族受汉族的影响，逐步轻武重文，六镇的军官、士兵也不像过去那样受到重视。魏文成帝（452—465年在位）以后，政府常把一些罪犯送去戍边。把六镇军民与罪犯同样看待，说明六镇军民的政治地位远非昔日了。随着政治地位的降低，六镇军民在经济上也陷于贫困状态。六镇军事力量的衰弱，给柔然的进攻提供了机会，战争也就日益频繁。这种恶性循环，迫使六镇军民举行起义。

面对这样的情况，北魏政府反过来联合柔然共同镇压了六镇起义，又把其军民二十多万迁到定州（今河北定州）、冀州（今河北衡水市冀州区）、瀛州（今河北河间）等地安置。在迁徙过程中，军民们忍受着途中的饥饿困苦，到了河北，又频遭水旱之灾，迫使他们走投无路，于是，又爆发了河北的起义。起义军虽遭镇压，却沉重地打击了北魏统治者。在这些被迁徙的军民中，有个名叫宇文泰的军官，就是后来关陇集团的创始人。

宇文泰是武川镇军官宇文肱之子。六镇起义时，宇文肱投降北魏政府，被迁到河北，在博陵郡（今河北安平）参加了六镇之一的怀朔镇（今内蒙古固阳西南）士兵鲜于修礼领导的起义军，在一次和政府军作战时兵败身亡。宇文泰在鲜于修礼的部将葛荣军中，葛荣失败后，他投降了北魏权臣尔朱荣。公元524年，关陇一带又爆发人民起义，尔朱荣派其部将原武川镇军官贺拔岳和侯莫陈悦、宇文泰率军入关，镇压关陇一带的起义军。在取得镇压起义军的胜利后，贺拔岳威声大振。北魏丞相高欢担心贺拔岳难以驾驭，遂唆使侯莫陈悦诱杀贺拔岳。贺拔岳死后，宇文泰继统其众，打败了侯莫陈悦，吞并其余众，成为关陇一带最有实力的军事首领。

北魏永熙三年（534）七月，魏孝武帝不甘做高欢手中的傀儡，西走长安。孝武帝入关后，又成了宇文泰手中的傀儡。宇文泰与孝武帝之间的矛盾日益激化。不久，宇文泰毒杀孝武帝，另立魏文帝，建立西魏。宇文泰成为西魏的实际执政者。

当时，宇文泰才二十七八岁。他能够统率贺拔岳的部众，掌握西魏军政大权，也不是偶然的。因为贺拔岳部众的骨干力量，是武川镇的军民，而宇文泰是贺拔岳的得力助手，也是这个集团的核心分子。所以，当贺拔岳死后，他就很自然地成了这个集团的首领。

公元556年，宇文泰病死。第二年，宇文泰之子宇文觉取代西魏，建立北周。北周在经济、政治、军事、文化等各方面都进行了改革，使国家逐步富强，最后统一北齐，为隋统一全国奠定了基础。

从西魏建立到隋统一全国，是关陇集团形成并获得发展的重要阶段。关陇集团是以强大的武装力量为基础的。这支武装力量，除了贺拔岳入关时所带的武川镇的基本队伍，还有收编侯莫陈悦的部队以及魏孝武帝由洛阳到长安时随行的人马。后来，由于对东魏作战的需要，又大量吸收汉人以补充扩大其队伍，并任命汉人中有名望者作为首领。对这些军队，宇文泰按照鲜卑原有的部落组织，设八柱国、十二大将军，分别统领。八柱国中除宇文泰是最高统帅外，西魏宗室广陵王元欣只有柱国大将军的虚名，并不实际统率军队。真正统率军队的是其他六个柱国大将军，即赵贵、李虎、李弼、于谨、独孤信、侯莫陈崇。每个柱国大将军下有两个大将军，每个大将军领兵四千人。这支不足五万人的军队，就是最早的府兵。府兵的队伍不断扩大，到北周灭齐时拥有近二十万人，到隋统一时就发展到五十余万人了。

当时，与西魏并存的还有东魏与南朝的萧梁。从人力、物力方面说，梁与东魏都占优势。宇文泰要取得全国的统治权力，必须加强自己的力量。于是，除了从军事方面采取措施，还尽力扩大统治集团的范围，团结关陇地区与河东（今山西永济）地区的世家大族，以便共同对付东魏与萧梁。在这方面，宇文泰采取了两项积极措施。其一，极力掩盖民族差别，缓和民族矛盾。在他的军队中，有六镇鲜卑人、鲜卑化的汉人，还有关陇地区新参加进来的汉人，显然存在着民族差异。于是，他除了在组织形式上采用鲜卑原来的部落制，还对关陇的汉人将领都赐以鲜卑姓氏，其所统士卒也以将领的姓氏为姓氏，使人们无法从姓氏上识别民族的不同。其二，削弱统治集团内部的地域观念。自魏晋以来，因为门阀势力的发展，士族的地域观念甚强，往往以自己的郡望相标榜，以致唯我独尊、歧视他人。针对这些情况，宇文泰把一些汉化的鲜卑人的河南郡望改为京兆郡望，还对西迁汉族将领中的山东郡望与京兆郡望一视同仁。这样一来，大大减小了因地域观念而产生的郡望之间的矛盾，促使不同的贵族势力形成一种新的力量。关陇集团就是这样形成的。另外，还有少数汉人的中下层人士与东汉以来进入关中的少数民族上层分子，因军功卓著而进入关陇集团。建立隋朝的杨坚，就是关陇集团的重要成员。

二、杨坚建隋的社会条件

杨坚与北周宇文氏虽然同属于关陇集团，但从民族成分看，杨坚的支持者却与宇文家族完全不同，前者的支持者为汉人，后者却是鲜卑人。众所周知，宇文泰改革府兵制度，建立二十四军，其基础是六镇（主要是武川镇）鲜卑军人。但是这支军队人数有限，宇文泰随贺拔岳入关后，其军队大约由三部分组成：一是贺拔岳旧部；二是击败侯莫陈悦后归附的军队，主要是李弼的旧部，这两部分军队主要成分大都是鲜卑人；三是沙苑（今陕西大荔南）之战后自动归来的河东民兵。这些军队总计数万人。要依靠这么一点军队与东魏、北齐对抗显然是不够的，于是宇文泰"广募关陇豪右，以增军旅"[1]。以后他又推行均田制，逐渐走兵农合一的道路，将均田制下的农民编入军籍，史称"募百姓充之，除其县籍。是后夏人半为兵矣"[2]。周武帝时又规定"六户中等以上，家有三丁者，选材力一人"[3]为兵。这样就使北周军队的成分由原来的以鲜卑人为主逐渐变为以汉人为主了。因此，杨坚掌握北周大权时，其所依靠的军队与宇文泰时期已是大大的不同了。

军队的构成是如此，兵权也同样由鲜卑军人转移到汉人手中。宇文泰设八柱国大将军以统军队，同时为了提高柱国大将军的地位，又让他们担任六官，实际上等于取消了他们的兵权，而使兵权掌握在地位稍低的十二大将军、二十四开府手中。扩大府兵征召范围后，由地方豪强担任各级将领，这样就使

---

[1] 令狐德棻等：《周书》卷二《文帝纪下》，中华书局1971年版，第28页。
[2] 《隋书》卷二四《食货志》，第680页。
[3] 王应麟：《玉海》卷一三八《兵制》引《邺侯家传》，江苏古籍出版社1987年版，第2569页。

军队的骨干由鲜卑人变为汉人了。在周武帝以前,鲜卑贵族分统各军,兵权不直隶于君主。为了加强皇权,周武帝于建德三年(574)十二月,"改诸军军士并为侍官"①,也就是改变了府兵的部属观念,使其直隶于君主,也就是使府兵成为天子的禁卫军。府兵成分的改变,军队观念的转变,鲜卑贵族兵权的削弱,这一切都为杨坚取代北周提供了可能性。

杨坚取代北周还有一个有利条件,宣政元年(578),雄才大略的周武帝死了。周武帝虽然并不猜忌杨坚,但其明察秋毫的洞察力和对军政大权的牢牢把控,使他人无机可乘,也不敢有非分之想。周武帝死后,其子宇文赟即位,是为周宣帝。此人胸无大志,奢侈无度,且十分残暴。史载:其"摈斥近臣,多所猜忌。又吝于财,略无赐与。恐群臣规谏,不得行己之志,常遣左右密伺察之,动止所为,莫不钞录,小有乖违,辄加其罪。自公卿已下,皆被楚挞,其间诛戮黜免者,不可胜言。每笞捶人,皆以百二十为度,名曰天杖。宫人内职亦如之。后妃嫔御,虽被宠嬖,亦多被杖背。于是内外恐惧,人不自安,皆求苟免,莫有固志,重足累息,以逮于终"②。他的庸政搞得内外离心,统治阶层内部矛盾异常激化。人们不满于宇文氏的统治,希望改朝换代,这就为杨坚代周创造了十分有利的时机。

周宣帝当政不到两年,就死去了。其子周静帝宇文衍年仅数岁,不能控制局面,只好由其外祖父杨坚辅政。杨坚利用这个时机,大力扩张权势,最终推翻了北周政权。国无长君,是杨坚得以成功的又一有利条件。

杨坚在北周备受猜忌,内史王轨就多次在周武帝面前说:"普六茹坚貌有反相。"③杨坚对此十分清楚,因而他早就注意培植自己的亲信,组织了一个与宇文家族相对抗的集团。据史书记载,这个集团主要骨干有高颎、郑译、李穆、李浑、韦孝宽、宇文忻、王谊、柳裘、卢贲等。这些人或为智谋之士,或为地方实力派,或为贵族高门,但多与宇文家族有很深的矛盾。如高颎,他的父亲高宾背齐归周,被大司马独孤信引为亲信,赐姓独孤氏。独孤信被杀后,他全

---

① 《周书》卷五《武帝纪上》,第86页。
② 《周书》卷七《宣帝纪》,第125—126页。
③ 《隋书》卷一《高祖纪上》,第2页。

家被迁往巴蜀之地，与宇文氏仇恨很深。杨坚执政后，高颎被引入府中，他曾对杨坚表示："愿受驱驰。纵令公事不成，颎亦不辞灭族。"①可见其态度之坚决。这些人有的早就投靠杨坚，有的是杨坚辅政时网罗进来的，他们是与宇文氏相对立的政治势力，是杨坚篡周建隋依靠的基本力量。正因为杨坚具有这些有利的社会条件，遂使其改朝换代的谋图得以顺利实现。

三、隋朝统一全国的条件

早在隋朝建立之前，北朝就已经基本具备统一全国的条件，主要表现在北朝的经济、政治、军事等三个方面均远远胜于南朝。隋文帝建立隋朝后，又进一步地采取了许多改良措施，如：减轻人民徭役，统一货币、度量衡，简化地方机构，压缩州郡，减轻部分农商税，通过大索貌阅，把豪族庇荫下的户口括归政府，使得社会经济进一步发展，极大地增强了中央政府的经济实力。在国力进一步充实后，再向南方用兵，当然有把握取得胜利。②在这些条件中，最主要的是经济实力的增强。隋经济实力的增强，固然有许多原因，但最主要的是国家财政收入的增长。促成这种增长的主要因素则是政府控制下的户口的增长，即通过所谓"大索貌阅"来搜括户口，经过搜括使隋王朝直接控制的北方户口，由隋朝建立之初的四百五十万户，增加到六百多万户，这对增强隋王朝的经济实力起到了关键作用。因为隋朝初年社会经济固然有所增长，但国家财力增加如此之快，却与政府控制户口数量大幅增加有着直接的关系。因为政府征税的对象是人丁，丁口多则税源广，这个道理是不言而喻的。有了强大的经济基础，再加上隋文帝采取的减轻赋税徭役的措施，使农民得以正常维持生产，这就进一步促进了社会经济的更快发展。

政治上的优势主要是指隋文帝采取措施以削弱山东士族势力。隋王朝推行大索貌阅，主要就是在山东地区进行的，将士族豪强荫庇下的民户变为国家的编户齐民，极大地削弱了他们的经济实力。开皇三年（583），改州、郡、县三级为州、县两级制，不仅改变了"或地无百里，数县并置，或户不满千，二郡

---

① 《隋书》卷四一《高颎传》，第1179页。
② 杨志玖：《隋文帝凭什么条件统一中国》，载《历史教学》1954年第6期，第50页。

分领""民少官多，十羊九牧"的情况①，同时也罢去了一部分豪宗大族所担任的地方长官的职务。同年的另一项措施是：废除地方长官辟署制，即改变任命当地人士担任地方僚佐的制度，地方佐官改由朝廷吏部任命。自汉代以来，地方长官有辟置佐官之权，在此之前其任命者多为当地豪强大族，地方大权实际上控制在这些人手中。隋文帝此举从制度上消除了地方豪强大族控制地方政权的特权，有利于加强中央集权，使中央之政令更加通畅，能较好地得到贯彻执行。这些措施的推行都程度不同地限制了山东士族的势力，有利于山东地区的社会稳定。至于军事力量，北朝本来就强于南朝，问题在于如何正确地指挥和使用这些力量，战略战术应用得当，则获胜迅速，否则就迟缓。政治的稳定和经济上的保障，是使用军事力量的基础。

也有人认为隋文帝废除九品中正制，宣布以"志行修谨""清平干济"两科举人，为科举制的产生奠定了基础。这一措施打击了门阀士族，加强了中央集权。②其实隋文帝加强中央集权的措施很多，都或多或少或直接或间接地为统一全国创造了条件，但这些都不是主要方面。最重要的还是经济实力的增加和政治上的稳定，当然军事实力也是必备的条件。

隋文帝在做好统一全国的各种准备之后，遂开始了统一全国的行动。当时全国一分为三，除了北方的隋朝，还有以建康（今江苏南京）为都的陈朝和以江陵（今湖北荆州）为都的萧梁，不过最主要的障碍是陈朝，梁朝此时依附于隋朝，加之其实力有限，并不能构成统一的主要障碍。开皇七年（587）八月，隋文帝召梁主入朝，然后派兵进入江陵，顺利地灭亡了梁国。灭梁之后，隋文帝大造战舰，屯积粮草，积极做好进攻陈朝的准备。开皇八年（588）十月，文帝命晋王杨广、秦王杨俊、勋臣杨素皆为行军元帅，分十路进军，"凡总管九十，兵五十一万八千，皆受晋王节度。东接沧海，西拒巴、蜀，旌旗舟楫，横亘数千里"③。又以左仆射高颎为晋王元帅长史，右仆射王韶为司马，军中大

---

① 《隋书》卷四六《杨尚希传》，第1253页。
② 胡如雷：《隋文帝评价》，载《社会科学战线》1979年第2期，第151页。
③ 司马光编著：《资治通鉴》卷一七六，陈长城公祯明二年十月，中华书局1956年版，第5498页。

事实际上由此二人掌之。隋军水陆并进，声势浩大，一路上势如破竹，陈军非逃即降，次年正月，隋军很快就攻到建康城下。在这种情况下，陈主陈叔宝还自以为"王气在此"，不做任何准备，每日饮酒、赋诗、奏乐。当隋军进抵建康城下之时，他又慌恐不知所措。陈朝老将任忠见大势已去，率先投降隋军，引导隋军进入建康朱雀门。陈主急忙躲入景阳殿后井中，被隋军俘获。至此，隋文帝完成了统一全国的大业，结束了数百年分裂割据的局面。

第二节 大兴城与广通渠

一、兴建大兴城

自从汉高祖刘邦建都长安后，汉长安城一直是历代建都于关中的王朝都城，包括东汉献帝，西晋惠帝、愍帝及前赵、前秦、后秦、西魏、北周等，都先后在长安建都。所以这一时期长安地位的特点是：建都次数多，但每次建都时间短，其中前秦建都时间最长，也才三十五年，除了西晋惠帝、愍帝两次临时建都，其余都不是全国性的都城。由于历朝建都时间短，加之当时社会动荡，经济衰退，所以这些朝代的统治者对汉长安城均没有进行大的改建或迁移。

杨坚建立隋朝后，于开皇二年（582）六月，下诏命高颎、刘龙等人在龙首原之南另建新都，取名大兴城，由宇文恺具体规划。

那么，杨坚为什么要另建新城？汉长安城为什么不适宜做隋朝的首都呢？

首先，自汉建都长安以来已近八百年之久，屡经战乱，残破不堪，而且规模较小，不适于新的统一局面。所以，郑樵说：杨坚以汉长安城"年代既久，凋弊实多，又制度狭小，不称皇居"①，故于龙首原之南另建新都。其次，由于汉长安城北临渭水，渭水不断南移，侵削河岸，随时有发生水灾的可能，同时也限制了城市进一步发展的空间。杨坚曾梦见洪水淹没长安，故决定迁都。后来有术士解释说，洪水就是李渊，这显然是附会。如果说洪水淹没长安城是指李渊灭隋，那么仅仅迁都怎么能挡得住呢？还有一个重要原因，即长安城人口众多，古代又不可能有科学的排水设施，导致大量污水渗入地下，致使地下水

---

① 郑樵：《通志》卷四一《都邑略》，中华书局1987年版，第556页。

逐渐变质，"水皆咸卤"，不宜饮用。这些原因，促使杨坚考虑必须另选新址建都。

新都城的地址选在龙首原之南，依托龙首原的地形，从北向南展开。具体负责此项工程的是宇文恺，他先到洛阳和邺都参观，吸收北魏洛阳城和东魏、北齐邺都的优点，并利用龙首原和六条高阜的自然特点，进行了精心的设计。这六条高阜是龙首原之南的六条冈阜，当时称之为"六坡"，呈东西横亘状。宇文恺用《易经》中的八卦理论对这种自然条件进行了解释，将它们视为乾之六爻，具体安排了各种建筑物的位置，《唐会要》玄都观条记载："故于九二置宫阙，以当帝之居；九三立百司，以应君子之数；九五贵位，不欲常人居之，故置玄都观、兴善寺以镇之。"这样的安排实际上是为了掌握全城的制高点，使宫室、百司廨署占据高地。经过宇文恺这样的设计后，长安城高坡上的建筑物更加突出，增加了长安城建设中的立体效果。

大兴城的布局分三部分：北部中间为宫城，是皇帝居住的宫殿区；宫城以南的皇城，是政府机关的所在地；最外层是外郭城，是市民的居住区。从开皇二年六月到次年的三月，共九个月的时间，除了外郭城的城垣尚未建成，其他部分大都完成。隋炀帝于大业九年（613）又征发十万人修筑大兴城，可能就是继续完成外郭城的修建任务，直到唐高宗永徽五年（654）才最后筑完外郭城，前后历时七十二年，可见工程量之浩大。

新建的大兴城规模很大，根据考古工作者实测，东西宽9721米，南北长8651.7米，周长36745.4米，全城面积84.1平方公里，是明代留下来的西安城的9.7倍，亦是当时世界上最大的都城。由于隋大兴城的整个地势呈东南高、西北低的地形走向，宇文恺在建造大兴城时，对这里进行了别具匠心的设计，有意识地将这里开辟为"曲江"风景区。关于宇文恺在城东南开曲江池的原因，《雍录·唐曲江》中解释为："宇文恺以其地在京城东南隅，地高不便，故阙此地，不为居人坊巷，而凿之为池"。其实这只是表面的原因，唐人郑注说："秦中有灾，宜兴工役以禳之。"①据此来推测，隋初宇文恺在城东南隅开凿曲江池显然也是

---

① 刘昫等：《旧唐书》卷一六九《郑注传》，中华书局1975年版，第4400页。

出于"厌胜"的目的来设计的。也就是说,大兴城东南高、西北低,风水倾向东南,皇宫、太极宫设在北部中侧,在地势上总也无法压住东南,应该采取"厌胜"的方法进行破除,如把曲江所在的凹陷挖成深池,并隔于城外,圈占成皇家禁苑,成为帝王的游乐之地,这样就可以永保隋朝的王者之气不受威胁。(见图1-2)

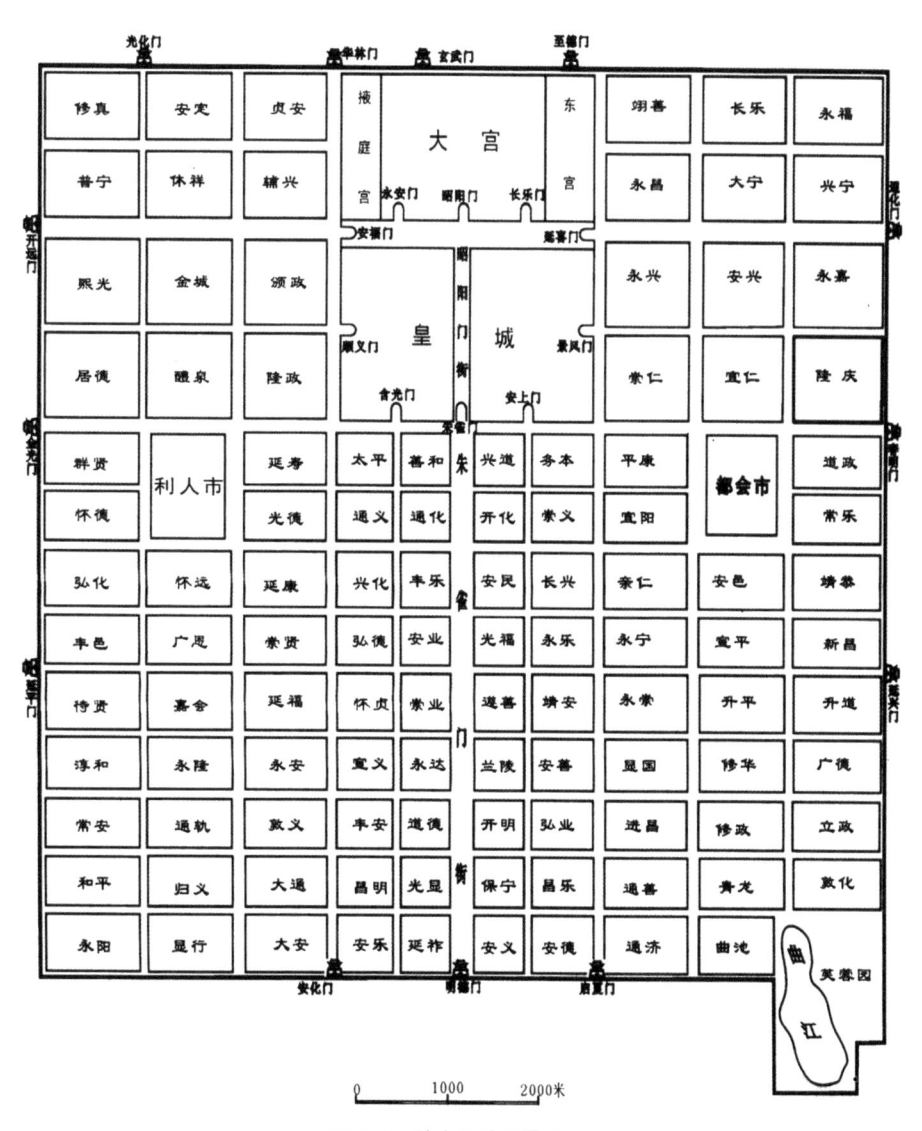

图1-2　隋大兴城平面图

(引自朱士光、吴宏岐主编:《古都西安·西安的历史变迁与发展》图7-1,西安出版社2003年版,第257页)

为了解决城内用水问题，又开凿了龙首渠、永安渠、清明渠，分别把浐水、交水、潏水引入城内，不仅使城内用水有源，而且也为都城面貌增色不少。

大兴城初步建成后，隋文帝杨坚遂于开皇三年三月迁入新都。[①] 从此这座著名的大都市作为隋唐两朝的首都存在了三百多年的时间，在中国乃至世界的历史上占有十分重要的地位。

二、开凿广通渠

关中土地肥沃，物产富饶，自古以来被称为"陆海""天府之国"。但是由于关中地域有限，长期建都，使得人口迅速增长，都城对粮食的需求不能完全从关中得到满足，势必要从关东各地调运，以接济京师。

开皇三年，杨坚感到京师仓库空虚，为了防备水旱灾害，遂下诏从蒲、陕、虢（今河南灵宝）、熊（今河南宜阳）、伊（今河南嵩县）、洛、郑（今河南郑州）、怀（今河南沁阳）、邵（今山西垣曲）、卫、汴、许（今河南许昌）、汝（今河南汝州）等十三州，招募运米丁。这十三州都在黄河中下游。当时，江南还是陈朝的势力范围，黄河中下游是北方的富庶地区，从这里调运粮食最为方便。为了集中转运粮食的需要，又在卫州、洛州、陕州、华州境内分别置黎阳仓、河阳仓、常平仓、广通仓。同时，还允许能从洛阳运米四十石通过三门峡到常平仓者，免其征戍。为了供应都城的粮食，这样的计划和措施是相当缜密的。

从黄河中下游向大兴城运粮，陆路运量小，耗费巨大；水路则要通过三门峡，困难也很大。关中的水道主要是渭河，其水量大小无常，水浅沙深，行船不易，而且弯弯曲曲，路程较远。为了解决这种困难，隋文帝于开皇四年（584）下诏，命宇文恺负责开凿广通渠，自大兴城东引渭水到潼关（今陕西潼关），长300余里，大大方便了漕运。这条漕渠后来改称富民渠，对缓和关中粮食的紧张情况发挥了重要作用，在经济上巩固了大兴城在全国的地位，方便了交通，也有利于对全国各地的控制。

---

① 《资治通鉴》卷一七五，陈长城公至德元年三月，第5461页。

第二章　隋朝的灭亡

隋王朝的统治仅仅维持了三十八年时间，其历史与同样统一的大秦帝国颇为相似。其迅速灭亡的原因何在，是否与秦王朝一样？有哪些历史教训？这些都是需要认真研究和总结的。

第一节　宫廷斗争与繁重的徭役

一、残酷的宫廷斗争

隋文帝建立隋朝的当年，就册立其长子杨勇为太子。史载："时皇太子勇颇知时政，上欲重宫官之望，多令大臣领其职。"① 又载：杨勇被"立为皇太子，军国政事及尚书奏死罪已下，皆令勇参决之"②。可见杨勇还是颇有政治才干的，也得到了文帝的高度信任。最初杨勇也不负其父之望，对军国重事多所谏疏，大都得到了文帝的采纳。杨勇还颇通诗赋，为人宽厚，性格直率，言行不加掩饰，但其性好奢侈，引起了文帝的不悦。每到冬至，百官照例赴东宫朝贺太子，杨勇坦然受之。有人报告文帝说，太子虽为储君，但仍是臣子，不应称朝贺。文帝性本猜忌，于是下诏废除东宫之贺，并对杨勇逐渐产生了不满。杨勇还有一个明显的缺点，即多内宠，其妃元氏为文帝与其母独孤氏为其所娶，但杨勇不喜，倍加冷落，却对昭训云氏宠爱有加。不久元氏因病逝世，独孤氏颇疑为他人所害，秘密遣人伺察，以求获得证据。

晋王杨广为文帝次子，是杨勇的亲弟弟，此人野心很大，当他发现其兄地位不稳后，遂与一些朝臣结交，谋夺嫡位。他见杨勇因生活奢侈和好色而失宠，于是伪装节俭，不近女色，以博取其母的好感。他还结交重臣杨素，指使其向独孤氏极言晋王大孝，可承大业。因为文帝与独孤氏皆尊崇佛教，杨广遂拜天台宗智者大师为师并受戒，取名总持。杨广还指使段达以财货结好东宫幸臣姬妾，套取杨勇消息，再转告杨素，令其向皇帝与皇后汇报。"于是内外喧谤，过失日闻。"③ 这一切都促使文帝下决心要废去杨勇太子之位，但群臣中有不少人反对废黜储君，纷纷劝阻，文帝不听。他下令将杨勇及其诸子禁锢起来，命杨素审讯。杨素搜集了东宫服玩之物，作为其生活奢侈的证据，又以东宫有马千匹，作为谋逆的证据。杨勇并不服罪。这时，太史令进言曰：臣观天文，太子当废。

---

① 《隋书》卷四六《苏孝慈传》，第1259页。
② 《隋书》卷四五《文四子传》，第1229页。
③ 《隋书》卷四五《文四子传》，第1233页。

这样群臣中的反对者也都不敢再谏。开皇二十年（600）十月，正式宣布废去杨勇太子之位，又诛杀了一批所谓太子私党。另立晋王杨广为太子。

晋王杨广是一个聪慧之人，史书说他"美姿仪，少敏慧"①，深为其父母所宠爱。他还好学不倦，诗、文皆写得不错。其实杨广好奢侈，喜女色，但是为了夺取太子之位，就把这一切都伪装起来。文帝幸其第，见乐器上尘土甚厚，以为其不好声妓。有时外出遇雨，左右呈上油衣，他却说：士卒皆无此，我岂能独自穿此。这一切都为他博得了仁孝的好名声。客观地看，杨广在统一全国的事业中，是做出了不小的贡献，他作为统帅指挥了灭陈战争。夺取建康时，他下令封府库，资财一无所取，天下称贤。后来，他又充任扬州大总管，坐镇江淮，为隋朝巩固新征服地区的统治做出了贡献。

隋文帝晚年身体欠佳，每年夏天都要到仁寿宫（在今陕西麟游）避暑，每到此时，均命太子杨广监国。仁寿四年（604）七月，文帝病情加剧，杨素与兵部尚书柳述、黄门侍郎元岩等人入仁寿宫侍疾，而太子居于大宝殿，为了加强联络，只能以传递手书的办法进行。有一次宫人误将杨广的手书传到了文帝手中，文帝大怒。接着，又发生了太子无礼于宫中嫔妃之事，也被文帝知悉。于是文帝下令废太子杨勇入宫晋见，杨广与杨素商议后，调动东宫军队守卫宫廷，严禁他人出入。然后"令右庶子张衡入寝殿侍疾，尽遣后宫出就别室；俄而上崩。故中外颇有异论"②，即怀疑杨广指使张衡害死了文帝。

于是杨广顺利地即皇帝位，并派人赴长安，矫诏赐废太子杨勇死，杨广即隋炀帝（见图2-1）。

二、开凿运河与三征高丽

隋炀帝好大喜功，自即位以来，不断地大兴土木，进行了一系列规模很大的工程。

首先，营建东都洛阳城与西苑。大业元年（605），命杨素负责此项工程，规模很大，与长安城一样，新建的洛阳城也分为宫城、皇城与外郭城。又在洛

---

① 《隋书》卷三《炀帝纪上》，第59页。
② 《资治通鉴》卷一八〇，隋高祖仁寿四年七月，第5603页。

图 2-1 隋炀帝像

阳西南兴建西苑,周回 200 里,苑中有海,海中置三仙山,高出水面百余尺,周围广建殿堂楼阁,穷极华丽。如果说营建洛阳,是因为大兴城地理位置偏西,交通不便,而洛阳地处中原,便于加强对关东及江淮地区的控制,且粮食运输比较方便。那么,营建西苑则完全是为了炀帝个人奢侈生活的需要,每月役使二百万人夫,花费钱财无数,给百姓带来极大的苦难。

其次,为了防御突厥,隋炀帝又下令修筑长城。主要是把历代所修的长城,凡毁坏之处修补起来,坍塌的地方连接起来,前后数次,主要是把北方与西北边地的长城加以修筑,动员人夫多者十余万,少者数万。

再次，开挖大运河。隋朝所修运河以洛阳为中心，南至杭州，北达涿郡（今北京），全长数千公里。除了文帝时挖凿的广通渠，开皇七年，为了灭陈战争的需要，文帝下令从今淮安到扬州，开山阳渎，后又整治取直，中间不再绕道射阳湖。炀帝主要修了通济渠，从洛阳起，连接汴渠、邗沟，又挖掘了江南河，使航船可以直达钱塘江。其所开挖的另一条运河是永济渠，从今河南引黄河支流沁水入今卫河，溯永定河北上直达涿郡。这样就形成了贯通南北的交通大动脉，将黄河、淮河、长江、钱塘江等几大水系连接起来，极大地方便了南北交通，对经济文化的交流起到了积极的作用。但是由于负责工程的官员督促甚急，人夫整日泡在水中，不少人身体的下半截生蛆，死者无数，男丁不足，甚至动员妇女服役。

隋炀帝所进行的这些工程，动员了大量的人力，花费了巨额的资财，严重影响了农业生产和正常生活，给广大人民群众造成了极大的负担和苦难，引起了社会动荡。即使如此，炀帝还不罢手，又先后三次发动对高丽的大规模战争，终于激起了广大人民的起义反抗。

隋炀帝为什么数次发动对高丽的战争呢？其原因何在？其实早在隋文帝时期，高丽曾多次出兵侵扰隋的北部边境，摆出一副与隋朝对抗的架势。高丽虽然接受了隋朝的封号，但又担心隋朝对其统治构成威胁，所以除了修筑城池做好防御，还与突厥建立联盟，谋图共同对抗隋朝。在这种情况下，隋文帝曾派遣三十万大军进攻高丽，因粮草供给不上，水土不服，隋军损失不小。后因高丽遣使谢罪，文帝遂撤军并待之如初。

炀帝即位之后，高丽王又背着隋朝与突厥勾结。炀帝北巡时，曾在突厥启民可汗牙帐遇到过高丽使者，启民不敢隐瞒，将其引见给炀帝，炀帝不悦。大臣裴矩乘机奏曰："高丽之地，本孤竹国也。周代以之封于箕子，汉世分为三郡，晋氏亦统辽东。今乃不臣，别为外域，故先帝疾焉，欲征之久矣。"①说明辽东之地在南北朝之前一直为中国的固有疆土，告诫炀帝要对高丽加以防范。于是炀帝下令高丽王入朝朝见，然其王高元畏惧不敢前来。在这种情况下，炀帝先

---

① 《隋书》卷六七《裴矩传》，第1581页。

后三次下令征伐高丽。

第一次，大业七年（611），炀帝下诏征伐高丽。次年春，出动水陆大军一百一十三万多，分三路进攻高丽。三月，大军进抵辽河，向高丽军队发动进攻，因隋军粮草不继，大败而归，死伤十分惨重。

第二次，大业九年，炀帝亲率大军进攻高丽，大军渡过辽水，围攻辽东城，又派大将宇文述、杨义臣率一支军队直趋平壤。正当双方战斗激烈之时，杨素之子杨玄感在后方起兵反隋，围攻东都洛阳城。隋炀帝大惊，急忙率军撤退，丢弃军资器械无数，仓皇撤过辽水。杨玄感起兵很快就被平定了，但这次征伐高丽的战争也以此而告结束。

第三次，大业十年（614）二月，炀帝再次下令出兵。三月，炀帝到达涿郡，七月，达到怀远镇。这时从全国各地征调的军队还有许多没有到来，而高丽国小力弱，长期战争也难以支持，其王高元不得已遣使求和，表示愿意入京朝见炀帝。炀帝见状十分高兴，遂下令撤军返国。待其回到大兴城后，召高元入京，高元却借口不奉诏，这使炀帝十分恼怒，打算再次出兵。这时农民起义已经此起彼伏，声势高涨，炀帝只好打消了这个念头。

隋炀帝三次征伐高丽，军民死伤数百万计，花费的钱财不计其数。频繁的战争，使大量的劳动力被征发。他们不是死于战争，就是流离失所、大批逃亡，造成社会生产的极大破坏。史载："师兵大举，飞粮挽秣，水陆交至。疆场之所倾败，劳敝之所殂殒，虽复太半不归，而每年兴发，比屋良家之子，多赴于边陲，分离哭泣之声，连响于州县。老弱耕稼，不足以救饥馁，妇工纺绩，不足以赡资装。"再加上多次大规模的工程，使百姓难以承担重负，所谓"租赋之外，一切征敛，趣以周备，不顾元元，吏因割剥，盗其太半"。全国到处一片萧条景象，"自燕、赵跨于齐、韩，江、淮入于襄、邓，东周洛邑之地，西秦陇山之右，僭伪交侵，盗贼充斥。宫观鞠为茂草，乡亭绝其烟火，人相啖食，十而四五"。① 隋朝的统治基础完全崩溃，其灭亡只剩下时间问题了。

---

① 《隋书》卷二四《食货志》，第 672—673 页。

第二节　隋朝的灭亡

一、隋末农民战争的爆发

早在第一次征高丽战争时，就已经有农民起义爆发了。大业七年，王薄率先举行起义，揭开了全国农民战争的序幕。最初，农民军遍地而起。随着形势的发展，农民军由分散到集中，逐步形成了三支强大的队伍，这就是窦建德领导的河北起义军，翟让、李密领导的瓦岗军，还有杜伏威、辅公祏领导的江淮起义军。

窦建德，贝州（今河北清河西北）漳南人。年轻时在乡务农，由于乐于助人，因此在乡间威望很高。大业七年，炀帝在河北征兵时，窦建德也被征召，任二百人长。当时天下大乱，同县人孙安祖杀死县令，投奔窦建德，被其安置于高鸡泊避难。孙安祖遂率众为盗，四处抢掠，打击官军。官府知道窦建德与其有旧，便派人抓捕窦建德，并杀死其家属。窦建德只好逃入起义军中，招兵买马，势力渐盛，拥众万人。窦建德多次大败官军，拥兵十余万，占据了河北大片土地，大业十三年（617），他自称长乐王。窦建德出身于农家，能与士卒同甘苦，"每平城破阵，所得资财，并散赏诸将，一无所取。又不啖肉，常食唯有菜蔬、脱粟之饭"①。他从不胡乱杀人、纵兵抢掠，即使对隋朝官吏亦是如此，因此颇得人心。隋炀帝死后，窦建德还为其发丧，又派兵护送炀帝皇后萧氏入突厥。由于这些作为，窦建德的势力发展得很快，短时便拥兵数十万，成为这一时期势力最强的军事集团之一。

翟让，本为东都法曹参军，犯罪当斩，狱吏惜其骁勇，遂将其放出。翟让出狱后，亡命于瓦岗寨，聚众造反。豪杰单雄信、徐世勣、王当仁、王伯当、周文举、李公逸等纷纷前来投奔，势力大增。翟让虽然为盗，却从不抢掠民众，由于其活动区域为运河必经之地，他便抢夺官船，掠其物资，因此军资丰足，来投者日众，势力很快就发展到万余人。不久，李密来投，他是隋朝旧贵族，因参加杨玄感起兵，失败后四处逃亡，走投无路时，只好投奔了翟让。翟让虽

---

① 《旧唐书》卷五四《窦建德传》，第2238页。

然骁勇，但不知谋略，而李密却深通此道，经常给翟让出谋划策，使义军发展得很快，李密也逐渐得到翟让的信任。隋朝派骁将张须陀率军进攻，李密设计斩杀张须陀，因此翟让命李密单独率领一支军队，号蒲山公营。李密又劝翟让夺取兴洛仓，粮米任由百姓取之，人心大悦。由于李密屡立功劳，翟让认为李密之才远在己上，遂将瓦岗军主帅的地位让给了李密。李密自称魏公，设行军元帅府，大封百官，远近闻者，归之如流。李密还修筑了洛口城，周回40里，作为其统治中心。他又派兵四出攻略，使河南州县大都为瓦岗军所占据。瓦岗军遂发展成为中原地区最大的一股军事力量，对隋朝的统治形成了极大的威胁。后来李密听信谗言，设计杀害了翟让，致使瓦岗军人心涣散，影响其进一步的发展。宇文化及在江都（今江苏扬州）缢死隋炀帝后，率领护驾军队北上，与李密的瓦岗军发生激战，虽然瓦岗军最终取得了胜利，歼灭了这支精锐的军队，但是也大伤元气，始终没有完全恢复过来。

杜伏威，齐州章丘人。少年时四处游荡，不治产业，甚至穿墙为盗。他与邻人辅公祏关系密切，辅公祏姑家以牧羊为业，每当杜伏威穷困之时，遂私自以羊赠之。其姑以盗报官，官府追捕甚急，杜伏威与辅公祏只好亡命天涯，聚众为盗。当时杜伏威年仅16岁，然作战勇敢，出则居前，退则殿后，为众人所服，被推为首领。大业九年，天下已乱，江淮一带，义军蜂起，杜伏威吞并了不少小股义军，势力逐渐壮大。杜伏威从部众中选出五千人，称"上募"，皆为勇敢之士，每战罢检视其伤，有伤在背者，斩之；有战死者，以其妻妾殉葬，"故人自为战，所向无敌"①。隋炀帝死后，杜伏威废除了落后的殉葬法，在其统治区内实行轻徭薄赋政策，其部下官吏贪浊者一律斩杀，故深得百姓拥戴，为江淮地区势力最大的割据者。越王杨侗在洛阳称帝时，杜伏威遣使上表，杨侗任其为东道大总管，封楚王。

除以上三支大的起义军外，全国各地还分布着不少义军，如徐圆朗、沈法兴、李子通、刘武周、薛仁杲、李轨、萧铣、张金称、孟海公、高士达、梁师都等。他们都对推翻隋朝的残暴统治做出过或大或小的贡献，但是消灭隋军主力的还

---

① 《旧唐书》卷五六《杜伏威传》，第2268页。

是窦建德、李密、杜伏威领导的三大起义军。唐朝建立后，这些大大小小的起义军大都沦为割据者，或者互相吞并，或者被唐军消灭。其中这三支起义军的情况是：

隋将王世充在洛阳拥戴越王杨侗为帝，其实只是一个傀儡而已。王世充长期与李密作战，互有胜负，当李密与宇文化及大战之后，兵力受到极大削弱之际，王世充乘机发动进攻，瓦岗军大败，李密被迫率军投降唐朝。唐高祖授李密光禄卿，封邢国公，李密极为不满，后乘机逃出长安，被唐军截杀。

武德四年（621），秦王李世民率唐军进攻洛阳王世充，王世充不敌，向窦建德求救，窦建德率大军十余万救之，在虎牢关（在今河南荥阳西北汜水）被唐军击败，窦建德被俘，押送长安后被处死。王世充内无粮草，外无救兵，不得已开城投降唐军。王世充到长安后，唐高祖因李世民许其不死，遂将其流放蜀地。王世充被其仇家独孤修所杀。

在秦王李世民围攻洛阳王世充时，遣使招纳杜伏威，杜伏威遂归顺唐朝，被任命为东南道行台尚书令、太子太保，封吴王。武德五年（622），他入朝朝见皇帝，遂留在京师。辅公祏诈言杜伏威被留京师，不得还江南，写信令其起兵，并自建宋国。唐高祖命赵郡王李孝恭率军讨伐，击败其军，辅公祏被杀。高祖误以为杜伏威教唆辅公祏起兵，遂将其毒死。李世民即位以后，为杜伏威平反，恢复其官爵。

隋末农民大起义歼灭了隋军的有生力量，摧毁了隋朝的统治基础，为原隋朝贵族起兵夺取政权创造了有利的时机。尽管唐朝的建立也是靠武装斗争而实现改朝换代的，但是如果没有广大农民起义军对隋朝的沉重打击，其成功的可能性也是不高的。

二、隋朝灭亡的原因

面对声势浩大、此起彼伏的农民起义，隋炀帝惊慌失措，吓破了胆，不敢再居住在起义军活动频繁的中原地区，于大业十二年（616）七月，仓皇从东都洛阳逃往江都。大业十四年（618）三月，宇文化及发动兵变，将隋炀帝缢死，隋朝至此正式宣告灭亡。

隋朝和秦朝一样都是立国短暂的统一王朝，又都是结束分裂割据，建立大一统局面的实力强大的帝国。那么，秦、隋两个王朝速亡的原因是否一样呢？对于隋朝来讲是否如通常所说的，完全由隋炀帝来负这个责任呢？学术界对此有不同的观点。

一些学者认为隋文帝对此要负很大的责任。在他的统治后期，在用人、立嫡等方面都存在明显的失误，并且在晚年大兴土木，已经播下了统治危机的种子。隋文帝在统一以后，不能吸收江南人士到政权中来，不能安抚江南豪族，这样就不能有效地巩固统一，增强了江南豪族势力的离心倾向。还有人指出隋文帝的过错有两点特别严重：一是立法毁法，酷刑滥杀；二是堵塞言路，个人独裁。[①]这样在他生前就已经埋下了政治危机的隐患。

关于隋炀帝在政权迅速灭亡中的责任，学术界大体上有四种不同的观点。

一种认为隋炀帝即位后加剧了统治阶级内部的矛盾，削弱了统治阶级自身的力量，促进了地主阶级与农民阶级矛盾发展与加剧。具体地讲，使士族地主与庶族地主之间的矛盾加剧了，关陇集团与齐、陈原旧士族地主之间的矛盾激化了。隋炀帝还改变了关中本位政策，重用了一些南人，引起了许多关陇权贵阶层的不满，使关陇集团内部分化，矛盾尖锐。总之，隋文帝与炀帝都未能将政权向各方人士公正地开放，政治上的统一没有建立在各方上层人士同心同德的基础上，是其速亡的重要原因。[②]这是从社会政治的角度探讨这一问题。

第二种观点认为暴政与重敛是隋朝速亡的根本原因。隋文帝的经济政策的核心是增加国家财政收入，为此实行了重征赋税、积粮于官、检括户口、输籍定样等措施。这些措施全然不顾封建经济运行的客观规律，使当时的各种社会矛盾迅速尖锐化，其中尤以封建统治集团与农民阶级、中央政府与地方豪强的矛盾最为突出。在这两大矛盾的夹击下，隋王朝的灭亡乃是必然的结局。结论

---

① 岑仲勉：《隋唐史》，中华书局1982年版，第38页；何德章：《隋文帝对江南的控制及其失策》，载《西南师范大学学报》（人文社会科学版）1993年第2期，第78页；魏国忠：《关于隋文帝的历史教训——兼评〈隋文帝评价〉》，载《求是学刊》1980年第2期，第94页。

② 杨蒲林：《试论隋代封建统治阶级内部的矛盾》，载《历史教学》1965年第12期，第42页。

是隋朝的经济政策既是其致富之因,又是其乱亡之源。① 这是从经济的角度讨论隋朝灭亡的原因。

第三种观点认为隋炀帝统治时期酷刑滥杀,横征暴敛,大兴土木,徭役繁重,这些暴政使社会生产力遭到严重破坏,是隋朝速亡的根本原因。② 即认为暴政是隋朝灭亡的根本原因。

第四种观点认为用兵高丽是隋朝灭亡的主要原因。隋炀帝三次用兵高丽,使全国骚动,民怨沸腾,农民起义遍及京畿及河北、山东、长江流域、岭南各地。这是隋炀帝的最大失策,也是隋王朝灭亡的主要原因。③

以上这些观点虽然均有一定的道理,但都是从某一个角度来观察这一问题,具有一定的局限性。总的来看,首先,隋文帝没有及时调整政策,以适应统一后的局势,尤其是容纳江南人士到政府中来,是一个明显的失误。其次,隋炀帝的横征暴敛、残酷统治,也是激化社会矛盾的主要因素。总之,这是一个比较复杂的问题,隋文帝与隋炀帝都负有责任,把隋亡的责任完全算在炀帝头上是欠妥当的。

---

① 魏承思:《论隋王朝的经济政策及其灭亡》,载《历史教学问题》1985年第3期,第9—12页。

② 倪正太:《隋末农民战争和唐初的"让步政策"》,载《南京大学学报》(哲学社会科学版)1979年第1期,第75页。

③ 韩乐学:《试评隋炀帝》,载《西北师院学报》(社会科学版)1985年第4期,第20页。

第三章　唐朝建都长安

隋朝贵族太原留守李渊，利用起义军大量消灭隋朝军队，并借隋炀帝远在江都之机，果断在太原起兵，迅速进军关中，夺取长安，建立了大唐王朝。接着又以长安为军事指挥中心，陆续平定了全国的割据势力，初步巩固了唐朝的统治。当时唐朝的北方有强大的东突厥汗国的威胁，唐高祖因实力不足，不得不采取优容政策，向其赠送大量的财物，以换取暂时的安宁。唐太宗即位后，积蓄力量，整军备战，一举灭亡了东突厥汗国，巩固了关中的形势与全国的统治。

第一节　攻取关中与建都长安

正当广大起义军与隋朝的军队殊死战斗时，隋朝的一些地方官员，有的割据一方，称王称帝；有的打着拥护隋朝的旗号，却做着改朝换代的打算。隋朝的太原留守、唐公李渊就是这后一种势力的典型代表。

一、太原起兵与攻取长安

李渊是西魏八柱国之一李虎之孙。李虎是出身于武川镇的军事将领，后因有功于西魏，赐鲜卑姓大野氏，死后追封为唐国公，因此他是关陇集团的重要成员。李渊之父李昞，曾任郑州（今陕西黄陵西南）刺史、安州（今湖北安陆）总管、柱国大将军等职，袭封唐国公。李昞死后，李渊又袭封唐国公。在隋朝，李渊先后担任过刺史、太守等官，大业十一年（615），又任山西、河东抚慰大使，大业十三年初，任太原留守。

这个家族在关陇集团中地位也比较特殊，李渊的祖父李虎与隋炀帝杨广的祖父杨忠在西魏时同为柱国大将军（李虎任此职还要稍早一些）。李渊父李昞的妻子独孤氏与隋文帝杨坚的皇后为同胞姊妹。独孤氏为西魏八柱国之一独孤信的女儿，也出身于权贵之家。独孤信的长女是北周明帝的皇后，所以李昞和周明帝、隋文帝都是连襟关系。李渊与隋炀帝杨广为表兄弟关系。李渊的妻子窦氏为北周武帝宇文邕的姐姐襄阳长公主所生，换句话说，窦氏是北周武帝的外甥女。周武帝对窦氏非常宠爱，从小就养于宫中。因此，李氏家族无论在北周还是在隋朝都是皇亲国戚，在关陇集团中可算得上是地位显赫，门第尊贵。

大业十三年，李渊起兵进攻长安。在太原起兵之前，李渊早就有取隋而代之的打算。他刚做了太原留守，就把太原看作自己的地盘。（见图3-1）一方面，残酷地镇压太原以南"历山飞"领导的农民起义军；另一方面，又对北方的突厥讲和，巩固自己的统治地位。同时，还不断收罗人才，发展力量。例如：隋的右勋卫长孙顺德、右勋侍刘弘基，为了逃避进攻高丽，都亡命在太原，依附于他；左亲卫窦琮也因犯法而逃到太原。收罗这些隋朝的犯罪官员，显然是要和隋炀帝分庭抗礼了。为了保证起事的顺利进行，李渊并没有完全依靠驻太原的隋朝军队，而是另外招募壮士数千人，屯驻于太原兴国寺内。这支军队被

图 3-1　晋阳古城遗址
（杜文玉摄影）

李渊视为其创业的基本部队，为了不引起炀帝派来的副留守王威、高君雅的怀疑，他一直没有去视察或检阅这支军队。他命令亲信刘弘基、长孙顺德统领这支部队。

大业十三年七月，李渊在一切准备就绪后，借故处死了隋炀帝派来监视他的副留守王威、高君雅，这一举动标志着李渊与隋朝彻底决裂。然后率军三万人，向关中进发了。

李渊为什么要首先进军关中呢？这是因为李渊认清了当时的形势，认为进军关中最有利于占据形胜之地，进行改朝换代。

关中，历来是兵家必争之地，隋朝末年，更显得重要。在各次战争中，不少有远见的政治家、军事家，都曾看到关中的重要地位。大业九年，杨玄感起兵时，李密就曾经建议："关中四塞，天府之国"，如果能"西入长安，掩其无备，天子虽还，失其襟带。据险临之，固当必克，万全之势"。① 当杨玄感围

---

① 《旧唐书》卷五三《李密传》，第2208页。

攻东都失败的时候，李子雄也建议："不如直入关中，开永丰仓以赈贫乏，三辅可指麾而定。据有府库，东面而争天下，此亦霸王之业。"①大业十二年五月，当瓦岗军围攻东都不下的时候，柴孝和也向李密建议："秦地阻山带河，西楚背之而亡，汉高都之而霸。"如果能"西袭长安，……既克京邑，业固兵强，方更长驱崤函，扫荡东洛，传檄指㧑，天下可定。但今英雄竞起，实恐他人我先，一朝失之，噬脐何及！"②武德四年，当河北起义军的领袖窦建德与李世民所率唐军相持于虎牢关的时候，凌敬向窦建德建议：应避开唐军阻击的锋芒，北渡黄河，取得今河南北部、山西南部的重要地方，一旦威胁唐军的后方，震动关中，唐军必然西撤。

以上诸人对关中的认识，可以概括为三点意思：其一，关中土地肥沃，物产丰富，采取政治军事行动，可以得到物质保证；其二，长安是首都，在政治上颇有影响，取得长安，即是对隋朝的沉重打击；其三，地势险要，对战火燃烧的山东来说，有黄河、函谷关等重要屏障，进可以攻，退可以守，有利于争夺中原。所有这些方面李渊肯定有所考虑，同时，他还注意到了别人未曾虑及的问题。

在李渊向关中的进军途中，瓦岗军的首领李密致书于李渊，要求联盟，共同推翻隋朝统治。李渊回书，表面上极力吹捧李密，并愿意推其为天下盟主，但实际上是希望李密的瓦岗军继续与洛阳的隋军进行火并，以利于他顺利入关，坐收渔人之利。他对其亲信说："密夸诞不达天命，适所以为吾拒东都之兵，守成皋之厄，更觅韩、彭，莫如用密。宜卑辞推奖，以骄其志，使其不虞于我。（我）得入关，据蒲津而屯永丰，阻崤函而临伊洛。东看群贼鹬蚌之势，吾然后为秦人之渔父矣。"③非常明显，李渊不愿卷入中原一带各种势力的战争中去，避免消耗自己的实力。他要到地势险要，社会矛盾较为缓和，又有较好的物质条件，还是关陇集团根据地的关中，坐山观虎斗，待别人两败俱伤的时候，他好坐享其成。在这个问题上，李渊比杨玄感、李密、窦建德等人都显得善于分

---

① 《隋书》卷七〇《杨玄感传》，第1618页。
② 《旧唐书》卷五三《李密传》，第2219页。
③ 温大雅：《大唐创业起居注》卷二，上海古籍出版社1983年版，第25页。

析形势，捕捉战机，更具有远见。李渊改朝换代的成功，正说明在隋末各种势力逐鹿中原的时候，长安与关中的地位是非常重要的。

大业十三年九月，李渊率军渡过黄河，进驻朝邑（今陕西大荔东）。本来，隋末的关中与延安一带也有农民起义：大业九年，扶风（今陕西扶风）有向海明领导的起义，众至数万人；大业十年，扶风又有唐弼领导的起义，有众十万人；延安有刘迦论领导的起义，也有十万人。不过，这些起义军很快都被隋军镇压下去了。到李渊进军关中时，仅剩下孙华等人领导的小股起义军了。孙华领导的起义军活动在冯翊一带，李渊将要进军关中时，就诱其加入了自己的队伍。

李渊分兵两路：一路由李建成、刘文静等人率领，屯永丰仓（在今陕西华阴），扼守潼关，监视河东的隋军；另一路由李世民、刘弘基等人率领，西进高陵（今陕西西安市高陵区），经泾阳（今陕西泾阳）、武功（今陕西武功）、盩厔（今陕西周至）、鄠县（今陕西西安市鄠邑区），迂回长安。李世民在向西进军途中，先在泾阳镇压了胡人刘鹞子的起义军，接着，又会合了李神通和平阳公主所领导的队伍。

李神通是李渊的堂弟，李渊在太原起兵时，他正在长安。李渊起兵后，他担心被隋朝捕获，遂到鄠县山中，聚兵响应李渊。后来，他攻下鄠县，发展到一万多人，自称关中道行军总管。平阳公主是李渊的女儿，与丈夫柴绍本来也在长安。李渊准备起兵时，派人密召他们。柴绍感到夫妻同行容易暴露，遂自己单独秘密离京，奔赴太原。平阳公主则到鄠县自己的庄园中，聚众响应李渊。这时，在盩厔司竹园有一西域的胡商何潘仁，正在领导着一支几万人的起义队伍，自称总管，独立活动。平阳公主派家僮马三宝联络何潘仁，帮助李神通攻下了鄠县。马三宝还说服李仲文加入平阳公主的队伍。李仲文是李密的从父，因李密加入瓦岗军而受到牵连，所以，他在郿县（今陕西眉县）聚众四五千人，起兵反隋。由于马三宝东奔西走，有功于平阳公主，后被李渊称为英雄，还把他和西汉家奴出身的大将卫青相提并论。

平阳公主在东起鄠县、西到郿县的秦岭山区，先后聚集了七万余人。她军纪严明，不准士兵侵掠百姓，故而颇得民心，队伍日益扩大。同时，军队的战斗力也迅速增强，屡次打败京师隋军的进攻。李渊听到这些消息，欣喜万分。

到了关中以后，他就派柴绍带数百骑从华阴傍南山向西以迎平阳公主。后来，这支号称"娘子军"的队伍，在渭北与李世民会合，参加了进攻长安的战役。由于平阳公主为李渊进占关中立下了功劳，所以，在她死后安葬时，李渊破例下诏，增加一般妇女所不可有的"前后部鼓吹"，当有人认为这是对旧制的违背时，李渊说："鼓吹，军乐也。公主亲执金鼓，兴义兵以辅成大业，岂与常妇人比乎！"[①]

李渊还有个名叫段纶的女婿，也在蓝田（今陕西蓝田）一带聚众一万多人，响应李渊。李世民西进时，李神通、平阳公主、段纶都先后加入李世民的队伍，使李世民的队伍很快扩大到十三万人。

李渊看到李世民西进的胜利，遂命李建成等率驻永丰仓的部队向长安进军。大业十三年十月，李渊到达长安城东门外宿营。这时，李世民部也逼近长安城郊，所有部队会集一起，共二十多万。十一月，攻克了长安。

镇守河东的隋将屈突通见长安已破，知道关中大势已去，遂率军向洛阳退去。李渊将刘文静派骑兵追赶，屈突通部下溃不成军，纷纷解甲投降，屈突通本人被俘。解送长安后，被李渊免罪释放，并任命其为兵部尚书。

十二月，李渊派人招抚巴蜀之地，不费一兵一卒，便使巴蜀之地归于李氏。自此，李渊便以长安为基地，逐步稳定关中，并开始了统一全国的事业。

二、唐朝的正式建立

李渊从太原起兵仅半年时间就攻占了长安，管辖区域包括今山西、关中、巴蜀等广大地区，奠定了帝业的基础。但是他并没有立即登上皇帝宝座，而是拥立代王杨侑为皇帝，遥尊隋炀帝为太上皇，并改大业十三年为义宁元年（617）。之所以如此，是因为李渊认为关中还有许多州、县没有完全降服，关中人心还未完全稳定，加上国内还有许多势力强大的割据者没有放下尊隋的旗号，如瓦岗军李密、河北窦建德、洛阳王世充等。各地一些隋朝官吏仍有相当的力量，如果急于称帝，势必会引来许多割据者和隋朝官吏的敌视，使自己陷于孤立的地位。还有一个原因使李渊不便马上称帝，即他是打着尊隋的旗号进入长安的，

[①]《资治通鉴》卷一九〇，唐高祖武德六年二月，第5965页。

而这时隋炀帝还没有死。在时机还不成熟的情况下，李渊只能奉杨侑为帝，把他作为一个过渡性的傀儡。既然尊隋，李渊为什么不尊隋炀帝呢？因为尊炀帝就无法实现他改朝换代的目的，且隋炀帝已搞得天怒人怨，成为众矢之的，既为广大人民所反对，又不为各地官吏所拥戴，已经没有多大的号召力了。

李渊首先约法十二条，除杀人、抢劫、逃兵、叛逆者仍要处以死刑外，其余隋朝酷法苛政全部废除。此举对饱受隋朝暴政压迫的关中百姓来说，无疑是一项最大的善政，从而使人心更加倾向于李氏。在尊杨侑为皇帝的同时，他自封为大丞相、唐王，并改武德殿为丞相府，改"教"为"令"。当然这一切还都要以杨侑的名义颁布。按照隋朝制度，藩王的命令只能称"教"，李渊的命令此时改称"令"，形式上与皇帝已经没有多大的区别了。当时还规定军国大事、礼乐征伐、兵马粮仗、文武百官，全归大丞相掌管，这是李渊自己给自己封官授权。几天之后，他又以李建成为唐王世子，李世民改封秦公，李元吉改封齐公，仍然留守太原。

义宁二年（618）二月，李渊又让隋帝杨侑任命自己为相国，"加九锡，赐殊物，加殊礼焉"①。所谓九锡，是古代天子尊礼诸侯而赐给的九种器物，魏晋以来凡禅代者多以授九锡作为登基的前奏曲。李渊虽然急于改朝换代，但却不愿暴露得过于明显，所以他又拒绝接受九锡，只是将丞相府改为相国府而已。

这年三月，隋炀帝在江都被宇文化及等人缢杀，另立秦王杨浩为帝。不久，王世充在洛阳拥立越王杨侗为帝。这样就同时存在几个隋朝皇帝。至于各地的割据势力，称帝称王的也不少。在这种情况下，李渊改朝换代就不存在障碍了。于是李渊一面加快了登基的准备，一面又假意对隋炀帝之死表示悲痛，并率文武百官举哀于大兴殿后殿。

由于隋炀帝已死，不再存在篡权夺位的问题。对此，明清之际的思想家王夫之曾有很好的评论。王夫之认为，隋炀帝死后，隋已无君，关东已无尺寸之土为隋所有，李渊做皇帝是名正言顺的。他和杨玄感、李密相比，显然有天壤之别。因为杨玄感、李密是背君的叛逆者，李渊是拯救天下于水火的英雄。这

---

① 《大唐创业起居注》卷三，第46页。

正说明李渊是颇有远见的政治家,他是要在条件成熟的时候才做皇帝的。

本来此时称帝已经是水到渠成,可是李渊还需要其部下开动脑筋再做些文章。这年四月,杨侑下诏禅位于李渊,裴寂等率文武百官两千余人上书劝进,李渊退回上书,不肯接受禅位。裴寂等人又当面劝进,说:"臣等为大唐将佐,陛下不为唐帝,我们只好辞官回家了,请陛下深思,给我们一个继续做官的余地。"李渊说:"裴公何必相逼太急,容我再慎重思考一下。"他既不把话说绝,又不马上应承。于是,裴寂等人又编造了许多歌谣,伪称是太原慧化尼、蜀郡卫元嵩等人所作,并说天下之人都在传唱,可见谣谶天降,违天不祥。这些谣谶的内容无非是说李氏当做皇帝,如慧化尼的歌谣说:"东海十八子,八井唤三军。手持双白雀,头上戴紫云。"①

十八子是一个"李"字,紫云是绛色,白雀代表白色,当时唐王的旗帜杂用绛白之色。这一套东西并不新鲜,自古以来每逢改朝换代,都会有人出来搞一些诸如此类的东西,表示新朝上膺天命,下顺民心。

经过再三劝进,李渊终于同意了。(见图3-2)这年五月二十日,李渊即皇帝位于长安太极殿,庙号高祖,国号为唐,改元武德。唐朝仍以长安为都城,立长子李建成为太子,封李世民为秦王,李元吉为齐王。

图 3-2 唐高祖像

第二节 长安在唐朝初期的地位

一、唐初长安的地位

武德元年(618)五月,李渊建唐称帝。这只是从形式上完成了改朝换代,

---

① 《大唐创业起居注》卷三,第56页。

实际上他和其他割据势力并无什么差别。一直到武德三年（620）八月，割据在洛阳的王世充还认为，"唐帝关中，郑帝河南"①，唐军不应当东进。武德四年三月，唐军已逼近东都的时候，窦建德还要求李世民"退军潼关，返郑侵地"②。这都充分说明，武德初年，李渊的帝位还没有得到全国各地的承认，长安还不算是全国性的首都。

隋末唐初，在各地称王称帝者将近二十人，其中较有影响的有窦建德、萧铣、李轨、薛举、梁师都、刘武周、王世充等。这些人虽然都占有一定的地盘，拥有相当的武装力量，但他们都没有统一全国的远大志向。刘武周、梁师都，完全在突厥的卵翼之下，根本不能独立自主；窦建德、王世充虽然占有广大的地盘，也拥有较强的力量，但都安于现状，不求进取；李轨更是胸无大志，只求据有河西（今甘肃武威）之地；萧铣也无北进中原的意图；薛举虽曾有进军长安的打算，但自李渊占领关中后，他就一筹莫展了。

李渊则截然不同，他从太原进兵长安，正说明他不甘居于太原一隅之地，要取隋而代之，还要名副其实，不只是做个空头皇帝。所以，李渊是要统一全国的。在他刚刚取得长安以后，就向商洛、巴蜀一带发布文告，要这些地方的郡县官吏、起义军的首领、少数民族的酋长等，服从他的号令。这些秦岭以南的地方，很快都成为李渊的势力范围了。接着，又派李建成、李世民率军十余万，东向洛阳。这次出兵，并非进攻东都，只不过是"招谕"而已。因为李世民认为，"吾新定关中，根本未固，虽得东都，不能守也"③。为什么关中还不巩固呢？韦云起的上表回答得很好。

韦云起是隋炀帝时的大理司直，雍州万年（今陕西西安）人。隋炀帝赴扬州时，他返回长安。李渊进兵长安，他又投靠李渊。当唐军东进时，他上表谏阻道："国家承丧乱之后，百姓流离，未蒙安养，频年不熟，关内阻饥。"由于生产尚未恢复，社会也不安定，所以，长安附近还有不少饥民，鄠邑、蓝田一带常常发生动乱，甚至"京城之内，每夜贼发"。另外，还有北方的梁师都，经常勾结突厥南犯。这些问题不解决，而去进攻"远隔千里"的王世充，"一

---

① 《资治通鉴》卷一八八，唐高祖武德三年八月，第5888页。
② 《资治通鉴》卷一八九，唐高祖武德四年三月，第5908页。
③ 《资治通鉴》卷一八五，唐高祖武德元年四月，第5786页。

旦有变，祸将不小"。因此，他建议："请暂戢兵，务稳劝农，安人和众，关中小盗，自然宁息。秦川将卒，贾勇有余，三年之后，一举便定。"① 他的意见是先发展生产，稳定关中，再向外发展。李渊接受了这个建议，很快撤回了东进的部队。由此可见，要统一全国，巩固关中是第一位的。

李渊认识到了巩固关中的重要意义，一方面从政治上约法十二条，稳定人心；另一方面在经济上控制支出，减轻人民负担，也就是"赏赐给用，皆有节制，征敛赋役，务在宽简"②。采取这些措施，实际上是为统一战争做好准备。

二、统一战争的指挥中心

统一战争的任务是非常繁重的。当时，强大的农民起义军与各地武装割据势力，主要有河北的窦建德、中原的瓦岗军、洛阳的王世充、江陵的萧铣、金城（今甘肃兰州）的薛举、凉州（今甘肃武威）的李轨、马邑（今山西朔州）的刘武周等。面对这些割据势力，李渊不是万箭齐发、四面出击，而是认真分析形势，采取了先西后东、先易后难的统一步骤。

西方的对手虽然力量不是很强，但却虎视眈眈，常有进兵长安的意图。义宁元年十二月，薛举之子薛仁杲率军进犯关中，号称三十万人，在扶风被李世民打败。武德元年八月，薛举又欲再犯长安，却因病而死未能行动。这时，中原的瓦岗军正与王世充进行殊死的战斗，他们都不可能考虑西进的问题；刘武周的势力还在太原以北，构不成对长安的威胁；窦建德更无远图关中的打算。正是这些原因，故李渊先西后东的统一战争策略是符合实际情况的。

武德元年十一月，李世民奉命西进，在浅水原（今陕西长武东北）一战，唐军取得决定性胜利，薛仁杲的有生力量被歼灭，无力再战，只得投降。在平定薛仁杲的同时，李渊又派人去说服李轨归唐，李轨反复无常。李渊的使者安兴贵遂于武德二年（619）五月利用李轨统治集团内部的矛盾，发动政变，俘虏李轨，送到了长安。从此，河西一带也归唐所有了。平定了薛举、李轨，解除了东进的后顾之忧，实际上也是巩固关中的重要步骤。

---

① 《旧唐书》卷七五《韦云起传》，第 2633 页。
② 《旧唐书》卷四八《食货志上》，第 2085 页。

刚刚打败了西部的敌人,刘武周就勾结突厥开始南下了。武德二年九月,刘武周进逼太原,李元吉放弃太原,携其妻妾逃奔长安。接着,刘武周部将宋金刚攻陷晋州(今山西临汾),进逼绛州(今山西新绛),后又直捣龙门(今山西河津西),抵达黄河岸上。唐军节节败退,关中大为震动。李渊曾提出放弃黄河以东、紧守关西的主张。在这个问题上,李世民颇有远见卓识。在他看来,太原是他们父子起家的地方,河东广大地区物产丰富,从经济上可支援长安。他表示愿亲自前往,收复太原。武德二年十月,李世民奉命统率关中所有的军队,东渡黄河,进讨刘武周。十二月,唐军主力于美良川(今山西闻喜南)、安邑(今山西夏县西北)先后两次大败刘武周部将尉迟敬德。武德三年四月,唐军打败刘武周大将宋金刚,并跟踪追击,一昼夜行军200余里,最后在雀鼠谷(今山西介休与霍州之间)一日八战,连战皆捷,迫使尉迟敬德投降,宋金刚北逃,后被突厥所杀。刘武周看到大势已去,放弃太原,北走突厥,结果也被突厥所杀。

唐军收复太原,使河东诸郡全部为唐所有。这样,既可减少东进的障碍,也使秦、晋两地联结一起,从经济上保证了长安的需要,从而使关中的形势更加稳固。在关东广大地区尚未为唐所有的时候,这方面的意义更为重要。隋朝初年,隋文帝曾"漕关东及汾、晋之粟,以给京师"[①]。既然黄河下游还未统一,当然只能依靠汾、晋的接济了。由此可见,打败刘武周,实际上加强了唐在关中的力量。

长安与洛阳的关系十分密切。西周建都镐京,又建洛邑作为统治中原的据点;西汉定都长安,洛阳在经济上又起到配合作用;隋炀帝时,大兴城虽是京师,然洛阳则是实际上的政治中心。这一切都说明长安作为统一国家的首都,是不能离开洛阳而单独存在的。正因为如此,唐军东向洛阳,也就在所难免了。

武德三年七月,李世民奉命东征,王世充屡战屡败,只好向窦建德求援。窦建德于武德四年三月率军十余万,号称三十万,增援王世充。面临两股强大的敌人,李世民采取围洛打窦的措施,先于虎牢关打败窦建德,后又迫使王世充投降,统一了中原、河北一带。这样一来,黄河下游与关中连成一片,洛阳成为长安在中原的掎角,不言而喻,长安的地位更加巩固了。

[①] 《隋书》卷二四《食货志》,第683页。

李渊攻取长安以后，就派李孝恭自金州（今陕西安康）进入巴蜀，武德二年，李靖又奉命自金州进入巴蜀。武德四年九月，李渊派李孝恭、李靖率巴蜀兵东下，进攻萧铣。十月，萧铣战败投降，长江中游以南广大地区也为唐有。占据岭南地区的割据势力冯盎，见唐军灭亡了萧铣，遂主动请求归顺，唐又占有了广大的岭南地区。武德六年（623），又镇压了东南一带辅公祏的叛乱，唐朝统一了长江下游以南地区。至此，除朔方郡（今陕西靖边北白城子）的梁师都以外，唐已基本统一了全国。

梁师都是朔方郡的豪族，曾为隋朝的鹰扬郎将。大业十三年二月，他杀死了朔方郡丞唐世宗，自称大丞相，成为一支割据势力。三月，他攻占雕阴（今陕西绥德）、弘化（今甘肃庆阳）、延安等郡，自称皇帝，建立梁国，年号永隆。突厥始毕可汗赠以狼头纛（狼是突厥的图腾），称其为大度毗伽可汗。梁师都又勾引突厥南下，攻破盐川郡（今陕西定边）。李渊进兵关中后，延安、上郡（今陕西富县）、雕阴等郡遂归附于李渊。

武德二年九月，梁师都进攻延安，唐延州（今陕西延安东北）总管段德操、鄜州刺史梁礼，率军迎击。经过激战，梁礼阵亡，梁师都全军溃败，损失惨重。几个月后，梁师都又以五千之众南进，段德操又将其击败。此后，由于唐军的主力正在进行统一关东与长江流域的战争，关中以北只有少数军队，所以，段德操虽然和梁师都多次较量，也只是互有胜负，没有最后定局。直到贞观二年（628）四月，唐太宗才派右卫大将军柴绍、殿中少监薛万均率军北进。当唐大军压境时，梁师都内部矛盾激化，其从父弟洛仁杀梁师都，向唐投降。至此，今天的陕北一带才为唐所统一。

此外，还有一个名叫郭子和的蒲城人，隋朝末年，因犯罪被徙往榆林（今内蒙古准格尔旗东北十二连城）。大业十三年三月，他乘郡内饥荒之机，聚众杀死郡丞，开仓济贫，自称永乐王，建元正平。同时，南连梁师都，北附突厥始毕可汗，也成为一支地方割据势力。武德元年七月，郭子和投降了唐朝。

李渊刚刚建立唐朝时，长安只不过是关中一隅之地的政治中心，而在统一战争的进程中，长安则始终是战争的指挥中心。统一战争改变了长安的地位，使其逐步成为全国性的首都。

第三节　突厥对长安威胁的解除

唐朝初期对其安全最大的威胁来自突厥，如何处理与突厥的关系，遂成为这一时期最重要的问题之一。经过唐初两代皇帝的努力，至唐太宗贞观时期终于解除了这一威胁，从而为唐朝社会经济的发展创造了良好的社会环境。

一、唐朝对付突厥的策略

突厥兴起于北魏末年，北齐、北周时已很强大。公元552年，伊利可汗建立突厥汗国。这个政权虽然强大一时，控制了北方广大地区，所谓"其地东自辽海以西，西至西海（里海）万里，南自沙漠以北，北至北海（贝加尔湖）五六千里"①，这些地方均为其势力范围。但由于其是建立在军事征服的基础上，境内缺乏共同的经济基础，故立国不久，到隋文帝开皇四年，就分裂为东、西两部分了。东突厥与隋紧密相邻，交往频繁，虽然受中原文化的影响，然游牧民族的掠夺性依然存在。李渊乘隋末农民战争之机，改朝换代，取隋而代之，势必要对东突厥采取相应的对策。李渊夺取长安，建立唐朝，如果没有对东突厥正确的策略，是难以成功的；即使取得政权，也是难以巩固的。

隋朝末年，突厥异常强大，"控弦百余万，北狄之盛，未之有也，高视阴山，有轻中夏之志"②。李渊曾任太原留守，对突厥的实力与威胁是十分清楚的。他刚到太原时，就认为必须解决两个迫在眉睫的问题，才能大有作为。一个是镇压太原以南"历山飞"领导的农民起义军，一个是取和于突厥。他说："历山飞不破，突厥不和，无以经邦济时也。"③可见李渊对突厥问题是何等重视。

李渊要举兵南下，进军关中，必须解除后顾之忧。他根据敌我力量的对比，从实际情况出发，对突厥采取了"屈于一人之下，伸于万人之上"的以屈求伸策略。大业十三年七月，突厥柱国康鞘利等人到太原，李渊"为貌恭，厚加缯贿，鞘利等大悦"。事后，康鞘利又对其同伙说："唐公见我蕃人，尚能屈意"。④

---

① 《周书》卷五〇《突厥传》，第909页。
② 《旧唐书》卷一九四《突厥传上》，第5153页。
③ 《大唐创业起居注》卷一，第3页。
④ 《大唐创业起居注》卷一，第14页。

这正是李渊向突厥屈膝请和的表现。

李渊对突厥妥协求和是手段而不是目的。他的目的是夺取统治全国的最高统治地位。所以，李渊向突厥求和与其他割据势力依附于突厥截然不同，如刘武周、梁师都，都是公开叛隋而自立，接受突厥可汗的封号，刘武周为定杨可汗，梁师都为大度毗伽可汗，同时，突厥还授以狼头纛。实际上这是承认其与突厥之间的从属关系。李渊则完全不同，他既要起兵反隋，又不愿落叛逆之名；既要解除南进的后顾之忧，又不愿依附于突厥。所以，当有人劝他"执白旗，以示突厥"的时候，他没有采纳这个建议，而他军中的旗帜则是"赤白相映"。①白是突厥旗帜的颜色，绛赤是隋朝旗帜的颜色，"赤白相映"，显然是表示他既有继续拥护隋炀帝的意思，也有讨好突厥的意图。

李渊讨好突厥，使其不要成为后顾之忧。他明确说过："本虑兵行以后，突厥南侵，屈节连和，以安居者。"②由此可见，他对突厥"屈节连和"的用意，是防止"突厥南侵"。他不愿引狼入室，要求突厥派兵参加其队伍，以免增加对自己的威胁。他派刘文静出使突厥时一再嘱咐："突厥多来，民无存理。数百之外，无所用之。所防之者，恐武周引为边患。又胡马牧放，不烦粟草。取其声势，以怀远人。"③这一段私下的肺腑之言，进一步道出了李渊的真实意图。他向突厥称臣求和，主要是为了防止刘武周勾结突厥南下，同时，还想借助突厥的声势，扩大自己的影响，并无意借助突厥的力量去达到自己的目的。所以，他不希望"突厥多来"，只要求数百人就可以了。刘文静不辱使命，任务完成得很好。当李渊兵行至龙门时，突厥柱国康鞘利带兵五百人，马两千匹，跟踪而至。李渊非常高兴，因为突厥派来的兵力少而马多，故而对刘文静大加赞扬。他说："吾已及河，突厥始至。马多人少，甚惬本怀。"④李渊这种喜悦异常的心情，反映他的策略如愿以偿了。

李渊认识到解决突厥问题是他起兵的先决条件。以屈求伸的政策，避免了突厥的干扰，争取到了有利的形势，故起兵顺利，长驱南进，夺取关中。李渊

---

① 《大唐创业起居注》卷一，第11页。
② 《大唐创业起居注》卷一，第10页。
③ 《大唐创业起居注》卷一，第14页。
④ 《大唐创业起居注》卷二，第30页。

能够攻克长安，建立唐朝，与其采取的这种策略是密切相关的。

二、唐朝对突厥政策的变化

由于李渊不愿受制于人，突厥既不能控制李渊，但也不愿坐视李渊强大，成为劲敌。所以，李渊攻克长安以后，突厥不仅恃功倨傲，对李渊颇为无礼，而且还兴师动众，举兵南下，阻止李渊进一步发展，统一全国。

武德元年四月，李渊还未做皇帝的时候，突厥就准备与梁师都、薛举进兵长安。李渊对梁师都、薛举是要用武力征服的，所以，他暗中派都水监宇文歆去贿赂突厥启民可汗之子莫贺咄设。莫贺咄设受贿，不再行动，梁师都、薛举得不到支持，也就不敢轻举妄动了。

因为此时唐朝实力还弱，为了避免对突厥的战争，李渊对到长安的突厥使节也是卑躬屈膝。武德元年五月，李渊刚刚做了皇帝，始毕可汗遣骨咄禄特勤到长安，李渊在太极殿设宴招待，并奏九部乐。始毕可汗并不满足于物质上的贿赂与表面的恭敬，每遣使臣到长安，都"颇多横恣，高祖以中原未定，每优容之"[①]。由于"中原未定"，李渊还不能集中力量对付突厥，所以，只能忍辱负重。

更使李渊难堪的是，突厥处罗可汗立杨政道为隋王。杨政道是隋炀帝次子齐王杨暕之子。隋炀帝与齐王杨暕被杀，杨政道与萧后随宇文化及北返。宇文化及兵败被杀，窦建德立杨政道为郧公，后又被义成公主迎到突厥。武德三年二月，处罗可汗立杨政道为隋王，住在定襄（今内蒙古和林格尔西北），凡流落在突厥地区的内地人，都归其统治，并且设置百官，继承隋朝的各种制度，还打算在第二年攻取并州（今山西太原西南），迁移杨政道于此。这个傀儡政权，一直存在到贞观四年（630）李靖大败突厥之时，才向唐投降。显而易见，这是突厥有意与李渊为难。即使如此，当处罗可汗死亡时，李渊还是为之罢朝一日，表示哀悼。

随着唐朝政权的加强、长安地位的巩固，李渊对突厥的态度也有相应的变化。在平定薛仁杲、李轨、刘武周以后，又镇压了窦建德义军，接受王世充投降，

---

① 《旧唐书》卷一九四《突厥传上》，第5154页。

至此关东地区基本统一，突厥的势力有所削弱，唐朝的势力范围扩大，李渊对突厥的态度也就软中有硬了。

武德四年八月，突厥进攻代州（今山西代县），唐军拒城自守，坚决抵抗。九月，突厥又先后进攻并州、原州（今宁夏固原），也遭到唐军回击。从武德五年到武德末年，唐与突厥又多次发生战争。这些战争主要是突厥主动进攻，唐朝被动还击。虽然战争的规模不大，时间不长，但已经可以说明唐对突厥不再是单纯的妥协求和，而是边战边和，以战求和了。

武德五年八月，突厥进攻太原，同时遣使请求和亲。中书令封德彝主张战而后和。他说："突厥恃犬羊之众，有轻中国之意，若不战而和，示之以弱，明年将复来。臣愚以为不如击之，既胜而后与和，则恩威兼著矣！"①李渊接受了这个建议。从此以后，这就成了李渊对突厥的基本政策。

武德六年十月，颉利可汗进攻马邑，唐军坚决抵抗。当颉利可汗又要求和亲的时候，李渊坚持解马邑之围才能商议和亲。后来突厥虽然取得了马邑，但唐朝拒不和亲，颉利可汗只好又归还马邑。在这次战争中，李渊既不示弱，又坚持有条件的和亲，体现的是其以战求和的策略。

更为严重的是，这一时期突厥经常深入内地，威胁长安。武德七年（624）七月，突厥分别攻朔州（今山西朔州一带）、原州、陇州（今陕西陇县一带）、阴盘（今甘肃平凉东）、并州，从西和东两方向威胁长安。在这种形势颇为严重的情况下，有人向唐高祖建议道："突厥所以屡寇关中者，以子女玉帛皆在长安故也。若焚长安而不都，则胡寇自息矣。"②高祖曾经考虑过这种意见，并派中书侍郎宇文士及到樊（今湖北襄阳）、邓（今河南邓州）一带寻找合适的地方，准备迁都。由于秦王李世民的坚决反对，才未成行。八月，突厥又先后进攻忻州（今山西忻州一带）、并州、绥州（今陕西延安东南）等地，京师戒严。颉利可汗、突利可汗又倾其全力，进兵关中。唐军与突厥相持于豳州（今陕西彬州）。由于关中久雨，军粮运输困难，唐军士气不高。李世民亲赴阵前，首先斥责颉利可汗道："国家与可汗和亲，何为负约，深入我地！"继又责问突利可汗道："尔

---

① 《资治通鉴》卷一九〇，唐高祖武德五年八月，第5954页。
② 《资治通鉴》卷一九一，唐高祖武德七年七月，第5989页。

往与我盟，有急相救；今乃引兵相攻，何无香火之情也！"①颉利可汗听到"香火之情"，怀疑突利可汗与李世民有阴谋，遂命撤军。李世民利用颉利可汗对突利可汗的猜疑，冒雨进军，取得成功。虽然使突厥退军，但还是答应和亲并赠送大量钱帛。

武德九年（626），正当唐朝统治集团内部矛盾激化，也就是玄武门之变爆发的前夜，突厥又频繁地向唐进攻。仅在四月内，就先后向朔州、原州、泾州（今甘肃泾川一带）发动进攻，颉利可汗还与唐将李靖大战于灵州之硖石（今宁夏青铜峡附近）。最严重的是这年八月，李世民刚刚登上皇帝的宝座，颉利可汗与突利可汗合兵十余万，进攻泾州，一直打到武功，京师戒严。不久，突厥又攻高陵，与尉迟敬德所率唐军战于泾阳，唐军获胜。

突厥在泾州受挫，并未撤兵北去。颉利可汗很快又兵临渭水便桥，并派其亲信执失思力到长安观察虚实。执失思力虚张声势，声言颉利与突利二可汗统兵百万，长安大为震动。唐太宗镇定自若，当面斥责执失思力，突厥不该自负盟约，深入内地，并且表示要立斩执失思力。执失思力惧而求饶，唐太宗遂将其扣留。太宗意在向突厥示威，使其摸不清唐朝的底线。然而突厥强、唐朝弱的现状却没有改变，于是唐太宗与侍中高士廉、中书令房玄龄等六人亲到渭水南岸，与颉利可汗隔水交谈，责其负约。同时，唐军陆续而至，旌甲蔽野，严阵以待。颉利可汗看到执失思力不返，唐太宗又亲自出阵，军容甚盛，不敢轻举妄动。最后，唐太宗与颉利可汗盟于便桥之上，突厥兵退。

这一次突厥兵临长安城郊，唐太宗摆出了坚决抵御的架势，实际以战逼和。其所以如此，是因为唐太宗认为自己"即位日浅，国家未安，百姓未富"，战争一起，必然有所损失。所以，他"卷甲韬戈，啗以金帛"，而突厥得到物质好处，就会"志意骄惰，不复设备"，然后积极准备，乘机消灭突厥。唐太宗说：这就是"将欲取之，必固与之"的策略。②这种策略使长安转危为安。在这一时期，战是为了和，和又是为了将来的战。后来在贞观年间，唐军能够灭亡东突厥，彻底解除北方的威胁，就是这种策略的胜利。唐朝在以战求和的策略下，

---

① 《资治通鉴》卷一九一，唐高祖武德七年八月，第5992页。
② 《资治通鉴》卷一九一，唐高祖武德九年八月，第6020页。

巩固了政权，充实了国力，经过数年的精心准备，待敌我力量对比发生变化时，一举成功。

三、突厥威胁的解除

隋唐之际，在北方的割据势力，由于其地盘不大、力量不强，既不能抗拒突厥的进攻，还要与其他割据势力抗衡，故而大都依附于突厥，向其称臣纳贡。农民军领袖窦建德也被迫向突厥求和，接受其无理要求。《隋书》卷八四《突厥传》说："隋末乱离，中国人归之者无数，遂大强盛，势陵中夏。迎萧皇后，置于定襄。薛举、窦建德、王世充、刘武周、梁师都、李轨、高开道之徒，虽僭尊号，皆北面称臣，受其可汗之号。使者往来，相望于道也。"既然各割据势力均与突厥关系十分密切，唐要统一全国，必然要和突厥发生冲突。可以说，唐要消灭各个割据势力，实际上就是拔除突厥散布在内地的据点，因此唐与突厥的矛盾冲突是难以避免的。

唐朝要巩固统治，必须彻底解决突厥的威胁。为此唐朝一方面整军备战，唐太宗甚至亲自训练军队；一方面争取依附于突厥的其他势力，以削弱突厥的实力。如刘武周被击败后，突厥又扶持其部将苑君璋继续与唐为敌。苑君璋在唐与突厥之间有过多次反复，时而依附突厥，时而归顺唐朝，最后还是归唐。苑君璋降唐，唐政府并未计较他过去多次进攻唐军之事，反而还命他为安州都督，封芮国公，赐实封五百户。苑君璋的投降，使突厥失去了再次向内地进攻的前哨阵地，因此具有较大的意义。

与此同时，唐朝还不断地打击依附于突厥的割据势力。除了消灭刘武周，贞观二年唐军又平定了梁师都，实际上这是对突厥的沉重打击，使其失去了在内地的重要据点。自此以后，突厥再没有对长安构成直接威胁。但是并不等于长安就此一劳永逸了，因为这些都是突厥的外围力量，只要突厥自身实力仍然存在，对长安的威胁就没有彻底消除。

由于对唐朝威胁最大的是东突厥汗国，为了避免西突厥对其支援，唐太宗采取分化瓦解、分而治之的策略，结好于西突厥，不使其支援东突厥颉利可汗，又拉拢薛延陀，形成对东突厥南北夹攻的态势。

这一时期东突厥连年干旱，羊马死亡，民疲畜瘦，内部矛盾进一步激化，灭亡东突厥的条件已完全成熟。贞观三年（629）十一月，唐太宗兵分六路，命大将李靖、李勣、柴绍、李道宗、卫孝杰、薛万彻分别统率，诸路大军皆受李靖节度，从今山西北部至宁夏灵州（今宁夏灵武西南）的宽大正面，向东突厥发动了凌厉的攻势。（见图 3-3）次年正月，李靖率三千骁骑从马邑出发，进屯恶阳岭（今内蒙古和林格尔），乘夜袭占定襄城。颉利可汗未料到唐军突至，认为李靖敢孤军深入，定有主力随后，慌忙将牙帐撤至碛口（今内蒙古善丁呼拉尔），唐军俘获隋炀帝皇后萧氏与杨政道。颉利在撤退途中，连续遭到柴绍、李勣军队的打击，余众仅剩数万，不敢继续作战，派人向唐太宗求和，表示愿意归顺。唐太宗派鸿胪卿唐俭入突厥安抚。颉利见唐使前来抚慰，以为安然无事，未加戒备。李靖乘机派轻骑袭击颉利牙帐，他本人亲率大军跟进。突厥军溃散，被歼万余人，被俘男女十余万。颉利仓皇由云中（今内蒙古托克托东北）向西逃窜，意欲投奔吐谷浑或者高昌（今新疆吐鲁番东），在半途被唐军擒获。东突厥至此灭亡。

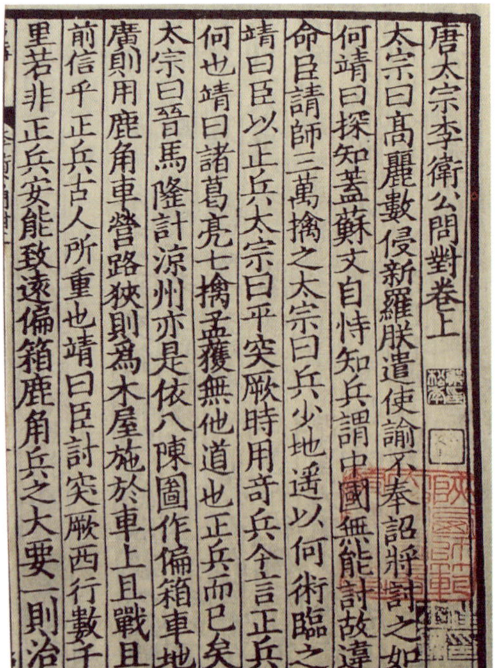
唐太宗李衛公問對卷上
太宗曰高麗數侵新羅朕遣使諭不奉詔將討之如何靖曰探知蓋蘇文自恃知兵謂中國無能討故違命臣請師三萬擒之太宗曰兵少地遙以何術臨之靖曰臣以正兵太宗曰平突厥時用奇兵今言正兵何也靖曰諸葛亮七擒孟獲無他道也正兵而已矣太宗曰晉馬隆討涼州亦是依八陳圖作偏箱車地廣則用鹿角車營路狹則為木屋施於車上且戰且前信乎正兵古人所重也靖曰臣討突厥西行數千里若非正兵安能致遠偏箱鹿角兵之大要一則治

图 3-3　李卫公问对
（杜文玉摄影）

东突厥的灭亡彻底地消除了对长安的威胁，使其真正成为全国的政治中心。此战的胜利使唐朝声威远播，各国、各族纷纷遣使到长安朝贡，他们服饰不同，面貌各异，会集于长安。贞观四年三月，四夷君长请求尊唐太宗为“天可汗”，太宗说：“我为大唐天子，又下行可汗事乎？”群臣及各族酋长皆呼“万岁”。自此以后，唐太宗以玺书赐西北诸国、诸族君长时，“皆称天可汗”。[①] 从此，唐朝君臣同心同德专心治理内政，终于促成了“贞观之治”的大好局面。

① 《资治通鉴》卷一九三，唐太宗贞观四年三月，第 6073 页。

第四章 长安与贞观之治

唐太宗李世民是通过发动玄武门政变而夺得皇帝之位的。自从即位以来，励精图治，发展生产，不仅取得了贞观之治的伟大成就，而且努力健全各种典章制度，尤其是确立了内重外轻的府兵之制，以拱卫京畿地区。在灭亡东突厥后，着力巩固与各民族的友好关系，被诸族拥戴为"天可汗"，使长安成为各族友好交往的中心。

第一节 玄武门之变与拱卫长安的府兵

一、玄武门之变

在唐朝扫平割据、统一全国的过程中,秦王李世民建立了不世之功勋,势力逐渐强大,对太子李建成的地位形成威胁,于是李建成与齐王李元吉联合起来,共同对付李世民的秦王府集团。

武德九年六月,李建成与李元吉利用率军抵御突厥的机会,密谋诛杀李世民和他的部下将士,被李世民收买的太子率更丞王晊秘密地把这个计划报告了李世民。于是,他命令尉迟敬德召回被赶出秦王府的房玄龄和杜如晦等人,以便最后确定具体部署。正当秦王府紧锣密鼓地准备起事时,又发生了一件事,几乎使李世民的政变流产。这件事发生在武德九年六月初,太白星屡现于白天,太史令傅奕密奏曰:"太白见秦分,秦王当有天下"①。这一天文现象,《新唐书·天文志三》也有记载。对于这一星象,古人解释为凶兆、灾变一类,主兵丧、谋逆、更王,即更换君主。唐高祖得到这一奏报,当然非常震惊,遂于六月三日召见李世民,并将傅奕的奏状拿给他看。此事并非虚构,因为天文志上也有这一星象的记录。后来李世民当了皇帝,曾对傅奕说过这样的话:"汝前所奏,几累于我"②。可见当时李世民的确相当狼狈。不过李世民毕竟不同于常人,他在这一变故面前还是沉住了气,上奏说:"臣于兄弟无丝毫负,今欲杀臣,似为世充、建德报仇。臣今枉死,永违君亲,魂归地下,实耻见诸贼!"③并且灵机一动,密告建成、元吉淫乱宫闱。李世民说这番话是为了达到两个目的:其一,他一再提到王世充、窦建德,是提醒高祖自己对唐朝是有大功的,使高祖不便轻易对他下手;其二,反映建成、元吉淫乱宫闱之事,可以起到转移打击目标的作用,且此类事都是在秘密状态下进行的,短时间内谁也说不清楚,这样就可以为发动政变争取到时间。大约是高祖平时确实也见到过建成、元吉与一些

---

① 《旧唐书》卷七九《傅奕传》,第 2716 页。
② 《旧唐书》卷七九《傅奕传》,第 2717 页。
③ 《资治通鉴》卷一九一,唐高祖武德九年六月,第 6009—6010 页。

嫔妃往来频繁,而且她们也经常在高祖面前说二人的好话,听李世民这么一说,心中疑惑,中了秦王之计,便对他说:"明日当勘问,汝宜早参。"①意思是明天一定要当面讯问,你应当早点朝参对质。这样,李世民就争取到了宝贵的一天时间。回到秦王府,连夜商讨对策,决定次日清晨采取行动,先发制人,一举摧毁东宫集团的势力,夺取皇位。

六月四日,唐高祖召宰相裴寂、萧瑀、陈叔达等人入宫,准备讯问建成、元吉淫乱宫闱之事。

李世民命尉迟敬德、长孙无忌、侯君集、张公谨、公孙武达、独孤彦云、刘师立、杜君绰、李孟尝、郑仁泰等人率兵在皇宫北门,即玄武门埋伏,与北门守将敬君弘、常何配合,待建成、元吉到达后发动袭击。玄武门守将常何本来是太子集团中人,这时已被李世民收买,从而使秦王府的军队顺利地埋伏于玄武门,而建成、元吉自以为玄武门为自己的人把守,心无疑虑,结果措手不及,以致丧命。

此时,张婕妤已经觉察到秦王府行动异常,派人驰马报知李建成。李建成遂召元吉前来商议,元吉主张立即发动东宫军队,做好准备,托病不朝,以观形势变化。李建成却认为"兵备已严,当与弟入参,自问消息"②。遂与李元吉骑马直趋玄武门,当他们走到临湖殿时,发觉情况异常,立即掉转马头向东宫奔去。李世民紧追不舍,元吉回头张弓便射,连续三次都没有把弓拉满,所射之箭达不到射程,根本够不着李世民,可见李元吉已经仓皇失措到何种程度。李世民首先射死了李建成,李元吉被随后追来的尉迟敬德射下马来,由于伤势不重,他慌忙逃入附近树林之中。李世民奋起直追,由于马惊被树枝所挂落马,元吉见机会来了,返身夺过李世民的弓,欲加伤害,正好敬德赶到,元吉只好放弃世民,打算逃到武德殿,却被敬德追射而死。

建成、元吉死后,东宫与齐王府的精兵两千余人在冯立、薛万彻、谢叔方等将的率领下赶到玄武门,与秦王府的军队展开激战。掌管北门屯兵的将军敬君弘与吕世衡开门迎战,被东宫军队杀死。张公谨见对方人多势大,遂关闭宫

---

① 《旧唐书》卷六四《隐太子建成传》,第2418页。
② 《资治通鉴》卷一九一,唐高祖武德九年六月,第6010页。

门拒守,东宫兵猛攻不下。双方激战了很长的时间,薛万彻见宫门一时难以攻破,遂鼓噪欲攻打秦王府,秦王府将士大惧,因为其精兵皆在玄武门,秦王府空虚,如果遭到攻击,势必难以拒守。正在这时,尉迟敬德持建成、元吉之头出示,东宫兵见主人已死,人心慌乱,溃散而去。

这时,唐高祖还不知道发生了政变,正在宫中的海池泛舟。李世民命尉迟敬德入宫宿卫,敬德擐甲持矛,直奔高祖而来,高祖见状大惊,知道出了乱子。敬德对高祖说:"秦王以太子、齐王作乱,举兵诛之,恐惊动陛下,遣臣宿卫。"高祖回头对裴寂等人说:"不图今日乃见此事,当如之何?"萧瑀、陈叔达回答说:"建成、元吉本不预义谋,又无功于天下,疾秦王功高望重,共为奸谋。今秦王已讨而诛之,秦王功盖宇宙,率土归心,陛下若处以元良(指太子),委之国事,无复事矣!"此时建成、元吉已死,敬德名为宿卫,实为武装胁持,在这种情况下,高祖只好言不由衷地表态说:"善!此吾之夙心也。"①

这时长安城中其他地区双方的混战还未止息,敬德要求高祖下敕,命诸军皆接受秦王指挥,高祖也只得照办,并派天策府司马宇文士及外出宣读敕令,战斗始得以平息。然后高祖又令裴矩到东宫晓谕将士,将他们全部遣散。

等到唐高祖干完这些事后,李世民这才出面来见其父,并抱着高祖大哭,"跪而吮上乳"②。据说,李渊"体有三乳"③。李世民这个动作完全是故作亲昵之态,他在诛杀兄弟、逼迫父亲取得胜利时刻,仍然没有忘记保全仁孝的名声,这位政治家的心机真可谓用到家了。唐高祖此时的心情真是复杂极了,两个儿子被杀,还不敢稍有愤怒或悲伤的表示,反而安慰李世民说:"近日以来,几有投杼之惑。"④这里用了一个典故,是说有一个与孔子的学生曾参同姓同名的人杀了人,有人告诉曾参之母说你儿子杀人了,曾母不信,仍旧坦然地织布。当第三个人以同样的话转告她时,曾母对儿子的信念动摇了,于是投杼(梭)下机,越墙而逃。高祖借用这个典故比喻自己像曾参之母一样听了别人关于李世民的坏话,

---

① 《资治通鉴》卷一九一,唐高祖武德九年六月,第 6011 页。
② 《资治通鉴》卷一九一,唐高祖武德九年六月,第 6012 页。
③ 欧阳修、宋祁:《新唐书》卷一《高祖本纪》,中华书局 1975 年版,第 1 页。
④ 《资治通鉴》卷一九一,唐高祖武德九年六月,第 6012 页。

实际上是向李世民表示歉意,可见这位皇帝已经沦落到何种可悲的地位。

李世民政变成功,大权在握,遂下令处死了李建成的五个儿子,而李建成的长子早死,这样李建成一门就全部死绝了。李元吉也有五个儿子,此时年纪尚幼,也全部被杀。李建成死时38岁,李元吉仅24岁。李世民在胜利之后,大杀诸侄,斩草除根,可谓心狠手辣,后人对此评价说:"是时高祖尚在帝位,而坐视其孙之以反律伏诛,而不能一救,高祖亦危极矣。"并认为李世民此时尚未即帝位,以谋反罪诛杀诸侄,其罪名是不能成立的。① 其实,就算李世民已经是皇帝了,建成、元吉诸子年幼不懂事,又怎么会谋反呢?不过政治斗争是无情的,不得以常理评论,骨肉之亲在残酷的政争中不免显得苍白无力,故李世民此举也无可厚非。

图4-1 唐太宗像
(引自杜文玉主编:《贞观长歌》,三秦出版社2007年版,正文插页)

六月七日,也就是玄武门之变三天后,唐高祖诏立李世民为皇太子。秦王府的官员们也纷纷改换官衔,其中敬德改任太子左卫率,由于他在政变中出力甚大,又把齐王国司的金帛什器赏赐给了他。这一月十六日,高祖已经知趣地打算退位去当太上皇,要求裴寂等人择好日子,宣布退位。大概李世民觉得这么快就使父亲退位,容易给人留下逼父下台的口实,所以又拖了一段时间,使得李渊又做了两个月的空头皇帝。

李世民(见图4-1),史称唐太宗,次年改元贞观,他是中国历史上的英明皇帝,开创了"贞观之治"的崭新局面。

---

① 赵翼著,王树民校证:《廿二史札记校证》卷一九《建成元吉之子被诛》,中华书局1984年版,第409页。

二、十六卫与十率府

唐朝前期沿袭隋制，仍然实行府兵制，府兵直接由各军府掌管，分别隶属于中央诸卫，而十六卫统属于皇帝，兵部只掌管兵籍，遇有战事，君相命将出征，用制敕和兵部符契调折冲府或州郡之兵。中唐以后，府兵制破坏，诸卫只存空名，北衙诸军兴起，以后又以宦官典禁军。

十六卫，指左右卫、左右骁卫、左右武卫、左右威卫、左右领军卫、左右金吾卫、左右监门卫、左右千牛卫。除左右监门、千牛四卫外，其余十二卫皆分领军府，因此人们在论到府兵制时，又有为十二卫之称。左右监门卫掌诸宫门禁卫及门籍，"文武官九品以上，每月送籍于引驾仗及监门卫，卫以帐报内门。凡朝参、奏事、待诏官及伞扇仪仗出入者，阅其数。以物货器用入宫者，有籍有傍。左监门将军判入，右监门将军判出，月一易其籍。行幸，则率属于衙门监守"①。左右千牛卫掌执御刀侍卫左右，"凡千牛备身左右，执弓箭以宿卫，主仗守戎服器物。凡受朝之日，（将军）则领备身左右升殿，而侍列于御坐之左右。凡亲射于射宫，则将军率其属以从"②。

其军府分内府、外府，其中左右卫领亲府一、勋府二、翊府二，共五内府，其余十卫各领翊府一。外府各卫所领之数不统一，各有数十军府。

十六卫各置有大将军一人，正三品，将军一至二人，从三品，为正副长官。下置有长史一人，从六品上，掌判诸曹，赞大将军考课；录事参军一人，正八品上，掌勾稽诸曹；仓、兵、骑、胄曹参军各一至二人，仓曹掌文官考课、俸禄、医药、过所，兵曹掌武官宿卫番第，骑曹掌马匹杂畜簿账，胄曹掌兵械与营缮。又有司阶、中候、司戈、司戟各数人，号四色官。（见图4-2）

内府各置中郎将一人，正四品下，左右郎将各一人，正五品下，为正副长官。下置有录事参军一人、兵曹参军一人，下置有校尉、旅帅、队正等各级领兵军官。

十率府，为东宫军事机构，仿十六卫而置。即：左右卫率府、左右司御率府、左右清道率府、左右监门率府、左右内率府。其中：左右监门率府、左右内率

---

① 《新唐书》卷四九《百官志四上》，第1286页。
② 《旧唐书》卷四四《职官志三》，第1902页。

图 4-2　唐代列队骑兵俑
（杜文玉摄影）

府分领监门直长、千牛备身宿卫，不领军府，其余率府皆领有军府；左右卫率府领亲、勋、翊府各一，外府五；司御、清道率府不领内府，仅各领外府三。

十率府各有率一人，正四品上，副率一至二人，从四品上，为正副长官。下有长史、录事参军、仓曹参军、兵曹参军、胄曹参军，还有司阶、中候、司戈、执戟等军官。内府设官与诸卫所辖内府相同。

军府叫折冲府，各置有折冲都尉一人，左右果毅都尉各一人，为正副长官。下置有长史一人，兵曹参军一人，下有校尉（团）、旅帅（旅）、队正（队）、副队正等军官。折冲府分为上、中、下三等，上府有兵一千二百人，中府有兵一千人，下府八百人。其长官品阶也有高下之分，上府折冲都尉，正四品上，中府从四品下，下府正五品下。其余军官品阶亦各不相同，校尉以下军官品阶相同。

府兵制破坏后，诸卫成为闲司，大将军、将军等军官便成了武官迁转之阶。

贞元二年（786），十六卫又新置了上将军各一人，从二品，用来置安勋臣或节帅罢节钺者，仍为闲职。只有左右金吾卫例外，其仍辖有一定数量的军队，主要负有京师巡警之职责。

三、拱卫长安的府兵

李渊进兵长安，以关中为根据地，逐步统一全国，使长安与关中恢复了它在全国的重要地位。唐高祖为了巩固发展新建的政权，相应在军事上采取必要的措施。武德二年七月，"高祖以天下未定，事资武力，将举关中之众，以临四方，乃置十二军，分关中诸府以隶焉"[①]。他把关中分为十二道，即万年道（治所在陕西西安市临潼区）、长安道（治所在陕西西安）、富平道（治所在陕西富平）、醴泉道（治所在陕西礼泉）、同州道（治所在陕西大荔）、华州道（治所在陕西渭南市华州区）、宁州道（治所在甘肃宁县）、岐州道（治所在陕西凤翔）、豳州道（治所在陕西彬州）、西麟州道（治所在陕西麟游）、泾州道（治所在甘肃泾川）、宜州道（治所在陕西宜川）。把十二军分别置于十二道中，使关中诸军府分别隶属于十二军。十二军的长官称"将军"，副长官称"军副"。这些人都是"威名素重者"。他们的任务是"督以耕战之务"。采取这种措施的结果，是"士马精强，所向无敌"。[②] 武德三年，又以万年道为参旗军，长安道为鼓旗军，富平道为玄戈军，醴泉道为井钺军，同州道为羽林军，华州道为骑官军，宁州道为折威军，岐州道为平道军，豳州道为招摇军，西麟州道为苑游军，泾州道为天纪军，宜州道为天节军。（见图4-3）

关中府兵不仅在统一全国的战争中发挥了重要作用，在对付突厥的战争中也是举足轻重的。另外，唐高祖还把追随他从太原起兵的基本队伍也驻扎在关中。他初起兵时，只有三万来人，到攻取长安的时候，就有二十余万了。在统一全国的战争告一段落的时候，军队自然需要减少。于是，唐高祖把大量的军队遣散，仅留下了三万自愿充当宿卫军队，把渭水以北沿白渠一带肥沃的土地分给他们，号称"元从禁军"。这些军人，在其年老不能任事的时候，以其子弟代替，称

[①] 杜佑：《通典》卷二八《职官十·将军总叙》，中华书局1988年版，第782页。
[②] 《资治通鉴》卷一八七，唐高祖武德二年七月，第5859页。

为"父子军"①。由此可见，在武德年间，就兵力的部署来说，确实体现了唐高祖"举关中之众，以临四方"②的愿望。

贞观十年（636），唐太宗把军府改称折冲府。军府的长官也改变了名称。武德初年，军府的长官称骠骑将军，副长官称车骑将军，统帅府兵的机构称骠骑府；有些地区仅以车骑将军统率军府，故称车骑府。武德六年改骠骑将军为统军，车骑将军为别将，骠骑府改称统军府。这时，唐太宗又改称统军为折冲都尉，别将为果毅都尉，统军府也就改称折冲府了。关于全国的军府数目，各种史籍记载不同。这主要是唐朝在不同时期，军府增置或裁减变化的缘故。根据《新唐书·兵志》与《资治通鉴》记载，全国共有折冲府六百三十四个，关内一道即有二百六十一个。全国共分十道，关内一道即有三分之一还多的军府，可见唐朝统治者是极为重视关中地区的。

图4-3 隋唐时期甲胄图
（杜文玉摄影）

折冲府在赤县（两京内的县为赤县，如万年、长安、洛阳、河南等）者为赤府，在畿县（两京附近的县为畿县）者为畿府。根据区分上、中、下府的原则，不管是赤府还是畿府，其等级都高于其他军府。这说明京师所在之地的关中地区，军事力量最为雄厚，充分反映了唐朝统治者加强中央集权政治的指导思想。不仅如此，其他地区的府兵也必须服从最高统治者的需要，轮流到京师执行宿卫

---

① 《新唐书》卷五〇《兵志》，第1327页。
② 《通典》卷二八《职官十·将军总叙》，第782页。

任务。到京师宿卫谓之"番上"。按照规定,距京师500里以内的折冲府,应五个月番上一月;1000里以内的折冲府,应七个月番上一月;1500里以内的折冲府,应八个月番上一月;2000里以内的折冲府,应十个月番上一月;2000里以外的折冲府,应十二个月番上一月。这种以京师为中心、以最高统治者的需要为目的的府兵番上制度,更充分地反映了长安是全国的政治中枢。

第二节 各族友好交往的中心——长安

一、天可汗地位的确定

武德年间,由于唐朝刚刚建立,又进行了多年的统一战争,国力还不够强大,所以,北方的突厥经常侵扰边境,甚至直逼京师,使唐朝的统治者感到不安。武德九年八月,唐太宗刚刚即位,突厥就兵临渭河便桥,大有进攻长安之势。由于唐太宗软硬兼施,并答应送给大量绢帛财物,才使其退兵,长安转危为安。突厥所扶持的傀儡梁师都,这时还盘踞陕北地区,不时向唐发动进攻。突厥也视梁师都所踞地盘为自己所有。贞观二年四月,受突厥统治的契丹首领摩会率部归唐。突厥颉利可汗向唐提出要以梁师都交换契丹。太宗对突厥使臣断然说道:"契丹与突厥异类,今来归附,何故索之!师都中国之人,盗我土地,暴我百姓,突厥受而庇之,我兴兵致讨,辄来救之,彼如鱼游釜中,何患不为我有!借使不得,亦终不以降附之民易也。"①尽管唐太宗敢于严词拒绝突厥干涉契丹与唐发展关系,但也说明突厥与唐还是处在分庭抗礼的敌对状态。不久,唐太宗就平定了梁师都,这既是统一全国的最后一步,也是拔除突厥在内地的据点行动。

唐太宗为了削弱东突厥的力量,还采取了分化瓦解政策。贞观二年,被东突厥统治的其他各族纷纷反抗突厥,共推薛延陀人夷男为可汗,夷男恐自己难孚众望而不敢当。唐太宗抓紧这个有利时机,派遣游击将军乔师望间道册封夷男为真珠毗伽可汗。夷男欣喜万分,遂遣使入贡。贞观三年八月,夷男遣其弟统特勒到长安入贡,唐太宗赐以宝刀及宝鞭,并对其弟说:"卿所部有大罪者

---

① 《资治通鉴》卷一九二,唐太宗贞观二年四月,第6050页。

斩之，小罪者鞭之。"①夷男十分高兴，于是和唐朝的关系更为密切。

贞观三年九月，突厥三千骑降唐，拔野古、仆骨、同罗、奚等酋长也相继归唐。十二月，突厥突利可汗入朝长安，唐太宗高兴地对侍臣说："往者太上皇以百姓之故，称臣于突厥，朕常痛心。今单于稽颡，庶几可雪前耻。"②这时，突厥的可汗到长安朝见太宗，显然是唐与突厥双方力量的对比起了变化的结果。贞观三年十一月，唐太宗遣李靖、李勣率大军分道出击突厥。贞观四年正月，颉利可汗的亲信康苏密连同隋炀帝萧皇后与其孙杨政道降唐。萧皇后与杨政道是宇文化及被窦建德消灭以后，由隋义成公主（隋嫁到突厥去的宗室女）派人迎到突厥去的。突厥把他们当作政治资本，常与唐朝为敌。这时，突厥把他们送给唐朝，说明突厥已经没有能力再和唐朝进行对抗了。二月，唐军彻底打败东突厥，杀义成公主，俘颉利可汗。

随着唐朝国力的不断强大与突厥力量的日益衰落，周边其他各族与唐朝的关系也逐步有所改善。一些依靠东突厥支持而存在的割据势力也改变态度，归附唐朝。刘武周失败以后，苑君璋又统其余众，继续与唐为敌。贞观元年（627）五月，苑君璋看到突厥内部矛盾重重，靠山不稳，遂率众降唐。贞观三年四月，被突厥统治的奚、霫等数十部背离突厥降唐；八月，薛延陀遣使到长安入贡。不久，靺鞨也遣使入贡，唐太宗非常得意地说："靺鞨远来，盖突厥已服之故也。昔人谓御戎无上策，朕今治安中国，而四夷自服，岂非上策乎！"③贞观三年，户部奏称："中国人自塞外归及四夷前后降附者，男女一百二十余万口。"④显然，这是周边各族与唐朝关系和谐的象征。（见图4-4）

贞观四年三月，各族首领到长安，请求唐太宗为"天可汗"。突厥等一些民族的首领称"可汗"，共尊唐太宗为"天可汗"，是各族首领视唐太宗为天下共主。唐太宗颇感突然，他说："我为大唐天子，又下行可汗事乎？"唐朝群臣与各族首领都高呼"万岁"，表示拥护。自此以后，唐太宗"以玺书赐西域、

---

① 《资治通鉴》卷一九三，唐太宗贞观三年八月，第6065页。
② 《资治通鉴》卷一九三，唐太宗贞观三年十二月，第6067页。
③ 《资治通鉴》卷一九三，唐太宗贞观三年十二月，第6067页。
④ 《资治通鉴》卷一九三，唐太宗贞观三年十二月，第6069页。

北荒之君长,皆称'皇帝天可汗'"。各族首领有死亡者,唐太宗就下诏"立其后嗣焉。临统四夷,自此始也"。① 唐太宗对各民族的首领自称"皇帝天可汗",说明他既保持了中原地区最高统治者的权威,也尊重了周边各族的习惯。(见图4-5)

贞观二十一年(647)正月,北方各族首领向唐太宗奏称:"臣等既为唐民,往来天至尊所,如诣父母,请于回纥以南、突厥以北开一道,谓之参天可汗道,置六十八驿,各有马及酒肉以供过使,岁贡貂皮以充租赋,仍请能属文人,使为表疏。"② 唐太宗同意了这一要求。各族首领要求开辟参天可

图 4-4 客使图

(引自张鸿修编著:《中国唐墓壁画集》,岭南美术出版社1995年版,第107页)

图 4-5 客使图

(引自周天游主编:《唐墓壁画研究文集》,三秦出版社2001年版,前插页)

汗道,正反映了他们希望能够更方便地到达长安,与唐有更多交往的要求。

"天可汗"并非仅仅是唐太宗一人的称号,而是唐朝历代皇帝的称号。自太宗以后的唐朝诸帝对周边诸族皆用此称号,表明周边各族人民皆承认唐朝皇

---

① 《通典》卷二〇〇《边防十六·北狄七》,第5494页。
② 《资治通鉴》卷一九八,唐太宗贞观二十一年正月,第6245页。

帝为天下之共主，这是有唐一代民族团结的象征。

二、文成公主入藏

吐蕃是南北朝后期，羌族的一支兴起于青藏高原的部落联盟建立的政权。吐蕃人即今天我国藏民族的祖先。吐蕃风俗称强健雄壮为"赞"，丈夫为"普"，所以其君长被称为"赞普"，即"伟丈夫"之意。贞观初年，吐蕃民族出现了一位杰出的赞普——松赞干布（约617—650）。他本名弃宗弄赞，松赞干布是臣下给他上的尊号，"松赞"意思是端庄尊严，"干布"是深沉大度之意，藏族传说中说他从小聪明过人、性格沉稳坚毅，且多才多艺。他从父亲普朗日论赞手中继承了吐蕃赞普之位，开始兼并周边部落，统一了青藏高原，以逻些（今西藏拉萨）为都城，建立了一个强大的政权。松赞干布是吐蕃历史上的英雄，是一位具有广阔视野的杰出政治家，在贞观八年（634），他首次遣使与唐通好，唐派使节冯德遐带着国书和礼物回访，松赞干布亲自接见了唐使。当时，吐蕃处于奴隶制发展阶段，中国正处于古代社会的盛世，从唐使的服饰以及随行队伍的仪仗与物品，松赞干布看到双方存在的差距，并深深折服于唐人高雅的文化、礼仪修养和唐朝发达的物质文明。于是，他又派使节随冯德遐一起入唐，向唐太宗请求和亲，但未得到唐朝的允许。

中国古代早有和亲的历史传统，和亲是一种加强、协调与边疆各族政权关系的民族政策。汉代多次与匈奴和亲，留下了昭君出塞的千古佳话。贞观十四年（640），松赞干布又派遣其国相禄东赞再次向唐太宗请求和亲。考虑到吐蕃拥有较强的军事实力，为保证西南边境的安宁，同时为了加强双方的关系，唐太宗初步表示同意其请求。松赞干布得知后很高兴，又派禄东赞入长安，献上黄金五千两及珍玩数百件。唐太宗最终决定将宗室女封为文成公主，许婚松赞干布。文成公主从小受到良好的教育，熟读经史文籍，知晓礼法妇德，选择这样一位公主与吐蕃和亲，可见太宗对这桩婚事还是非常重视的。唐代著名画家阎立本的作品《步辇图》（见图4-6），就生动表现了吐蕃使者入唐向唐太宗求婚的场面。

贞观十五年（641），太宗让礼部尚书、江夏王李道宗主婚，持唐朝使节送文成公主前往吐蕃。松赞干布得知消息，非常高兴，认为自己的父祖辈都未曾

图 4-6 《步辇图》

（引自中国古代书画鉴定组编：《中国绘画全集·战国—唐》，文物出版社 1997 年版，第 154—155 页）

和中原王朝通婚，自己能娶大唐公主实在是十分幸运，为了纪念和诏告后代，他表示要为文成公主在逻些建造城郭、宫殿。松赞干布派吐蕃国相禄东赞到长安迎亲，自己亲赴河源迎接公主，在柏海（今青海扎陵湖）见到李道宗与公主一行。松赞干布很恭敬地对李道宗以唐朝女婿之礼相见，感叹唐朝服饰精美、礼仪完备。回到逻些后，松赞干布与文成公主举行了盛大的婚礼。从此，吐蕃与唐朝建立甥舅关系，此后两百年间，其首领只有经过唐政府册命，才是名正言顺的赞普。

从贞观十五年入藏，到唐高宗永隆元年（680）去世，文成公主在吐蕃生活了四十年之久，充当了唐朝与吐蕃政治、经济、文化交流的友好使者。（见图 4-7）

她最主要的功勋就是给唐朝和吐蕃人民带来了安宁和平。后来唐中宗在决定送金城公主入藏时，曾颁布制文谈到和亲的原因，称太宗为了百姓安宁决定与吐蕃和亲，文成公主在吐蕃数十年间，这一地区安宁无事。而文成公主死后，唐蕃之间在边境屡有摩擦，吐蕃经济发展也受到影响，所以吐蕃请求和亲，而自己为了边境安宁决定送金城公主出嫁吐蕃。从某种意义上说，这也是对文成公主作为和平使者贡献的高度评价。

文成公主入藏的贡献之二，就是她有力推动了吐蕃经济、文化的发展。当初入藏时，她除了带去大量金银珠宝、精美的丝织品和手工艺品，还带去了能

图 4-7　青海塔尔寺松赞干布与文成公主塑像
（青海塔尔寺提供）

够适应青藏高原气候的谷物与蔬菜种子，以及历法与农业手工业生产等方面的书籍，此外还有许多佛像和佛教典籍。随同她入藏的人员众多，其中包括各种工匠，他们将唐代先进的生产技术传入吐蕃。文成公主还亲自教吐蕃妇女纺织。唐高宗初年，她又请求唐朝赐给吐蕃蚕种和造酒、碾硙、制造纸墨的工匠，都得到了唐政府的许可。唐代诗人陈陶曾写下"自从贵主和亲后，一半胡风似汉家"的诗句，描绘文成公主入藏后，吐蕃社会风俗发生的巨大变化。史书记载：文成公主入藏后，不习惯也不喜欢吐蕃人原有的以赭色涂面的习俗，松赞干布就下令停止这种习俗，在与公主相处时，他也脱掉毡裘，穿上公主带来的丝绸制作的汉服。松赞干布越来越仰慕华风，他又请求唐政府允许他派遣吐蕃酋长的子弟进入唐朝学习中国文化，还请唐朝饱学的儒士为其管理吐蕃的文书表章，促进了吐蕃文化进步。

吐蕃人民非常爱戴和怀念文成公主，在民间流传着许多关于文成公主的故事。今天，拉萨的大昭寺和布达拉宫中，都供奉有松赞干布和文成公主的塑像。文成公主与松赞干布的联姻，开启了唐蕃友好交往的大门，他们二人已成为唐朝以来汉藏民族之间团结友好的象征。

三、民族迁徙与融合

在唐朝前期民族迁徙的原因有二：一是与唐朝的战争中，一些民族战败，被唐政府有计划地安排内迁；二是少数民族之间发生战争，一些战败的民族被迫内迁，以躲避追杀。贞观四年，东突厥灭亡，颉利可汗被俘。这一时期有十万户的突厥人归附了唐朝，唐政府遂将其安置在幽州（今北京西南）、灵州一带，设立了四个都督府管理，迁到长安的近万家。此外，在今河北北部与宁夏北部一带也安置了不少突厥人。

贞观十三年（639），唐太宗驾幸九成宫，遭到了在朝中任官的突厥人结社的突然袭击。虽然结社失败被杀，但此事极大地震动了唐王朝。朝臣们纷纷上表，主张将内迁的突厥人迁往漠南。唐太宗遂册封突厥首领李思摩为可汗，建牙于定襄城，把黄河以南的突厥降户全部迁到漠南，归李思摩管辖。但是这些突厥人惧怕正在崛起的薛延陀的打击，并不愿迁往漠南，所以虽然有唐朝政府的命令，还是有部分突厥人留在原地没有迁走。李思摩北迁时有胜兵四万，户三万，无法抵御薛延陀的势力，随后不久又纷纷逃回了黄河以南地区。在这一带他们受到唐朝的庇护，免受异族的滋扰，继续过着游牧生活，生活安宁，羊马繁衍，与汉族的关系也日益密切。

除了突厥人，党项人也因为吐蕃的压力而内迁。从贞观三年开始内迁，至贞观六年（632）止，唐朝共安置党项人三十四万，设置羁縻州三十二个，皆归松州（今四川松潘）都督府管辖。此外，还在陇右道设置了静边州都督府，下辖十四个羁縻州，也是用来安置内迁的党项人。静边州都督府后来迁到了庆州（今甘肃庆城）。党项人内迁的地区还有洮（今甘肃临潭）、秦（今甘肃天水）、庆、灵、夏、胜、银（今陕西榆林市横山区东）等州。

薛延陀灭亡后，铁勒人中也有部分人内迁，主要安置在河套南北一带，此外长安也有不少铁勒人。在唐朝前期每平一国，都迁徙其贵族入长安居住，再加上各国的质子、使者、商人、留学生，遂使长安成为当时居住外国及少数民族之人最多的一个大都市。

唐朝政府对这些内迁的民族推行允许其保留原有的生活、生产方式的政策，同时又允许其学习汉族的先进文化和科学技术，并不强迫其接受农耕生活。随着其与汉族人民接触的增多，双方文化潜移默化、相互影响，并最终融合为一体。此外，各族之间相互通婚，也是促进民族融合的一种重要方式。

唐代民族融合的主流是汉化，但并不是说只有汉族影响其他民族，民族融合的结果是使汉族的血统、文化、习俗和体质都发生了很大的变化。民族融合不仅仅是增加了汉族的人数，而且极大地改变了汉族体质，使其更加充满活力，使汉文化中增加了不少新的内涵。长安一度出现的"胡化"倾向，充分地证明了其他民族文化、习俗的影响也是很大的。灿烂的唐文化正是由于吸收了各族文化的精华，才得以放射出耀眼的光芒。

四、唐初在长安的蕃将

唐朝早在唐高祖的武德时期就已开始使用蕃将，不过数量还不多，至唐太宗的贞观时期，随着唐朝与周边民族交往的增加、羁縻府州的设置，遂开始大量地使用蕃将了。唐太宗并不把少数民族将领视为"异类"，加以猜忌和排挤，而是把他们与汉族将领一视同仁，视为心腹，委之以兵权。正因为如此，这些所谓蕃将也将唐朝视为自己的政权，为唐朝冲锋陷阵，立下了许多功勋。

武德时期的蕃将主要有：刘政会，匈奴人后裔；宇文士及，鲜卑人；史大奈，突厥贵族。贞观时期的蕃将主要有：屈突通，奚族人；侯君集，鲜卑人；阿史那社尔，突厥人；执失思力，突厥人；契苾何力，铁勒人；阿史那忠，突厥贵族。以上这些人均为在朝的蕃将。此外，还有不少镇守边疆的蕃将，如：安胐汗，安国大首领；仆骨歌滥拔延，铁勒仆骨部首领；浑阿贪支（又称浑潭），铁勒浑部首领，其五世孙浑瑊，为中唐时期著名大将；阿跌贺之，铁勒阿跌部大首领，其曾孙李光颜在宪宗时平定淮西镇（今河南汝南）的叛乱中建立了大功；吐迷度，回纥大首领；阿史那贺鲁，西突厥叶护；等等。

这些所谓蕃将对大唐帝国的统一、强盛以及边疆地区的稳定都建立了不朽的功勋，唐朝政府对他们也是不惜高官厚禄，主要表现在如下方面。其一，嫁公主，结婚姻。如：阿史那社尔，尚衡阳长公主；契苾何力，尚临洮县主；执失思力，尚九江公主；阿史那忠，尚定襄县主；等等。其二，赐姓名。早在唐高祖时就已采取这个办法,太宗时赐蕃将以李姓颇为兴盛,如赐靺鞨酋长突地稽、党项首领拓跋赤辞、契丹首领窟哥等皆李姓。其三,陪葬帝陵。古代把大臣死后陪葬帝陵视为莫大的荣耀,通常都是功臣。从唐太宗开始,蕃将有功者也可以享受到这种待遇,如阿史那社尔、阿史那忠、史大奈、契苾何力、李思摩、阿史那道真等。至于给蕃将授高官,封高爵,赏赐财物与宅第,更是举不胜举。

贞观时期蕃将的功业与成就,主要表现在军事方面。他们舍生忘死,奋不顾身,扫平内乱,平定边患,为大唐帝国建立了许多功勋。随着社会的稳定、战争的减少,他们遂慢慢介入政治,在这方面也有不俗的表现。唐代蕃将群体的出现,既是多民族统一国家得以巩固的表现,同时也促进了社会的稳定与民族之间经济、文化交流的发展。

第三节　贞观时期的政治

一、陕籍将相

唐太宗对任人为贤有着深刻的认识,他曾写过一部名为《帝范》的书,其中有《求贤》一篇,专门论述了选择贤才对治理国家的重要性问题。说明唐太宗在任人为贤方面是有着深刻的思想识知的。欲用贤才,必须首先识才,当时的重要大臣魏徵曾向太宗进言说:"知人之事,自古为难,故考绩黜陟,察其善恶。"[①] 即主张在使用中加强考察以识别优秀人才。那么什么样的人才是贤才呢?也就是说选人的标准是什么?魏徵在贞观十四年向太宗的上书中,提出了十二条识人标准,得到了太宗的赞同。这十二条标准分为"六正"与"六邪"。所谓六正,一为圣臣,能洞察存亡之机、得失之要,防范于未然;二为良臣,能劝谏君主行善政,尊礼义,匡救时弊;三为忠臣,夙思夜想,奖掖贤才,鉴古知今,劝勉君主;四为智臣,杜塞弊源,明察成败,防范谗言,转祸为福;五为贞臣,竭力奉公,不受贿遗,忠于职事,生活俭朴;六为直臣,行为端正,所为不谀,犯颜直谏,敢于指出君主过失。所谓六邪,一为具臣,不作为,安于享乐;二为谀臣,奉承苟合,进献珍物;三为奸臣,巧言令色,嫉贤妒能,

---

① 吴兢编著:《贞观政要》卷三《择官》,上海古籍出版社1978年版,第90页。

隐善扬恶；四为谗臣，离间君臣，内外不宁；五为贼臣，专权擅政，结党营私；六为亡国之臣，陷君主于不义，导君主以佞邪，排斥忠直，使君主之恶闻于四邻。在整个贞观时期，太宗都努力按照这些标准识才选才，涌现了一批贤臣良将，其中陕西籍的人才主要有：

杜如晦（585—630），京兆杜陵（今陕西西安东南）人。少年时代就非常聪明，好谈文史。大业年间，曾得到隋吏部侍郎高孝基的器重，视他为栋梁之材。他曾为滏阳（今河北磁县）县尉，不久即弃官返乡。李渊进军长安后，被李世民引为秦王府兵曹参军，又迁陕州总管府长史。当时，秦王府中有很多各种各样的人才，常有被外迁者，李世民深为忧虑。房玄龄向他建议："府僚去者虽多，盖不足惜。杜如晦聪明识达，王佐才也。若大王守藩端拱，无所用之；必欲经营四方，非此人莫可。"① 李世民当然不是安于现状、无所作为的"守藩端拱"者，所以，他很重视房玄龄的意见，千方百计把杜如晦留在府中。杜如晦曾追随李世民平定薛仁杲、刘武周、王世充、窦建德叛乱，发挥过重要作用。在许多军国大事中，充分表现了他锐敏、果断的才能，深为当时人们所佩服。

武德四年，李世民为了笼络人才，于宫城之西开设文学馆，文学馆有十八学士，杜如晦名列第一。贞观十七年（643），杜如晦已去世十三年了，唐太宗图画二十四名功臣于凌烟阁，他还名列其中。贞观年间的宰相很多，为什么只有房玄龄、杜如晦荣获"贤相"或"良相"的称号呢？司马光说：房玄龄勤于政事，谨慎小心，唯恐有所过失；而且还善于用人，"闻人有善，若己有之，不以求备取人，不以己长格物。与杜如晦引拔士类，常如不及。至于台阁规模，皆二人所定"。太宗每当与房玄龄商议政事的时候，总是说：没有杜如晦是不能决定的。待杜如晦到来的时候，又是采用房玄龄的主张。于是，司马光又说："盖玄龄善谋，如晦能断故也。二人深相得，同心徇国，故唐世称贤相，推房、杜焉。"② 房、杜二人，各有所长，能够互相配合，为唐太宗尽心竭力。

其实，司马光只是看到了一个方面，还有更重要的一面他未曾涉及，就是

---

① 《旧唐书》卷六六《杜如晦传》，第2468页。
② 《资治通鉴》卷一九三，唐太宗贞观三年三月，第6063页。

杜如晦与房玄龄共同帮助唐太宗密谋策划了玄武门之变，使李世民由秦王登上了皇帝的宝座。

武德年间，太子建成、齐王元吉与秦王世民争夺太子地位的斗争，日益剧烈，最终爆发了武德九年的玄武门之变。在这场宫廷内部的互相残杀中，房、杜二人站在李世民一边，起了推波助澜的作用。当双方矛盾已经明朗化的时候，首先向李世民建议谋杀李建成、李元吉的就是房玄龄。"玄龄善谋，如晦能断"，凡事"非如晦不能决"，房玄龄的建议必然是得到杜如晦支持的。当李世民召集房玄龄等人暗中密议的时候，房玄龄"乃与府属杜如晦共劝世民诛建成、元吉"。当发现房、杜二人与李世民关系非常密切的时候，李建成遂对李元吉道："秦府智略之士，可惮者独房玄龄、杜如晦耳。"① 于是，他们向唐高祖告状，诋毁房、杜，致使他们共被斥逐。

在下定决心要杀其兄弟时，李世民立即派尉迟敬德去召房玄龄和杜如晦。房、杜为掩人耳目，穿上道士衣服，暗暗潜入秦王府中，直接参与了玄武门之变的密谋策划活动。不仅如此，房、杜二人还和李世民一道直接参加了杀害李建成、李元吉的玄武门之变。② 玄武门之变结束后，李世民被立为太子，杜如晦就和长孙无忌共同做了太子的左庶子，房玄龄和高士廉共同做了右庶子。不久，杜如晦又当了兵部尚书，其地位日益显得重要了。

房、杜在玄武门之变中起了重要作用，是其受到唐太宗重视的主要原因。但究竟他们怎样发挥了作用，现在已无法知道。这主要是唐太宗既不便于公开其阴谋，房、杜也最大限度地为其保密，所以有人说，"太宗定祸乱而房、杜不言功"③，从而才终生为唐太宗所信任。长孙皇后临终前向唐太宗说："玄龄事陛下最久，小心谨慎，奇谋秘计，皆所预闻，竟无一言漏泄，非有大故，愿勿弃之。"④ 这里只提房玄龄，是因为杜如晦已经死了。既然"奇谋秘计，皆所

---

① 《资治通鉴》卷一九一，唐高祖武德九年六月，第6005—6006页。
② 《旧唐书》卷二《太宗本纪》，第29页。另外，两《唐书》的《长孙无忌传》所载，直接参加玄武门之变的人名中无房、杜二人。
③ 《资治通鉴》卷一九九，唐太宗贞观二十二年六月，第6261页。
④ 《旧唐书》卷五一《太宗文德皇后长孙氏传》，第2166页。

预闻",无疑是包括玄武门之变在内的。褚遂良说:"玄武门之变是房、杜与文德皇后同心影助"①而成,可见文德皇后对房、杜在玄武门之变中的作用是十分清楚的。关于这方面的问题,房、杜"竟无一言漏洩",当然是忠于唐太宗的表现。至高无上的皇帝,总是喜欢别人歌功颂德,绝不喜欢别人揭露自己的阴谋诡计。李世民以秦王的身份取得太子地位,登上皇帝宝座,并不符合"立嫡以长,礼之正也"②的封建秩序,而是密谋策划、暴力夺取所得。这就需要有人为其文过饰非。房、杜不泄露关于玄武门之变的内幕,正是巧妙地为唐太宗文过饰非。房、杜这样忠于唐太宗,当然是受到封建史家赞颂而且也是取信于唐太宗的重要原因。

贞观元年,唐太宗论功行赏,以房玄龄、杜如晦、长孙无忌、尉迟敬德、侯君集五人为第一。淮安王李神通对此大为不满,公开向太宗表示:"义旗初起,臣率兵先至。今房玄龄、杜如晦等刀笔之吏,功居第一,臣窃不服。"③其实,李神通没有理解李世民论功行赏的用意。李世民所谓的"功",是指在玄武门之变中的作用;李神通大谈"义旗初起",自己"率兵先至",显然是南辕北辙。《贞观政要》卷二《任贤》中说:"隐太子(李建成)之败,如晦与玄龄功第一,迁拜太子右庶子。俄迁兵部尚书,进封蔡国公,实封一千三百户。"既然李建成的失败与房、杜功第一是一个问题的两方面,无疑说明太宗所赏的"功"是指在玄武门之变中的作用。太宗也明确说过:他"计勋行赏",房、杜有"筹谋帷幄,画定社稷之功","故得功居第一"。④

另外,房、杜二人还在罗致人才、制定典章制度方面,为巩固唐太宗政权发挥了作用。所以,宋代史学家认为:"太宗以上圣之才,取孤隋,攘群盗,天下已平,用玄龄、如晦辅政。兴大乱之余,纪纲雕弛,而能兴仆植僵,使号令典刑粲然罔不完,虽数百年犹蒙其功,可谓名宰相。"⑤后人赞扬"虽数百年犹蒙其功",可见杜如晦是很有影响的历史人物。

---

① 《旧唐书》卷六六《房玄龄传》,第2463页。
② 《资治通鉴》卷一九一,唐高祖武德九年六月,第6012页。
③ 《旧唐书》卷六六《房玄龄传》,第2461页。
④ 《贞观政要》卷三《封建》,第98页。
⑤ 《新唐书》卷九六《房玄龄、杜如晦传》,第3866页。

唐太宗重用房、杜，完全是政治上的需要。因为他们有符合时代需要的政治才能。所以，唐太宗说："玄龄、如晦不以勋旧进，特其才可与治天下者"①。

房、杜能够走上政治舞台，首先是他们帮助唐太宗发动宫廷政变，取得了胜利。其次，他们做了宰相以后，积极为唐太宗罗致人才，并为这些人才充分发挥作用创造条件。贞观年间的谋臣猛将很多，由于统治阶级的本性，决定了他们之间必然存在争权夺利的斗争。但由于房、杜"用法宽平"②，不嫉贤妒能，对人不求全责备，不以自己的长处去苛求别人，完全符合唐太宗"君子用人如器，各取所长"③的要求，所以统治集团内部的矛盾比较缓和。在太宗实行轻徭薄赋政策，使社会矛盾有所缓解的同时，房、杜又促使统治集团内部矛盾缓和。这样，就更有利于唐太宗政权的巩固与发展。唐太宗是古代社会值得赞颂的人物，房、杜为唐太宗受到的赞颂增加了许多内容；"贞观之治"是古代社会的盛世，房、杜为其形成和发展起了极为重要的作用。杜如晦是为李世民的成功发挥了重要作用的历史人物。

李靖（571—649），字药师，京兆三原（今陕西三原东北）人。他的父亲李诠，曾任隋朝的赵郡太守。李靖少年时代，即颇有文才武略。他的舅父韩擒虎在隋朝"号为名将"，对李靖的才能非常赞赏，常把李靖与古代的兵家孙武、吴起相提并论。

大业末年，李靖为马邑郡丞。当时，李渊为太原留守，常和突厥作战，显得才能出众。据李靖观察，李渊是个有远大志向、很有政治抱负的人，有可能对隋取而代之。于是，他想取道长安，到江都向隋炀帝告密。不料，到了长安，道路不通，遂留在长安。李渊攻克长安后，要杀李靖。李靖大呼道："公起义兵，本为天下除暴乱，不欲就大事，而以私怨斩壮士乎！"④李渊看他像是有用之人，李世民也代为求情，李靖遂逐步为唐所重用。

李靖第一次为唐立功是平定萧铣。萧铣是隋末在长江中游的一支割据势力

---

① 《新唐书》卷九六《杜如晦传》，第3859页。
② 《资治通鉴》卷一九三，唐太宗贞观三年三月，第6063页。
③ 《资治通鉴》卷一九二，唐太宗贞观元年正月，第6032页。
④ 《旧唐书》卷六七《李靖传》，第2475页。

的首领。武德二年，李靖奉命至金州，然后进入巴蜀。李渊命他沿江东下，进攻萧铣。到了硖州（今湖北宜昌），被萧铣所阻，不能前进。李渊怒其迟留，密令硖州都督许绍将其斩首。许绍认为他是难得的人才，为其请命，才得免罪。这时，开州（今重庆市开州区）蛮人首领冉肇则举兵反唐，率众进攻夔州（今重庆奉节东），赵郡王李孝恭迎战失利，李靖遂率兵八百人，袭破蛮营，并于险要之处设伏，杀冉肇则，俘获五千余人。这次胜利，使唐高祖喜悦异常，特下诏对李靖大加赞扬，并表示"既往不咎，旧事吾久忘之矣"①。从此以后，李靖日益取得唐高祖的信任。

武德四年，李靖提出了进攻萧铣的十条建议，高祖完全同意。李靖被授以行军总管，负责进攻事宜。八月，集兵于夔州。这时，萧铣认为秋天雨多，江水上涨，三峡路险，唐军不可能冒险东下，遂不设防。李靖抓紧这个机会，率师东下。有人建议待水退再进军，李靖道："兵贵神速，机不可失。今兵始集，铣尚未知，若乘水涨之势，倏忽至城下，所谓疾雷不及掩耳，此兵家上策。纵彼知我，仓卒征兵，无以应敌，此必成擒也。"②唐军顺利进至夷陵（今湖北宜昌），萧铣仓促应战，接连失利。李靖率轻兵五千人，直至江陵城下。萧铣看到大势已去，遂举城投降。李靖军入江陵，军纪严明，秋毫无犯。其部下有请求没收投降者的家产以赏将士者，李靖坚不应允。在这种军事压力和政治影响下，长江中游以南广大地区，都很快为唐所有。接着，他又为唐朝镇压了辅公祏的反叛，统一了长江下游一带。

李靖再次建立大功，是彻底打败突厥，解除了唐初最大的边防危机。武德八年（625），李靖开始对突厥作战。贞观三年十一月，唐太宗命李靖、李勣、柴绍、薛万彻等率各路大军共十余万人，大举进攻突厥。贞观四年正月，李靖率精兵三千人，自马邑进屯恶阳岭，夜袭定襄。颉利可汗没有料到李靖突然而至，遂大惊道："唐不倾国而来，靖何敢孤军至此！"③遂迁牙帐于碛口。二月，李靖又破颉利可汗于阴山。颉利可汗又北走铁山（在阴山之北），并遣使入朝谢

---

① 《旧唐书》卷六七《李靖传》，第2476页。
② 《旧唐书》卷六七《李靖传》，第2476页。
③ 《资治通鉴》卷一九三，唐太宗贞观四年正月，第6071页。

罪，表示要举国内附。但实际上犹豫不定，还想俟草青马肥时逃亡漠北。李靖抓紧时机，长驱直入，在进至距牙帐 7 里处，才被突厥发现。颉利可汗仓皇逃走，欲奔吐谷浑，后被唐军所俘。李靖军获取全胜，斩敌首万余级，俘敌男女十余万，获杂畜数十万，杀隋义成公主，擒其子叠罗施。

太宗闻讯，非常高兴，他向侍臣表示，过去曾为屈服突厥而"坐不安席，食不甘味"，这种"痛心疾首"的耻辱，终于洗雪，于是大赦天下。①

李靖第三次为唐立大功是打败吐谷浑。李靖性格内向，不善言谈，每与宰相等重要大臣商议政事，总是对人恭恭敬敬，不多说话。但他很有政治经验，懂得最高统治者的心理状态，深知自己功高位显，很可能会引起太宗的不安。于是，他以足疾为由，请求退休。太宗喜出望外，派人告诉他道："朕观自古以来，身居富贵，能知止足者甚少。不问愚智，莫能自知，才虽不堪，强欲居职，纵有疾病，犹自勉强。公能识达大体，深足可嘉，朕今非直成公雅志，欲以公为一代楷模。"②这就是说，李靖要求退休正符合太宗的愿望。太宗正想把李靖当作榜样，使那些功高位尊的人知道满足，不要有过多的奢望。不料，贞观八年十月李靖退休，十一月吐谷浑就进攻凉州，太宗又想起了李靖。李靖领会了太宗的意图，主动要求出征。十二月，太宗以李靖为西海道行军大总管，节度诸军，打击吐谷浑。贞观九年（635）四月，开始进攻吐谷浑，先后在牛心堆（今青海西宁西南）、赤水（今青海兴海东）等地大战，最后跟踪追击，攻破吐谷浑可汗伏允的牙帐，取得全面胜利。伏允脱身而逃，后被左右所杀，其子慕容顺继为可汗，归附唐朝。

李靖屡立战功，日益受到最高统治者的重视。武德年间，任扬州大都督府长史，贞观年间，历任刑部尚书、兵部尚书、尚书右仆射，封卫国公。贞观二十三年（649）卒，陪葬昭陵。

李靖除在促进唐朝统一、加强唐朝政权的巩固方面有重要贡献以外，在军事理论方面还著有《李卫公兵法》。这部书内容丰富，多所创见。可惜原书已

---

① 《旧唐书》卷六七《李靖传》，第 2480 页。
② 《旧唐书》卷六七《李靖传》，第 2480 页。

经散失，仅在《通典》中保留了部分内容。

侯君集（？—643），豳州三水（今陕西旬邑北）人。武德年间，他被秦王引入幕府。由于他积极帮助秦王发动玄武门之变，所以，在贞观元年论功行赏时，他与房玄龄、杜如晦、长孙无忌、尉迟敬德等五人，都是第一等。贞观四年，他为兵部尚书，参议朝政。

贞观八年十二月，因吐谷浑进犯凉州，他随李靖西征，进攻吐谷浑。第二年四月，唐军至伏俟城（在今青海青海湖西岸布哈河河口附近），吐谷浑尽烧野草，欲使唐军马无草，不能前进，而退保大非川（今青海共和西南切吉滩）。唐军中有人主张不再前进，而侯君集则认为，吐谷浑战败而逃，力量受损，士气不振，乘胜前进，容易取胜。李靖同意他的意见，分兵两路，轻装前进，最后在大非川会师，彻底打败了吐谷浑。

侯君集是行伍出身，勇多智少，文化水平不高。任职以后，勤奋好学，认真读书，对各项典章制度也甚熟悉，故而能够带兵打仗，也能参议朝政，颇为时人所称道。贞观十二年（638），他为吏部尚书。

侯君集再次有功于唐是西征高昌。本来，高昌王麴文泰已于贞观四年入朝。但到贞观十三年时，麴文泰又经常阻止西域各地与唐朝往来。伊吾（今新疆哈密）先臣西突厥，后归唐。这时，麴文泰又联合西突厥，共击伊吾。颉利可汗失败后，很多流落在东突厥的汉人逃到高昌，唐太宗要麴文泰遣返这些汉人，麴文泰不同意。另外，还联合西突厥共击焉耆（今新疆焉耆西南）。本来，焉耆已于贞观六年向唐入贡，这时受到攻击，也向太宗要求保护。在这种情况下，太宗征麴文泰入朝，麴文泰称病，不到长安。于是，太宗命侯君集、薛万均率军征讨。麴文泰闻唐军将至，忧惧成疾而死，其子麴智盛继位。贞观十四年五月，侯君集兵临高昌城下，智盛走投无路，开门出降。自此以后，唐朝的势力才能经过高昌、焉耆，更向其西发展。（见图 4-8）

侯君集攻破高昌后，私取其珍宝，其部下也浑水摸鱼，竞相盗窃，为人所告发。太宗虽未治罪，但他却有功而未得赏，因而有不满情绪。当时，太子李承乾由于失宠于太宗而心怀不满，遂和侯君集等人暗中勾结，阴谋造反。贞观十七年四月，他们的阴谋暴露，太宗废李承乾为庶人，侯君集等人被杀。

图 4-8 高昌故城遗址
（杜文玉摄影）

侯君集目光短浅，贪图私利，虽勇敢善战，有功于唐，但最后被杀。在攻破高昌后，他军纪混乱，私取珍宝，引起高昌人民对唐的不满，不利于各族人民团结和发展友谊。

二、兼听则明

唐太宗从谏如流之风在中国古代历史上是非常突出的。贞观二年正月，唐太宗与魏徵（见图4-9）讨论何为明君、何为暗君的问题。魏徵回答说："兼听则明，偏信则暗。"魏徵进一步分析说：尧、舜善于听取下民的意见，故共、鲧、欢兜不能蔽；秦二世偏信赵高，梁武帝偏信朱异，故皆迅速亡国；隋炀帝偏信虞世基，故有江都之祸。"是故人君兼听广纳，则贵臣不得拥蔽，而下情得以上通也。"①太宗十分赞同魏徵的观点，

图 4-9 魏徵像

---

① 《资治通鉴》卷一九二，唐太宗贞观二年正月，第6047页。

决心做一个兼听的明君。

有一次，唐太宗与群臣讨论如何治理国家的问题。太宗问道："创业与守成孰难？"魏徵回答说："自古帝王，莫不得之于艰难，失之于安逸，守成难矣！"①这一番话对太宗触动很大。由于太宗认识到守天下比打天下还要艰难，所以他时时提醒自己不要骄傲，要广泛地听取臣下的治国意见。他还认为一个人的才智总是有限的，只有信任臣下，发挥大家的才智，才能保证决策不出现失误。

他还从隋亡的历史中汲取了不少的经验教训。史载："上谓侍臣曰：'朕观《隋炀帝集》，文辞奥博，亦知是尧、舜而非桀、纣，然行事何其反也！'魏徵对曰：'人君虽圣哲，犹当虚己以受人，故智者献其谋，勇者竭其力。炀帝恃其俊才，骄矜自用，故口诵尧、舜之言而身为桀、纣之行，曾不自知以至覆亡也。'上曰：'前事不远，吾属之师也！'"②以史为鉴，以史为师，唐太宗始终兢兢业业，小心翼翼，不敢稍有懈怠，唯恐有不当的政策危害到民众的利益。

有一次，太宗对大臣萧瑀说：朕年轻时就十分喜好弓箭，自认为已经非常了解弓的性能了。最近获得良弓数十，拿给弓匠看，认为均非良弓。朕问什么道理？答曰：这些弓的木心不正，脉理皆斜，弓虽刚劲但射出的箭不直，所以不是良弓。朕以弓矢定天下，经常用到它，尚且不能完全了解弓的性能，何况治理天下呢？由此，其悟出了君主能力是有限的，并非无所不能的道理。于是，他下令要求在京五品以上官员，轮流到宫中值班，与皇帝共议国政，了解宫外事务，尤其是有关百姓利害的大事。他说："朕遇千虑一失，必望有犯无隐。"③又说："天下万机，一人听断，虽甚忧劳，不能尽善。"④正是出于这一原因，所以唐太宗坚持君臣共治天下的做法，而不是一人独断。他还把自己比作在石之玉、在山之金，把群臣比作良工，希望能在群臣的帮助下，使自己成为美玉、纯金。既然君主并非十全十美，万能之主，而是需要良臣辅佐，当然共治天下

---

① 《资治通鉴》卷一九五，唐太宗贞观十二年九月，第 6140 页。
② 《资治通鉴》卷一九二，唐太宗贞观二年四月，第 6053 页。
③ 王方庆集：《魏郑公谏录》卷三《对西蕃通来几时》，文渊阁《四库全书》本，第 446 册，上海古籍出版社 1987 年版，第 184 页。
④ 《新唐书》卷一三二《吴兢传》，第 4527 页。

比一人独治要好多了。

贞观八年,唐太宗因为宰相房玄龄、高士廉过问了宫中之事,斥责两人管得太宽了。此事被魏徵知道了,于是他对太宗说:臣不理解陛下为何要责备两人?他们是陛下的左膀右臂,掌握国家大政,宫中有营建工程,需要花费多少费用,用多少工匠,这些工程是否必要?如果有必要,他们就应该协助陛下完成;如果没有必要,应该上奏陛下罢去。陛下口口声声说要与臣下共治天下,作为宰相就更应该负起这个责任来,我不明白陛下为什么要责备他们。唐太宗听了魏徵的批评意见,觉得自己做得不对,表示"深愧之"[①]。(见图4-10)

唐太宗纳谏,还坚持一个原则,即不要求进谏者讲得十全十美,"其义可观,不责其辩;其理可用,不责其文"[②],以消除谏臣的顾虑,有利于大家畅所欲言。既然要臣下说话,就要做好忠言逆耳的思想准备,克服君主心理上的障碍,太宗曾说:"逆耳之辞难受,顺心之说易从。彼难受者,药石之苦喉也;此易从者,

图 4-10 魏徵墓
(胡元超提供)

[①] 《贞观政要》卷二《纳谏》,第73页。
[②] 李世民:《帝范》卷二《纳谏》,山东友谊书社1992年版,第69页。

鸩毒之甘口也。"① 有了这样的态度，所以太宗始终能做到虚心纳谏，而不计较进谏者的态度与言辞是否尖锐。

正因为在贞观时期形成了这种良好的风气，故人人敢于进谏，君主也能虚心接受意见，而不是说一套做一套，也不因人废言。广纳博采各类人员的意见，是"贞观之治"得以形成的又一个重要因素。

三、贞观法制

贞观时期是唐代法制最好的时期，也是中国古代法制做得最好的时期。之所以能取得这样的成就，与唐太宗有着直接的关系。他说："国家大事，惟赏与罚。赏当其劳，无功者自退。罚当其罪，为恶者咸惧。"② 把赏罚之事提升到国家纲纪与国家大事的高度，这在古代帝王中是不多见的，正因为有这样的认识，因此制定相应的法律就显得十分重要。太宗提出了一套立法的原则：一是要求法律简约，不烦琐，表述准确，严禁措辞不清；二是法律必须保持相对的稳定性，不能轻易地改变法律，改变法律要慎重，认真详定后方可实施；三是恤刑慎罚，务在宽平，反对严刑峻法。根据这些原则对《武德律》进行了修订，共计十二篇，五百条，于贞观十一年（637）正式颁布，与此同时，还删定了令、格、式。终太宗之世，再无变动过，从而保证了律令的稳定性，有利于贞观法制的建设。

律令颁布以后，最重要的是能否自觉守法，这是一个十分重要的问题。不仅官员要守法，皇帝也得自觉守法，否则法律就是一纸空文。太宗对此有着深刻的认识，他说："法者，非朕一人之法，乃天下之法"③。魏徵也提出皇帝必须带头遵法、守法，也得到了太宗的首肯。在这方面有许多事例，如大理少卿戴胄在审讯伪造选人档案一案时，依法判处流刑。太宗事先已经下令要进行严惩，犯者处以死刑，戴胄的行为引起了太宗极大不满，认为这将使自己失信于天下。戴胄却认为：太宗颁布的这个严惩作弊者的敕条是临时的，是出于一时之喜怒的行为；而律条是国家的根本大法，必须严格执行。最后，太宗接受了戴胄的意见。

---

① 《帝范》卷二《纳谏》，第82—83页。
② 《贞观政要》卷三《封建》，第98页。
③ 《贞观政要》卷五《公平》，第164页。

广州都督党仁弘犯了勾结豪强、收纳财物、擅自向少数族征税等罪，以法当死。此人早年在太原起兵与统一战争中都立有战功，太宗不忍在其年迈之时将其诛杀，遂下令免死。但是这样就破坏了法制，为了挽回影响，不使其他官吏相率曲法，太宗遂召集了五品以上官员，当众宣布自己破坏了法制，应当赴南郊向上天谢罪三天。经宰相们再三劝止，太宗才没有赴南郊谢罪，但却起了警示群臣不得违法的作用。

太宗还认为执法公平非常重要，尤其是对贵贱亲疏之人，能否公平执法更显得重要。魏徵也认为执法不公，将致使小人之恶不惩、君子之善不劝，社会伦理从此沦落，后果不堪设想。太宗不仅虚心接受了魏徵的意见，还专门召见大理卿孙伏伽，强调要防止一些执法官员为了沽名钓誉，而"利在杀人"，要求执法"务在宽平"。①

在执法过程中，太宗仍不忘恤刑慎罚的原则，比如刺史贾崇因部下犯"十恶"大罪，被御史弹劾。太宗认为即使圣人也不能避免其亲属中有不贤者，却要求刺史做到这一点，确为强人所难。他指出如果刺史因此而连坐，将会导致大家互相隐瞒，使真正的罪犯得不到惩罚。于是规定今后诸州有犯"十恶"者，刺史不再连坐，但必须认真察访，捕捉罪犯，肃清奸恶。

唐太宗即位以来，不轻易颁布大赦，尤其是一年之中数次大赦。他认为大赦是赦免贼人，危害百姓。大赦频繁，使小人怀有侥幸心理，从而导致犯罪率增加。他引用古人的话说："赦者小人之幸，君子之不幸。"②这种思想不无道理，可以使法律真正达到惩恶扬善的作用。

在太宗的倡导下，贞观时期良吏辈出，执法公平，世风渐变，大家都讲信用，遵法纪，社会风气有很大的改观。贞观六年，太宗亲自核定死刑三百九十人，因到第二年秋季才能行刑，遂把他们放回，与家人团聚，约定时间再到京师集合。次年九月，放回死囚皆自动返回长安，无人逃亡。太宗嘉其诚信，遂命令将他们全部释放。这一切都说明贞观时期的法制成就是十分显著的。

---

① 《贞观政要》卷八《刑法》，第250页。
② 《资治通鉴》卷一九二，唐太宗贞观二年七月，第6055页。

四、贞观之治的形成

在唐太宗李世民统治的贞观年间（627—649），社会秩序安定，经济恢复，文化发展，百姓安居乐业，国力逐渐强盛。唐太宗在政治、经济、文化、民族关系等方面，推行了一系列开明政策，产生了良好效果，历史上称这一时期为"贞观之治"。

那么，所谓贞观之治到底表现在哪些方面呢？尽管还没有一个统一的说法，但总的来看，以下这些方面应该包括在其中的。

其一，制度建设方面。唐太宗继续推行隋代确立的三省六部制，并不断加以完善；加强中央集权，巩固全国统一的局面；发展科举制，吸收新鲜血液到统治阶级中来，扩大了统治阶级队伍，加强了政权基础，为经济文化的稳定发展提供了保障；注重法制建设，唐初制定《武德律》，删去了隋代法律中的苛刻残酷条文，在此基础上，进行进一步的修订，删繁就简，力求宽平，从而制定了《贞观律》使社会稳定，犯罪率大大降低，贞观四年，断死刑者仅二十九人。

其二，任用贤才。太宗认为为政唯在得人，所以非常注重对人才的收罗。早在武德年间，他就注意招纳贤才，在秦王府开文学馆，设十八学士。贞观时期拥有一大批文臣武将：文有房玄龄、杜如晦、魏徵、马周、于志宁、虞世南、褚遂良等；武有李靖、李勣、尉迟恭、秦琼、侯君集、程知节等勇将。在他的朝廷中，会聚了来自各个阵营的人才，有长期追随他的原秦王府幕僚和将士、原杨隋政权的旧官僚、隋末农民起义军降唐的将领及原太子集团的文臣武将，太宗对他们一视同仁，平等对待。他曾说：我为官择人，唯才是举。如果无才，即使是亲族也不录用；有才之人，即便有仇也会任用。他指出宰相的职责就是要广求贤才，并根据其能力授予相应的官职。由于唐太宗推行任人唯贤、唯才的路线，知人善任，能够摆脱亲疏、门第和地域的限制，从而会聚了一大批贤达精英使他的各项政策得到切实的贯彻执行。他不但善于招贤，还非常善于用人所长，容人之短。他主张"智者取其谋，愚者取其力，勇者取其威，怯者取其慎"[①]，也就是人尽其才、才尽其用。

---

① 《帝范》卷二《审官》，第61页。

对于已经名列簿册的各级官吏,唐太宗则注重提高他们的为政素质和能力,督促他们廉洁奉公。他认为,"官在得人,不在员多"①。因此,他精简官僚机构,整顿吏治,把刺史、都督的名字写在屏风上,注其政绩、善恶于名下,以备升降,从而督促官吏廉洁奉公,吏治得以清明。对于宗室外戚也都严格要求,不允许他们欺压百姓。这些都为其治世成功提供了保证。

其三,注重纳谏,善于纳谏。唐太宗本着"兼听则明,偏信则暗"的原则,也为了表示对贤才的尊重,经常鼓励臣僚进谏,使下情上达。由于大臣勇于进谏,唐太宗善于纳谏,避免和纠正了一些决策方面的错误,得以制定出更加切合实际的统治政策,从而为其治世成功创造了条件。魏徵曾向唐太宗进谏二百多次,大多得到采纳,魏徵曾坦率地说是由于唐太宗的倡导和宽容,自己才敢于进谏,如果太宗不纳谏,自己岂敢屡次冒犯皇帝。可见这种关系的出现取决于唐太宗的虚心纳谏。正因为这样,敢于进谏者远非魏徵一人,而是蔚然成风,连以取悦皇帝著称的隋炀帝旧臣裴矩也一反常态,敢于直言进谏,得到了唐太宗的好评。

其四,经济方面。唐太宗继续推行均田制和租庸调制,面对隋末战争造成的经济残破局面,太宗君臣总结隋亡的经验教训,重视发展农业生产。太宗经常派使者巡视各地农村,劝课农桑。他曾说:"凡事皆须务本。国以人为本,人以衣食为本,凡营衣食,以不失时为本。夫不失时者,在人君简静乃可致耳。若兵戈屡动,土木不息,而欲不夺农时,其可得乎?"②因此,在贞观时期,国家注意不夺农时,对人民的剥削有所节制,徭役兵役相对减轻,对回归的流民减免赋役,实行轻徭薄赋、与民休息的政策,社会经济有了较快的恢复,有些地区甚至还有所发展。除了政策保证,唐太宗还采取了一些具体发展农业生产的措施,如重视农田水利基本建设,下令各级地方政府兴修水利,使农业生产进一步发展,从而为其治世成功奠定了经济基础。

其五,发展文化教育事业。唐太宗崇尚儒学,大力兴办学校,不仅在京师长安扩大了官学的规模,而且还下令各地尽可能兴办学校。组织编写了《五经定本》和《五经正义》,作为学校教学的基本教材。重视史书的编写,设立史

---

① 《资治通鉴》卷一九二,唐太宗贞观元年十二月,第6043页。
② 《贞观政要》卷八《务农》,第237页。

馆与史官,编写前代史书,二十四史中的八部正史都是唐代编修的,其中大部分成书于贞观时期。此外,宰相监修国史自此也成为历代坚持的定制。

其六,制定了开明的民族政策。唐太宗对所有民族一视同仁,与周边少数民族平等往来,少数民族尊称他为"天可汗"。

总之,经过贞观君臣的共同努力,唐朝社会秩序安定了,社会经济发展了,国家逐步走向繁盛,出现了"贞观之治"的新局面。史载:"贞观初,户不及三百万,绢一匹易米一斗。至四年,米斗四五钱,外户不闭者数月,马牛被野,人行数千里不赍粮,民物蕃息"①。这是对贞观时期所取得成绩的真实写照。

第四节 巍巍昭陵

一、宏伟的昭陵

昭陵(见图4-11)是唐朝第二代皇帝唐太宗李世民的陵墓,位于今陕西礼泉县东北20多公里的九嵕山上。昭陵在关中的唐代十八座帝王陵中规模最大,陪葬墓最多,遗存的历史文物也非常丰富。1961年,被国务院公布为第一批全国重点文物保护单位。

图 4-11 昭陵远景
(胡元超提供)

① 《新唐书》卷五一《食货志一》,第1344页。

贞观十年六月，唐太宗的文德皇后病危。她在临终时向唐太宗建议："妾生既益于时，今死不可厚费。且葬者藏也，欲人之不见。自古圣贤，皆崇俭薄，惟无道之世，大起山陵，劳费天下，为有识者笑。但请因山而葬，不须起坟，无用棺椁，所须器服，皆以木瓦，俭薄送终，则是不忘妾也。"①十一月，葬文德皇后于昭陵的时候，唐太宗撰文刻石，既赞扬了文德皇后的建议，又要求他的子孙后代奉以为法。碑文说："皇后节俭，遗言薄葬……朕之本志，亦复如此。王者以天下为家，何必物在陵中，乃为己有。今因九嵕山为陵，凿石之工才百余人，数十日而毕。不藏金玉，人马、器皿，皆用土木，形具而已，庶几奸盗息心，存没无累，当使百世子孙奉以为法。"②文德皇后要求"因山而葬，不须起坟"③，是为了实现她的薄葬愿望。所以，开始营建昭陵才用一百多凿石之工，数十日而毕。就著名皇帝的皇后而言，这可算是"薄葬"。

唐朝的第一代皇帝唐高祖李渊死的时候，对厚葬与薄葬的问题也有过争论。唐太宗主张按照汉高祖长陵的规模建陵，"务存隆厚"。秘书监虞世南极力主张薄葬，要求为"三仞之坟"（古代以七尺或八尺为一仞）。最后，房玄龄提出了折中的意见。他认为："汉长陵高九丈，原陵（汉光武帝陵）高六丈，今九丈则太崇，三仞则太卑"④，原陵之制最适当。唐太宗按照房玄龄的建议营建了献陵。献陵是堆土成陵的覆斗形状，位于三原县北20公里的荆原。献陵封土直径高21米，底径东西150米，南北120米，约计用土28.6万立方。若计算起封运土夯筑的工作量，共需用14.3万多个工日，再加上挖墓道、砌墓室等，共计28万多个工日，即一万名劳力，花费近一个月的时间才能完成。至于涂草泥、抹白灰墙面、绘制壁画等，尚未计算在内。⑤葬文德皇后时昭陵和不算厚葬的献陵相比，可以说是薄葬。

唐朝开始实行因山为陵的时候，主要是为了体现薄葬。虞世南在劝阻唐太宗对其父实行厚葬的时候，曾明确表示反对"高坟大墓"，称赞"汉文霸陵，

---

① 《旧唐书》卷五一《太宗文德皇后长孙氏传》，第2166页。
② 《资治通鉴》卷一九四，唐太宗贞观十年十一月，第6122—6123页。
③ 《旧唐书》卷五一《太宗文德皇后长孙氏传》，第2166页。
④ 《资治通鉴》卷一九四，唐太宗贞观九年七月，第6114页。
⑤ 孙迟：《略论唐帝陵的制度、规模及文物》，见陕西省文物事业管理局编：《陕西省文博考古科研成果汇报会论文选集》，陕西省文物事业管理局1982年版，第328页。

既因山势，虽不起坟，自然高显"。① 由此可见，把"因山为陵"视为薄葬的观点，文德皇后并不是孤立的。但是，随着唐太宗地位的巩固、国家的富强，皇帝那种至高无上、唯我独尊的本性就逐步暴露出来了。

贞观十一年二月，唐太宗即下诏营建昭陵。他在诏书中虽然也冠冕堂皇地表示，当时营建昭陵是为了防止后代子孙"习于流俗"，为厚葬而"劳扰百姓，崇厚园陵"。故而他要"预为此制，务从简约，于九嵕之山，足容棺而已。积以岁月，渐而备之"。② 但是，实际上是从此开始，一直到贞观二十三年（649）他死去为止，昭陵的施工始终持续不断。从后来昭陵的情况看，规模之大，费工之多，是非常惊人的。（见图4-12）

据史籍记载，"因山为陵"就是从所选的山峰旁边凿石洞为埏道。昭陵从九嵕山南开埏道到墓室深75丈（约230米），前后安置五道石门。从葬文德皇后到葬太宗的十多年里，为了使守陵的宫女们照常执行供养之仪，还在山上建有房舍、游殿。同时，还"缘山傍岩，架梁为栈道"，绕山230步（约400米），使宫女出入方便。太宗安葬以后，才拆除了栈道，使墓室高悬，人们无法接近。③

图4-12 新修昭陵祭祀广场
（胡元超提供）

① 《旧唐书》卷七二《虞世南传》，第2569页。
② 《旧唐书》卷三《太宗本纪下》，第47页。
③ 王溥：《唐会要》卷二〇《陵议》，上海古籍出版社2006年版，第458页。

昭陵博物馆工作人员根据文献记载结合实地考察的资料，指出：昭陵正南面山下有朱雀门、献殿。北面有祭坛、司马门，门内列置十四国君长石刻像，有东西庑房陈列石刻六骏马。祭坛遗址东西53.5米，南北85.5米，略成梯形。这是当时举行重大祭奠仪式的场地。西南面有"下宫"（俗称"皇城"），遗址东西237米，南北334米，周围墙基厚约3.5米，当时大量的房屋就建造在这里。

于此可见，后来的昭陵，已经远远背离了"因山为陵"体现薄葬的原意，昭陵的营建过程反映了唐太宗在思想上由薄葬到厚葬发生了极大的变化。

二、陪陵的制度

唐太宗为了缓和统治集团内部的矛盾，除了在用人方面尽力发挥各种人才的作用，还规定了陪葬制度。他在贞观十二年的诏书中说："又佐命功臣，或义深舟楫，或谋定帷幄，或身摧行阵，同济艰危，克成鸿业，追念在昔，何日忘之！"这就是说，他对从各方面有功于他的文臣武将是念念不忘的。如果死后还有灵魂，"居止相望，不亦善乎！"于是，他规定："自今已后，功臣密戚及德业佐时者，如有薨亡，宜赐茔地一所，及以秘器，使窀穸之时，丧事无阙。"① 根据这一诏书，贞观年间的许多名臣，如魏徵、房玄龄、李靖、李勣、尉迟敬德、秦叔宝、程知节、段志玄、虞世南、褚亮、薛收、姚思廉、孔颖达等，死后都陪葬在昭陵。（见图4-13）另外，还有王子王妃、公主驸马等，共有一百六十七座陪葬墓。其中还有些少数民族的将领，如阿史那社尔、契苾何力等，在太宗安葬时，曾要求杀身殉葬，由于高宗不允，才到死后陪葬的。这些情况说明，贞观年间统治集团内部的关系比较和谐。

在唐初统一全国的战争中，唐太宗立下了不可磨灭的战功。驰名中外的"昭陵六骏"，正是唐太宗在统一全国的战争中荣立战功的标志。所谓昭陵六骏，就是雕刻在昭陵北麓祭坛内的六匹石刻骏马。这六匹石刻骏马，各有姿态，栩栩如生，分别在不同战场立有战功。如白蹄乌，是四只白蹄的黑色战马，是李世民平定薛仁杲时的坐骑；特勒骠，毛色黄里透白，为李世民与宋金刚作战时所乘；飒露紫，纯紫色，为李世民攻取洛阳与王世充作战时所乘；青骓，苍白杂毛，为李世民在虎牢关与窦建德作战时所乘；什伐赤，纯红色，是李世民与

---

① 《旧唐书》卷三《太宗本纪下》，第47页。

图 4-13 李勣墓
（胡元超提供）

王世充、窦建德作战时的另一匹坐骑；拳毛䯄，黄色黑嘴头，为李世民与刘黑闼作战时所骑。（见图 4-14、图 4-15）

"昭陵六骏"吸取佛教艺术的浮雕法，加之刻石造型熟练的技巧、简洁的笔调、浑厚的手法，所以不管从题材还是艺术来说，都富有创新的意义。可惜这批艺术珍品已遭破坏，飒露紫、拳毛䯄被盗运国外，流落在美国费城宾夕法尼亚大学博物馆。其余四匹，尚在西安碑林博物馆内。"昭陵六骏"被盗运时都被打成数块，原形真迹已不完整。所幸还有北宋游师雄立的"昭陵六骏碑"缩小了马的形状，用线画阴刻的表现手法记录了六骏浮雕的细部，还记录了六骏的名称、毛色特点以及立功的战役和太宗对六骏的赞文。这是研究"昭陵六骏"的重要资料，现保存在昭陵博物馆中。

太宗取得了"天可汗"的地位，使长安成为各族友好往来的中心。这种情况在昭陵也有所反映。祭坛内的十四国君长石刻像，正说明太宗在各族关系中的重要地位。关于十四国君长石刻像，根据考证为：（1）突厥颉利可汗左卫大将军阿史那咄苾；（2）突厥突利可汗右卫大将军阿史那什钵苾；（3）突厥乙

图 4-14 唐太宗"昭陵六骏"之白蹄乌石刻
（杜文玉摄影）

图 4-15 唐太宗"昭陵六骏"之什伐赤石刻
（杜文玉摄影）

弥泥孰俟利苾可汗右武卫大将军阿史那思摩；（4）突厥答布可汗右卫大将军阿史那社尔；（5）薛延陀真珠毗伽可汗；（6）吐蕃赞普（松赞干布）；（7）新罗乐浪郡王金真德（女）；（8）吐谷浑河源郡王乌地也拔勒豆可汗慕容诺曷钵；（9）龟兹王诃黎布失毕；（10）于阗王伏阇信；（11）焉耆王龙突骑支；（12）高昌王左武卫将军麴智勇；（13）林邑王范头黎；（14）婆罗门帝那伏帝国王阿那顺。

以上君长中，颉利可汗是被俘的，突利可汗是投降的，答布可汗是率众内附的。他们都在唐朝做了官，答布可汗还尚公主，成为驸马都尉。这都是太宗缓和民族矛盾的措施。这些君长的石像都立在昭陵，正说明唐初民族关系由紧张到和谐的转变，也是贞观年间国家强盛、太宗威望崇高的标志。

唐初的文化艺术也有较快的发展，这在昭陵也有所反映。唐代盛行为死者在墓前立碑，墓内也多有墓志。昭陵很多陪葬墓前有碑，墓内有志。新中国成立以后，经过多次调查，现存归昭陵博物馆的墓碑有四十多通，墓志二十余合。这些碑、志，从不同角度反映了唐初历史的一个方面，有的还提出了新的问题。例如，李勣碑中记载，翟让领导的瓦岗军开始于隋大业七年，这与《资治通鉴》所载翟让起义于大业十二年显然有很大差距，值得注意。另外，碑、志也反映了唐初高度发展的书法艺术。在碑刻中，楷书、隶书、篆书、行草，各种字体都有。著名的书法家，欧阳询书有《温彦博碑》，褚遂良书有《房玄龄碑》。其他还有王知敬书的《李靖碑》、赵模书的《高士廉碑》、高正臣书的《燕妃碑》、殷仲容书的《马周碑》、畅正书的《程知节碑》等，都可代表初唐书法艺术的风格和水平。

昭陵陪葬墓出土的壁画，多姿多彩，既有初唐风格，也有其时代特征，主要反映贵族生活，与寺院壁画和佛教有关的想象画是两种不同的类型。这是研究初唐社会生活的重要资料。

第五章 武则天迁都洛阳与中宗还京

天授元年（690），武则天改唐为周，改洛阳为神都，并正式将政治中心迁到这里，但长安仍然保持了西都的地位。神龙元年（705），武周政权被推翻，唐中宗即位，遂把政治中心迁回长安。从唐中宗、睿宗至玄宗初年，政治动荡，内斗不息，直到唐玄宗铲除太平公主集团后，才稳定了政治局势，为开创开元之治奠定了政治基础。

第一节　武则天东迁

一、武则天出生于长安

贞观二十三年唐太宗病逝，太宗第九子李治即位，史称唐高宗。高宗初年，很有作为，非常重视有关人民的问题。他曾召朝集使道："朕初即位，事有不便于百姓者悉宜陈，不尽者更封奏。"他还"日引刺史十人入阁，问以百姓疾苦，及其政治"。高宗于长安多有建树，为太子时重修大慈恩寺，永徽三年（652）建大雁塔，永徽五年建外郭城明德门，龙朔二年（662）重修大明宫，总章二年（669）建兴教寺塔，等等。由于他勤于政事，故而"百姓阜安，有贞观之遗风"。①但到显庆五年（660）以后，他的健康状况逐渐不佳，经常头晕目眩，难以处理政务。于是，皇后武则天就乘机插手政治，开始参与国家大事，最后又取唐而代之，建立武周政权。

武则天，姓武名曌，她的父亲武士彟，是并州文水（今山西文水东）的木材商人。隋大业十三年，武士彟曾帮助李渊从太原起兵，攻克长安，建立唐朝。于是，他就从富商走上了政治舞台，官至工部尚书，封应国公。后来，又任利州（今四川广元）都督、荆州（今湖北荆州市荆州区）都督，也算是唐朝的开国功臣。武士彟先后娶过两个妻子，先娶相里氏，生了两个儿子，后娶杨氏，生了三个女儿，武则天就是杨氏所生的第二个女儿。

武则天生在什么地方，有不同的说法，有人说生于四川广元，有人说生在长安。关于武则天的生年，记载也不详。但她死于神龙元年十一月，各种史籍记载相同。不过，各种史书所载死年的年龄又不相同。《旧唐书》记为83岁，《新唐书》记为81岁，《资治通鉴》记为82岁。根据这三种年龄推算，她的生年应是公元623、625或624年，也就是武德六年、八年或七年。这时，武士彟正在长安，他是贞观元年才去任利州都督的。当时，做官者的妻子都随丈夫居住，可见武则天生于长安是可信的。

---

① 《资治通鉴》卷一九九，唐高宗永徽元年正月，第6270—6271页。

二、武则天临朝称制

贞观九年，武士彟死在荆州都督任上，武则天与母亲把父亲送回文水安葬后，又定居长安。贞观十年，唐太宗的文德皇后去世。不久，太宗听说武则天长相美丽，遂召其入宫，立为才人。这时，她仅14岁。她的母亲知道女儿被召入宫时，哭哭啼啼，难舍难分。但武则天却喜出望外，若无其事地说："见天子有什么不好，何必那么悲伤呢！"一个14岁的小姑娘，竟然能够摆脱母女感情，视深宫为有利可图之处，显然与一般妇女不一般见识。

武则天与一般妇女不同的性格，突出地表现为刚强坚毅。她不像古代社会的普通妇女那样温柔和顺，如文德皇后，虽然尽心竭力辅佐唐太宗，但始终甘居内助的地位，而不越雷池一步。唐太宗与她论及政事，她说母鸡不能报晨，自己要严守妇道，不敢与闻政事。武则天则截然不同。她处处想出人头地，显示自己智勇超人，不容别人轻慢自己。在她的晚年，她认为宰相吉顼对武氏子弟不太尊重，遂以自己的亲身经历向吉顼威胁道："当年太宗有一匹骏马，名叫狮子骢，肥壮性烈，无人能够驾驭。我向太宗表示：有三件东西我就可以制服它，即铁鞭、铁檛、匕首。先用铁鞭抽打，不服，再用铁檛相击，还不服，就用匕首刺其喉。"这种自吹自擂的自述，充分反映了她刚强的铁血性格。

武则天这种性格，很难和唐太宗情投意合。唐太宗智勇兼备，地位至高无上，他既然喜欢文德皇后那样的得力助手，当然不会宠爱处处想出人头地、赤裸裸地想参与政事的武则天。因此，当太宗去世的时候，武则天已经26岁，但一直还是才人，没有晋升；同时，在其入宫时文德皇后已经死去，十二年中未能显露头角，也未生儿育女：这都说明她在太宗时是遭到冷遇的。

贞观二十三年，太宗死后，武则天到感业寺（在今陕西西安城外西北感业寺小学）削发为尼。由于李治为太子时和武则天有过一段暧昧关系，所以，在太宗逝世周年这一天，李治借口纪念父皇去感业寺行香，见了武则天，两人相对哭泣，恋恋不舍。王皇后为了与萧淑妃争宠，想使武则天帮助自己，遂促使高宗把武则天迎入宫中。

武则天再次入宫，如鱼得水，她施展各种伎俩，日益为高宗所宠爱。但是，她并不满足于这种一般皇妃的得宠，而是要争取更高的政治地位，唯我独尊。

面对这种情况,王皇后虽然又和萧淑妃联合起来,对付武则天,但也无济于事。武则天为了达到个人目的,不惜用残忍的手段害死亲生女儿,嫁罪于王皇后,促使高宗下定了废王皇后的决心。

王皇后出身名门大家,又是太宗为高宗选定的皇后,故而得到顾命大臣长孙无忌、褚遂良的支持。武则天自恃有高宗的后台,还有些投其所好者的摇旗呐喊,所以,她得寸进尺,步步进逼,最后终于在激烈的斗争中取得胜利,戴上皇后的桂冠。

永徽六年(655)十月,武则天被立为皇后。显庆五年以后,高宗即因健康状况不佳而常委托其处理政务。弘道元年(683)十二月,高宗死,中宗即位。光宅元年(684)二月,武则天即废中宗为庐陵王,另立幼子李旦为皇帝,史称唐睿宗。唐睿宗虽为皇帝,却居于别殿,形同幽禁。武则天临朝称制,完全控制了朝廷大权。

三、武则天迁都洛阳

天授元年,武则天(见图 5-1)又改唐为周,自己做了皇帝。从唐高宗死到武则天退位的二十多年里,武则天除长安元年(701)十月到三年(703)十月的两年住在长安以外,其余时间都住在洛阳。这就是说,武则天执政时期,政治中心已从长安移到了洛阳。

关中自古以来就称"天府之国"。西周时,这里的农业即很发达,司马迁说:"关中自汧、雍以东至河、华,膏壤沃野千里,自虞夏之贡以为上田,而公刘适邠,大王、王季在岐,文王作丰,武王治镐,

图 5-1　武则天像

故其民犹有先王之遗风，好稼穑，殖五谷，地重（重农耕），重为邪（不为邪恶）。"① 随着历史的前进，关中的经济也在发展。战国时期，秦国很快富强起来，与关中的地理优势密切相关。苏秦曾说秦惠王道："大王之国，西有巴、蜀、汉中之利，北有胡貉、代马之用，南有巫山、黔中之限，东有崤、函之固。田肥美，民殷富，战车万乘，奋击百万，沃野千里，蓄积饶多，地势形便，此所谓天府，天下之雄国也。"② 这是最早把关中称为"天府之国"的文献记载。从这里明显地看出，所谓天府，就是土地肥沃、物产丰富的意思。秦汉之际，刘邦把关中作为根据地，打败项羽，所以，张良劝说刘邦建都关中道："夫关中左崤函，右陇蜀，沃野千里，南有巴蜀之饶，北有胡苑之利，……此所谓金城千里，天府之国也"③。一直到隋朝末年，李密还认为"关中四塞，天府之国"④。唐朝定都长安后，关中还是"号称沃野"⑤。隋、唐两代都是以关中为根据地统一全国的。这就是说，从周到唐，长安屡为建都之地，是以关中的优越经济条件为基础的。

各地经济的发展是不平衡的。最初，关中处于领先地位。随着历史的发展，这种情况逐步有所改变。在人们认识自然、改造自然的能力不断提高的情况下，东南一带日益富庶起来。隋朝时，宣城（今安徽宣城）、毗陵（今江苏常州）、吴郡（今江苏苏州）、会稽（今浙江绍兴）、余杭（今浙江杭州）、东阳（今浙江金华）一带，"川泽沃衍，有海陆之饶，珍异所聚，故商贾并凑"⑥。显然，这与西汉时那种"江南卑湿，丈夫多夭"⑦相比，是大大有所前进了。

关中的情况则有所不同。由于长安是政治中心，工商业也不断有所发展，人口也随之增加；统一国家的官僚机构日益庞大，也需要有更多的供给。这就使范围不大的关中难以适应统一大国首都的经济需求。这种矛盾日益明显起来。

---

① 司马迁：《史记》卷一二九《货殖列传》，中华书局1959年版，第3261页。
② 刘向编集：《战国策》卷三《秦一》，齐鲁书社2005年版，第22页。
③ 《史记》卷五五《留侯世家》，第2044页。
④ 《旧唐书》卷五三《李密传》，第2208页。
⑤ 《新唐书》卷五三《食货志三》，第1365页。
⑥ 《隋书》卷三一《地理志下》，第887页。
⑦ 班固：《汉书》卷二八下《地理志下》，中华书局1962年版，第1668页。

汉高祖时，每年从山东转运至长安的粮食有数十万石；汉武帝元光年间，开通漕渠，每年可运粮百余万石。隋文帝开皇年间，也曾运今河南、山西南部十三州的粮食到长安；隋炀帝建东都，常住洛阳，减少了这些麻烦。唐又定都长安，这种供求之间的矛盾更为突出，贞观、永徽之际，每年从东向西运粮二十万石，后来不断增加，致使漕运成为唐朝中后期政治经济方面的重要问题。在这种情况下，政治中心东移是历史发展的必然趋势。

武则天执政时，改东都为神都，常住洛阳，顺应了历史发展的趋势。但就武则天的主观愿望说，她并非为了迎合历史发展的要求，主要是为了满足她的政治欲望。关于武则天离开长安、东去洛阳，史书记载是偶然的原因。在武则天残害王皇后、萧淑妃的时候，萧淑妃大骂武氏，扬言来世要转生为猫，武氏要转生为鼠，猫一定要活活咬死鼠。于是，武则天不准宫中养猫，但她还经常在梦中"见王、萧为祟，被发沥血如死时状"。为此她迁居蓬莱宫（大明宫），仍然有此噩梦，"故多在洛阳，终身不归长安"。①

以上记载不符合事实。王、萧是在永徽六年十一月被害死的，从这时起，到高宗死的弘道元年十二月，共二十八年之久。在这期间，高宗经常往返于长安、洛阳之间，主要还是住在长安，作为皇后的武则天当然是随高宗行动的。武则天长期不回长安，是在高宗死了以后，上距王、萧之死已有二十多年，很难说不回长安是由于王、萧之死。同时，武则天也并非"终身不归长安"，她除随高宗多次往返于长安、洛阳之外，在做了皇帝以后，还回长安住过两年之久。故上述史籍的相关记载不确。

武则天常住洛阳，是由于政治上的需要，主要是为了改朝换代，以周代唐。

高宗死了以后，武则天要改朝换代的野心已经暴露无遗。她虽然不回长安，但长安对她而言还是非常重要的，所以，她十分重视长安的安危。弘道元年十二月高宗死，第二年二月她就命刘仁轨负责长安留守。刘仁轨是武则天的亲信。例如，当武则天感疑宰相裴炎谋反而将其下狱时，郎将姜嗣宗到了长安，

---

① 《资治通鉴》卷二〇〇，高宗永徽六年十一月，第6295页。《旧唐书》卷五一《高宗废后王氏传》与《新唐书》卷七六《王皇后传》类同。

刘仁轨向他了解洛阳的情况，他说，他早发现裴炎有不规的活动。于是，刘仁轨立即密告姜嗣宗"知裴炎反不言"①，致使姜嗣宗被绞死。永淳元年（682），高宗东幸洛阳，太子为京师留守。第二年，太子去洛阳，太孙为留守，刘仁轨都是辅佐。高宗死后，武则天废皇太孙为庶人，刘仁轨就成为真正的京师留守了。

武则天对刘仁轨是委以重任的。她在洛阳给刘仁轨的信中说："昔汉以关中事委萧何，今托公亦犹是矣。"刘仁轨上疏表示：自己年老体衰，难以担当如此重任，并劝武则天要重视西汉吕后参政的经验教训。武则天马上又派武承嗣前往长安传她的话："今以皇帝谅暗不言，眇身且代亲政；远劳劝戒，复辞衰疾。"还表示一定要从吕后参政的历史事件中取得借鉴。最后，她安慰刘仁轨道："况公先朝旧德，遐迩具瞻，愿以匡救为怀，无以暮年致请。"②她把刘仁轨与萧何相比，显然是非常重视关中与长安的。在楚汉战争中，刘邦"军无见粮，萧何转漕关中，给食不乏"。刘邦作战失利，"数亡山东"，"萧何常全关中"以待之，立下"万世之功"。③故而后来刘邦论功行赏，萧何名列第一。萧何的历史地位是由他利用关中的有利条件支持刘邦取得楚汉战争的胜利决定的。武则天把刘仁轨与萧何相提并论，无疑是要刘仁轨巩固关中，支持她在洛阳称帝。

武则天重视关中与长安，但又把政治中心东移，必须从政治上去找原因。

在我国的古代社会里，男尊女卑，"夫为妻纲"，是天经地义的。武则天虽然做了皇帝，但她不能改变以男子为中心的帝位继承制度。她是李氏之妇，其子是李氏之后。尽管她可以赐中宗、睿宗姓武，但谁也不视中宗、睿宗为武氏之后，连突厥也认为中宗、睿宗是李氏之后。武则天也不能摆脱这种宗法秩序。

在夫权思想的支配下，武则天不能像刘邦代秦、李渊代隋那样，彻底与前代决裂，甚至把前代皇帝作为对立面，千方百计说明自己改朝换代的合理性。她曾是唐太宗的才人、唐高宗的皇后，既不能贬低太宗，也不能否定高宗。因此，她只能是遮遮掩掩，羞羞答答，逐步升级地坐上皇帝的宝座，而与李氏皇族藕

---

① 《资治通鉴》卷二○三，则天后光宅元年九月，第6428页。
② 《资治通鉴》卷二○三，则天后光宅元年二月，第6418—6419页。
③ 《史记》卷五三《萧相国世家》，第2016页。

断丝连，无法彻底决裂。在这种情况下，武则天若在长安另立武氏七庙、建明堂、置社稷，既显出她有以武氏排斥李氏的篡权之意，也不能说明武氏比李氏更高一等。她不愿在长安把武氏和李氏摆在同等的地位。因此，她在洛阳另起炉灶，新建政治中心，既不触动李氏在长安的原有地位，也显示了武氏是洛阳的至高无上者。这就是武则天不得不离开长安，在洛阳实行改朝换代的真正原因。武则天东向洛阳而不去他处，是历史在不平衡的发展中前进，关中逐步失去了天下首富的地位，在经济上日益依靠山东和东南的结果。

第二节 中宗复辟与还都长安

一、中宗还都长安

长安四年（704）十二月，武则天病重，宰相一个多月也未能入见，身边仅有张易之、张昌宗两兄弟侍奉，这使得朝廷官员人心惶惶、忧心忡忡。

神龙元年正月，在宰相张柬之等五人为核心的大臣的策划下，以及相王李旦、太平公主、太子李显的支持下，发动禁军，攻入宫中，一举推翻了武则天的统治，武则天被迫退位，中宗再次为帝。

二月，中宗采取了一系列复辟的措施。首先，恢复了唐的国号。其次，又把武则天在社稷、宗庙、陵寝、郊祀、旗帜、服色、天地、日月、寺宇、台阁、官名等方面的改变，全部恢复到永淳元年时，也就是高宗死前的情况。同时，又把神都改称东都，表示其只是唐朝陪都的地位。另外，中宗还大力恢复唐宗室的地位，武则天统治后期为了缓和李、武两个家族的矛盾，已经给大部分反对武氏统治的人平了反，其余尚未平反的人此次由中宗全部平反昭雪。十一月，武则天在洛阳上阳宫病死。

神龙二年（706）七月，中宗就任命宰相李怀远为东都留守，准备西还长安。十月，回到长安。从此一直到景云元年（710）六月中宗死，再未离开过长安。睿宗以后的皇帝，主要活动也都在长安。可见，武则天把政治中心东移，是由于以周代唐的政治需要；中宗还都长安是李唐王朝复辟的重要标志。

中宗复辟，是当时政治斗争的必然结果。但是，还都长安，就不是历史前进的要求了。在中宗回到长安不到四年里,由于关中不能满足京师的粮食需求,在调运粮食方面出现了不小的困难,致使政治上的困难也增多了。

本来,高宗时,京师在粮食方面对山东的依赖已很明显。永淳元年四月,由于"关中饥馑,米斗三百",高宗决定东幸洛阳。因为"时出幸仓卒,扈从之士有饿死于中道者"。① 中宗回到长安,又碰到这样的情况。景龙三年(709),关中又发生灾荒,一斗米值百钱。故"运山东、江、淮谷输京师,牛死什八九"。群臣要求中宗再赴洛阳,由于皇后韦氏家族在杜陵,不愿东行,遂唆使巫师劝说中宗道:"今岁不利东行。"于是,中宗发怒道:"岂有逐粮天子邪!"② 中宗不做"逐粮天子",只有不顾百姓苦累,靠东粮西运来解决困难。中宗为了政治上的复辟而还都长安,已经与当时不平衡经济格局不相适应了。

二、武则天葬于乾陵

神龙元年十一月,武则天崩于洛阳上阳宫。临终前,她颁布遗制,决定去除帝号,只称则天大圣皇后,要求以李唐王室儿媳的身份将神主放入李唐宗庙,遗体则以高宗皇后的身份与高宗合葬乾陵。次年五月,中宗护送其灵柩西归长安,葬入乾陵。乾陵也因此成为中国历史上唯一安葬着一对夫妻、两个皇帝的帝王陵墓,令后世瞻仰。

武则天是中国传统男权社会的挑战者,从才人到昭仪、皇后、太后、皇帝,一路走来,步步惊心,但她只能暂时离经叛道,却不能改变人们根深蒂固的思想观念,也无法从根本制度上改变父权的统治地位。临死之前,明智的武则天深知自己无法掌控身后之事,为了保全自己,她只能选择与传统妥协,回归传统。

即使如此,武则天死后,朝廷中就是否遵从她的遗制,将她与高宗合葬一事还是有过激烈的争议。给事中严善思认为:按照《天元房录葬法》所载,尊贵者如果已先安葬,卑微者不应在此后开启墓穴葬入其中。武则天是女子,是高宗的皇后,身份与地位要低于唐高宗,如今要开启乾陵与高宗合葬,这是以卑犯尊,恐怕会惊扰高宗神灵,合葬这事既然不符合传统,恐怕不是稳妥之策。

---

① 《资治通鉴》卷二〇三,唐高宗永淳元年四月,第6407页。
② 《资治通鉴》卷二〇九,唐中宗景龙三年十二月,第6639页。

他建议："于乾陵之傍，更择吉地，取生墓之法，别起一陵，既得从葬之仪，又成固本之业。"①说明当时朝中对武则天的看法并不统一，有些人对她持否定态度，想在丧葬问题上做些文章。严善思提出这一主张的实际原因还是乾陵工程浩大，开凿困难。乾陵与桥陵（睿宗陵）都是因山为陵，情况类同，都是唐陵中规模较大的。据勘查者推算，桥陵的墓道平行羡道全长70米，东西宽3.78米，仅封墓道所需的石条即有3900块。这些石条的凿成，需要15600个工日，搬运石砌封又需加1倍工日。②乾陵与桥陵相似，二者相差不多。为了合葬，再把乾陵一开一封，大概也相当于桥陵凿石与封墓道的劳动量，即31200个工日。这对关中广大人民来说，无疑是一项沉重的负担。当然，在乾陵旁另修一陵也要付出代价，但作为皇后的武则天就难以和高宗相比了。因此，严善思的建议是有积极意义的。这也就是武则天死后，在洛阳停柩半年才得以祔葬唐高宗乾陵的主要原因。

严善思的意见也代表了张柬之等一大批朝臣的心愿，中宗心里也有所动，遂命群臣详议。但是武氏子弟坚决反对这一动议，武三思通过韦皇后及上官婉儿等，做中宗的工作。最后中宗否决了严善思等的意见，决定将武则天与唐高宗合葬于乾陵，使她的一生画上了一个完美的句号，可谓生荣死哀。

在乾陵陵区内城朱雀门阙楼遗址南边，司马道东西两侧，分别有一通无字碑和武则天所撰的述圣记碑。从历史记载和残存的文字可知，述圣记碑实为高宗功德碑，而无字碑却引起了人们无尽的猜想。

此碑以一块完整的巨石雕成，高7.53米，宽2.1米，厚1.649米，总重量约98.8吨。碑首刻有灵动矫健的螭龙，碑身两侧刻有腾云驾雾的升龙图，高4.12米，宽1.19米，砆座阳面正中线刻长2.14米、宽0.66米的狮马图。整个无字碑高大壮观，雕刻精美，堪称"历代群碑之冠"。关于无字碑之谜，人们有多种猜测，流传最广的说法是史学家郭沫若提出的"武则天遗言说"。他认为："武

---

① 《旧唐书》卷一九一《严善思传》，第5103页。
② 孙迟：《略论唐帝陵的制度、规模及文物》，见陕西省文物事业管理局编：《陕西省文博考古科研成果汇报会论文选集》，陕西省文物事业管理局1982年版，第328—329页。

则天临终遗言,己之功过,留后人评价。故只立碑石,不刻文字。"这种观点曾得到广泛流传,但翻检史书,找不到这样的记载,因此只能看作一家之言,而且有着很浓厚的文学色彩。

也有学者认为碑无文字是取《论语》中泰伯三让天下,"民无德而称"之事,表示武则天"功高德大"。与此相似的一种观点认为,这是武则天模仿秦始皇的做法,认为自己功德无人可比。在这两种解释之下,武则天似乎又变得很狂傲了。

乾州地方志中又有武则天本欲给自己树碑立传,但事到临头,又有武则天自愧生前所做之事,难以将平生之事题上碑石的说法,故形成"无字碑"之说。照此说,武则天又称得上是一个知耻而后勇之人。

也有人认为无字碑与述圣记碑对称地分列东西两处,是一种左祖右社的布局。无字碑位于左,代表了"祖",即宗庙;述圣记碑位于右,代表了"社",即社稷。因此,无字碑自然不需要刻写文字。但这一说法恐怕曲解了左祖右社的概念。

还有人认为无字碑是中宗为武则天所立,但在准备撰写文字时发现有一个难题,即到底称呼武则天为皇帝还是皇后,权衡再三均无法下笔,而致出现了无字碑。这其实不是问题,武则天临终颁布的遗制中说得很清楚:去除帝号,称则天大圣皇后。

其实,问题的答案恐怕还要从人性出发去寻找。只要去过乾陵的人都知道无字碑上其实有四十二段诗文题词,但这些都是唐以后历代文人墨客留下的思古幽情,而非唐代立碑时所刻,有唐一代,无字碑的确是空无一字的。如果近距离仔细观察,我们还会发现,无字碑上从上到下,早已打上了许多大约4厘米见方的小格子,共三千三百多格。这些格子,显然不可能是后人所为,可能在唐代已打好了格子,准备刻字的,但终究某种原因没有刻成。碑石是唐代所立无疑,但是立于武则天执政时期还是中宗复辟以后呢?结合武则天能和高宗并称"天帝""天后"二圣,敢为天下先和当仁不让的性格,是否有这种可能,即弘道元年,高宗李治去世时,武则天也同时为自己准备了一块石碑,并与述圣记碑同时分别竖立于司马道两侧。她亲自撰作了李治的碑文,由中宗书于碑石,可能正是基于碑文应是生人对死者的追思与评价这一认识,当时的武则天或许认为在自己死后,应由儿子为自己撰书碑文。中宗以宫廷政变的方式复位,恢复了李唐王朝,在这种情况下,给死后的武则天一个恰当的称呼并非难事,但要客观评价武则天跌宕起伏的一生就成为一大难题。在没有考虑周全的情况下,中宗遂将此事暂且搁置一旁,采取了冷处理的态度。而中宗在位仅仅五年,随着他的死亡,此事渐渐被当时的人们遗忘。

当然也有另一种可能,武则天早已为自己准备好了石碑,但中宗在她年老病重时发动了政变,此后剩余的时间内,武则天在上阳宫里凄凉地度过了人生最后的岁月,她对儿子的不满使得她不再寄希望他为自己撰写碑文,因此也就未将此事嘱托中宗。在她死后,中宗也没有领会到武则天最初立碑的意图,而使得此碑最终成为无字碑。

总之,无字碑形成的原因在没有新的文献或考古材料发现前,仍将是一个众说纷纭的历史之谜,一切有待于后人解决。

第三节 动荡的中宗、睿宗时期

一、韦氏专权

中宗的韦皇后是京兆万年人,其祖父韦弘表,在贞观年间为曹王府典军。中宗为太子时,纳韦后为妃,韦后的父亲韦玄贞也由普州参军升为豫州刺史。中宗即位,她成为皇后。中宗被废为庐陵王,她也随中宗到房州(今湖北房县)。在房州期间,中宗常常恐惧不安,每逢有武则天的使臣到来,他总想自杀。韦后常劝他道:"祸福是互相关联的,不一定常有祸,何必一定要死呢!"由于二人同甘苦、共患难,故而情义甚笃。中宗曾对她表示,一旦能再见天日,一定满足她的任何要求。

中宗复辟以后,韦氏再为皇后,她与上官婉儿、武三思等人勾结,形成一股政治力量。她按照武则天参政、称帝的道路,逐步参与政事,最后左右政局。韦后遂再步武则天后尘,虽然没有改朝换代,但也把中宗变成傀儡,又将其置于死地。

中宗昏庸无能，刚愎自用，给韦后专权提供了机会。在韦后刚开始干预政事的时候，侍中桓彦范就曾向中宗建议："伏见陛下每临朝听政，皇后必施帷幔坐于殿上，预闻政事。臣愚历选列辟，详求往代，帝王有与妇人谋及政者，莫不破国亡身，倾辀继路。"他引经据典，说明"妇人不得预于国政"，要中宗"宜令皇后无往正殿，干预外朝，专在中宫"。① 中宗对这种建议根本不予理睬。

中宗相信方士郑普思、叶静能，遂以郑普思为秘书监，叶静能为国子祭酒。桓彦范等人极力反对，左拾遗李邕上疏道：妖妄之术不可相信，"若有神仙能令人不死，则秦始皇、汉武帝得之矣；佛能为人福利，则梁武帝得之矣。尧、舜所以为帝王首者，亦修人事而已"。尊宠方术之士，无补于国。② 中宗固执己见，不加理睬。结果，郑普思聚众于雍州（今陕西西安西北）、岐州，阴谋作乱。西京留守苏瓌要严加惩办，因郑普思妻以鬼道得幸于韦后，故而中宗出面干涉。虽然侍御史范献忠等人一再要求斩郑普思，最后也只是流于儋州（今海南儋州西北）而已。

中宗对韦后所生的安乐公主特别宠爱。安乐公主"恃宠骄恣，卖官鬻狱，势倾朝野"③，甚至擅自起草诏令，掩盖其内容，要求中宗签发，中宗也笑而从之。她还史无前例地要求册立为皇太女，中宗虽未同意，但也未加指责。中宗既无执政的才能，也背离了国家制度的规范，这就给韦后左右政局提供了方便的条件。

韦后与武氏残余势力相结合，形成了一股有相当实力的政治力量，使韦后专权有所凭仗。武则天执政时，她虽然千方百计地削弱李氏宗室的力量，但由于她本身不可克服的弱点，也就是她不得不承认自己是武氏之女、李氏之妇，故而又使李、武之间有着千丝万缕的联系。武则天女太平公主，初嫁薛绍，薛绍因与李氏诸王反武有关，饿死于狱。武则天为了使太平公主与武氏结婚，遂使人暗杀武攸暨（武则天伯父武士让孙）妻，然后嫁太平公主于攸暨。中宗女永泰公主嫁武延基（武承嗣子），新都公主嫁武延晖（武承业子），安乐公主先嫁武崇训（武三思子），后嫁武延秀（武承嗣子）。这种婚姻关系，很难一

---

① 《旧唐书》卷九一《桓彦范传》，第 2929 页。
② 《资治通鉴》卷二〇八，唐中宗神龙元年三月，第 6589 页。
③ 《资治通鉴》卷二〇八，唐中宗神龙二年十二月，第 6608 页。

刀两断。从政治上说，中宗即位以后，没有触动武氏的势力。发动政变、逼使武则天退位的张柬之等人，虽多次劝中宗诛杀诸武，中宗不理。张柬之等退一步请求贬降诸武官爵，中宗仍不听。敬晖等人又率百官上表，请求降诸武王爵，中宗不许。后来在百官的再三要求下，中宗才勉强将武三思、武攸暨等降为郡王，武懿宗等十二人降为公爵。

中宗不仅不愿诛杀诸武，而且还与武三思打得火热，对其言听计从，曾多次微服前往武三思家。监察御史崔皎密表进谏，中宗反而将其所谏之言泄露给武三思，引起了武三思等人对崔皎的切齿痛恨。

初武三思与上官婉儿私通，关系非同一般，上官婉儿又将他推荐给韦后，韦后遂将其引荐给中宗，因此武三思可以随意出入禁中，甚得中宗的信任。韦后之所以如此善待武三思，除了其女安乐公主的驸马武崇训是武三思之子，两家为儿女亲家的关系，韦后本人也与武三思私通。中宗畏惧韦后，对其百依百顺，以致他们卖官鬻爵，胡作非为。

上官婉儿即上官婕妤，上官仪之孙女。麟德元年（664），因上官仪建议高宗废武后而被武则天害死，上官婉儿随其母被没入掖庭宫（宫内有犯罪官员家属被迫劳动之处）。后因婉儿聪明而有文采，得到武则天的重视。圣历以后，常帮助武则天处理政府各部门的表奏。中宗即位后，对其更加信任，令其专掌诏令。先立为婕妤，后又升为昭容。于是，韦后、上官婉儿、武三思、安乐公主等结成了一个政治集团。

这个集团首先铲除了帮助中宗复辟的张柬之、敬晖、桓彦范、崔玄暐、袁恕己等人的势力，清除了他们专权的最大障碍。回到长安后，他们更是肆无忌惮，连太子也不放在眼里。安乐公主与武崇训经常凌侮太子李重俊（非韦后所生），或呼为奴。武崇训竟唆使安乐公主请废太子，立自己为皇太女。太子愤愤不平，发动政变，虽杀了武三思、武崇训，但又兵败出走，逃奔终南山，到鄠西被左右所杀。

韦后镇压了政变，更是得寸进尺。景龙元年（707）八月，韦后的同党兵部尚书宗楚客等人要求尊称韦后为顺天翊圣皇后，中宗同意。景龙二年（708）二月，又有人为韦后大唱赞歌，公开上奏道："昔神尧皇帝（李渊）未受命，天下歌《桃李子》；文武皇帝（李世民）未受命，天下歌《秦王破阵乐》；天皇大帝（李治）未受命，天下歌《堂堂》；则天皇后未受命，天下歌《娬媚娘》；应天皇帝（李显）未受命，天下歌《英王石州》；顺天皇后未受命，天下歌《桑条韦》，盖天意以为顺天皇后宜为国母，主蚕桑之事，谨上《桑韦歌》十二篇，请编之乐府，皇后祀先蚕则奏之。"①这样把韦后与唐高祖、唐太宗，特别是武则天相提并论，是为韦后改朝换代制造舆论。但中宗却给上奏者以厚赏。

韦氏集团极其腐败，他们索贿受贿，卖官鬻爵，宰相以下，多出其门。不管什么人，出钱三十万，即可除官。史载："韦后及太平、安乐公主等用事，于侧门降墨敕斜封授官，号'斜封官'，凡数千员。内外盈溢，无听事以居，当时谓之'三无坐处'，言宰相、御史及员外郎也。"②所谓斜封官，即没有正式制敕和经过正规铨选程序而授予的官职。

安乐公主要求把昆明池（在今陕西西安市长安区斗门街道一带）据为己有，中宗没有批准。她又夺大量民田开定昆池（在唐长安城西南），"延袤数里，累石象华山，引水象天津（天河），欲以胜昆明，故名定昆"③。长宁公主（中宗女）、安乐公主都常唆使家奴掠百姓子女为奴婢，侍御史袁从之逮捕其家奴，打算严办，却被中宗下令释放。

由于韦后势大，除了韦巨源、宗楚客、杨再思等宰相依附，还有纪处讷、窦怀贞等一批朝廷重臣也成为其党羽。尤其是窦怀贞更是卑鄙无耻，他时任御史大夫、检校雍州长史，掌管京师长安地区的行政大权。为了讨好韦后，改名从一，以避韦后之父名讳。窦怀贞丧妻，韦后乳母，本为蛮婢，年纪已老，嫁于窦怀贞为妻，封莒国夫人。当时习惯上称乳母的丈夫为阿𪓐，窦怀贞每次谒见皇帝或者进奏表疏，必自称皇后阿𪓐，当时人遂称其为"国𪓐"，而窦怀贞不但不感羞耻，反而扬扬得意。

景云元年，散骑常侍马秦客以医术得幸于韦后，光禄少卿杨均以善烹调得幸于韦后。这些人利用安乐公主希望韦后临朝，实现自己为皇太女的愿望，密

---

① 《资治通鉴》卷二〇九，唐中宗景龙二年二月，第6619—6620页。
② 《新唐书》卷四五《选举志下》，第1176页。
③ 《资治通鉴》卷二〇九，唐中宗景龙二年七月，第6623页。

谋策划，于饼馅中进毒，中宗中毒，死在了长安太极宫的神龙殿，终年55岁。韦后秘不发表，征调诸府兵五万人进驻长安，使驸马都尉韦捷（尚中宗女成安公主）、韦濯（尚中宗女定安公主）、卫尉卿韦璿、左千牛中郎将韦锜、长安令韦播等韦氏家族统领，又安排好东都留守，然后集百官发表。宣布皇后临朝摄政，改元唐隆。表面上虽然还立了16岁的李重茂为帝（殇帝），但实际上还是按照武则天称帝的道路逐步前进。不过，她遇到了强有力的对手，最后还是以失败而告终。

二、唐隆政变

中宗死后，宗楚客、武延秀与司农卿赵履温、国子祭酒叶静能等，皆劝韦后效武后故事，实行改朝换代。"南北卫军、台阁要司，皆以韦氏子弟领之，广聚党众，中外连结。楚客又密上书称引图谶，谓韦氏宜革唐命。谋害殇帝，深忌相王及太平公主，密与韦温、安乐公主谋去之。"①

这一时期长安城中人心慌乱，"相传将有革命之事，往往偶语，人情不安"②。韦氏乱党的行为，不仅危及李唐王朝的统治，而且还直接威胁到相王李旦、太平公主等李唐宗室的性命安全。这使得他们不得不有所行动，以铲除乱党。

李唐宗室集团除相王、太平公主之外，最核心的人物应是李旦之子临淄王李隆基。李隆基本来任潞州（今山西长治）别驾，这时被罢职住在长安，他见韦后乱政，遂暗中交结豪杰勇士，尤其是禁军左右万骑营。当时万骑营由韦播等人统领，他们为了树立威望，到任当日便借故鞭打数人，引起了万骑将士的极大不满。韦氏子弟的愚蠢，使得人心更加倾向于李隆基。万骑营将领葛福顺、陈玄礼等谒见李隆基，诉其委屈。李隆基劝他们诛杀诸韦，匡复社稷，众皆踊跃请死自效。此外，万骑果毅李仙凫也参与了政变密谋。

兵部侍郎崔日用素来依附于韦、武，与宗楚客关系尤为密切，当他知道宗楚客的阴谋后，担心祸及自身，遂派遣宝昌寺僧人普润密见李隆基，报告了其阴谋，并劝李隆基早日行动。参加这个集团的还有太平公主的儿子卫尉卿薛崇暕、

---

① 《资治通鉴》卷二〇九，唐睿宗景云元年六月，第6643页。
② 《旧唐书》卷五一《中宗韦庶人传》，第2174页。

苑总监钟绍京、尚衣奉御王崇晔、前朝邑尉刘幽求、折冲都尉麻嗣宗、宦官高力士等一大批人。

当李隆基等人商量好发动政变的计划后，有人建议应当先告诉相王李旦，取得他的同意后再动手。李隆基却认为此事风险很大，事成则归功于相王；如果不成，则以身殉国，而不要牵累到相王。如果禀告相王，他赞同此事则身涉险境；如果不同意，将阻挠大计。因此，此次发动政变，相王李旦是最大的受益者，但他事先并未参与密谋。

李隆基如此设想，为的是尽到为子之道，不过事情一旦失败，李旦也难逃被诛杀的命运。早在景龙元年太子李重俊事件之后，安乐公主与宗楚客等共同诬陷相王与太平公主，说他们也参加了李重俊的密谋，请求收捕入狱。李重俊只不过是相王的侄子，此次则是相王之子李隆基发动的政变，所以如果一旦失败，相王岂能逃脱干系？然而作为人子，能如此设想，已属难能可贵了。

据载，当时有位道士冯道力与处士刘承祖皆善占卜之术，两人均认为此举大利。他们去见李隆基，大意说李隆基所居之坊名叫隆庆，时人讹"隆"为"龙"，而韦氏又改元"唐隆"，这一切都预示着李隆基上应天命，前途无可限量。李隆基听后，也颇为自负，从而增强了发动政变的信心。

景龙四年（710）六月二十日黄昏，李隆基与刘幽求微服潜入长安城北的禁苑之中，去会见苑总监钟绍京。钟绍京这时又颇有悔意，打算拒见李隆基。苑总监的廨署就在禁苑之内，钟绍京之妻对丈夫说："以身殉国，神必助之。况且你已经参加谋划，今虽反悔不行，事后难道能免于追究吗？"于是钟绍京急出拜见了李隆基，并将这里作为指挥政变的大本营。夜幕降临，葛福顺、李仙凫等万骑营将士前来谒见李隆基，请其发令行动。二更时分，流星散落如雪。刘幽求说："天意如此，时不可失！"于是决定马上分头行动。葛福顺拔剑直入屯驻在玄武门外的羽林军营，将韦璿、韦播、高嵩等人斩首，然后对广大将士说："韦后酖杀先帝，谋危社稷，今夕当共诛诸韦，马鞭以上者皆斩之，立相王以安天下。敢有怀两端助逆党者，罪及三族。"[①]羽林将士皆欣然听命。葛

---

① 《资治通鉴》卷二〇九，唐睿宗景云元年六月，第 6645 页。

福顺等把韦璿等人首级送到李隆基处，李隆基取火验明无误，便与刘幽求直奔玄武门，钟绍京率其下属的丁匠数百人，手斧锯相随。命葛福顺率左万骑营攻玄德门，李仙凫率右万骑营攻白兽门，约定攻下后，会集于凌烟阁前，举兵大噪。葛福顺、李仙凫等斩杀守门将士，夺门而入。李隆基率余众在玄武门外，三更时分，听到大噪之声，知道葛福顺等已经得手，遂率众进入玄武门。太极殿内陈放着中宗的灵柩，守卫者是南衙诸卫兵，听到噪声，皆披甲响应。

韦后见宫中大乱，慌乱中急忙逃入飞骑营，结果被飞骑营将士斩其首，献给了李隆基。安乐公主起床后正在照镜画眉，被军士冲入杀死。武延秀逃到肃章门外被斩杀，上官婉儿求情不得，被李隆基下令斩于旗下。

当时殇帝李重茂尚在太极殿，刘幽求说："众约今夕共立相王，何不早定！"① 言下之意是要杀死李重茂，被李隆基所阻止。遂令诸军搜索诸韦在宫中者，以及其他韦氏同党，捕获者全部斩杀。天晓时分，内外皆定。次日，李隆基出见其父相王李旦，并迎请相王入宫辅佐殇帝李重茂。

接着又紧闭城门，分遣万骑将士收捕韦氏亲党。斩韦温于东市，斩宗楚客于通化门，斩韦巨源于街衢，其余同党如马秦客、叶静能、杨均、赵履温等皆被斩杀。又命崔日用率军出城赴杜曲，诛杀韦氏家族其他人员，甚至襁褓儿也不能幸免，混乱中将住在当地的不少杜姓人也杀死了。

在一切办妥之后，遂当日宣布赦令，规定其余支党不再追究。把李隆基由临淄王升为平王，即由郡王升为亲王，并兼管左右万骑营，掌管了禁军兵权。其余立功臣僚各有升赏。接着又发生了一件事，引起了李隆基及太平公主的警觉。

六月二十二日，刘幽求在太极殿，忽见一宫女与一宦官要求其起草制书，册立李重茂生母为皇太后。刘幽求说："国家有大难，人心不稳，且中宗皇帝尚未安葬，现在立太后，不妥！"李隆基得知此事后，告诫刘幽求保密，不要向外传言。第二天，太平公主便传来李重茂之命，表示愿意让位于相王，相王坚决不同意。说明这件事情的发生，刺激了太平公主，故急于使李旦即皇帝位。由于李旦坚决推辞，原来的计划一时无法进行。于是刘幽求请宋王李成器、平

---

① 《资治通鉴》卷二〇九，唐睿宗景云元年六月，第6646页。

王李隆基劝说其父早日即位，免得夜长梦多。经李成器、李隆基的极力劝说，相王终于同意即位。

六月二十四日，相王、太平公主及群臣齐集太极殿。太平公主首先说："皇帝欲以此位让叔父，可乎？"刘幽求跪曰："国家多难，皇帝仁孝，追踪尧、舜，诚合至公；相王代之任重，慈爱尤厚矣。"于是宣读事先以李重茂名义写好的制书，传位于相王。当时，李重茂仍坐在御座上，太平公主上前对他说："天下之心已归相王，此非儿座！"①将殇帝拉了下来。相王正式即位，史称睿宗，御承天门，大赦天下。

三、铲除太平公主集团

在唐睿宗（见图5-2）统治的整个时期，虽然铲除了韦氏乱党，并立李隆基为太子，使李唐皇室的统治地位得到巩固，但是朝廷中的不稳定因素并未完全消除，可以说政治斗争的浪潮一波未平，一波又起。

最先发难的是中宗次子谯王李重福，他曾被韦氏陷害，贬为均州（今湖北丹江口西北）刺史。韦后毒死中宗，专权擅政，李重福与被贬为江州司马的原吏部侍郎郑愔、洛阳人张灵均联合，准备起兵讨伐韦氏，尚未起事而韦氏已败，睿宗即皇帝位。故李重福打算占据东都洛阳，再进一步夺取帝位，最后失败被杀。

李重福之乱的迅速平定，表明人心思定，希望早日恢复

图5-2 唐睿宗像

---

① 《资治通鉴》卷二〇九，唐睿宗景云元年六月，第6649页。

稳定的政治局面。然而这一时期最大的政治危机却不是来自李重福,而是来自太平公主集团。

太平公主机敏多权谋,武则天认为她"类己",在其子女中最为钟爱,因此也颇得参与一些机密大事的议决。在武则天统治时期,太平公主畏惧其母严厉,尚不敢扩充势力,招揽权柄。在诛杀张易之、推翻武则天的统治以及铲除韦氏的斗争中,太平公主的政治势力大大地膨胀了。睿宗对他这位妹妹非常尊重,经常与她商议国家大政,太平公主每次入宫奏事,他们都要坐在一起讨论很长时间;如果太平公主一时没有入宫朝谒,睿宗则派宰相到其府中咨议军国大事。史载:"公主所欲,上无不听,自宰相以下,进退系其一言,其余荐士骤历清显者不可胜数,权倾人主,趋附其门者如市。……田园遍于近甸,收市营造诸器玩,远至岭、蜀,输送者相属于路,居处奉养,拟于宫掖。"①

这一时期的宰相多为太平公主私党,专权用事。由于太子李隆基英武,公主颇忌惮之,谋图改易太子,另择暗弱者立之,以长久地保持其既得利益与权势。于是,他们散布流言,说:"太子非长,不当立。"②为此睿宗专门颁制戒谕中外,止息流言。太平公主还派人侦视太子动静,其一举一动,皆禀告睿宗知悉。太子的左右,往往也是太平公主的耳目,致使李隆基非常不安。为了夺取李隆基的太子之位,太平公主召太子少保韦安石至其府,共议此事,韦安石固辞不往。睿宗曾密召韦安石,对他说:听说朝廷上下皆归心于太子,卿应当多多留心此事。韦安石回答说:陛下为何出此亡国之言! 这一定太平公主的阴谋。太子有功于社稷,仁明孝友,天下所知,希望陛下不要听信谗言。当时太平公主就在帘后窃听,大怒,指使人陷害韦安石,幸得郭元振解救,才免于被害。

太平公主邀请宰相们会集于大明宫光范门内,指使他们上奏皇帝,改易太子,宋璟大声说:"太子有大功于天下,真宗庙社稷之主,公主为何忽有此议!"结果弄得不欢而散。太平公主还私下对宋王李成器说:"废太子,以尔

---

① 《资治通鉴》卷二〇九,唐睿宗景云元年六月,第 6651 页。
② 《资治通鉴》卷二一〇,唐睿宗景云元年十月,第 6656 页。

代之。"①其实太平公主并不是真的为李成器着想,当初商议立太子时,她也是赞同建储以功原则的。只是当认为立李成器更有利于自己专权时,她才改变主意,所有这一切都是以自己的切身利益为转移的。于是宋璟与姚崇密见睿宗,进言道:宋王是陛下的长子,豳王是高宗的长孙(豳王李守礼乃章怀太子之子),太平公主在其间挑拨是非,使太子不安。不如将宋王、豳王皆任命为外州刺史,远离朝廷。同时罢岐王、薛王的左右羽林军兵权,任命他们为太子左右率,使其侍奉太子,将太平公主与武攸暨迁往东都洛阳安置。宋、姚的建议目的在于消除政治隐患。睿宗除了拒绝将太平公主迁往东都,其余建议都接受了,规定诸王、驸马自今以后不得再掌典禁兵,任命宋王李成器为同州刺史、豳王李守礼为豳州刺史、岐王李隆范为左卫率、薛王李隆业为右卫率,实际上是为了增加太子的实力,有意把他的两个弟弟安排在其身边。同时,将太平公主安置于蒲州,这里距离长安较近,既便于兄妹相聚,又将其与太子隔开,希望能避免双方矛盾的激化。

景云二年(711)二月,睿宗命太子监国,将一些权力交给太子掌管,如六品以下官员的任命及徒罪以下,并取太子处分。

李隆基当上监国两个月后,即景云二年四月,睿宗趁太平公主在蒲州时,召集三品以上大臣商量,欲传位给太子,他说:"朕素怀淡泊,不以宸极为贵。昔居皇嗣,已让中宗。及居太弟,固辞不就,思脱屣于天下为日久矣。今欲传位太子,卿等以为如何?"②群臣没有人表示赞同或反对,也不便表示什么,所以此次商议并没有做出最后的决定。

可是,皇帝欲传位于太子的消息,一经传出,立刻引起了极大的震动。首先是太平公主集团惊讶不已,他们没有料到即位不到一年的皇帝要公开声称传位,于是便派人出面劝说睿宗取消打算。殿中侍御史和逢尧率先出面,他对睿宗说:"陛下春秋未高,方为四海所依仰,岂得遽尔!"③此事也引起了太子集

---

① 王钦若等编:《册府元龟》卷二八六《宗室部·忠二》,中华书局1960年版,第3370页。
② 《册府元龟》卷二五九《储宫部·监国》,第3079页。
③ 《资治通鉴》卷二一〇,唐睿宗景云二年四月,第6664页。

团的反对，此时李隆基还摸不清睿宗的行为是否出于真心，于是命人上表推辞，睿宗只好暂时收回了自己的打算。

李隆基为了缓和矛盾，请求召太平公主回京师，得到了睿宗的赞同。太平公主返回京师后，并没有对李隆基释放的善意有任何回报，反而加紧了结党营私、扩充自己政治势力的步伐。早在迁往蒲州之前，她就已经将宋璟、姚崇等人从宰相行列中排挤出去了；此次回来后，又设法把支持李隆基的韦安石、郭元振、张说等人从相位上拉了下来。与此同时，她又把一批自己的私党安插到宰相位上，如益州长史窦怀贞、太子詹事崔湜、右散骑常侍魏知古、中书侍郎陆象先等，或同中书门下三品，或同平章事，全都成为宰相，使得政治的天平向太平公主一方倾向。

延和元年（712）七月，西边的天空上出现了慧星，太平公主指使术士趁机向睿宗报告，说帝座及前星有灾，"皇太子当为天子"①。其目的在于挑拨睿宗与太子之间的关系，制造李隆基不安心于太子之位，有抢班夺权的阴谋。可是人算不如天算，唐睿宗本来就无意于继续当这个皇帝，正好术士又借天意这么做，于是决定传位于太子。太平公主集团没有想到事情反倒弄巧成拙，纷纷出来劝阻，李隆基也再三推辞，但睿宗坚决不肯收回成命。

七月二十五日，睿宗颁制传位于太子。太平公主见事情已无法挽回，遂转而请求睿宗可以传位于太子，但军国大权仍然亲掌，睿宗同意了她的请求。八月三日，太子李隆基正式即皇帝位，史称唐玄宗。尊睿宗为太上皇，并且规定太上皇仍然称朕，每五日于太极殿坐朝，三品以上官员的任命及重大国政仍由太上皇决定，其余政事由玄宗决定。

唐玄宗虽然正式即位，但由于权力还没有完全掌握在自己手中，所以仍处处受到太平公主的牵制，宰相群体中大多数都为太平公主同党。太平公主为了自己的政治利益，千方百计，扩充实力，欲谋害玄宗，甚至勾结宫人元氏，在玄宗常饮的"赤箭粉"中放入毒药，打算害死玄宗，结果没有得逞。

开元元年（713）七月，宰相魏知古密告太平公主准备在这月四日发动政变，

---

① 《资治通鉴》卷二一〇，唐玄宗先天元年七月，第6673页。

打算命常元楷、李慈等率羽林兵突击武德殿，窦怀贞、萧至忠、岑羲等率南衙兵响应。于是玄宗与岐王李范、薛王李业（即李隆范与李隆业，避玄宗，去"隆"字）、郭元振及龙武将军王毛仲、殿中少监姜皎、太仆少卿李令问、尚乘奉御王守一、宦官内给事高力士、果毅都尉李守德等定计，决定抢先动手，先发制人。

七月三日，玄宗通过王毛仲取闲厩马及士卒三百余，自武德殿入虔化门，召常元楷、李慈入见，将其斩杀。这样就使对方所控制的羽林军失去了头领。接着在内客省捕获了贾膺福、李猷，在朝堂又捕获了宰相萧至忠、岑羲，并将他们全部斩杀。窦怀贞仓皇逃窜，跳入沟中，自缢而死。太平公主闻变，逃入山寺，过了三天后，知无法脱身，只好又返回长安家中，被赐死于家。其余党羽数十人或杀或流，显赫一时的太平公主集团就这样很快地烟消云散了。但是，追查其支党的工作一直延续到这年年底，经过比较彻底的清查后，太平公主的势力终于被彻底肃清了。

次日，太上皇颁布诰命，规定"自今军国政刑，一皆取皇帝处分，朕方无为养志，以遂素心"①，遂交出了全部权力。此后在唐玄宗的精心治理下，唐朝出现"开元盛世"，成为当时世界上最为强大的帝国。

---

① 《资治通鉴》卷二一〇，唐玄宗开元元年七月，第6684页。

第六章 开元之治与繁荣的长安

开元时期不仅是唐朝的鼎盛时期,也被视为中国古代的鼎盛时期。这一时期政治稳定,人才辈出,经济繁荣,文化发展,军事强盛。长安也发展成为著名的国际大都市,不仅成为中国的政治、经济、文化中心,而且随着丝绸之路的畅通与中外经济文化交流的发展,大批各国、诸族之人来到长安,或经商,或学习,甚至在唐朝做官,大大地促进了长安的国际化程度。

第一节 稳定的政局

一、任用贤能

开元年间（713—741），唐玄宗（见图6-1）在政治上颇有作为。他勤于政事，千方百计地采取各种措施，巩固并发展了唐朝政权。

他继承了太宗"以古为镜"的传统，重视从历史上总结经验，吸取教训，非常注意阅读史书。他说："朕听政之暇，常览史籍，事关理道，实所留心，中有阙疑，时须质问。"①为了解决读书中的疑难问题，他特选择博学之士作为侍读，每日轮流帮助他阅读史书。马怀素、褚无量等人，就是他最早的侍读。侍读可在"宫中乘马"，他尝"亲送迎之，待以师傅之礼"。②

为了励精图治，他重用贤才，注意选贤任能，尤其是对宰辅的选拔最为关注，所谓"开元中，上急于为理，尤注意于宰辅"③。姚崇、卢怀慎、宋璟、苏颋、源乾曜、张嘉贞等，都是对促成"开元之治"发挥过重要作用的宰相。玄宗本人也颇具政治家的风范，深得人君之体。比如宰相姚崇向玄宗汇报进用郎吏之事时，玄宗仰视殿屋而不答，再三奏请，依然不理。姚崇见状惶恐不安，不明白皇帝到底是什么态度，急忙退出。宦官高力士进谏说："陛下始亲政，宰相奏事，理应表示可或不可，如何不发一言呢？"玄宗回答说："朕既任

图6-1 唐玄宗像

---

① 《旧唐书》卷八《玄宗本纪上》，第175页。
② 《资治通鉴》卷二一一，唐玄宗开元三年七月，第6711—6712页。
③ 郑处诲：《明皇杂录》卷上，中华书局1994年版，第12页。

崇以庶政,事之大者,当白奏,朕与共决之,如郎署吏秩,甚卑,崇独不能决而重烦吾耶!"也就是说,皇帝应亲决大事,小事则专委宰臣处断,皇帝不应再过问,这就是所谓的抓大放小。当高力士把玄宗的这个意思传达给姚崇后,不仅姚崇本人,就连朝廷上下都认为玄宗有"人君之大度,得任人之道焉"。[1]

在这些众多的宰相中,姚崇与宋璟均为著名宰相,后人常把姚、宋与贞观年间的房玄龄、杜如晦相提并论,说明他们在开元年间起过重要作用。姚崇建议玄宗要"抑权倖,爱爵赏,纳谏诤,却贡献,不与群臣亵狎"[2]等,从刑法、用人、赋税等十个方面整顿政治,玄宗全部接受。宋璟为宰相,"务在择人,随材授任,使百官各称其职;刑赏无私,敢犯颜正谏"[3]。他还要求恢复唐初史官公开记事的制度。贞观年间,宰相与三品官向皇帝奏事,史官随同,如实记录所奏内容。高宗以后,许敬宗、李义府专权,取消了这一制度。玄宗根据宋璟的建议,又予以恢复,这对防止政治腐败起了一定作用。玄宗注意重用贤才,和中宗时期那种"无能而禄者数千人,无功而封者百余家"[4]的情况相比,显然是鲜明的对照。

此外,玄宗还注意对地方官的选任,认为"诸刺史、县令,与朕共治,情寄尤切"[5]。并且规定:刺史、县令赴任时,都当"面辞","朕当亲与畴咨,用观方略"[6]。他还亲自选拔太守、县令,"告诫以言,而良吏布州县,民获安乐"[7],甚至动员京官出任地方官,以改变地方官吏队伍的结构。在唐玄宗的关注下,当时的地方吏治得到了显著的改善,涌现出一批卓有政绩的良吏,促进了当时社会的稳定与发展。

玄宗在任用贤才的同时,还大力裁减冗滥。在中宗统治时期,韦后、安乐

---

[1] 李德裕:《次柳氏旧闻》,见崔令钦:《教坊记》(外三种),中华书局2012年版,第48页。
[2] 《资治通鉴》卷二一〇,唐玄宗开元元年十月,第6690页。
[3] 《资治通鉴》卷二一一,唐玄宗开元四年十二月,第6724页。
[4] 《资治通鉴》卷二一〇,唐睿宗景云二年十月,第6668页。
[5] 《唐会要》卷八一《勋》,第1766页。
[6] 《唐会要》卷六九《都督刺史已下杂录》,第1436页。
[7] 《新唐书》卷五六《刑法志》,第1415页。

公主卖官鬻爵，还往往在正员官之外，不经正常的官吏选拔程序，即便是出身低微的屠夫、奴婢等人，只要出钱三十万，就可得到墨敕授官。他们把这种墨敕斜封交付中书省，故这样得官者称"斜封官"，大多在正式官名前加上员外同正、试、摄、检校、判、知等称呼。一时间，朝中斜封官多达数千人，官吏冗滥至极。开元二年（714），玄宗令将这些冗官悉数罢去，史称"大革奸滥，十去其九"①。为了提高地方官员素质，加强考核，从开元二年起，政府每年定期派十道按察使巡行地方，考察官员的政绩。玄宗还曾颁布《整饬吏治诏》，姚崇也曾撰写了《五诫》，号召官员要遵守为官的道德规范。这些举措从根本上改变了选官混乱、吏治败坏的现象，极大地提高了官员队伍的素质，为政令畅通奠定了基础。

二、革新政治

玄宗为了革新政治，强化统治，从各方面采取了许多相应的措施。玄宗不徇私情，官僚、皇亲犯法都要严加治罪。京兆尹崔日知贪暴不法，御史大夫李杰进行查处。崔日知反咬一口，诬陷李杰有罪。玄宗得知此事，命李杰照常视事，贬崔日知为歙县（今安徽歙县）丞。此外，皇后的妹夫长孙昕也与李杰不和，长孙昕与其妹夫杨仙玉在长安里巷中殴打了李杰。李杰上诉玄宗，玄宗怒不可遏，当即于朝堂杖杀长孙昕。同时，还下诏安慰李杰道："昕等朕之密戚，不能训导，使陵犯衣冠，虽寘以极刑，未足谢罪。卿宜以刚肠疾恶，勿以凶人介意。"②唐代中央的监察机关是御史台，御史台的主要职能是监察中央和地方各级官吏的言行职事是否合乎法制。御史大夫是御史台的长官，李杰执行任务遭到报复，玄宗支持李杰，无疑对实行廉政是有积极作用的。

军队是国家的重要支柱，玄宗刚一即位，就十分重视整顿军队纪律，提高军队的素质。开元元年十月，玄宗到新丰（今陕西西安市临潼区东北），兵部在骊山下集中二十万军队，请玄宗检阅。由于军容不整，玄宗要斩兵部尚书郭元振，虽然宰相刘幽求等跪于马前求情，说明郭元振有功于唐，但最后还是流

---

① 《通典》卷一九《职官一》，第473页。
② 《资治通鉴》卷二一一，唐玄宗开元四年正月，第6715页。

放到了新州（今广东新兴）。而负责礼仪之事的唐绍，则以"制军礼不肃"①罪被杀。本来，玄宗并非严刑酷法的人，他只是想严整军纪，并不想真的杀人，但金吾卫将军李邈误解了他的意思，很快宣诏杀了唐绍。玄宗十分不满，遂罢了李邈的官。在这次检阅军队时，薛讷、解琬统率的两支军队纪律严整，军容威武，受到了玄宗的称赞。

玄宗还注意强干弱枝，巩固关中。开元三年（715）十一月，郭虔瓘为安西大都护、四镇经略大使，他请求在关中募兵万人到安西四镇（龟兹、疏勒、于阗、焉耆）去。将作大匠韦凑上疏反对，韦凑说："今西域服从，虽或时有小盗窃，旧镇兵足以制之。关中常宜充实，以强干弱枝。"②他又分析万人西行，会给沿途百姓带来沉重负担，不宜如此劳民伤财。姚崇也不赞成从关中募兵西行。于是，玄宗支持了充实关中、强干弱枝的意见。可见，当时的统治集团是非常重视关中与长安的。

对一些陈规陋习，玄宗也常加以改革。例如，当时一般人都重视京官，轻视地方官，认为在长安做官无上光荣。扬州采访使班景倩入京为大理少卿，有人就非常羡慕地说："班生此行，何异登仙！"③针对这种情况，玄宗下诏："选京官有才识者除都督、刺史，都督、刺史有政迹者除京官，使出入常均，永为恒式。"④虽然这种使京官与地方官互相交流的措施未能收到预期的效果，但玄宗敢于革新的精神还是值得称道的。另如，按照古制，皇帝即位，即制内棺，每年都要加漆，表示"存不忘亡"。皇帝外出，用车载内棺随行，称为"椑车"。玄宗认为这种"先王之制"毫无意义，遂"命焚之"。⑤从此以后，皇帝外出，再没有椑车相随了。这种改革，至少可以减少人力、财力的浪费。

玄宗在纳谏与求谏方面也做出了很大的努力。他多次下令求谏，要求朝臣们大胆直言进谏，对朝政提出批评。从史籍记载来看，上书直谏者不仅仅是内

---

① 《资治通鉴》卷二一〇，唐玄宗开元元年十月，第6687页。
② 《资治通鉴》卷二一一，唐玄宗开元三年十一月，第6712页。
③ 《资治通鉴》卷二一一，唐玄宗开元四年二月，第6716页。
④ 《资治通鉴》卷二一一，唐玄宗开元二年正月，第6694页。
⑤ 刘肃：《大唐新语》卷一〇，中华书局1984年版，第152页。

外臣僚，还包括平民百姓、文人学者、方伎隐士等各类人员。这一切对净化当时的政治空气、改善吏治都起到了极好的作用。除主动求谏外，能接受和容纳谏言，也是一件说起来容易、做起来很难的事。玄宗在这方面就做得很好，不仅接受进谏的态度很诚恳，而且还恢复和健全了谏官议政制度，鼓励谏官们无所回避，敢于犯颜直谏。对一些元老重臣的意见尤为尊重，史载："玄宗初即位，体貌大臣，宾礼故老，尤注意于姚崇、宋璟，引见便殿，皆为之兴，去辄临轩以送。"①

玄宗还非常重视了解民情。开元二年七月，民间传说皇帝要选民女入宫。玄宗为了证明这是谣传，特于八月选宫中之宫女，集中在崇明门（大明宫正殿紫宸殿南面的一门），用车送她们回家，同时还下诏说：宫里的女子还要遣送回家，民间的女子更可以高枕无忧了。开元二十二年（734），他为了证实下级官员向他反映的农田产量是否属实，遂在苑中种麦，"率皇太子已下躬自收获"，同时还对太子说："此将荐宗庙，是以躬亲，亦欲令汝等知稼穑之难也。"他又将收获的麦子分赐给侍臣们，并对他们说："比岁令人巡检苗稼，所对多不实，故自种植以观其成"。②他亲自实践，使太子知稼穑之难，当然是希望太子有所作为。通过种麦了解农业生产的情况，反映了他在政治上不愿受蒙蔽这一初衷。这样做的结果是，了解了下情，能够制定正确的政策，有利于缓和社会矛盾。

三、稳定政局

玄宗是在激烈的宫廷政变中登上皇帝宝座的，故而非常注意缓和宫廷内部矛盾。他的父亲睿宗已退居太上皇，自然不会影响他的地位，敌对势力也已消灭，唯一使他感到不安的就是自己的兄弟。宋王成器、申王成义，是他的兄长；岐王范、薛王业，是他的弟弟；还有他的从兄豳王守礼。玄宗对这些较有影响的兄弟都千方百计地加以笼络、安慰，逐步削弱他们在政治上的势力。

他刚即位，就制作了长枕大被，常与兄弟们共宿同寝。每天退朝以后，就和兄弟们共同饮宴，共同从事斗鸡、击球等各种游戏，或者共同到郊外打猎，

---

① 《次柳氏旧闻》，第48页。
② 《旧唐书》卷八《玄宗本纪上》，第201页。

游山玩水。用于和诸兄弟之间联系的宦官"相望于道"。平时在禁中不像君臣之间那样严肃，而是拜跪如家人礼。不管是讲论诗赋，或者饮酒游戏，兄弟之间的气氛都十分和谐。如果其中有人患病，玄宗"为之终日不食，终夜不寝"。薛王李业患病，他"方临朝，须臾之间，使者十返"。他亲自为弟煮药，在吹火的时候，燃烧了胡须，左右惊慌急救，他却若无其事地说："但使王饮此药而愈，须何足惜？"①这样一来，薛王李业无疑是感激万分的。

他的兄弟们也理解此意，故而没有人因受到皇帝的尊重而得意忘形。作为长兄的李成器更为谨慎小心，与人交往从不谈论时政。这样，玄宗当然应该放心了。但是，玄宗还是采取了一些相应的措施，剥夺宗室诸王手中的兵权，并将他们派到京城长安周边去做刺史，却又不给实权，这样就逐步减少了他们对皇权的威胁。开元二年六月，他以宋王成器兼岐州刺史，申王成义兼幽州刺史，幽王守礼兼虢州刺史，让他们到这些离长安不远的地方去，只能过问一些大事，一般日常州务皆上佐主持。上佐就是长史、司马等刺史的主要辅佐官员。非常明显，玄宗虽然给了诸王一定的地盘，但都在长安附近，容易控制。不久，又以岐王范为绛州刺史，薛王业为同州刺史，情况大体类同。

李成器等王为了向玄宗表示友好，于开元二年七月主动献出自己在兴庆坊的住宅，即所谓"五王宅"。被称为长安三大内（太极宫、大明宫、兴庆宫）之一的兴庆宫，就是在这五王宅的基础上修建起来的。玄宗为了答谢诸王的献礼，又在兴庆宫侧各赐他们新的住宅。

玄宗除了对兄弟如此，对皇子皇孙也采取了一些防范措施。玄宗即皇帝位以后，因为诸子年纪尚幼，所以皆未出阁，而是居住皇宫之内。年纪渐长封王以后，仍不令出阁，而是在长安安国寺东紧靠苑城另建了一座大宅，将他们安置于其中。《新唐书·十一宗诸子传》曰："开元后，皇子幼，多居禁内，既长，诏附苑城为大宫，分院而处，号'十王宅'，所谓庆、忠、棣、鄂、荣、光、仪、颖、永、延、盛、济等王，以十，举全数也。中人押之，就夹城参天子起居。家令日进膳。引词学士入授书，谓之侍读。寿、信、义、陈、丰、恒、凉七王就封，亦居十宅。鄂、

① 《资治通鉴》卷二一一，唐玄宗开元二年五月，第6701页。

光废死，忠王立为太子，庆、棣继薨，唯荣、仪十四王居院，而府幕列于外坊，岁时通名起居。"

之所以称十王宅，举其全数，最初应为十二王，后来又加进来几个王，于是后来便称之为十六宅。无论是十王宅还是十六宅，或者叫十六王宅，都不是指确切的人数。十六宅位于长安城东北角，北面紧靠小儿坊，西面为安国寺，位置在今西安空军军医大学至省金属结构厂三厂之间，长缨路东西横贯其中。其东面紧靠夹城，通过夹城可以直入大明宫或兴庆宫，所谓"就夹城参天子起居"，就是指他们顺着夹城入宫向皇帝问安。由于这些亲王均同居一处，而不是像以前那样住在各自的王府内，按照唐制，每个王府各置有僚属，而这些僚属又不能住在十六宅内，只能住在外坊，上面所说的"府幕列于外坊"，就是这个意思。由于亲王与其府僚并不能相见，只能每年四时向各自的主人通名问安而已，遂使这些所谓的王府官全都成为闲散之职。这些亲王的饮食由家令统一供给，学习由侍读负责，并且有宦官专门管理十六宅的事务，唐后期称之为十六宅使。如此严格的措施，不但将这些皇子与朝臣隔离，从此远离政治，而且也使他们失去了行动的自由，成为金丝笼中的小鸟。自从唐玄宗兴建十六宅以后，此后的皇帝大都不再放诸王出阁，而是将他们集中安置在十六宅中，实际上形成了一种不成文的制度，终唐之世，没有变化。

在这一历史时期还出现了所谓百孙院的建筑。这些亲王长大以后，自然要纳妃生子，据载，玄宗共生子三十人，所以其孙是非常之多的。这些人都与其父居住在十六宅显然不可能也无法容纳，于是便在其外另建府宅以安置之。关于这个问题，《旧唐书·玄宗诸子传》记载说："外诸孙成长，又于十宅外置百孙院。每岁幸华清宫，宫侧亦有十王院、百孙院。宫人每院四百，百孙院三四十人。又于宫中置维城库，诸王月俸物，约之而给用。诸孙纳妃嫁女，亦就十宅中。"在经济上玄宗也对这些皇子皇孙进行了控制，他们所得的月俸统统收藏于宫中的维城库，集中供用。这些皇子皇孙封王后，照例还赐给数量不等的封户。至于这部分的收入是否也入维城库，史书中并没有明确记载，既然自己的月俸他们都不能自由支配，那么这部分收入很可能也是要入维城库的。

唐玄宗采取的这些措施，使宫廷内部的矛盾日益缓和。这是开元年间政权稳定的重要原因之一。

玄宗的各项改革，都收到了缓和统治集团内部矛盾与阶级矛盾的效果。自武周以来，宫廷政变接二连三：武则天被迫让位，中宗复辟；韦后专权，中宗被害；李隆基与太平公主合谋，杀韦后，使睿宗复位；李隆基与太平公主矛盾激化，睿宗让位；等等。虽然长安恢复了京师的地位，但却常常是战云密布，动荡有加。争权夺利、互相残杀，使长安笼罩着恐怖的气氛。玄宗结束了这种局面，到安史之乱为止，玄宗在位四十多年，没有再发生宫廷动乱。在阶级矛盾方面，也没有出现突出的尖锐问题。开元二十四年（736）五月，关中也曾有过"醴泉妖人刘志诚作乱，驱掠路人，将趣咸阳"，但由于"村民走告县官，焚桥断路以拒之"，故而"其众遂溃，数日，悉擒斩之"。①"妖人"，不一定是劳动人民；村民很快报告县官，说明他不得人心，所以很快就被消灭了。故这种情况的出现，无关大局。醴泉虽然距长安不远，但由于动乱时间短、规模小，对长安没有任何影响。

第二节　繁荣的经济

一、发展生产

唐玄宗即位的时候，所面临的经济问题是非常严重的。各级官吏与食封之家大量增加，而皇室贵族又皆以佞佛为能事，"造寺不止，费财货者数百亿，度人无穷，免租庸者数十万，所出日滋，所入日寡；夺百姓口中之食以养贪残，剥万人体上之衣以涂土木"。中宗时此风甚盛，致使天怒人怨，"众叛亲离，水旱并臻，公私俱罄，享国不永，祸及其身"。②睿宗时，又为金仙公主与玉真公主在长安辅兴坊建造金仙、玉真二观，"逼夺民居甚多，用功数百万"③，用钱百余万缗。于是，京兆人右补阙辛替否提醒睿宗："岂可不计当今府库之蓄积有几，中外之经费有几，而轻用百余万缗，以供无用之役乎！"他还认为这

---

① 《资治通鉴》卷二一四，唐玄宗开元二十四年五月，第6818页。
② 《资治通鉴》卷二一〇，唐睿宗景云二年十月，第6668页。
③ 《资治通鉴》卷二一〇，唐睿宗景云二年五月，第6665页。

是"族韦氏之家而不去韦氏之恶"。① 但毫无政治抱负的唐睿宗仍然没有改弦更张。

玄宗即位以后,针对这些问题,特别是佛教泛滥采取了相应的措施。当时佛教的泛滥对社会经济的发展产生很大的负面影响。佛教传入中国以后,经南北朝的发展,到唐代更为兴盛。统治者有在精神上利用佛教巩固其统治地位的一面,也有在经济上与寺院争夺劳动人民和赋税的一面。正因为这样,统治者有时提倡佛教,有时又抑制佛教。两者都是根据统治的需要决定的。武则天到中宗时,佛教势力不断膨胀,严重影响了政府的经济利益。中宗时,辛替否针对"盛兴佛寺,百姓劳敝,帑藏为之空竭"的实际情况,向中宗上疏道:"当今出财依势者尽度为沙门,避役奸讹者尽度为沙门;其所未度,唯贫穷与善人。将何以作范乎?将何以役力乎?"他还进一步指出:"今天下之寺盖无其数,一寺当陛下一宫,壮丽之甚矣!用度过之矣!是十分天下之财而佛有七八,陛下何有之矣!百姓何食之矣!"这样将使"国无九年之储,国非其国"。② 实际情况是,当时一年之储也不足,可见财政是非常困难的。但中宗毫不重视他的意见。玄宗对中宗以来"贵戚争营佛寺,奏度人为僧,兼以伪妄;富户强丁多削发以避徭役,所在充满"的情况十分重视。开元二年正月,他"命有司沙汰天下僧尼,以伪妄还俗者万二千余人"。③ 二月,他又下诏,自今以后不得再建新寺,旧寺需要修葺者,也需要经过审查批准。这些措施,虽然是面向全国的,但由于当时长安的寺院甚多,故对长安影响最大。此举为社会增加了大批的劳动力,同时也使国家的财政收入有所增加。

玄宗重视发展农业生产,采取了兴修水利、调整赋税、鼓励生产等许多措施。当时,沿用了百余年的均田制已开始受到破坏,许多失地农民背井离乡,成为逃户。针对这一现象,开元九年(721),玄宗命监察御史宇文融担任复田劝农使,检括出八十万逃户和相应的土地。于是,政府将这些土地分给农民耕种,不仅有利于发展农业、增加国家收入,而且还起到了打击豪强地主对农民的经济剥削的作用。为扩大耕地面积,玄宗还下令发展屯田,分为军屯和民屯两种,

---

① 《资治通鉴》卷二一〇,唐睿宗景云二年十月,第6668页。
② 《旧唐书》卷一〇一《辛替否传》,第3157—3158页。
③ 《资治通鉴》卷二一一,唐玄宗开元二年正月,第6695页。

由屯田郎中专门管理。军屯设在边疆，可补充军粮供应；民屯设在内地，有利于稳定失地农民的情绪和生产生活。开元年间屯田政策取得了较好的效果，屯田收获约占当时国家农业收入的十分之一。玄宗清楚水利建设对农业发展的重要性，大力表彰在这一方面表现突出的官员，陕州刺史姜师度就因为"有巧思，颇知沟恤之利"①而被提升为将作大监。开元年间，全国兴修水利工程较多，这些都有利于农业生产的发展。开元二十二年，他还曾亲自带领太子等人在禁苑内种麦，以为官员们示范。

为了打击官僚贵族的经济力量，改变过度膨胀的食实封状况，他禁止食实封者直接向封户征收租赋，改由国家统一征收，食封者再向政府领取。中宗时，食封之家的经济收入已严重影响了政府的经济利益，成为突出问题。宰相韦嗣立上疏道："食封之家，其数甚众。"据户部统计，这些封主的收入相当于六十余万丁所纳的庸，值绢一百二十余万匹。政府每岁所收的庸绢，多不过百万，少则六七十万匹，"比之封家，所入殊少"。唐初，食封者不过三二十家，这时已超过百家，"国家租赋，太半私门，私门有余，徒益奢侈，公家不足，坐致忧危"。这都是"封户之物，诸家自征"的结果。②于是，他建议改变这种制度，但中宗置之不理。而玄宗此举减轻了封家对农民的压迫，限制了食封者与国家争夺赋税的权利，增强了国家的经济力量，也有利于国家对经济生活的控制。

玄宗还采取了一些有利于经济发展的措施。例如，不少王公贵族之家在关中的水渠沿岸设置碾硙，影响农田灌溉。玄宗命京兆尹李元纮"疏决三辅（今陕西关中一带）"。李元纮派人毁掉了这些碾硙，"百姓大获其利"。③再如，整顿币制。开元六年（718），京师恶钱泛滥，影响市场交易。本来，武德四年实行开元通宝钱以后，私铸恶钱者就时有发生。高宗显庆五年，政府曾以一个好钱换五个恶钱，以杜绝恶钱流行，但事与愿违，恶钱仍然有增无减。玄宗即位后，恶钱更多，故玄宗这年规定，重二铢四分以上的钱才能流行。接着，政府又出钱两万缗，投入两京市场，逐步换回恶钱，促使两京物价稳定、市场繁荣。

---

① 《旧唐书》卷一八五下《姜师度传》，第4816页。
② 《资治通鉴》卷二〇九，唐中宗景龙三年三月，第6634页。
③ 《旧唐书》卷九八《李元纮传》，第3074页。

再如，开元元年秋至第二年春，关中久旱不雨，以致"人多饥乏"，玄宗遂"遣使赈给"。①开元二十一年（733），关中又久雨成灾，庄稼歉收，致使京师发生粮荒，玄宗又下诏出太仓米二百万石赈济饥民。开元二十六年（738），"京兆府新开稻田，并散给贫人"②。这些措施，都对长安与关中的经济发展起到了积极作用。

二、禁奢节用

在开元时期，玄宗还大力推行移风易俗、抑制奢靡的政策。为了更好地推行这项政策，他发挥表率作用，于开元二年七月，下令将宫中一些珠玉锦绣堆在殿廷之前，放火焚烧。并下令金银器物要由有关部门统一镕铸为铤，以供军国之用，后妃不得穿戴珠玉锦绣，"天下更不得采取珠玉，刻镂器玩，造作锦绣珠绳"，"两京及诸州旧有官织锦坊宜停"。③他还下诏道："百官所服带及酒器、马衔、镫，三品以上，听饰以玉，四品以金，五品以银，自余皆禁之；妇人服饰从其夫、子。其旧成锦绣，听染为皂。自今天下更毋得采珠玉，织锦绣等物，违者杖一百，工人减一等。"④另外，还撤销了长安与洛阳的织锦坊。玄宗这样做就是为全国臣民做出示范，以改变长期以来形成的奢靡风气，移风易俗，提倡节俭的社会风气，当然对长安的影响更加直接，有利于改变其奢侈风气。

在古代社会里，长期以来流行厚葬的奢靡之风。"咸以奢厚为忠孝，以俭薄为悭惜"，结果是，有人为了盗窃珍宝，使死者遭"戮尸暴骸之酷，存者陷不忠不孝之诮"。玄宗时的名相姚崇就极力反对厚葬。他说："死者无知，自同粪土，何烦厚葬，使伤素业。"⑤在这方面，玄宗与姚崇完全一致。开元二年九月，玄宗下诏说："自古帝王皆以厚葬为诫，以其无益亡者，有损生业故也。近代以来，共行奢靡，递相仿效，浸成风俗，既竭家产，多至凋弊。"他认为

---

① 《旧唐书》卷八《玄宗本纪上》，第172页。
② 《旧唐书》卷九《玄宗本纪下》，第209页。
③ 《册府元龟》卷五六《帝王部·节俭》，第626页。
④ 《资治通鉴》卷二一一，唐玄宗开元二年七月，第6702页。
⑤ 《旧唐书》卷九六《姚崇传》，第3027页。

这是"失礼违令，殊非所宜；戮尸暴骸，实由于此"。他规定："冥器等物，仍定色数及长短大小；园宅下帐，并宜禁绝；坟墓茔域，务遵简俭；凡诸送终之具，并不得以金银为饰。如有违者，先决杖一百。州县长官不能举察，并贬授远官。"① 严厉的禁令，显示玄宗反对厚葬的态度是坚决的。对违犯禁令的地方官，要"贬授远官"。远和近，自然是以京师为标准的。关中的州县官离京师最近，不愿远去。玄宗禁厚葬的诏令，对关中震动最大。

反对奢靡与厚葬，表面看来是针对统治阶级而言的，实际上它起到了缓和阶级矛盾的作用。因为统治集团的挥霍浪费是以加重剥削劳动者为前提的。另外，玄宗还在宫中严禁卫士弃余食于地，也减少了一些浪费现象。

三、改革漕运

自高宗开始，由于关中粮食的生产不能满足长安的需要，故而皇室也常到东都就食。高宗曾七次东幸洛阳，武则天更以洛阳为首都。中宗回到长安后，碰到粮荒，有人劝他再去洛阳，他说不愿做"逐粮天子"，其实是韦后不愿意前往。

长安的粮食供应问题为什么会愈来愈紧张呢？主要是以下几方面的原因。

（1）政府机构与官僚队伍膨胀。唐初，政府官员不算很多；贞观时，文武京官六百四十三人；武则天时，官僚机构膨胀，人员增多；中宗时，更有斜封官、员外官等随心所欲而置的官员。所以到开元年间各种文武官就达到一万八千余人，其中京官二千六百余人，是贞观年间的4倍。至于为这个庞大的官僚队伍服役的劳动者，如宫女、宦官等，也必然有相应的增加，使粮食的消费量日益增长。

（2）长安及关中人口增加。京兆府在贞观十三年有户二十万七千六百五十，口九十二万三千三百二十；到天宝元年（742）就增加到户三十六万二千九百二十一，口一百九十六万七千一百八十八。在一百零三年的时间里，增加户十五万五千多，口一百零四万三千多。关中地区的京兆府、华州、同州、商州（今陕西商洛）、岐州、邠州（今陕西彬州）等地，在贞观十三年时，有户三十二

---

① 《旧唐书》卷八《玄宗本纪上》，第174页。

万七千五百零五,口一百四十三万八千三百五十九;到天宝元年有户五十四万七千四百二十五,口三百一十五万一千二百九十九,增加户约二十二万,口一百七十一万。这时,关中地区每年可向长安提供粮食二百三十多万石,长安还缺粮一百多万石。这是长安与关中粮食紧张的主要原因。

（3）军粮的需要日益增加。开元年间,由于均田制难以维持下去,与此相关的府兵制也不能继续存在。因而,玄宗改行募兵制。募兵制的军粮由国家供给。唐初以来的皇帝都重视强干弱枝,长安与关中的军队较多。兵制变革以后,大量的军粮需求,自然也增加了关中的困难。

玄宗与武则天不同,武则天为了以周代唐,抬高自己的地位,可以迁都洛阳。中宗复辟,还都长安,意味着唐朝的复兴。玄宗不可能离开李渊建唐的基地,抛弃祖业,另建政治中心。在当时人们的心目中,长安的政治地位是不能改变的。京兆尹裴耀卿曾说:"国家帝业,本在京师,万国朝宗,百代不易之所。"① 这是对玄宗说明应该从经济上加强关中的重要意义。

粮食方面存在困难,迁都又不易,就只有改善漕运,大量运粮关中了。关于改善漕运的问题,以裴耀卿的建议最为重要。

开元十八年（730）,裴耀卿向玄宗建议,从江南向长安运粮要在适当地方设仓,分段转运,改变一直运到东都再转运京师的办法。他的具体办法是:江南的运粮船沿运河北上,到黄河口把粮交到武牢仓,另有黄河船从武牢仓把粮运到洛水入黄河边的洛口仓,然后分别从洛水运入东都,或者沿河经柏崖仓（在今河南孟津北）、永丰仓,分段转运至京师。这样可以按照春、夏、秋、冬不同季节,运河、黄河、洛河、渭河不同的水量、水情,不停地转运,避免冬季运河水浅,需待四、五月南方米船才可起运,待六、七月至黄河时,河水上涨,又要停运的情况;同时,也可克服"江南百姓不习河水"②的困难。但这个建议,并没有得到玄宗的重视。

开元二十一年,关中降雨过多,严重影响了庄稼收获,玄宗又打算东去洛阳。

---

① 《旧唐书》卷九八《裴耀卿传》,第 3081 页。
② 《旧唐书》卷四九《食货志下》,第 2114 页。

京兆尹裴耀卿又一次提出改善漕运的建议。他认为，长安是历代建都之地，但"秦中地狭，收粟不多，傥遇水旱，便即匮乏"。在贞观、永徽之际，由于政府支出较少，每年从关东转运粮一二十万石，即可满足需要。开元年间，由于"升平日久，国用渐广"，每年运粮"数倍于前，支犹不给"，迫使皇帝"数幸东都，以就贮积"。这说明皇帝东去，"皆为忧人而行，岂是故欲来往"。如果改善漕运，使京师"仓廪常有二三年粮"，即无忧水旱。①他的具体办法如下：在运河和黄河相接处置河口仓（武牢仓），江南运粮船把粮运到河口仓即可南返，然后由政府雇船从黄河西运，在三门峡东西各置一仓，先从河口仓把粮运到三门峡东仓，再陆运至三门峡西仓，最后经河入渭，运到长安。玄宗对这个建议十分赞赏，遂以裴耀卿为宰相兼转运使。同时，在河口置河阴县及河阴仓（即河口仓或武牢仓，在今河南荥阳东北），在河清县（今河南孟津东北）置柏崖仓、三门峡东置集津仓、三门峡西置三门仓，又开三门峡北山18里，作为陆行通道。这样"凡三年，运七百万石，省脚三十万贯"②。

天宝二年（743），左散骑常侍兼陕州刺史韦坚自禁苑西引渭水到长安城东9里处，再汇合浐水、灞水，形成一个广运潭。沿古漕渠通至华阴，运永丰仓、三门仓粮到京师。天宝中，"每岁水陆运米二百五十万石入关"③。由于大量运粮关中，京师的经济地位得以巩固，所以，开元二十四年以后，玄宗就一直住在长安，不再东幸去做"逐粮天子"了。

另外，开元二十五年（737），还有人献策，请在关中行和籴之法。玄宗遂下诏："以岁稔谷贱伤农，命增时价什二三，和籴东、西畿粟各数百万斛，停今年江、淮所运租。"从此，"关中蓄积羡溢，车驾不复幸东都矣"。④不久，玄宗又下诏：河南、河北原应送交含嘉仓（在今河南洛阳）、太原仓（在今河南三门峡西）的租粮，皆留输本州。则更进一步说明关中的粮食已经满足需求了。

---

① 《通典》卷一〇《食货典·漕运》，第222页。
② 《通典》卷一〇《食货典·漕运》，第223页；另据《旧唐书》卷四九《食货志下》："省陆运之庸四十万贯"，第2116页。
③ 《通典》卷一〇《食货典·漕运》，第224页。
④ 《资治通鉴》卷二一四，唐玄宗开元二十五年九月，第6830页。

四、繁荣的长安

政局的稳定，使长安呈现出一片太平景象。长安的建筑面积不断扩大，兴庆宫就是开元年间新建起来的。本来，长安城中最早的宫殿区是西内太极宫。太极宫建于隋初，始称大兴宫，唐睿宗景云元年改称太极宫。其次是东内大明宫（见图6-2），贞观八年开始营建，到高宗龙朔三年（663）完成，这是三大内中最大的宫殿区。最后兴建的是南内兴庆宫。唐代的皇帝就是在这三大内中主持政务的。有的皇帝，如玄宗在三大内都居住过；有的皇帝，如高宗在西内、东内居住过；有的皇帝，如高祖仅在西内居住过。总之，三大内就是唐代长安的政治中心。三大内的修建都在政局稳定时期，隋初、贞观年间、开元时期，都是政治相对稳定时期。兴庆宫中的勤政务本楼，是玄宗举行各种大典或制试举人的地方，元宵节也在此观灯；花萼相辉楼是玄宗与兄弟诸王欢聚饮宴的地方，每逢千秋节（玄宗生日），玄宗还要在此大宴百官。这些情况，固然是统治集团享乐腐化的标志，但也是古代社会太平盛世的反映。另外，长安著名的风景区曲江池，也在开元年间大肆扩建，开元二十年（732），还专门为玄宗游曲江

图6-2 大明宫丹凤门遗址保护展示工程图
（大明宫研究院提供）

池修了一条从兴庆宫通往芙蓉园（曲江池南岸）的夹城。夹城是为避开众人耳目，保证皇帝安全而修建的。曲江池是当时的游览胜地，游人很多。（见图6-3）

华清宫也是玄宗常去游乐休息的地方。华清宫位于骊山北麓，这里风景优美，还有温泉，是一游乐沐浴之地。贞观十八年（644），唐太宗在这里兴建汤泉宫；咸亨二年（671），高宗改名为温泉宫；天宝六载（747），玄宗改名为华清宫。

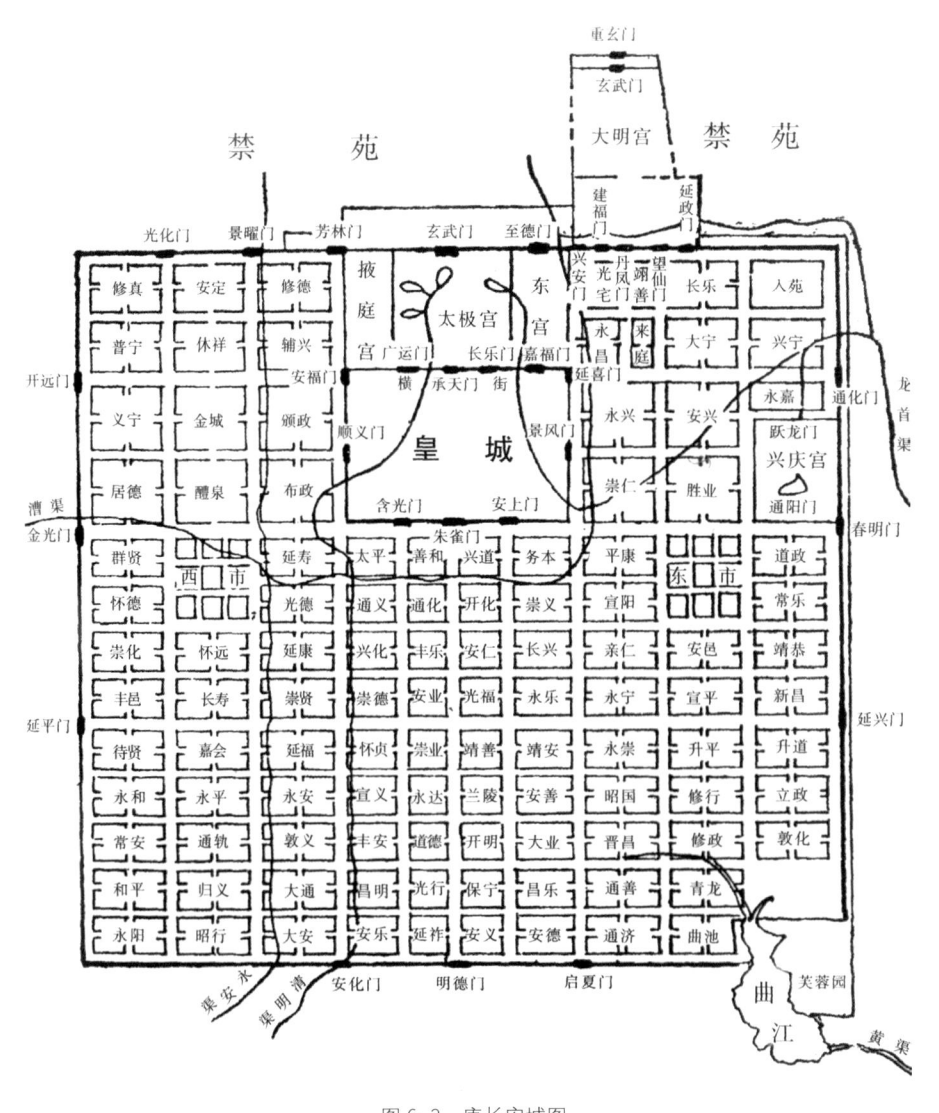

图6-3　唐长安城图

（引自张永禄：《唐都长安》，三秦出版社2010年版，前插页）

由于玄宗对华清宫大加扩建修饰，而且每年十月到年终几乎都到华清宫去，故而京师的贵族官僚也纷纷在这里建造别墅，使这个自西周以来的王室游览区达到了最繁华的程度。华清宫在昭应县（今陕西西安市临潼区）境内。昭应在隋朝称新丰，垂拱二年（686）改称庆山，神龙元年又复称新丰，天宝二年又分新丰、万年两县的各一部分置会昌县，天宝七载（748）撤销新丰县，改会昌为昭应。开元年间，昭应县实际上成了京师的组成部分。曲江池、华清宫的盛况，同样也是长安升平的反映。

开元二十八年（740）正月，玄宗还令"两京道路并种果树"[①]。如此重视绿化，正是玄宗太平观念的反映。不过，这时玄宗的太平观念还不是麻痹大意。在开元二十四年八月玄宗生日时，很多官员都献宝物，中书令张九龄则认为"以镜自照见形容，以人自照见吉凶"。故而献《千秋金镜录》五卷，专门叙述"前世兴废之源"，玄宗大加赞赏。[②] 可见，直到开元后期玄宗的勤政思想还没有改变。

在经济方面，开元时期的长安，呈现出一片太平盛世的景象。长安一斛米值钱不足二百，"绢匹亦如之"。"海内富安，行者虽万里不持寸兵"。[③] 有的文献记载："开元初，上励精理道，铲革讹弊，不六七年，天下大治，河清海晏，物殷俗阜。"长安"左右藏库，财物山积，不可胜较"。其他各地，也"四方丰稔，百姓殷富，管户一千余万，米一斗三四文，丁壮之人，不识兵器。路不拾遗，行者不囊粮"。[④] 这些情况，反映出长安与关中的稳定和繁荣是与全国的形势密切相关的。

全国的形势也与长安一样，当时人描写道："河清海晏，物殷俗阜。安西诸国，悉平为郡县。自开远门西行，亘地万余里，入河、湟之赋税，满右藏，东纳河北诸道租庸，充满左藏。财物山积，不可胜较。四方丰稔，百姓殷富，管户一千余万，米一斗三四文，丁壮之人，不识兵器。路不拾遗，行者不囊粮。

[①]《唐会要》卷八六《道路》，第1864页。
[②]《资治通鉴》卷二一四，唐玄宗开元二十四年八月，第6821页。
[③]《资治通鉴》卷二一四，唐玄宗开元二十八年十一月，第6843页。
[④] 郑棨：《开天传信记》，见崔令钦：《教坊记》（外三种），中华书局2012年版，第79页。

奇瑞叠应，重译麇至，人情欣欣然，感登岱告成之事。"①《新唐书·食货志》也描写说："海内富实，斗米之价钱十三，青、齐间斗才三钱。绢一匹钱二百。道路列肆，具酒食以待行人，店有驿驴，行千里不持尺兵。天下岁入之物：租钱二百余万缗，粟千九百八十余万斛，庸、调绢七百四十万匹，绵百八十余万屯，布千三十五万余端。"关于开元时期的繁盛情况，杜甫在《忆昔》一诗中也有描写：

忆昔开元全盛日，小邑犹藏万家室。

稻米流脂粟米白，公私仓廪俱丰实。

九州道路无豺虎，远行不劳吉日出。

齐纨鲁缟车班班，男耕女桑不相失。

随着农业的发展，手工业、商业、城市经济也都得到相应的发展。

在文化方面，玄宗"大收群书，以广儒术"②，使一些有真才实学的知识分子对发展文化做出了重要贡献。秘书监马怀素认为，南齐王俭的《七志》、唐初的《隋书·经籍志》，虽然都是目录学的著作，但还不够完备，而且随着时间的推移，新的文献也不断增加。于是，他建议集中当代学者编《今书七志》。左散骑常侍褚无量建议，缮写刊校、整理古籍。这些都得到了玄宗的支持。开元三年，玄宗对马、褚二人说："内库皆是太宗、高宗先代旧书，常令宫人主掌，所有残缺，未遑补辑，篇卷错乱，难于检阅。卿试为朕整比之。"开元七年（719），"诏公卿士庶之家，所有异书，官借缮写"。③由于他们二人未完成任务即死，后由元行冲、殷践猷、王悕、韦述、余钦、毋煚、刘彦真、王湾、刘仲等人重修成《群书四部录》二百卷。以后，毋煚又压缩为四十卷，名为《古今书录》，共包括各种文献五万一千八百五十二卷。安史之乱以后，这些著述都不存在了。

另外，吴兢、韦述等人，在开元年间也有很多重要著述。如吴兢的《贞观政要》《齐史》《梁史》《陈史》《周史》《隋史》《唐史》、韦述的《开元谱》《国史》《唐职仪》《高宗实录》《御史台记》《两京新记》等。这些人的成就与玄宗重视知识分子的作用密切相关。正如史家所评："马怀素、褚无量好古嗜学，

---

① 《开天传信记》，第79页。
② 李林甫等：《唐六典》卷九《集贤殿书院》，中华书局1992年版，第279页。
③ 《旧唐书》卷四六《经籍志上》，第1962页。

博识多闻，遇好文之君，隆师资之礼，儒者之荣，可谓际会矣。"①开元十三年（725），玄宗改东都的集仙殿为集贤殿，就是表明他信"贤"不信"仙"。

开元年间，长安保存的图书也是最多的。隋朝统一后，把各地所有的书都集中起来，经过整理，才三万余卷。唐初，把长安与东都的书集中起来，也只有八万九千六百六十六卷。②开元年间，经过大规模的搜集整理，经、史、子、集四部书各为一库，"置知书官八人分掌之。凡四部库书，两京各一本，共一十二万五千九百六十卷，皆以益州麻纸写"③。只有在社会安定的前提下，文化事业才能出现这种空前的盛况。

此外，这也是我国自汉代以来国家收藏典籍最多的一个时期。据载，西汉国家收藏典籍为三万三千九百余卷，汉末动乱，散失严重，东汉建立后，大力搜集，部帙渐增。董卓之乱，迁都长安，载书之舟，沉于黄河，至西晋时，虽经搜求，最多时也不过二万七千九百四十五卷。永嘉之乱，晋室南渡，所存官书，仅区区三千零一十四卷。经过南朝诸帝的收集整理，至南齐时，达到了一万八千零一十卷。梁元帝时，图书最多，共计七万余卷，这是包括佛道之书在内的数字。隋朝统一全国以后，秘书监牛弘奏请搜集散落在各地的图籍，并编成目录，计有三万余卷。因此，唐朝能在开元年间取得这样的成就实在是难能可贵的，须知此时雕板印刷技术尚未用来印书，公私藏书皆为手抄，这和宋代以来的情况是大不相同的。

玄宗统治时期在文化上的贡献之一，就是《唐六典》的修撰。它是我国盛唐时期编撰的一部国家行政法典，也是世界历史上最早的一部相当完备的综合性行政法典，对中国后世诸王朝产生过重大影响，亚洲许多国家也曾借鉴过它，在世界法制史上也具有很高的法学价值和史学意义。

这部典籍的编撰开始于开元十年（722），当时由起居舍人陆坚负责此事，"玄宗手写六条：曰理典、教典、礼典、政典、刑典、事典"④。其编撰原则玄

---

① 《旧唐书》卷一〇二《马怀素等传》，第 3185 页。
② 《隋书》卷三二《经籍志一》，第 908 页。
③ 《旧唐书》卷四七《经籍志下》，第 2082 页。
④ 《新唐书》卷五八《艺文志二》，第 1477 页。

宗也亲自确定，这就是"错综古今，法以周官，作为唐典"①。也就是说，唐玄宗亲自确定了该书的内容、体例和编撰原则。由于这个要求颇高，使得《六典》的编撰十分地艰难，前后历时十六年，数易主持人，才得以在开元二十六年完成。先后主持此事的有陆坚、张说、萧嵩、张九龄、李林甫等五人。

《唐六典》最终的撰修体例，形式上取玄宗"六典"之名，实则仿照《周礼》之六官，以唐代各机构各级职官为纲目，以唐代颁行令、式为内容，以职官沿革为注，从而创构了规模宏大、纲目清楚、叙述规范的典制编纂体例，成为"会典体"典制体裁的创始之作。其内容丰富、创意独具的自注与正文互为经纬，动态地记载一代典制的崭新记述方法，为后世典制专著创造性地运用自注做出了良好的范式。这种撰修的体例比较贴近玄宗所规划的理想化构想，但是却与玄宗本意不符。玄宗所说的六典，包括政治、经济、军事、法律、思想、文化等各个方面的典章制度，几乎包括了上层建筑的各个领域，要将它们逐一编修，纂集为一册，实非易事。此外，唐玄宗要求"法以周官"，即以《周礼》六官之制作为唐典的经络框架，而唐朝实行的三省六部制度却与《周礼》是完全不同的政制体系，致使编撰官员历时数年也确定不了编撰体例与内容，处于无所适从的状态。这也是此书编撰历时十六年的一个重要原因。

《唐六典》共三十卷，正文包括唐朝从中央到地方各种机构建置和官吏的任用制度，注文主要叙述了各种机构及官职的历史沿革。《唐六典》与普通的职官类典籍最大的不同，在于它是通过古代国家立法的形式而产生的，并且将令、式等行政法规加以综合和条理，分别写入各条制度之下，展现了唐朝的政权组织形式以及各级机构职能和官吏任用的详细规定，所谓"一代典章，厘然具备"②。

《唐六典》撰成以后，后世对其是否颁布施行存在着不同的观点，争论颇为激烈。大体上有三种观点：一种观点认为《唐六典》修成后保存在集贤书院，并没有颁布行用；另一种观点综合开元以来的各种史实，认为它实际上已被历朝所施用；还有一种观点则认为《唐六典》部分被执行了，只是没有"事事遵

---

① 董诰等编：《全唐文》卷七六五《东都神主议》，中华书局1983年版，第7956页。
② 纪昀总纂：《四库全书总目提要》卷七九，河北人民出版社2000年版，第2080页。

用"①而已。现在看来,这三种观点中以第二种比较可靠,《唐六典》不仅在开元以后频繁地被施用,而且在五代、两宋时期也经常被作为行政法规而遵行。

国家形势好转,玄宗再不想东去洛阳了。开元二十三年(735)以后,他明确表示:"朕亲主六合二十余年,两都往来,甚觉劳敝,欲久住关内"②。这说明长安最适合于他的享乐要求。事实也正是如此,在一片颂歌声中,玄宗逐步转化。在唐代就有人说:"玄宗在位岁久,倦于旰食宵衣,政无大小,始委于右丞相(李林甫),稍深居游宴,以声色自娱。"③既然逐步沉溺于声色,当然不愿意离开当时最繁华的大城市了。同时,还必须明确,古代统治者所谓的节俭、禁奢,是和那些腐败、没落、竭泽而渔的统治者相对而言的。他们和劳动者绝不能同日而语。例如,武则天的爱女太平公主出嫁时,资送非常丰厚,成婚之日,自兴安门(大明宫南边偏西的一门)向南至宣阳坊,有三坊之远,满街都是火炬,大路两旁的槐树大多被烧死了。开元十年十二月,玄宗的女儿永穆公主出嫁,玄宗也要按太平公主的标准资送永穆公主。后经人劝阻才改变了主意。另如,每逢玄宗生日,他都要大宴百官于花萼相辉楼,并定其生日(八月五日)为千秋节,"布于天下,咸令宴乐"④。中宗时,太平公主食实封五千户。玄宗为了限制皇妹、皇女的封户,专门批评过一些不同意减少封户的人。他说:"百姓租赋,非我所有。战士出死力,赏不过束帛;女子何功,而享多户邪?且欲使之知俭啬耳。"⑤这话何等堂皇,但他还是对咸宜公主加实封一千户。这和"战士出死力,赏不过束帛"相比较,显然有天壤之别。

睿宗的桥陵(在今陕西蒲城北),规模相当可观,是盛唐陵墓的代表。开元四年(716)十月,玄宗葬其父于此。据今人推算,桥陵整个地宫的工程量,

---

① 《四库全书总目提要》卷七九,第2080页。
② 郭湜:《高力士外传》,见王仁裕等:《开元天宝遗事十种》,上海古籍出版社1985年版,第115页。
③ 陈鸿:《长恨歌传》,见王仁裕等:《开元天宝遗事十种》,上海古籍出版社1985年版,第125页。
④ 《资治通鉴》卷二一三,唐玄宗开元十七年八月,第6786页。
⑤ 《资治通鉴》卷二一四,唐玄宗开元二十三年三月,第6812页。

所费工日当在二十万以上。如果每天用一百名石工，需要近一年时间才能完成。[1]在近一年的时间里，每天有一百个劳动者为死了的皇帝服役，这显然是奴役和被奴役的矛盾。玄宗生前就选定了金粟山的陵址，当然是要提早修建陵墓。因此，仅统治集团的丧葬费用，就是关中劳动人民的一项沉重负担。

邠王李守礼，是章怀太子之子，曾因其父被武则天所废而受牵连，被幽闭宫中十余年。他虽是个"庸鄙无才识"[2]的贵族，但其私人财富却相当惊人。1970年10月，在西安何家村发现了两瓮窖藏文物。发现的地点正在唐长安兴化坊内，估计就是邠王府的遗物。其中有纯金器二百九十八两（按唐大两计），纯银器三千七百余两，再加十副玉带胯，共折合唐代的三千八百三十万钱，按当时的粮价，可购米近三十万石，相当于唐朝十五万丁男一年所交的租粟，比唐初一年从关东运往关中的粮食还多。李守礼死于开元二十九年（741），他的财富如此之多，其他王公贵族也和他不相上下。开元年间的统治集团掌握着大量的社会财富。

统治集团手中的财富，都是劳动人民的血汗，统治阶级的享乐腐化建立在剥削压迫劳动人民的基础之上。即使在太平盛世里，仍然存在着压迫和被压迫、剥削和被剥削、奴役和被奴役的对立。开元年间长安的繁荣景象，掩盖着地主阶级和农民阶级的根本对立。随着情势的变化，这种矛盾也在逐步激化。所以，开元盛世也不可能持久下去。长安与关中的稳定和繁荣，是唐朝由盛到衰的预兆。不久，安史之乱爆发，玄宗惶惶如丧家之犬，离开长安，奔赴成都，比当"逐粮天子"更不光彩。但是，已经由"自刻厉节俭"走向"奢败"[3]的唐玄宗，怎能改变秋风落叶的现实呢！

---

[1] 孙迟：《略论唐帝陵的制度、规模及文物》，见陕西省文物事业管理局编：《陕西省文博考古科研成果汇报会论文选集》，陕西省文物事业管理局1982年版，第329页。
[2] 《资治通鉴》卷二一四，唐玄宗开元二十九年十一月，第6845页。
[3] 《资治通鉴》卷二一一，唐玄宗开元二年七月，第6702页。

第七章 安史之乱与唐室播迁

安史之乱以长安的陷落为标志，叛军的势力发展到极限，此后，唐肃宗借兵于回纥，收复了长安，从此战争的主动权转移到唐军手中，并最终平定了叛乱。唐朝虽然转危为安，然战争对生产的破坏，极大地削弱了唐朝的经济实力，而随后出现的藩镇割据局面，又破坏了政治上的统一，故安史之乱是唐王朝从鼎盛走向衰落的标志性事件。

第一节　潼关失守与长安陷落

一、天宝末年的危机

唐朝天宝年间繁荣景象的背后，隐藏着严重的社会危机。这种危机表现在多个方面，主要表现在富强的基础——均田制日渐瓦解，府兵制崩溃的危机亦日益加深。特别是到玄宗后期，由于统治阶级的腐朽与没落、政治的败坏与混乱，以及武装废弛、边疆危急、财政困窘、内部矛盾加深，唐朝很快由强盛走向衰落。天宝末年，虽表面上仍是一派升平气象，而实际上已是危机四伏，"人人思乱"[①]了。

均田制在唐朝前期，对于恢复社会生产、缓和阶级矛盾和维护国家必要的财政收入，曾起过重要的作用。但由于它本身的弊端，如授田的不足，以及土地兼并的盛行，到天宝年间，已彻底遭到破坏。史载："开元之季，天宝以来，法令弛宽，兼并之弊有逾于汉成哀之间。"[②]天宝十一载（752），玄宗在诏令中也承认："王公百官及富豪之家，比置庄田，恣行吞并，莫惧章程"[③]，说明有关均田的法令已失去了效力。

唐代的府兵制是建立在寓兵于农基础上的一种兵制，与均田制有着密切的关系。唐初，实行兵农合一的府兵制，府兵归属各地折冲府管理，百分之四十的折冲府设在关中，形成了"内重外轻"战略布局。战争时，皇帝临时派将出征，战争结束，将归于朝，兵归于农，使得将不专兵。按照规定，府兵制下的农民要轮番到京师宿卫或戍边，每年两三个月。所需马驴、米粮、甲胄、戎器，都得自备。高宗以后，战争频仍，府兵戍边出征，往往逾期不得更代，府兵成为苦差。"无钱则贫弱先行，行货则富强获免"。地主豪富勾结官吏逃避拣点，兵役完全落在贫苦农民身上。均田制的破坏，迫使大批农民沦为佃户，他们再也无力承担兵役，"由是应为府兵者皆逃匿"。天宝八载（749），折冲府已"无兵可交"，政府只得下令废止府兵。随着府兵制的日益瓦解，开元十一年（723），

[①]《新唐书》卷二〇六《杨国忠传》，第5850页。
[②]《通典》卷二《食货典·田制下》，第32页。
[③]《册府元龟》卷四九五《邦计部·田制》，第5928页。

唐廷开始招募兵士充当宿卫；二十五年，又招募丁壮充当边兵，这造成了边将可以长期统兵的结果。

府兵废，募兵兴。此后中央禁军和镇边兵士皆由招募而来的职业兵组成。地方镇将得以任意扩充兵额和拥有重兵。于是就出现了所谓"府兵法坏而方镇（藩镇）盛"[①]的"外重内轻"局面。当初，军府近半数集中于京师所在的关内道，中央对边疆持居重驭轻的形势。改行募兵制后，由于边防的需要，在沿边要地驻扎重兵。据《资治通鉴》记载，天宝元年全国共有军队五十七万多，其中驻在边镇的军队达四十九万，占总数的六分之五。猛将精兵皆聚于东北、西北两边，中央兵力空虚。过去内重外轻的态势，一变而为内轻外重的局面了。

再从统治集团内部来看，玄宗后期，上自王公贵族，下至一般官僚，早已抛掉开元时期有限的政治改革和节俭作风，纵情享乐，日趋腐败。玄宗本人"自恃承平，以为天下无复可忧，遂深居禁中，专以声色自娱"[②]。天宝末年，他已完全变成一个沉湎声色、奢靡腐败的皇帝。他每顿的膳食，"水陆珍羞数千，一盘之贵，盖中人十家之产"[③]。当时后宫宫女四万，佳丽三千，他仍不满足，本来他宠爱的是武惠妃，武惠妃病死后，经人推荐，他又看上自己的儿媳寿王妃杨玉环，将她据为己有，并封为贵妃。杨贵妃能歌善舞，姿色出众，倍受宠爱。据载，她特别爱吃新鲜荔枝，玄宗便下令用驿马从南方运送荔枝到长安。贵妃一人受宠，杨家满门飞黄腾达。玄宗给贵妃三姊妹皆封以国夫人的邑号（即韩国、虢国、秦国三夫人），给其堂兄弟杨钊（杨国忠）、杨铦、杨锜高官厚禄。当时杨氏"并承恩泽，出入宫掖，势倾天下"[④]，贿赂公行、卖官鬻爵、蛮横跋扈到了极点。

玄宗专事享乐，怠于政事，朝中事悉委于李林甫等人。李林甫是历史上臭名昭著的奸相。他"口有蜜，腹有剑"，对上阿谀奉承，对下擅权跋扈，专门排斥正派朝臣。名相裴耀卿、张九龄等被诬为"阿党"而罢免，同时被杀的朝

---

① 《新唐书》卷五〇《兵志》，第1328页。
② 《资治通鉴》卷二一六，唐玄宗天宝十一载十一月，第6914页。
③ 《明皇杂录·补遗》，第47页。
④ 《旧唐书》卷五一《后妃传上》，第2178页。

臣不下数百人。所谓"公卿不由其门而进，必被罪徙；附离者，虽小人且为引重"①。李林甫又怕边帅出将入相，劝玄宗重用蕃将充当边帅。为了蔽塞玄宗视听，自专大权，他召集谏官训话："今明主在上，群臣将顺之不暇，乌用多言！"补阙杜琎尝上书言事，第二天即被贬逐。"自是，谏争路绝矣。"②李林甫任相十九年（734—752），使得统治集团内部矛盾重重。他手下还有一批善于勒索敲诈、搜刮百姓的"能手"，如王珙、罗希奭、吉温之流。玄宗对他们不仅不加制止，而且"重官累使，尊显烜赫"，放手让他们苛敛百姓，致使大唐帝国的朝政混乱不堪。

李林甫之后，是杨国忠执政。国忠本名钊，其行"为宗党所鄙"，凭借杨贵妃的裙带关系，爬上政治舞台。为了获取权势，他"专徇帝嗜欲，不顾天下成败"③。他骄纵跋扈，处决一切朝政，百官莫敢可否。他贪污纳贿，聚敛财富。为相不到两年，"中外饷遗辐凑，积缣至三千万匹"④。他指派李宓率兵伐南诏，凡举二十万众，弃之死地，人衔冤毒。

天宝年间掌权的就是这样一伙奸邪佞人。他们把社会经济搞得一塌糊涂，阶级矛盾十分尖锐。在这种形势下，边疆民族问题日益紧张。吐蕃不断侵扰，大食乘机挑衅，南方的南诏和北方的契丹、回纥，时时威胁着唐朝的安宁，危机四伏。安禄山以讨杨国忠为名发动叛乱，正是利用了玄宗集团的腐朽统治才酿成了这种危机局面。

二、"渔阳鼙鼓动地来"

在唐代社会的重重矛盾之中，潜伏着一个最主要的矛盾，即地方军阀与中央政权的斗争炽烈异常。可惜并未引起玄宗的注意。天宝十四载（755）十一月，正当玄宗陶醉于歌舞升平之际，渔阳鼙鼓动地而来。范阳（今北京西南）节度使安禄山从范阳起兵，率所部蕃汉将兵十五万，号称二十万，以讨杨国忠为名发动叛乱，企图夺取唐朝最高统治权。

---

① 《新唐书》卷二二三《李林甫传》，第6345页。
② 《资治通鉴》卷二一四，唐玄宗开元二十四年十一月，第6826页。
③ 《新唐书》卷二〇六《杨国忠传》，第5849页。
④ 《资治通鉴》卷二一六，唐玄宗天宝十二载十月，第6920页。

安禄山本是营州柳城（今辽宁朝阳）人，其父是康国胡人，母为突厥人。他长期生活在东北少数民族奚、契丹、室韦人之中，通晓六蕃语言，曾任诸蕃互市牙郎。投唐后，以骁勇而被幽州节度使张守珪收为养子，后提升为节度副使。他为人狡诈，善逢迎，甚为玄宗器重。至天宝年间，他身兼平卢、范阳、河东三镇节度使，统率的兵力占边兵的百分之三十八，占全国兵力的三分之一。他还大量收降北方少数民族之兵，扩大部下武装，成为军阀节镇中最大的实力派。安禄山看到唐政权的腐朽衰弱，认为有机可乘，积极进行反唐部署。在汉人严庄、高尚等人的策谋下，一面加紧扩充军备，提拔将士，收笼人心；一面在范阳城北筑武城，"峙兵积谷"，畜养战马，储存兵械，做好起兵准备。

唐玄宗对安禄山十分宠信，予以高官厚禄，杨贵妃又认其为养子，使其具有无上的崇高地位，因此安禄山虽有野心，却又不便在玄宗生前发动叛乱。杨国忠见安禄山得宠，又知道其不会甘居人下，于是便产生了除去安禄山的想法。史载："禄山与国忠争宠，两相猜嫌"[1]。他多次在玄宗面前说安禄山有不臣之心，迟早是要造反的。唐玄宗此时正宠信安禄山，自然不会轻易相信。天宝十二载（753）冬，杨国忠随玄宗到华清宫，屡次进言说安禄山必反，并说陛下如不相信，可召其入京，其必不敢来。玄宗遂命安禄山入京朝见皇帝。出乎杨国忠预料的是，次年正月，安禄山却奉命来到华清宫，向玄宗哭泣说："臣本胡人，陛下不次擢用，累居节制，恩出常人。杨国忠妒嫉，欲谋害臣，臣死无日矣。"[2] 此举使玄宗更加相信安禄山不会造反。安禄山与玄宗回到长安后，一直住到三月，才辞归范阳。

安禄山此次入朝，玄宗为了拉拢他，欲加其为同平章事，即宰相，被杨国忠所阻止。为了制约安禄山，杨国忠极力拉拢陇右节度使哥舒翰，哥舒翰本来就与安禄山不和，"上常和解之，使为兄弟"[3]，但是无济于事。杨国忠有意拉拢，哥舒翰未必服于杨国忠，但由于有利于对付安禄山，也就乐于顺水推舟。这些情况的出现，进一步激化了双方的矛盾，不仅不能阻止安禄山的反叛，反而促使他加快了反叛的步伐。

---

[1] 《册府元龟》卷三三六《宰辅部·依违》，第3972页。
[2] 姚汝能：《安禄山事迹》卷中，上海古籍出版社1983年版，第18页。
[3] 《资治通鉴》卷二一六，唐玄宗天宝十一载十二月，第6916页。

更为愚蠢的是，杨国忠在没有充分掌握安禄山反叛证据的情况下，于天宝十四载四月，指使京兆尹派兵包围了安禄山在长安的宅第。当时安禄山之子安庆宗任太仆卿，尚荣义郡主，住在京师。杨国忠抓住了安禄山的宾客李超等人，送到御史台监狱中，偷偷地处死。安庆宗便将这种情况密报安禄山，"禄山愈惧"。这年六月，玄宗以其子成婚，命安禄山入京参加观礼，安禄山如何敢来，遂称疾不往。杨国忠为了证明安禄山必反，有意激其造反，"禄山由是决意遽反"①。从这个角度看，杨国忠实乃唐朝之国贼也。也正因为如此，安禄山起兵造反时，便打出了诛杨国忠，以清君侧的旗号。

十一月九日，安禄山在范阳举兵，马步相兼，鼓行而西时，玄宗正在临潼华清宫游乐。忽闻兵变，惊慌失措，赶回京师。唐军因多年不习征战，刀枪入库，铠甲朽钝，无法应战。河北道原是安禄山的辖地，"所过郡县，望风瓦解，守令或开门出迎，或弃城窜匿，或为所擒戮"。十二月二日，叛军从灵昌（今河南滑县）渡河，接连攻下陈留、荥阳（今河南荥阳）。"百姓累世不识兵革"，当叛军围攻荥阳时，唐"士卒乘城者，闻鼓角声，自坠如雨"。②

腐朽的唐王朝在仓促之间无所适从。时安西四镇节度使封常清入朝于长安，玄宗即任命其为范阳、平卢节度使，驰往洛阳募兵抵抗。旬日募得六万兵，乃断河阳桥，为守御之备，并进军武牢。接着又在长安募兵，连同飞骑及在京边兵，共计五万，由前安西四镇节度使高仙芝率领，屯军陕郡（今河南三门峡西），作为第二道防线。封常清临时募集的军队"皆佣保市井之流"③，根本没有战斗力，抵挡不住安禄山的骑兵。武牢一战，唐军大败。洛阳城内巷战，唐军又败。十二月十二日，叛军攻占洛阳。次年正月，安禄山在洛阳建立政权，自称大燕皇帝，其势力进一步增强。

三、潼关失守与长安陷落

洛阳被叛军攻占后，封常清率余众西入陕州，后又退至潼关，与先期到达的高仙芝军会合，共守潼关。潼关是关中的屏障、京师的大门，此要塞不守，

---

① 《资治通鉴》卷二一七，唐玄宗天宝十四载十月，第 6934 页。
② 《资治通鉴》卷二一七，唐玄宗天宝十四载十二月，第 6935、6938 页。
③ 《旧唐书》卷一〇四《封常清传》，第 3209 页。

长安难保。当时安禄山虽已攻下东都洛阳，军事上取得很大进展，但由于叛军到处烧杀掳掠，激起北方各地群众的愤怨。常山（今河北正定）太守颜杲卿在河北举兵，讨伐叛军。河北十七郡响应，合兵二十余万。其从弟平原太守颜真卿，也合众万人，与杲卿"连兵断禄山归路，以缓其西入之谋"①。一时间，"河北驿路再绝，河南诸郡防御固备"②。唐将李光弼于嘉山（今河北正定东）大败叛军主力史思明部，河北十余郡复为唐有。河北军民的抵抗极大地牵制了安禄山进军关中的脚步。

在如此有利的形势下，唐政府本该集中诸道兵力，做好决战准备，一面以主力把守潼关，坚壁不战，一面调集朔方、河西、陇右军队，袭取河北，直捣叛军巢穴。叛军必然首尾不能相顾，溃败难以避免。但是，唐政府忽视了坚守潼关这重要的一着。高仙芝与封常清退守潼关之举，从军事上应是正确的举措，不仅可以拱卫长安的安全，而且也使叛军的进军步伐受到了扼制。此外，也使唐政府获得了一个喘息的机会，可以乘机调动兵力，调整部署。然而直到此时，玄宗仍对当时的军事态势没有一个正确的判断，以为叛军不日将会平定，反而接受了监军边令诚的挑唆，将高仙芝与封常清两人处死。封常清临死前草遗表曰："臣死之后，望陛下不轻此贼，无忘臣言！"③封常清当日率军赴洛阳迎战时，也以为叛军内部人心不齐，以正伐邪，可以迅速获胜。经过与叛军数次战斗后，才认识到叛军的情况并非如先前判断的那样，而且战斗力极强。这是一个将军亲身经历激烈的战斗后获得的宝贵经验，如果唐玄宗能够接受封常清临死前的劝谏，也许局面不会很快地发展到不可收拾的程度。

高、封二将死后，玄宗又任命卧病在家的前河西、陇右节度使哥舒翰继任统帅。临阵撤将易帅是兵家大忌，更何况此时新任主帅哥舒翰已病重无法治事，他只能将军政悉委副将，而副将之间又互不相协。哥舒翰在潼关集结的新、旧兵力共十多万人。他采取"请壁勿战以屈贼"④的策略，把守潼关六月之久，阻

---

① 《资治通鉴》卷二一七，唐玄宗天宝十四载十二月，第6945页。
② 《安禄山事迹》卷中，第27页。
③ 《资治通鉴》卷二一七，唐玄宗天宝十四载十二月，第6942页。
④ 《新唐书》卷一三五《哥舒翰传》，第4574页。

挡了安禄山西进的军队。但是杨国忠与哥舒翰素有矛盾。哥舒翰统领大军，杨国忠如芒刺在背。由于朝内朝外反杨声浪日高，杨的地位发生动摇。有人劝哥舒翰抗表请杀杨国忠，为哥舒翰所拒。杨国忠安排了两支军队，表面上作为哥舒翰的后援，实则是为监视哥舒翰，以防生变。哥舒翰表请将此两军归属于他，召其将领至潼关，予以斩首。杨国忠因此更为不安。

杨国忠害怕哥舒翰功高势大，于己不利，劝玄宗命哥舒翰出潼关迎敌。这时有人奏报在陕州的贼兵羸弱无备。玄宗即命守军出潼关，收复陕州、洛阳。在哥舒翰出关作战之前，平叛形势一片大好，郭子仪、李光弼率军在河东连战连胜，并且打开了东井陉关的通道，可以威胁河北，直捣范阳叛军老巢。河北诸郡纷纷反正，叛军后方不稳。李光弼军在常山郡大败史思明军，叛军损失惨重，人心不稳。叛军进攻江淮的军事计划也受到挫折，难以实现。安禄山虽然在洛阳称帝，但大军受阻于潼关，不能前进一步。因此，郭子仪、李光弼等皆上书朝廷，主张在潼关宜采取守势，不可轻易出战。哥舒翰也力陈禄山兵盛，不可轻图，应从各方出击败敌。

然杨国忠却屡劝玄宗逼哥舒翰出击，且以中官为特使，持手诏至潼关。在中使督战、"项背相望"的情况下，哥舒翰"扶膺痛哭"，被迫于六月四日引兵出关。六月七日灵宝会战，埋伏在黄河岸及山边狭窄隘道上的叛军，大败哥舒翰。十多万众一时溃败，哥舒翰只收拾得残兵八千退入潼关，安禄山军队乘胜进攻。六月九日，哥舒翰的部将火拔归仁等劫持他投降安军，潼关终于被叛军攻陷，唐军主力全军覆没。京师失去屏障，长安已完全暴露在安史乱军的铁骑面前。

六月九日晚上，长安已经看不到由前线传来报平安的烽火，玄宗感到大事不妙。第二天，召集宰相谋议。杨国忠不思退敌之计，只望赶快逃跑。他已派人叫剑南节度副使在他的老家做过部署，于是首倡幸蜀之策。玄宗别无选择，只好答应。十一、十二两日，京师中的百官及市民，惊忧奔走，纷纷逃往山中或乡里。十三日，早朝的几个官员来到朝廷，才发现已人去殿空。原来玄宗与亲信大臣、杨贵妃及其亲人、部分皇族及亲近宦官，在杨国忠亲领的扈从军士保护下，已于半夜悄悄离京了。连住在宫外的妃、主、皇孙及王公大臣，也未及通知。

玄宗仓皇逃离长安，出乎叛军的意料。"安禄山不意上遽西幸"，整整过了十天，才派遣孙孝哲将兵攻入长安。叛军入长安，大肆抢掠，"大索三日，民间财资尽掠之，府县因株根牵连，句剥苛急，百姓愈骚"①。于是长安和关中人民纷纷起而抗击叛军，表示"愿勠力一心，为国讨贼"②。由于安禄山的将帅，"皆粗猛无远略，既克长安，以为得志，日夜纵酒，专以声色宝贿为事，无复西出之意"③，故叛军占据长安之后，再无法西进一步。

第二节　马嵬驿事变

一、马嵬之变

天宝十五载（756）六月十三日黎明，一队人马保护着唐玄宗从禁苑延秋门而出，向西疾驰而去。玄宗一行仓促逃离长安后，宦官王洛卿被派去打前站，"告谕州县置顿"，可是当玄宗来到咸阳望贤宫时，王洛卿早已和县令一起逃跑了。时值正午，人困马乏，饥肠辘辘，杨国忠买胡饼献给玄宗。有的老百姓送来一些麦饭，皇孙们争着用手抓着吃，须臾而尽，犹未能饱。玄宗亲自付给报酬，以示慰问，君民相对而哭。有个老父郭从谨向玄宗进言说："禄山包藏祸心，固非一日；亦有诣阙告其谋者，陛下往往诛之，使得逞其奸逆，致陛下播越。……自顷以来，在廷之臣以言为讳，惟阿谀取容，是以阙门之外，陛下皆不得而知。草野之臣，必知有今日久矣，但九重严邃，区区之心无路上达。"在逃难途中听到如此情真意切的话语，玄宗颇受感动，回答说："此朕之不明，悔无所及。"④

中午过后，等散到附近村庄求食的士兵回来，才又起程。半夜时分到达金城（今陕西兴平），县令和吏民早已跑光，连总管玄宗生活的大宦官袁思艺也逃走了。房屋里灯也没有，随从者不论贵贱，人相枕藉而寝。在这里，玄宗见

---

① 《新唐书》卷二二五上《安禄山传》，第6420页。
② 《旧唐书》卷一〇《肃宗本纪》，第240页。
③ 《资治通鉴》卷二一八，唐肃宗至德元载六月，第6980页。
④ 《资治通鉴》卷二一八，唐肃宗至德元载六月，第6972—6973页。

到了刚从潼关赶来的哥舒翰的部将王思礼，得知哥舒翰已被叛军俘虏。王思礼对杨国忠恨之入骨，他曾多次奉劝哥舒翰设法除掉杨国忠。他的到来，对于马嵬驿事变中扈从将士的情绪，似乎也有些微妙的影响。

六月十四日中午，玄宗一行来到马嵬驿。随行将士又饿又累，流言不逊，愤怒异常，把怨恨情绪都集中到杨国忠身上。恰好这时，杨国忠正与吐蕃使者二十余人谈话。军士乘机大呼："国忠与胡虏谋反！"有一骑士射国忠落马，国忠逃至驿站西门，被军士追杀，"屠割支体，以枪揭其首于驿门外"。其子杨暄和韩国夫人、秦国夫人、御史大夫魏方进同时被杀。宰相韦见素也被乱兵所伤。玄宗听到喧哗，得知将士以谋反罪名杀掉了杨国忠，也只好无可奈何地接受了这个事实。他柱着拐杖走出驿门，慰劳军士，并让他们各自归队。但士兵们还是站着不散。玄宗让高力士询问，龙武大将军陈玄礼回答曰："国忠谋反，贵妃不宜供奉，愿陛下割恩正法。"即要求处死杨贵妃。玄宗犹豫不决，久不能断。韦见素之子、京兆司录韦谔见情势危急，进言道："今众怒难犯，安危在晷刻，愿陛下速决！"玄宗反问道："贵妃常居深宫，安知国忠反谋？"高力士说："贵妃诚无罪，然将士已杀国忠，而贵妃在陛下左右，岂敢自安！愿陛下审思之，将士安则陛下安矣。"①高力士是玄宗一生最贴己的宦官，话又说得如此透彻，玄宗终于下了决心，命高力士在佛堂将杨贵妃缢杀。看到杨贵妃的尸首后，围驿的军士才各自归队，准备继续前行。（见图7-1）

关于这次事变是否是军士的自发哗变，学术界比较一致的意见是事先有所预谋、有计划的。但是，关于主谋是谁，却有着各种不同的解读。从史书记载看，有四个人比较引人注目，即太子李亨、大将陈玄礼、宦官高力士与李辅国，其中陈玄礼的意向最为明显。史书记载他早在长安城中时就欲诛杀杨国忠，在此次禁军哗变中，他表现得最为活跃，而他本人又是禁军大将，所以最有可能是他主导的此次事变。但是陈玄礼为什么要诛杀杨国忠？史书中却没有明确的记载，于是有人认为大宦官高力士是主谋，因为高力士主导的内朝与杨国忠主

---

① 《资治通鉴》卷二一八，唐肃宗至德元载六月，第6974页。

图 7-1　杨贵妃墓
（杨贵妃墓博物馆提供）

导的外朝争权，所以高力士必欲铲除杨国忠，陈玄礼只不过是受其指使而已。不过这些均为推测之辞，并没有多少史料作为证据。还有就是太子李亨，他与杨国忠矛盾最大，自然也愿意乘机铲除杨氏势力。

据《资治通鉴》载，事变爆发前，陈玄礼通过宦官李辅国向太子征询过诛杀杨国忠的意见，"太子未决"[①]。似乎太子并未参与此事。但是从其他记载看，太子李亨的态度却不是这样的。如《旧唐书·杨贵妃传》载："从幸至马嵬，禁军大将军陈玄礼密启太子，诛国忠父子。"同书《韦见素传》载："龙武将

---

① 《资治通鉴》卷二一八，唐玄宗天宝十四载六月，第 6973 页。

军陈玄礼惧其乱,乃与飞龙马家李护国(即李辅国)谋于皇太子,请诛国忠,以慰士心。是日,玄礼等禁军围行宫,尽诛杨氏。"这些记载都明确说太子参与了密谋,并没有"未决"这样的态度,可见《资治通鉴》是为太子李亨避讳了。至于李辅国,只不过起到了往来传话的角色,并非此次事件的主角。

那么,高力士到底在此次事件中扮演了什么角色呢?从《资治通鉴》的记载看,他是主张处死杨贵妃的,而且是缢杀杨贵妃的直接执行者,其积极参与的姿态是非常明显的。

二、玄宗奔蜀

六月十五日,玄宗即将从马嵬驿启程,将士们提出,剑南为杨国忠亲信所控制,不宜前往。有人主张到西北或太原,有人则提议返回长安,众说纷纭。玄宗的本意是要到成都,但在军心不稳、言人人殊的情况下,也不敢贸然表态。新任御史中丞、充置顿使韦谔打圆场说:"还京,当有御贼之备。今兵少,未易东向,不如且至扶风,徐图去就。"玄宗征求大家意见后,开始上路。这时,当地许多父老遮住道路,请求玄宗留下来。他们说:"宫阙,陛下家居,陵寝,陛下坟墓,今舍此,欲何之?"①这些话对玄宗来说,已不起多大作用,他早已将平叛和兴复大计抛到一边。他按辔久之,还是叫太子留在后面宣慰百姓,自己骑马先走了。

玄宗走后,失望的民众又把太子李亨围了起来,恳切地说:"至尊既不肯留,某等愿帅子弟从殿下东破贼,取长安。若殿下与至尊皆入蜀,使中原百姓谁为之主?"②李亨假意推辞一番之后,在宦官李辅国等人的劝谏下,决定留下。其实这一切也是事先策划好的。《旧唐书·李辅国传》载:"辅国献计太子,请分玄宗麾下兵"。《新唐书·李辅国传》亦载:"陈玄礼等诛杨国忠,辅国豫谋,又劝太子分中军趋朔方"。从这些记载看,上面所说的父老遮道请留太子,完全都是事先预谋好的,也就是有人导演的一场戏而已。

---

① 《资治通鉴》卷二一八,唐玄宗天宝十四载六月,第 6774—6975 页。
② 《资治通鉴》卷二一八,唐玄宗天宝十四载六月,第 6975 页。

玄宗怀着沉重的心情继续西行,六月十七日来到扶风郡。"士卒潜怀去就,往往流言不逊,陈玄礼不能制"。这时,幸好蜀郡所送春彩十余万匹运到。玄宗命陈放在庭院,召集将士,对他们说:

> 朕比来衰耄,托任失人,致逆胡乱常,须远避其锋。知卿等皆苍猝从朕,不得别父母妻子,爰涉至此,劳苦至矣,朕甚愧之。蜀路阻长,郡县褊小,人马众多,或不能供,今听卿等各还家;朕独与子、孙、中官前行入蜀,亦足自达。今日与卿等诀别,可共分此彩以备资粮。若归,见父母及长安父老,为朕致意,各好自爱也!

玄宗的这一番话,充满了自责和歉疚之情,说着便"泣下沾襟"。特别是听任将士还家,分赠春彩和向父老致意的话,更使将士们深为感动。大家哭着表示:"死生从陛下"。[①]此后流言始息。

六月十九日从扶风出发,夜宿陈仓(今陕西宝鸡东)。二十日至大散关(今陕西宝鸡西南),分随行将士为六军。二十四日来到河池郡(今陕西凤县附近凤州镇),接到剑南节度留后崔圆迎车驾的表文,知"蜀土丰稔,甲兵全盛"。玄宗大喜,立即任命崔圆为中书侍郎、同中书门下平章事。离开凤州(今陕西凤县),进入阁道(即栈道)地段。经过半个月的跋山涉水,七月十日在益昌县(今四川广元昭化镇)境渡过古柏江(今嘉陵江),盘山而上,走到"一夫当关,万夫莫开"的剑门关。十二日抵剑州普安郡(今四川剑阁)。到达普安郡时,宪部(刑部)侍郎房琯来谒见皇帝,玄宗遂又任命其为文部(吏部)侍郎、同平章事。到达巴西郡(今四川绵阳东)时,太守崔涣来谒,玄宗又任命其为门下侍郎、同平章事,同时又拜韦见素为左相。玄宗如此频繁地拜相,一方面是要补齐杨国忠被诛杀后留下的残缺不全的中枢机构,收拾已经涣散的官员队伍之人心;另一方面他要通过这些行动显示自己仍然牢牢控制着朝廷的大权。(见图7-2)

尤其值得关注的是,玄宗在普安时还颁布了一道制书,时间在这年七月

[①] 《资治通鉴》卷二一八,唐玄宗天宝十四载六月,第 6976—6977 页。

图 7-2　唐李昭道《明皇幸蜀图》

十六日。这道制书的主要内容有以下几点：一是罪己，唐朝在玄宗自己统治时期出了安禄山举兵叛乱这样的大事，致使百姓涂炭，皇帝不得不逃离京师，玄宗不表示罪己责躬，显然是说不过去的。二是宣布以皇太子李亨为天下兵马大元帅，领朔方、河东、河北、平卢节度都使，负责收复长安、洛阳。三是以永王李璘为山南东道、岭南、黔中、江南西道节度都使，以盛王李琦为广陵大都督，领江南东路、淮南、河南等路节度都使，以丰王李琪为武威都督，仍领河西、陇右、安西、北庭等路节度都使。四是唐朝制度发生了重要的变化，所谓"应须兵马、甲仗、器械、粮赐等，并于当路自供"。也就是说将原来由中央统管的财权下放了，从而为后来的藩镇掌财权开了先河。"其署官属及本路郡县官，并各任便自简择，五品以下任署置讫闻奏，六品以下任便授已后一时闻奏。"将地方官员的任命权也下放了，这就为以后的藩镇拥有辟署权开了先河。①

---

① 李昉等编：《文苑英华》卷四六二《玄宗幸普安郡制》，中华书局 1966 年版，第 2352 页。

通过玄宗颁布的这道制书，可以看出一些问题，即玄宗虽然被迫同意太子与自己分道扬镳，但是他又不愿意使太子的权力过大，所以分别任命诸子为各路节度都使，使太子的势力不至于扩展到这些地区，同时也可以起到互相制约的作用。当然玄宗下放财权与人事权，并不一定是为了防范太子，而是出于对当时局势的正确分析，因为唐政府已经不可能再像以前那样统一控制这些权力了，同时也是为了对付安禄山的实际需要。

这道制书的颁布，还说明了一个问题，即玄宗并不想主动退出政治舞台，即不想让位于太子，他还要继续掌控全国的局势。但是，他没有想到的是，早在这道制书颁布的三天前，太子李亨已经在灵武（今宁夏灵武西南）正式即皇帝位了。在这道制书颁布前，全国各地都不知道玄宗的下落，制书的颁布，才使军民知道皇帝已经到了普安，并且正在向成都进发。十八日，玄宗至巴西郡。七月二十八日，终于到达成都。出发时上万人的扈从队伍，此时仅剩一千三百人。

三、肃宗即位

太子李亨与玄宗在马嵬分手时，身边只有两千名军士。当时心中无数，"莫知所适"。其子建宁王李倓建言："朔方道近，士马全盛，裴冕衣冠名族，必无贰心。贼入长安方虏掠，未暇徇地，乘此速往就之，徐图大举，此上策也。"①众人一致称善。于是太子一行自奉天（今陕西乾县）北上，及至新平郡（今陕西彬州），连夜急驰300里，士卒、器械亡失过半。不久，退至平凉（今甘肃平凉），得监马数万匹，又募兵得五百余人，军势稍振。

这时，朔方节度使郭子仪在前方转战，留后杜鸿渐以及魏少游等相与谋曰："平凉散地，非屯兵之所。灵武兵食完富，若迎太子至此，北收诸城兵，西发河、陇劲骑，南向以定中原，此万世一时也。"太子李亨得悉大悦。正巧裴冕入为御史中丞，至平凉，也劝太子到朔方。杜鸿渐又自迎太子于平凉北境，为太子献策说："朔方，天下劲兵处也。今吐蕃请和，回纥内附，四方郡县大抵坚守拒贼以俟兴复。殿下今理兵灵武，按辔长驱，移檄四方，收揽忠义，则逆

---

① 《资治通鉴》卷二一八，唐玄宗天宝十四载六月，第6977页。

贼不足屠也。"①李亨接受了他们的建议，于七月九日到达灵武。

灵武郡是朔方节度使治所之所在，唐朝在这里屯驻有大量的军队。早在天宝初期，朔方的总兵力即达六万四千七百人，马一万四千三百余匹，衣赐二百万匹段，可谓财丰兵精。尤为重要的是，朔方之军多为久战之兵，战斗力极强，加之朔方地理位置重要，南下可直逼长安，东向经河东北部可进击河北，威胁叛军老巢，同时这里又是控扼河、陇的交通枢纽，具有非常重要的军事地位。

图 7-3　唐肃宗像

十二日，在大臣裴冕、杜鸿渐等人的推戴下，太子李亨在灵武即位，做了皇帝，是为肃宗（见图 7-3）。肃宗重新组建了中央政府，改天宝十五载为至德元载（756），任裴冕为相，遥尊玄宗为太上皇。七月底，名将郭子仪因长安失守，率军五万自河北退回灵武，肃宗的实力得以充实起来。

太子到达灵武仅仅三天，就急忙即皇帝位，反映了李亨及其追随者迫切的心情。事情的大体经过是这样的：裴冕、杜鸿渐等人请求太子即皇帝位，李亨假意不许。裴冕劝谏说："将士皆关中人，日夜思归，所以崎岖从殿下远涉沙塞者，冀尺寸之功。若一朝离散，不可复集。愿殿下勉徇众心，为社稷计！"②这一段话正好表露了太子追随者的心声，他们之所以追随李亨远涉，无非就是想捞取政治上的好处，如果太子不能即皇帝位，自然使这批人感到失望，正可谓人心离散。不过，李亨如果很痛快地答应他们的请求，似乎有些急于抢班夺权，按照古代的惯例，都要推辞一番，在这些人前后五次提出请求后，这才取得李

---

①《资治通鉴》卷二一八，唐玄宗天宝十四载六月，第 6981 页。
②《资治通鉴》卷二一八，唐玄宗天宝十四载七月，第 6982 页。

亨的同意。此日，李亨在灵武城南楼接受百官的朝拜。当时的情况非常寒酸，所谓"披草莱，立朝廷，制度草创，武人骄慢"。文武官员的总数不过三十人。即便如此，肃宗的即位，对全国军民来说，也是鼓舞，使人们看到了未来的希望，以至于出现了"旬日间，归附者渐众"的良好局面。①

按照惯例，新皇帝即位都要发布一个即位大赦文，李亨即位时也不例外，同样也颁布了《肃宗即位赦》，收入在《唐大诏令集》卷二中。这篇赦文与一般的皇帝即位赦不一样，有许多值得分析的东西在其中。

首先，唐肃宗表明自己继承大统是自己的父亲唐玄宗授意的，所谓"圣皇久厌大位，思传眇身，军兴之初，已有成命"。就这一点而言，显然是不真实的，玄宗并没有传位的意思，如果玄宗想传位于太子，为什么在《幸普安制》中没有传位于太子？到达成都后，在颁布的《幸蜀郡大赦文》中也没有这一层意思。可见肃宗的这次行动完全是抢班夺权的行为，这也是玄宗父子长期矛盾的一种结局。

其次，肃宗在赦文中打出了平叛的旗号，所谓"朕所以治兵朔方，将殄寇逆"，就是把平叛确定为新朝廷的目标，以争取民心的支持和拥戴。因为只有这样，才能给唐朝的中兴带来希望，使全国军民有一个主心骨，当然这样做也使自己在灵武的即位具有合理性，是他在政治上求得发展的唯一正当理由。从客观上看，肃宗的即位对于扭转长安失守后唐朝的平叛形势的确起到了积极的作用，振奋了人心。关于这一点，史籍中有许多记载，如："衣冠士庶归顺于灵武郡者，继于道路"，"及闻肃宗治兵于灵武，人心益坚矣"②，"诸道始知上即位于灵武，徇国之心益坚矣"③。从这个意义上看，李亨在灵武即位，的确有其正当性。但是，由于他毕竟未奉其父诏命而自行登基，其法统地位受到制约，为了解决这一问题，就势必会分散他平叛的精力。

再次，唐肃宗在赦文中对自己父亲的地位也做了界定，就是尊其为太上皇，

---

① 《资治通鉴》卷二一八，唐玄宗天宝十四载七月，第6983页。
② 《安禄山事迹》卷下，第38页。
③ 《资治通鉴》卷二一八，唐玄宗天宝十四载七月，第6990页。

并且给了一个很高的尊号,即所谓"上皇天帝"。本来新皇帝即位,只要老皇帝还健在,都会尊其为太上皇,这在历史上已是惯例。但是如肃宗这样给自己的父亲加上一个"上皇天帝"的非常称号,则比较少见,反映了唐肃宗抢班夺权时的不安心态。

最后,还有一点需要说明,即唐肃宗在即位的当天,就在这篇赦文中宣布改元至德,也是一个不正常的举动。通常新皇帝即位后,是会改元的,但都是在次年改元,很少有当年改元的,况且老皇帝还健在。通过这一现象,也透露出他们父子不和的一点信息。

由于唐肃宗即位时,玄宗尚在幸蜀的途中,所以并不知道已经发生了这一变故。到了成都以后,加之驿路不通、道路艰涩,因此仍无法获得外界的消息。直到八月十二日,肃宗派往成都的使者到达后,玄宗才知道了这个消息。面对这种局面,玄宗还有什么话可说,在国家危难之时,他只能接受这个现实,并且还得装出一副高兴的样子。史书记载说:"上皇喜曰:'吾儿应天顺人,吾复何忧!'"四天以后,他又颁布诏书曰:"自今改制敕为诰,表疏称太上皇。四海军国事,皆先取皇帝进止,仍奏朕知;俟克复上京,朕不复预事。"①可见,玄宗并不愿意彻底退出政治舞台,军国大事仍要奏予他知。因为肃宗即皇帝位时,毕竟没有经过老皇帝的允许,也没有传国玉玺之类的国宝玉册,于是玄宗又命韦见素、房琯、崔涣为使,奉国宝玉册赴灵武传位。除了这些东西,还必须有正式文件为据,于是唐玄宗又先后颁布了《明皇令肃宗即位诏》和《肃宗即位册文》,这样总算完成了新皇帝即位的全部程序。

于是,唐代在位最久、政绩也最辉煌的一位皇帝,自此正式退位为太上皇。

第三节　唐军克复长安

一、借兵回纥

在长安沦陷、玄宗幸蜀、唐廷处于危急存亡之际,朝臣中虽未涌现挺身而

---

① 《资治通鉴》卷二一八,唐玄宗天宝十四载八月,第6993页。

出支撑危局的大臣，但在河北、河南地方郡县和朔方军将中，出现了一批与叛军殊死战斗、决心兴复唐朝的中坚，如颜杲卿、颜真卿、郭子仪、李光弼、张巡、许远等人。正是他们，在各地人民群众的支持下，奋力抗贼，才支撑住唐朝免于崩溃。他们各自为战，拖住兵锋甚锐的叛军，限制敌人的进一步发展，使玄宗安然逃往四川，太子北行未受追迫之患。但是，要最后扑灭叛乱，实现光复大业，还必须具有将各种势力加以集中、协调和统率的力量。自肃宗即位，接管了最高统治权，对平叛进行统一指挥后，形势便发生了巨大的变化。

肃宗在灵武即位，另建唐朝流亡政府，很快便组织了对叛军的反攻。肃宗任李泌为谋主，策划平叛；命朔方节度使郭子仪、河东节度使李光弼指挥唐军，名义上由肃宗长子、广平王李俶为天下兵马元帅，讨伐安史。同时派遣仆固怀恩等，向回纥请兵，与安史作战。

其时出现了一些有利于唐的军事形势。河北、关中等地人民普遍开展了对叛军的斗争。唐将张巡坚守通济渠沿线的重要城市睢阳，多次击败敌人的围攻，使安军不能扰及江淮。鲁炅坚守南阳，安军不得南侵汉水流域。由是，东南的物资可以从长江溯汉水至陕南。依靠陇右节度使薛景仙固守长安以西地区，使江淮的赋税收入能由襄阳经汉中运到扶风，唐军供应无乏，支持了新兴的流亡政府。同时，李光弼军坚守太原，连挫安军。郭子仪东进，自洛交（今陕西富县）渡黄河，攻克河东，威胁安禄山所控制的洛阳、长安两京地区。而在安史乱军方面，虽然攻下了两京，军事上取得一定进展，但因其烧杀抢掠，不得人心，内部矛盾很快尖锐起来。这些情况都有助于肃宗收复两京。

当时，李泌曾为肃宗提出过一套很好的平叛作战计划。据《新唐书·李泌传》载，他建议肃宗：

> 诏李光弼守太原，出井陉，郭子仪取冯翊，入河东，则史思明、张忠志不敢离范阳、常山，安守忠、田乾真不敢离长安，是以三地禁其四将也。随禄山者，独阿史那承庆耳。使子仪毋取华，令贼得通关中，则北守范阳，西救长安，奔命数千里，其精卒劲骑，不逾年而弊。

> 我常以逸待劳,来避其锋,去蔫其疲,以所征之兵会扶风,与太原、朔方军互击之。徐命建宁王为范阳节度大使,北并塞与光弼相掎角,以取范阳。贼失巢窟,当死河南诸将手。

这一计划虽用时较长,但可从根本上消灭北方叛乱。遗憾的是,肃宗为了维护皇位,急于收复两京,未能采纳李泌的建议。他任命宰相房琯为兵马元帅,率大军收复长安。房琯并非将才,肃宗之所以让他率军出征,是想由宰相统兵击敌,以树立中央军事力量的形象。抱着这种侥幸心理,肃宗命房琯于至德元载十月率军进发,先收复长安,然后再收复洛阳。双方在咸阳东面的陈涛斜相遇,唐军以牛车两千乘,马军、步卒配合,对叛军发动进攻。叛军顺风扬尘鼓噪,牛受惊吓,四处乱窜,敌军乘势纵火焚烧,唐军溃不成军,死伤四万余人。隔日再战,唐军再败,从而使肃宗寄予很大希望的收复长安的行动成为泡影。

至德二载(757)二月,又爆发了肃宗之弟永王李璘之乱。永王是玄宗任命的山南东道、岭南、黔中、江南西道节度都使,他在江陵招募军队,屯积租赋,拥有较强的军力和财力。永王的实力引起了肃宗的不安,肃宗遂命令他返回川蜀,回到玄宗身边。不料永王拒不奉命,反而率兵东巡,顺江而下,军容甚盛,谋图占据金陵,割据江淮。尽管此事最后以永王失败而告终,但对肃宗收复两京的计划带来了一些影响,使他不得不一再推迟这一计划的实施。

早在宰相房琯进攻长安之前,回纥可汗、吐蕃赞普相继遣使表示愿意出兵讨伐叛军,当时唐廷的大政方针尚未确定,只是设宴盛情款待,并没有马上同意其出兵。在诸道之兵云集行在,江淮诸道进贡的财物运至扶风后,肃宗决定攻取长安,于是派大将仆固怀恩与敦煌王李承寀共同赴回纥借兵,又调安西兵东援。肃宗本人则率群臣离开灵武,抵达凤翔(今陕西宝鸡市凤翔区),积极准备再次向长安进攻。李承寀与仆固怀恩到达回纥可汗牙帐后,受到回纥可汗的盛情款待,并将其女嫁给李承寀,派其高官一同来见肃宗,肃宗封回纥女为毗伽公主。不久,北庭、安西以及回纥兵皆抵达前线,官军势力大振,肃宗认为攻取长安的时机成熟,遂下达了进军的命令。

二、克复长安

至德二载正月，安禄山内部发生了变乱，其子安庆绪为了夺位，在严庄等人的谋划下，杀死安禄山，自称皇帝。唐军乘机发动攻势，以图夺回长安。是年五月，唐将郭子仪与王思礼合军于西渭桥，叛军安守忠、李归仁军于京城西清渠（在今陕西西安市长安区香积寺北）。相守七日，官军不得进。后守忠伪退，官军全力出击。守忠以骁骑九千为长蛇阵，首尾为两翼，夹击官军，官军大溃，军资器械，丧失殆尽。判官韩液、监军孙知古等也被俘虏。

同年九月，经过一番积极筹措之后，肃宗再次发起了向长安的进攻。回纥怀仁可汗遣其子叶护及将军帝德，将精兵四千余人至凤翔。九月十二日，元帅广平王李俶，将朔方等军及回纥、西域之众凡十五万，号二十万，从凤翔出发。二十七日，诸军至长安西，陈兵于香积寺北沣水之东。官军以李嗣业为前军，郭子仪为中军，王思礼为后军。叛军十万阵于其北。叛将李归仁挑战，官军出击，叛军齐进，官军惊乱退却。李嗣业见情势危急，谓左右曰："今日不以身饵贼，军无孑遗矣。"①乃肉袒，执长刀，立于阵前，大呼奋击，连杀数十人，阵乃稍定。于是，李嗣业率前军各执长刀，排阵如墙，并力前进。他身先士卒，所向披靡。战将王难得头部中箭，皮垂障目，用其手拔出箭头，掣去其皮，血流被面，仍鏖战不已。叛军伏精骑欲袭官军之后，朔方军战将仆固怀恩引回纥兵掩击，歼灭殆尽。李嗣业又与回纥兵袭击叛军阵后，与官军大部队郭子仪、王思礼等两面夹击。从正午至傍晚，激战三个时辰，斩首六万余级，填沟堙壑，死者不计其数。叛军溃不成军，残兵败将逃回长安。翌日（二十八日）凌晨，叛军安守忠、李归仁等弃长安东遁，官军浩浩荡荡进入长安。

克复长安以后，唐军乘胜前进，长驱追蹑。郭子仪引蕃汉兵追叛军至潼关，斩首五千级，并克华阴、弘农二郡。十月初，官军再次与安军主力决战于陕县西之新店，叛军再次大败。安庆绪不得不放弃洛阳，退保邺城（今河南安阳）。自是，长安、洛阳东西两京终归唐有。

---

① 《资治通鉴》卷二二〇，唐肃宗至德二载九月，第7033页。

叛军虽然战败，但其实力并没有受到伤筋动骨的损失。安庆绪退至邺城，收集败卒，尚有众七万。虽属残余势力，但也不可小视，更何况还有大将史思明所率的军队，实力仍在。

唐廷为了彻底消灭叛军，于乾元元年（758）九月，命郭子仪、李光弼等九节度使会师围邺。由于九节度不相上下，未设统帅，无人统一指挥，虽各自有小胜，终难以成大功。安庆绪窘急，求救于史思明，且请以位让史。史思明于是从范阳率兵十三万救邺。乾元二年（759）三月，官军步骑六十万与安史叛军大战。因战略、战术上的失误和天气形势的不利，官军大败，诸节度各溃归本镇，实力损失四分之一。史思明借故杀掉安庆绪和他的四个弟弟及其党羽，收夺安军余部，实力大增。同年四月，史思明在范阳自称大燕皇帝。九月又率军南下，再度攻占洛阳。上元二年（761）春，唐朝命李光弼由河阳发兵收复洛阳，由于其部将仆固怀恩不听部署，结果官军反为史思明所败，史思明乘胜西攻潼关，局势再度危急起来。

三、玄宗回銮

就在唐军收复长安之时，肃宗派使者奉表入蜀请太上皇回京，但是玄宗并没有马上回京，其原因倒是颇有戏剧性。事情的经过是这样的：当收复长安的消息传到凤翔时，肃宗遂派人将大臣李泌从长安召回凤翔，告知已派使迎接太上皇，并愿再退回东宫为太子。李泌问道此表是否可以追回，肃宗说已经出发多日了，恐怕来不及了。李泌说如此，则太上皇必不归也。肃宗问为何，李泌回答说："理势自然。"意思是太上皇必然会心生疑虑，如何敢返回长安呢？肃宗又问如何挽回，李泌告诉他重新起草一表，只写明长安收复，群臣表贺，希望太上皇返回京师，以便尽孝道之意即可。于是，肃宗命李泌重新起草，然后又派使入蜀奉迎太上皇。果然不久，前一个使者回来说，太上皇请留给他剑南一道以自奉，不愿回京。后一使者返回后，报告说太上皇得表，忧虑不食，不打算返京，等收到后表及群臣贺表后，始转忧为喜，并且下诏确定归京之期。这种现象的产生，都是玄宗父子多年互相猜忌的结果，并非一朝一夕之因。

至德二载十月二十三日，太上皇自成都动身返京，至十二月三日到达咸阳，次日，进入长安城。

唐肃宗虽然在奉迎太上皇返京这件事上表现出了积极的态度，但并不表示他对其不存戒心。当太上皇一行到达凤翔时，跟随护卫的禁军尚有六百余人，被全部缴械，改由肃宗派来的三千精锐骑兵保护。至此，唐玄宗便成了没有一兵一卒的孤家寡人，处于任人宰割的地位。

太上皇到达咸阳时，肃宗亲自到咸阳迎接，并脱去皇帝穿的黄袍，穿上了紫袍，捧住太上皇足，痛哭不已。太上皇亲自取来黄袍为肃宗穿上，肃宗推辞，太上皇说："天数、人心皆归于汝，使朕得保养余齿，汝之孝也！"[①]肃宗这才换上了黄袍。当然，这一切并非出自肃宗真心，不过是故作姿态而已。自咸阳向长安进发时，肃宗亲自为太上皇牵马，待太上皇上马后，又亲自牵马行走数步，太上皇制止，这才乘马做前导。肃宗作戏，玄宗也会作戏，他对左右说："我当皇帝五十年，没有感到地位尊贵，今天做了皇帝的父亲，才真正感到尊贵了！"左右皆呼万岁。太上皇入长安后，在人群热烈的欢迎声中，先来到大明宫含元殿慰抚百官，然后到长乐殿向其祖先神位谢罪。结束这一切仪式后，才回到久违的兴庆宫，定居下来。

在返回长安的初期，太上皇除在兴庆宫居住外，到了冬季仍如以前一样，到华清宫避寒。只是以往去时乘马，如今改为乘步辇了。

从乾元二年以来，太上皇便很少公开露面了，这和他与肃宗的关系发生变化有着直接的关系。太上皇住在兴庆宫，肃宗住在大明宫，两宫之间有夹城相通，肃宗不时通过夹城往兴庆宫向太上皇问起居。当时在太上皇身边侍卫的有龙武大将军陈玄礼、内侍监高力士。肃宗又命玉真公主、如仙媛，内侍王承恩、魏悦及梨园弟子"常娱侍左右"。兴庆宫与大明宫的位置不同，它处在诸坊之间，太上皇又经常登临长庆楼，向外观望。长庆楼靠近大道，往来的百姓望见太上皇，均拜舞呼万岁，太上皇也经常命人在楼下置酒食，赐给过往父老。他

[①]《资治通鉴》卷二二○，唐肃宗至德二载十二月，第7044页。

的这些举动引起了肃宗的极大不满,认为有收买人心之嫌。不仅如此,太上皇还曾召将军郭英乂等人上楼赐宴。剑南道派到京师的奏事官也曾拜见过太上皇,太上皇命玉真公主、如仙媛作为主人,招待他们。这些情况便使得肃宗及其亲信难以容忍,须知郭英乂乃羽林大将军,掌管禁军,太上皇与郭英乂走得太近,不能不引起肃宗的高度警惕。果然,次年郭英乂便被调离禁军,外任陕州刺史、陕西节度、潼关防御等使。

为了防止此类事件的再度发生,唯一的办法便是使太上皇搬离兴庆宫,与外人隔离,使他没有条件再接触外臣。于是李辅国先调走了兴庆宫的马匹,然后在这年七月,李辅国矫称肃宗之旨,迎接太上皇游西内太极宫,行至睿武门,李辅国率领射生禁军五百骑,拔刀拦道,奏曰:"皇帝以兴庆宫湫隘,迎上皇迁居大内。"原本说游幸,却变成了迁居,这显然是事先计划好的一个阴谋。太上皇见到这种场面,大惊,差点从马上摔落下来。幸亏高力士出面,大喝道:"李辅国何得无礼!"并令其下马,两人共同牵太上皇马,送入太极宫甘露殿。从此,太上皇便居住在这里,不能与外人接触,实际上等于被软禁起来了。

在太上皇移居太极宫的第九天,唐肃宗颁布制书,以高力士潜通逆党的罪名,将他流放到巫州(今湖南黔阳西南)。陈玄礼被强令致仕,也离开了太上皇身边。侍奉太上皇的另外两个宦官王承恩和魏悦分别流放到播州(今贵州遵义)、溱州(今重庆市万盛区东南青年镇)。原来侍奉太上皇的宫女全部被换,另选一百多名宫女顶替,负责打扫殿宇庭院。又派太上皇的两个女儿——万安公主与咸宜公主,服侍饮膳。

太上皇自迁入太极宫以来,自此再未走出宫门一步,过着与世隔绝、高级囚徒般的生活。不要说与朝臣有何往来,即使至亲骨肉也很难见到。刑部尚书颜真卿率领百官上表请求向太上皇问起居,也遭到了排挤与打击,被贬到蓬州任长史。

太上皇李隆基对他晚年被幽禁的生活,大概是没有想到的,因此对其打击之大也是可以想见的。加之对杨贵妃的日夜思念,他很快就衰老了,身体状况每况愈下，宝应元年（762）四月死在了太极宫神龙殿。

四、平定安史

唐肃宗本非励精图治之主，虽然在即位初期进行了一些有限的改革，但由于重用李辅国，宠信张良娣，使得朝廷及宫廷内部矛盾逐渐激化。尤其是他拒绝采纳李泌制定的正确平叛方略，急于攻取长安，虽然在花费了巨大的人力、财力后，收复了两京，但叛军的实力并没有完全被歼灭，其退到河北后再度反扑，从而延长了平定叛乱的时间。幸亏叛军内部再次发生内乱，史思明欲废长立幼，引起其子史朝义的不满，于是发动政变，杀死了史思明，自称燕帝。史朝义无德无能，此举引起其余诸将的不满，叛军内部分崩离析，再也无力进攻潼关，威胁长安了。

就是这一期间，唐廷内部也发生了很大的动乱，宦官李辅国专权，肃宗的皇后张氏干政，排挤功臣郭子仪、李光弼、仆固怀恩等，弄得朝廷内部矛盾重重。先是张皇后与李辅国向肃宗诬告三子建宁王李倓，说他欲谋害长子广平王李俶，肃宗没有详查，便冤杀了李倓。于是立其长子李俶（后改名李豫）为太子，张皇后对此虽然不高兴，为了对付李辅国，遂勉强与太子联合，但太子并不相信张皇后。于是张皇后转而联合肃宗次子越王李系，召其入宫，许其监国，命其诛杀李辅国。越王与内谒者监段恒俊选宦官有勇力者二百余人，授甲仗埋伏于长生殿后，然后以肃宗的名义召太子入宫，欲先将太子扣押或者杀害。不料此事被另一宦官程元振知悉，遂命禁军护送太子到飞龙厩暂避。李辅国、程元振率禁兵入宫，收捕越王、段恒俊及知内侍省事朱光辉等百余人；又以太子的名义将张皇后囚禁于别殿。收捕张皇后时，她在长生殿内，肃宗也在此殿养病，当禁兵将张皇后及左右数十人押出时，宫女、宦官一时离散，肃宗目睹此景，惊惧不已，未及天明，便一命呜呼，时在宝应元年四月。

肃宗死后，李辅国遂处死了张皇后、越王李系及参与此事的兖王李僴等多人。然后，颁布遗诏，拥立太子即皇帝位，史称唐代宗。代宗即位不久，除去了权阉李辅国，初步稳定了局势，于是开始了对叛军的讨伐。

唐代宗同他的父亲一样，也不信任郭子仪、李光弼等功臣。为了收复东都洛阳，他任命自己的长子李适为天下兵马元帅，仆固怀恩为副元帅。又担心唐军不能单独战胜叛军，派宦官到回纥请求出兵助战。回纥为了掠夺更多的财宝，由其可汗亲自率军来到内地。回纥看不起唐军，强迫李适对其可汗行拜舞礼，经随从唐臣力争，虽然免其行礼，却将随从唐臣各鞭打一百。这一事件对李适造成了很大的刺激，认为是对他个人的极大侮辱，后来他当了皇帝，始终不忘此次侮辱，从而又招致了唐朝更大的损失，这些都是后话了。

宝应元年十月，唐军在回纥军配合下，会合诸道大军会攻洛阳。双方在洛阳北郊大战，唐军奋勇冲击，叛军抵敌不住，溃散四逃。此战叛军被斩杀的达六万之众，被俘两万余人，史朝义仅率残部数百骑逃到了河北。回纥兵进入洛阳后，四处烧杀抢掠，被杀的百姓数以万计，城中大火数十天不熄。唐军认为洛阳及周围州县都是贼境，也纵兵掳掠，这种行动持续了三个月，给当地百姓造成极大危害，有的百姓连身上的衣服也被剥去，外出时只能穿纸糊的衣服。

官军收复洛阳后，朝廷命令仆固怀恩父子率军深入河北，继续追击史朝义残部。官军连战连胜，史朝义无法抵御，只好向北逃窜。史朝义部下的节度使们见大势已去，纷纷表示愿意归降朝廷。唐政府为了尽快平定叛乱，下令说："东京及河南、北受伪官者，一切不问。"[①] 这一政策的颁布，对分化瓦解敌军阵营起到了重要的作用，当然也产生了较大的副作用。

在其部下大将纷纷归降朝廷的情况下，史朝义如丧之犬，一路狂奔，逃到贝州，凑齐了三万军队来战唐军。仆固怀恩之子仆固玚设伏以待之，在回纥军队的配合下，大败敌军。史朝义又逃到莫州（今河北任丘北），唐军追来包围了莫州。大将田承嗣劝史朝义亲往幽州搬取救兵，然后开城归降了官军，并送出史朝义的母、妻、子。官军随后穷追，由于幽州已经归降了官军，史朝义无处可容身，遂东奔广阳（今北京西南），广阳守军亦不接纳，逃到温泉栅（今河北滦州西北棒子镇东北）时，追兵赶到，史朝义走投无路，只好在附近的树

[①]《资治通鉴》卷二二二，唐代宗宝应元年十一月，第7136页。

林中自缢而死。时在唐代宗广德元年（763）正月，历时八年的安史之乱至此总算平定了。

安史之乱是以统治阶级内部即中央与地方矛盾为主，并交织着民族矛盾与阶级矛盾内容而爆发的。其间，两京沦陷，唐室播迁，北方多为叛军所据，唐廷处境异常危险。后在广大爱国将士、官吏和人民群众的奋力抗战下，终于消灭叛军，收复失地，赢得了平叛的胜利。李唐王朝似乎又恢复了老样子。然而，这场叛乱对唐代社会政治、经济以及文化等方面造成的负面影响巨大。叛乱虽平，国势已衰。它是大唐王朝由盛而衰的转折点。自此，烜赫一时的开元盛世退出了历史舞台。

第八章

吐蕃、回纥对长安的进犯

安史之乱极大地削弱了唐朝的军事实力，吐蕃除乘机攻占唐朝的河西、陇右之地外，又不断向关中发动进攻。祸不单行，叛将仆骨怀恩又引回纥进犯关中。在大将郭子仪的努力下，唐与回纥结盟，共同抗击吐蕃，终于稳定了一度危急的局面。

第一节　长安陷落和代宗东狩

一、唐蕃和战关系

安史之乱以后，唐政府面临的一个严重问题，即在西北方面受到吐蕃与回纥的不断骚扰。按说，吐蕃久与唐朝通婚，回纥在肃宗时也与唐结亲，都有甥舅关系。然而，民族之间的关系是颇为复杂的。由于形势的发展、各自力量的变化、领导集团的更迭，以及各族统治阶级斗争的需要，民族之间多次发生战争。

先谈谈安史之乱前吐蕃与唐朝的和战情况。吐蕃是唐时在青藏高原由藏族的先辈所建的政权。吐蕃人过着农耕和游牧的生活。7世纪前期，吐蕃杰出的首领松赞干布做了赞普，统一了青藏高原的许多部落，建立了强大的奴隶制政权，定都逻些。那时，我国内地正处于唐太宗统治下的繁盛时期。松赞干布爱慕唐朝的文化，贞观八年，派出第一批使臣访问长安，唐朝使臣也很快到吐蕃回访，这是汉藏两族友好关系的良好开端。之后，松赞干布几次向唐请婚。贞观十五年，唐太宗以宗室女文成公主嫁给松赞干布。唐蕃和亲，大大加强了中原和吐蕃地区经济、文化的联系。文成公主入藏以后，唐与吐蕃的关系日益密切。高宗时，松赞干布接受唐朝给他的西海郡王的封号。景云元年，中宗又把金城公主嫁给吐蕃赞普尺带珠丹，进一步增进了唐蕃的情谊，加强了经济文化的交流。玄宗开元二十一年《唐蕃会盟碑文》中称："舅甥修其旧好，同为一家。往日贞观十年，初通和好，远降文成公主入蕃。已后景龙二年，重为婚媾，金城公主因兹降蕃。自此以来，万事休帖。"① 此则说明通过这两次和亲，唐与吐蕃已经亲密到"同为一家"了。

不过，在友好的同时，吐蕃与唐王朝之间，战事仍是接连不断。松赞干布死后，吐蕃贵族对唐发动了一系列扩张性的战争。范文澜先生将这些战争概括为三类。（1）征服唐属国吐谷浑和唐境内羌族羁縻州，进行吐蕃的统一战争，性质是正义的。（2）与唐争夺西域四镇。四镇对唐、吐蕃两国都有保障本国安全的作用，两国势在必争，得失依强弱，无关是非。（3）夺取唐州县，奴役汉族居民，是

---

① 《册府元龟》卷九七九《外臣部·和亲》，第11503页。

侵略性的战争,唐朝廷方面,不能保护国土,对被奴役的居民更应负失职的责任。①这些说法虽有一定的道理,但是并不完全,比如第二点,四镇对吐蕃的安全关系不大,反倒与唐朝的安全关系甚大,且唐朝占据四镇,可以保证丝绸之路的畅通,给沿路国家与民族带来极大的经济利益,且有利于中西的经济、文化交流。而吐蕃经济、文化落后,其占据四镇只会阻断丝路贸易与文化交流,不利中西经济、文化的交流。

早在高宗时期,吐蕃在向东北方的扩张中,与唐朝就爆发了著名的大非川之战。唐将薛仁贵所率十余万人,被吐蕃论钦陵所率四十万人歼灭。这次决定性的大战,使吐蕃切实占有了吐谷浑,完成了统一羌族各部的大业。唐军在大非川覆没后,唐西域四镇(龟兹、于阗、焉耆、疏勒)大部分土地被吐蕃夺去。其后便是长时间的唐蕃争夺西域四镇的战争。武则天时,唐将王孝杰率兵大破吐蕃,夺回四镇。唐设安西都护府于龟兹,屯兵镇守。嗣后,唐蕃在西域和青海两方面常有战事,胜败相当。

唐玄宗开元年间,唐王朝势力非常强盛,玄宗又酷爱边功,故对吐蕃采取强硬的对抗政策。如722年,吐蕃攻唐属国小勃律(今克什米尔吉尔吉特),企图从小勃律进攻四镇。唐北庭节度使张孝嵩派兵协助小勃律,大破吐蕃军。727年,吐蕃攻唐瓜州城(今甘肃瓜州东南),谋图截断唐与四镇的交通。729年,唐军从瓜州出击,吐蕃军大败,唐军进而攻取吐蕃石堡城(在今青海西宁西南),吐蕃被迫放弃夺取四镇的计划。747年,唐将高仙芝又攻破时已归附吐蕃的小勃律国,设归仁军,驻兵三千镇守。尽管如此,强大的吐蕃,还是控制着青海高原,集结四五十万大军,屯聚在今青海、甘肃边境,威胁着唐王朝的要害关陇地区。玄宗晚年,为了防御吐蕃,设河西、陇右(今青海乐都)、剑南(今四川成都)三节度使,屯驻重兵,以抵御吐蕃。

天宝十四载,安禄山反叛,唐王朝内乱,河西、陇右两镇精兵尽数内调,边防空虚,吐蕃趁机攻取河西、陇右两镇以及所属诸州,唐蕃形势发生了巨大变化。此后,吐蕃不断对唐朝发动进攻,势力发展到凤翔,邠州以西、以北的广大地区,也就是说,吐蕃已经威胁到关中西部地区了。

---

① 范文澜、蔡美彪等:《中国通史》第4册,人民出版社1994年版,第14—15页。

二、长安陷落与代宗东狩

安史之乱的末期，吐蕃趁唐朝全力讨伐安史残部，西北军事力量削弱之际，接连发动了对唐朝的一连串攻势。代宗宝应元年，吐蕃又一次进攻唐朝的边境，攻陷秦州、成州（今甘肃成县一带）、渭州（今甘肃陇西东南）等州。广德元年，又攻陷兰州（今甘肃兰州）、河州（今甘肃临夏）、鄯州（今青海海东市乐都区）、洮州等州。然后乘胜进击，长驱直入。是年十月初，攻下泾州，连陷奉天、武功，兵锋直指唐都长安。

武功距长安仅100多里。在此危急关头，京师震骇，代宗急忙下诏，任命雍王李适为关内元帅，郭子仪为副元帅，出兵镇守咸阳，以抵抗吐蕃。

郭子仪在京城闲废日久，部下都已离散。仓促间招募士兵，仅得二十人骑马出发。行至咸阳，得知吐蕃率吐谷浑、党项、氐、羌二十多万人马，首尾数十里，已从盩厔县的司竹园渡过渭水，沿着山边向东进军。郭子仪派判官中书舍人王延昌入朝奏报，请求增兵。宦官程元振隐匿军情，不向代宗如实汇报。十月四日，渭北行营兵马使吕月将率精兵两千人在盩厔西边打败吐蕃。六日，吐蕃进攻盩厔，吕月将奋力作战，兵败被俘。

吐蕃很快渡过便桥（即西渭桥，亦称咸阳桥，在今陕西咸阳南），长安危急。代宗急诏天下诸镇出兵勤王，竟无一兵一卒前来救援，迫使代宗不得不逃往陕州，长安失陷。此事引起了朝野上下的愤怒，皆归咎于程元振，谏官纷纷对其提出弹劾，程元振这才感到恐惧。甚至连元勋李光弼也按兵不动，原因就在于担心程元振陷害，后来代宗逃到陕州时，李光弼也不闻不顾。客观地看，李光弼在这一点不如郭子仪识大体，因负气而置国事于不顾，实在是要不得的，然程元振屡加陷害，李光弼惧祸，才是其不应诏命的根本原因。

在这种众叛亲离的情况下，七日，代宗放弃长安，出逃到陕州。这一期间，百官藏匿，六军逃窜。郭子仪闻讯，立即从咸阳赶回长安，代宗的车驾已经离去。代宗刚出苑门，渡过浐水，射生将军王献忠便率四百骑兵叛变返回长安，胁迫丰王李珙等十王向西迎接吐蕃，在开远门内遇到郭子仪。郭子仪予以叱责，王献忠下马说："现在皇上已东逃，国家无主，令公身为元帅，废立就在您的一句话。"郭子仪未应。李珙抢着说："公为何不说话！"郭子仪责备丰王，并派兵护送他去追随皇上。八日，代宗来到华州，官吏都已逃散，无人接待和供食，随从将士不免挨冻受饿。适逢观军容使鱼朝恩率军从陕州前来迎驾，代宗便随鱼朝恩奔赴军营。

九日，吐蕃军未遇任何阻击便轻易夺取了长安。原泾州刺史、降将高晖与吐蕃大将马重英等，拥立故邠王李守礼的孙子李承宏为皇帝，改年号，置百官，任命前翰林学士于可封等为宰相。吐蕃兵入长安后，剽掠府库市里，焚烧房舍，长安城中萧然一空。士民避乱，皆入山谷。

十二日，代宗抵达陕州。郭子仪带着三十名骑兵，从长安城南的御宿川沿山东行。他与王延昌策划如何收集逃散将士，重整旗鼓，夺取长安。路过蓝田，遇元帅都虞候臧希让和凤翔节度使高昇，得兵近千人。来到商州，将士们闻郭子仪至，皆大喜听命。郭子仪边走边收取散兵，数日间，聚得将士四千人，军势稍振。他声泪俱下，训勉将士，共雪国耻，将士们深为感动。郭子仪请太子宾客第五琦为粮料使，负责供给军中的粮草。代宗恐吐蕃东出潼关，征召郭子仪赴陕州行在。郭子仪上表称："臣不收复京城，无脸面见陛下。若从蓝田出兵，吐蕃决不敢向东进军。"这时，鄜延（今陕西延安）节度使白孝德，听从节度判官段秀实的劝告，率领大军，南下直趋京畿，与蒲、陕、商、华诸州兵联合向长安进逼。

长安城中，吐蕃虽然拥立广武王李承宏，但自知不可久留，便企图抢劫城中的士女及各种工匠，待编制整齐以后再回国。郭子仪派左羽林大将军长孙全绪率二百骑兵从蓝田出发，观察敌军情势；又命第五琦代理京兆尹，与长孙全绪一同前往；命宝庆军使张知节率军继其后。长孙全绪等到达韩公堆后，白天张旗击鼓，夜晚燃起火堆，以疑惑敌人。前任光禄卿殷仲卿聚众近千人，保卫蓝田，与长孙全绪内外呼应，并率二百余骑直渡浐水，吐蕃不知虚实，心中恐惧。城中百姓又讹传说：郭令公自商州率领大军，不知有多少人已经到了！吐蕃信以为然，渐渐带兵离去。长孙全绪又派人入长安城暗中联络数百少年，夜间在朱雀大街击鼓大呼，致使吐蕃惊慌失措，于当月二十一日全部逃走。唐军叛将高晖逃至潼关，被当地守将擒杀。

三、郭子仪收复长安

郭子仪于二十五日从商州出发，十一月三日到达浐水以西。当时长安城中，射生将王甫自称京兆尹，聚众两千余人横行暴虐。郭子仪抵达长安城下，王甫并未派人迎接，于是有人劝郭子仪不要轻率入城，郭子仪不听，率三十骑入城，派人传召王甫。王甫出迎拜伏，被郭子仪斩首。鄜延节度使白孝德与邠宁节度使张蕴琦率兵屯扎在京畿各县，郭子仪召之入城，京城一带渐渐安定下来。

吐蕃军自长安退至凤翔，节度使孙志直闭城拒守。镇西节度使马璘率精骑千余人，从河西入关赴难，辗转来到凤翔，正遇吐蕃围城，立即投入战斗。马璘身先士卒，奋力进击，俘虏杀死吐蕃上千人。次日，吐蕃又到城下挑战，马璘开放悬门待之，吐蕃畏惧，说："此将军不惜死，宜避之。"① 于是收兵撤退到河、陇一带。

代宗在陕州避难两月之久，直到十二月十九日才从陕州启程，二十六日返回长安。郭子仪率朝中百官及诸军到浐水东迎接，伏地请罪。代宗感慨地说：没有能及早用卿，以致落到这种地步！

这次广德之难，代宗狼狈出逃，无人救援，朝廷内外莫不切齿于专权自恣、忌贤害能的宦官程元振。太常博士柳伉上疏，认为："犬戎犯关度陇，不血刃而入京师，劫宫闱，焚陵寝，武士无一人力战者，此将帅叛陛下也。陛下疏元功，委近习，日引月长，以成大祸，群臣在廷，无一人犯颜回虑者，此公卿叛陛下也。陛下始出都，百姓填然，夺府库，相杀戮，此三辅叛陛下也。自十月朔召诸道兵，尽四十日，无只轮入关，此四方叛陛下也。内外离叛，陛下以今日之势为安邪，危邪？若以为危，岂得高枕，不为天下讨罪人乎！臣闻良医疗疾，当病饮药，药不当病，犹无益也。陛下视今日之病，何繇至此乎？必欲存宗庙社稷，独斩元振首，驰告天下"②。柳伉进而提出代宗要下罪己诏，悔过自新。如此恳切的直言极谏，似未引起大的震动，代宗并未下罪己诏。对于程元振，代宗经过再三思虑，认为程元振有护驾拥戴之功，只是将其免除官爵，放归田里了事。可见直到此时，唐代宗仍不醒悟，认为程元振是有功之臣。从这个意义看，造成唐朝出现如此混乱的局面，始作俑者，应该是唐代宗本人。

程元振回到三原故里，仍不死心，他听到代宗返回长安的消息后，遂换上了妇人的衣服，潜回长安，谋图再次得到任用，结果被京兆尹捕获，并上奏皇帝。广德二年（764）正月，诏令将其流放溱州，代宗念程元振旧功，不久又安置于

---

① 《资治通鉴》卷二二三，唐代宗广德元年十一月，第7157页。
② 《资治通鉴》卷二二三，唐代宗广德元年十月，第7155页。

江陵，后来死在了当地。

大宦官李辅国、程元振先后死后，代宗不吸取教训，又重用了另一个宦官鱼朝恩。

鱼朝恩，泸州泸川（今四川泸州）人。天宝末年入宫为宦官，为人狡黠，逐渐升迁，至唐军收复两京时，他已经升任为左监门卫将军、知内侍省事。九节度围攻邺城时，他被任命为观军容宣慰处置使，"观军容使自朝恩始"。唐军攻克洛阳后，鱼朝恩率神策等军屯驻陕州。代宗避难陕州时，鱼朝恩率军迎至华阴，因护驾有功，代宗加其天下观军容宣慰处置使，并给予了大量的赏赐。代宗返回长安后，他又率诸军护送天子返京，因此备受皇帝的信任。

鱼朝恩是一个十足的小人，他见郭子仪劳苦功高，为人臣第一，遂心生忌，借口邺城九节度兵败，伙同程元振对他百般诋毁，把一切责任全都推到了郭子仪头上，致使郭子仪被罢去了副元帅之职。代宗即位后，他"与程元振一口加毁，帝未及寤，子仪忧甚"。① 幸亏郭子仪在驱逐吐蕃、收复长安中建立了大功，才使其陷害的阴谋没有得逞。

吐蕃军攻灵州，郭子仪率军抵御，鱼朝恩却指使人挖其父之墓，妄图以此激怒郭子仪，然后寻机陷害。郭子仪自前线返回长安时，朝野上下皆一片恐惧气氛，唯恐郭子仪一怒之下，举兵攻击，后果将不堪设想。幸亏郭子仪性情宽厚，不计前嫌，回到京城后，反而向代宗哭诉说："臣久主兵，不能禁士残人之墓，人今发先臣墓，此天谴，非人患也。"② 这才化解了一场风波。

鱼朝恩作恶多端，代宗不加惩处，反而更加信任。永泰（765—766）中，诏其判国子监，兼鸿胪、礼宾、内飞龙、闲厩使等职，封郑国公，并掌领禁军。鱼朝恩粗通文墨，自谓有文武才，其任判国子监事时，中书舍人常衮上言："国子监长官，当用名儒，不宜以宦官充任。"代宗非但不听，鱼朝恩至国子监上任时，还命令宰相以下百官送之，"京兆设食，内教坊出音乐俳倡侑宴，大臣子弟二百人，朱紫杂然为附学生，列庑次。又赐钱千万，取子钱供秩饭。每视学，从神策兵数百，京兆尹黎干率钱劳从者，一费数十万，而朝恩色常不足"③。不仅如此，鱼朝恩

---

① 《新唐书》卷二〇七《鱼朝恩传》，第5863页。
② 《新唐书》卷一三七《郭子仪传》，第4608页。
③ 《新唐书》卷二〇七《鱼朝恩传》，第5864页。

还亲自升堂讲学，令百官坐听，并讥讽宰相不学无术。

鱼朝恩专横跋扈，朝廷议事，他偶然没有参加，事后闻知，怒曰："天下事有不由我乎！"①代宗听到后，心中逐渐对鱼朝恩产生了反感情绪。鱼朝恩不仅擅自扩充神策禁军的地盘，勾结外地藩镇，壮大自己的势力，还与同华节度使周智光勾结，谋图不轨。郭子仪密奏皇帝，鱼、周二人有勾结，周为外应，而鱼领禁兵，如不早图，必生大祸。在这种情况下，代宗才产生了警觉。于是利用寒食节，在宫中举行宴会的机会，待宴罢，百官退出，令鱼朝恩入内议事。代宗当面责其有异图，鱼朝恩不服。代宗遂命左右将其擒获，然后缢杀之。为了掩人耳目，对外宣传自缢而死，并赐钱六百万以安葬。

鱼朝恩死后，代宗吸取教训，不再使宦官掌握禁军兵权，但是到其子唐德宗时，不但令宦官重新掌管禁军，而且还制度化了。

第二节　唐纥泾阳会盟与共却吐蕃

一、唐与回纥的关系

回纥是我国古代活动于娑陵水（今色楞格河）和嗢昆水（今鄂尔浑河）流域的一支游牧部落。从 6 世纪中叶起，回纥服属于突厥。隋炀帝初年，回纥联合各部落屡次打败西突厥军队。唐太宗贞观元年，回纥又以少胜多，击败东突厥十万大军，追奔至天山，虏获突厥大批部众，从此声威大震。

东突厥灭亡后，回纥和另一个铁勒部落薛延陀并为北方强大的势力。贞观二十年（646），回纥首领吐迷度，趁薛延陀内乱，联合各部，配合唐军灭掉了薛延陀。于是，其势力越过贺兰山，进入黄河流域，自称可汗。同年，吐迷度遣使入唐，要求隶属唐朝。唐太宗亲自到灵州，接受回纥的请求。贞观二十一年，唐在漠北回纥所统地设置六都督府、七州，封吐迷度为怀化大将军兼瀚海都督，其他回纥酋长接受唐朝官职的达数千人。吐迷度仿突厥制度，设立官属，正式建立回纥汗国。从此回纥与唐的联系大为加强。吐迷度及其继承者对唐保持和好的关系，还经常派出军队帮助唐朝作战。到唐玄宗时，双方的联系更为密切。天宝三载（744），唐朝封回纥骨力裴罗为怀仁可汗。次年，怀仁可汗攻杀了

---

① 《新唐书》卷二〇七《鱼朝恩传》，第 5865 页。

突厥的最后统治者白眉可汗，在突厥故地建立起东起兴安岭、西到阿尔泰山、南控蒙古大沙漠的大汗国。

在安史之乱中，回纥曾两次出兵援助唐政府，并助唐收复两京。如至德元载，肃宗借回纥骑兵平乱，葛勒可汗先后派遣骑兵来援，立有战功。次年，唐军又同回纥精骑一起收复长安，进克洛阳。因而，回纥贵族与唐统治者之间结成了亲密的联盟。唐王室为了取得回纥的支持，曾先后三次将公主嫁于回纥可汗做可敦（回纥对其后的称呼），一是肃宗女宁国公主，一是德宗女咸安公主，一是宪宗女太和公主，都是皇帝的亲生女儿，这在和亲史上是罕见的事情。回纥信奉摩尼教，为了答谢其救国之恩，唐解除了摩尼教在唐传播的禁令，并给予其更加优厚宽松的政策，使之自由在唐境内传播。唐在多方面给回纥以特殊的照顾和优厚的待遇。唐与回纥为邻，北方边境平静无事，彼此建立了一种非常和好的睦邻关系。

但是，对回纥在感恩之余，唐政府往往也会发出无奈的叹息，回纥恃平叛之功而骄纵不法，在坊市横行霸道，不受唐朝法律的约束，这样的例子在史书中多有记载。而且，回纥还借着平叛之功，与唐朝开展绢马贸易，每年以劣马换取唐精美的绢帛数十万匹，更使唐朝财政空竭，给唐王朝带来沉重的经济负担。

二、回纥、吐蕃入寇

安史之乱中，回纥助唐内战，有战胜的威名和得马市的厚报，因而愈益强大和富饶，滋长了其骄横自大和贪得无厌的本性。如宝应元年，代宗向回纥借兵，当时葛勒可汗已死，其子登里可汗应召率兵攻洛阳。登里可汗态度蛮横，侮辱唐天下兵马元帅李适（即后来的德宗）和他的随从官员。唐军收复洛阳，回纥入城大肆杀掠，杀人上万，烧房屋一二十天不灭，抢夺财物无数。次年，登里可汗归国，带走全部赃物，还让部众沿路抢劫。代宗为酬报回纥，规定唐买回纥马，每年最高额为十万匹，每马换绢四十匹。事实上回纥每年只给唐马数四千至一万匹，而且马弱不堪军用。唐忍受损失，只好当作买边境平安而支付马价。尽管如此，回纥还是不得满足，不断进入唐境掳掠抢夺。

吐蕃进犯长安的事刚刚了结，仆固怀恩引回纥、吐蕃入寇的事便接着发生。仆固怀恩是唐代著名的蕃将。他骁勇善战，晓识戎情，安史之乱，从郭子仪讨贼，屡建殊功。以河北副元帅兼朔方节度使，屯军汾州（今山西汾阳），朔方行营的军队都归他指挥。仆固怀恩一家为平定安史之乱立下了极大的功劳，一门之中为国而死者达四十六人之多，他的女儿为使回纥能够支援唐朝，远嫁和亲回纥登里可汗。他曾奉诏与登里可汗相见于太原，后又送可汗出塞。河东节度使辛云京怕怀恩与回纥合谋攻太原，故紧闭城门，既不犒赏，也不闻问，怀恩因而愤怨在心。代宗信任宦官李辅国，而李辅国多次诬陷仆固怀恩。仆固怀恩作为蕃将，脾气暴躁，受不得一点委屈，他的叛唐原因虽然比较复杂，然李辅国的诬陷，不能不说也是其中一个重要的因素。他在给唐代宗的上书中明确写道："是时数以微功，已为李辅国谗间，几至毁家。"①可见李辅国在这件事情上起到了推波助澜的不良作用。代宗避乱逃至陕州，仆固怀恩未遣一兵一卒勤王。他遂以被人"谗言交构"和朝廷"内忌忠良"为理由，率众叛唐，一方面放出谣言，说朔方军老帅郭子仪已被宦官鱼朝恩杀害，一方面积极谋取太原。

代宗广德二年八月，仆固怀恩纠集回纥、吐蕃等部数十万人进攻长安，京师大为惊恐。代宗急诏郭子仪率诸将出镇奉天，并召郭子仪询问破敌方略。郭子仪说：仆固怀恩不能有所作为了！怀恩虽勇敢，但对部下缺少恩德，士卒人心不归附他。他所以能入关侵掠，不过是顺应将士们东归的心意而已。他所统率的士兵，都是臣以前的部下，一定不忍心与我锋刃相见。十六日，郭子仪出发赴奉天。

九月十七日，代宗任命郭子仪摄理北道邠宁、泾原、河西以来通和吐蕃使，任命李抱玉摄理南道通和吐蕃使。郭子仪听说吐蕃已逼近邠州，即遣其子朔方兵马使郭晞率兵万人前去援救。十月初，仆固怀恩带领回纥、吐蕃部队到达邠州，邠宁节度使白孝德和郭晞闭城拒守。

仆固怀恩与回纥、吐蕃的军队进逼奉天，京师戒严。将军们请求出战，郭子仪不许，指出：胡虏深入吾地，利在速战。我们坚壁以待，敌人以为我们胆怯，必不戒备，便可趁机击败他们。若匆忙应战而不能取胜，则众心散矣。再敢提出战者斩首！七日晚，郭子仪带兵出城，列阵于乾陵以南。次日凌晨，敌人以为唐军无备，大举而来，欲行偷袭。忽见唐军伏兵四起，惊慌不已，丢盔撂甲，不战而退。郭子仪派副将李怀光等率五千骑追逐，回纥狼狈逃窜。

① 《新唐书》卷二二四上《仆固怀恩传》，第6370页。

过了一年，即永泰元年（765）九月，仆固怀恩再次撮合回纥、吐蕃、吐谷浑、党项、奴剌数十万兵马卷土重来。浩浩荡荡，从三个方面向唐挺进：吐蕃大将尚结悉赞摩、马重英等从北道进逼奉天；党项元帅任敷、郑庭、郝德等从东道进逼同州；吐谷浑和奴剌的部队从西道进逼盩厔。回纥跟随在吐蕃的后面，仆固怀恩率朔方部队又随其后。

郭子仪派人回朝奏报说：胡虏皆为骑兵，进军如飞，不可轻忽，请皇上命凤翔节度使李抱玉、滑濮节度使李光庭、邠宁节度使白孝德、镇西节度使马璘、河南节度使郝庭玉、淮西节度使李忠臣，各出兵控制住要冲之地。代宗听从了郭子仪的建议。各道节度使大多不及时出兵，只有李忠臣接奉诏命，立刻下令整军出发。将领们请选一个吉利的日子，李忠臣生气地说：父母有急难，难道也要择吉日而后救助吗？于当天就引军出发。

仆固怀恩在行军的路上突发重病，被抬了回去，八日，死于鸣沙。其部将为争权而互相残杀。怀恩违抗诏命三年，两次引胡虏入寇，为国家大患。代宗为其隐讳，在制敕中未曾提及"造反"二字。闻其死，代宗伤痛地说：怀恩本来不想造反，是受左右之人蛊惑的啊！

吐蕃军到了邠州，白孝德亲自上城守御。十五日，代宗命宰相及诸司长官到西明寺进香设供、奏乐，乞求佛祖保佑。就在当天，吐蕃十万大军至奉天，京城十分惊恐。朔方兵马使浑瑊、讨击使白元光先戍守在奉天，敌军刚刚列营，浑瑊就率领勇猛的骑兵二百人冲锋陷阵，身先士卒，敌军溃败。浑瑊挟持一个吐蕃将领飞奔而回，随从者无一人受伤。城上的士兵看了，勇气大增。十六日，吐蕃又来进攻，浑瑊英勇还击，敌军死伤甚重。相持数日，吐蕃收兵回营。浑瑊趁势偷袭，杀死一千多人。他前后与吐蕃军交战二百余次，斩获五千首级。

敌兵压境，军情紧迫，代宗于十七日征召郭子仪屯驻泾阳。二十日又命李忠臣屯东渭桥（今陕西西安东北），李光进屯云阳（今陕西泾阳西北），马璘、郝庭玉屯便桥，李抱玉屯凤翔，宦官骆奉仙、将军李日越屯盩厔，同华节度使周智光屯同州，鄜坊节度使杜冕屯坊州（今陕西黄陵东南）。代宗自己也率领六军屯驻在禁苑中，做好临战准备。二十一日，代宗下了制书，表示要亲自征讨贼寇。次日，宦官鱼朝恩请求搜刮京城内士人和百姓的马匹，令男子都穿上黑衣，组成民兵团，城门塞二开一，搞得人心惶惶，四处逃散。鱼朝恩还想护送代宗到河中（今山西永济西南）以躲避吐蕃，遭到大臣刘给事的严厉斥责：敕使（唐人谓宦官为敕使）要造反吗？眼下屯驻在京畿的军队甚多，不齐心合力抵抗贼寇，却突然要胁迫天子抛弃社稷而逃走，这不是造反是什么？

从九月十七日到二十五日，秋雨连绵，敌人无法进攻。吐蕃调兵去攻醴泉，党项西向劫掠白水，东向侵犯蒲津（今陕西大荔东）。二十八日，吐蕃掳掠男女数万人离去，所过之处，焚烧庐舍，践踏禾稼。周智光带兵截击，在澄城北将其击溃，又乘胜追击到鄜州。

三、泾阳会盟、共抗吐蕃

吐蕃军队由鄜州败退至邠州，遇到了回纥部队，又联合起来，进犯内地。十月二日，到达奉天。八日，回纥、吐蕃合兵围攻泾阳。郭子仪下令，诸将严设守备而不得出战。傍晚时分，两支敌军屯扎在泾阳北原。第二天，又来到城下。这时回纥和吐蕃得悉仆固怀恩已死，彼此为争夺领导地位闹起了矛盾，两军分营垒而驻扎。回纥兵驻扎在城西，郭子仪派牙将李光瓒等前去劝说，想与回纥共同对付吐蕃。回纥原以为郭子仪已死，现在听说郭子仪派人前来，自然不大相信，问道：郭公确实在这里吗？你在骗我。若果在此，可以见见面吗？李光瓒回报，郭子仪曰："今众寡不敌，难以力胜。昔与回纥契约甚厚，不若挺身往说之，可不战而下也。"诸将请选铁骑五百为卫从，子仪曰："此适足为害也。"郭晞扣马谏曰："彼，虎狼也；大人，国之元帅，奈何以身为虏饵！"郭子仪曰："今战，则父子俱死而国家危；往以至诚与之言，或幸而见从，则四海之福也！不然，则身没而家全。"以鞭击其手曰："去！"遂与数骑开门而出，使人传呼曰："令公来！"回纥大为惊异，其大元帅合胡禄都督药葛罗（登里可汗之弟），拉弓搭箭，立于阵前。郭子仪取下头盔脱去铠甲把枪丢在地上骑马向前，回纥各部酋长面面相觑说：是令公啊！一齐下马列队跪拜。郭子仪也下了马，上前握着药葛罗的手，责备他说："汝回纥有大功于唐，唐之报汝亦不薄，奈何负约，深入吾地，侵逼畿县，弃前功，结怨仇，背恩德而助叛臣，何其愚也！且怀恩叛君弃母，于汝国何有！今吾挺身而来，听汝执我杀之，我之将士必致死与汝战矣。"药葛罗曰："怀恩欺我，言天可汗已晏驾，令公亦捐馆，中国无主，我是以敢与之。今知天可汗在上都，令公复总兵于此，怀恩又为天所杀，我曹岂肯与令公战乎！"郭子仪曰："吐蕃无道，乘我国有乱，不顾舅甥之亲，吞噬我边鄙，焚荡我畿甸，其所掠之财不可胜载，马牛杂畜，长数百里，弥漫在野，此天以赐汝也。全师而继好，破敌以取富，为汝计，孰便于此！不可失也。"药葛罗曰："吾为怀恩所误，负公诚深，今请为公尽力，击吐蕃以谢过。然怀恩之子，可敦兄弟也，愿舍之勿杀。"郭子仪许之。郭子仪一番义正词严的话，使药葛罗十分惭愧，于是决心与唐朝和好。①

在双方首领对话的过程中，回纥围观的部众十分好奇，分作两翼，渐渐走上前来，郭子仪的随员也凛然上前，郭子仪挥手让他们退下，并拿出酒来与回纥的酋长共饮。药葛罗请郭子仪先举杯为誓，郭子仪把酒浇在地上，高声说："大唐天子万岁！回纥可汗亦万岁！两国将相亦万岁！有负约者，身陨陈前，家族灭绝。"酒杯传到药葛罗手中，他也把酒浇在地上说："如令公誓！"② 于是，诸位酋长都欢喜地说：出发时带两个巫师随从在军，巫师说这次出征很平安，不与唐兵交战，见到一位大人而回，现在果然如此。郭子仪赠送他们锦缎三千匹，酋长们分一份赏赐巫师。吐蕃听到郭子仪与回纥订立盟约的消息，连夜带兵逃遁。回纥派遣酋长石野那等六人入朝拜见唐天子。

泾阳会盟之后，回纥药葛罗率大军追击吐蕃，郭子仪也派白元光带领精锐骑兵一齐出击。十月十五日，交战于泾州东灵台县的西原，吐蕃大败，死伤上万人，所掳掠的唐士女四千人被救出。十八日，又破吐蕃于泾州东。次日，仆固怀恩的将军张休藏等投降。二十三日，代宗下诏，罢亲征令，京城解除戒严。

郭子仪与回纥的泾阳之盟，化干戈为玉帛，避免了少数民族对中原一场大的浩劫，为唐王朝立下了不朽的战功，在历史上传为美谈。郭子仪是华州郑县（今陕西渭南市华州区）人，他以大智大勇和赤心报国，名垂千古，也为陕西历史增添光彩。

---

① 《资治通鉴》卷二二三，唐代宗永泰元年十月，第7180—7181页。
② 《资治通鉴》卷二二三，唐代宗永泰元年十月，第7181—7182页。

第九章 藩镇割据与泾原兵变

唐德宗统治时期内乱迭起，藩镇割据愈演愈烈，在关中腹心爆发了泾原兵变，叛兵拥戴朱泚为帝，接着前来镇压叛兵的朔方军又发生叛乱，导致德宗先后逃往奉天、汉中避难。幸亏李晟等大将力战，才得以收复长安。

第一节　泾原兵变始末

一、藩镇割据的形成

"藩镇"一词本意是指能够保卫中央、镇守一方的地方军政机构，与唐代设置的"道"一级行政区划有着密切的关系。唐初沿袭隋制，地方行政机构实行州、县两级制，但由于中央感到难以严密控制地方，所以太宗开始不定期派使者巡省天下，监察州、县。武周时期，将天下分成十道，定期派使者巡视。开元二年，将十道巡察使称为"按察采访处置使"。开元年间，此使职虽曾有罢废，但最终保留了下来，后来改称为"观察使"。这样，在州、县之上，出现了道一级机构，这是与中国土地广袤、人口众多的实际情况相适应的一种行政区划。

开元末年，由于长期积弊，均田制和府兵制遭到破坏，政府开始实行募兵制。加之开天之际，唐政府与周围一些少数民族在边境屡有摩擦。所以，天宝元年，玄宗在边境设立十道节度使，各节度使这时不但统领军队，他们还拥有很大的权力，如在本藩镇内的用人权，自行辟署藩镇幕府官员；还拥有独立的财政权，可留用本道军费，自由支配；另外，还有对州、县的监察权，可以监督任免下辖州、县官员。总之，节度使既有其土地，又有其人民，又有其甲兵，又有其财赋，统揽本地区的军政、民政和财政大权，并兼任治所所在地的刺史，而辖区内的各州刺史，则成为其下属。节度使位高权重，逐渐呈现出尾大不掉之势。

安史之乱以后，唐朝中央对地方的控制每况愈下，地方节镇势力进一步膨胀，最终形成藩镇割据局面。

藩镇割据是从安史的降将开始的。代宗广德元年，史朝义的叛军从邺城败退。唐朝因无力彻底消灭安史余部，对叛军采取姑息政策，接受了一批安史部将投降，对其所受伪官伪职，"一切不问"，并同意他们就地担任节度使。这样，叛军将领遂变身而成为唐廷的节度使，统治了河北地区的不少地方。如：李怀仙为幽州卢龙节度使，驻幽州；李宝臣为成德节度使，驻恒州（今河北正定）；田承嗣为魏博节度使，驻魏州（今河北大名东北）。这三家后来发展成为最强大的割据势力，史称"河北三镇"。另外，安史之乱时，边兵大量内调，边防空虚，吐蕃、南诏乘机进扰。因而，乱平之后，唐朝在西北、西南加强了藩镇力量。为了巩固统治和对付安史叛军，唐政府又在内地增置了不少节镇，实行"以方镇御方镇"的方针，这些藩镇分布在关中、关东、江淮流域，以求互相制约，防遏河朔，屏障关中，沟通江淮。也有一些藩镇并不听命于朝廷，他们各占一方，对抗中央，成为割据势力。如驻淄州（今山东淄博市淄川区）的淄青镇、驻汴州的宣武镇、驻蔡州（今河南汝南）的淮西镇等，就是其中较大的藩镇。这些藩镇的历任节度使，有父死子继的，有兵将拥立的，朝廷不能节制他们，只能事后"任命"，承认既成事实。

各藩镇在经济上各搞一套，他们不仅掌握本镇数州的税收，而且一般都兼营田使，管辖本镇的屯田营田事务。如田承嗣把魏博镇的百姓户口统计造册，强迫老弱种地、青壮当兵，征收的赋税从不上缴朝廷。宣武节度使韩弘，镇守大梁（今河南开封）等地二十余年，"四州征赋皆为己有，未尝上供"①。他积攒铜钱百万贯，谷物三百万斛，不给朝廷一钱一米。许多节度使不仅以屯田方式把国家的土地控制在手，而且自己也大肆兼并土地，成为大地主。

各藩镇还竭力扩充军队，选练精兵。田承嗣养兵十万，又挑选两千名壮汉，收为义子，给予优厚待遇，让他们充当警卫，称作"牙兵"。卢龙、成德、淄青（今山东东平西北）、宣武等镇，也都有牙兵。这种牙兵多是当地豪强地主的子弟兵，成为藩镇武力的核心。

藩镇依恃强大的兵力、财力，威胁朝廷，甚至起兵反叛。田承嗣在魏博给安禄山、史思明父子立祠堂，称之为"四圣"，意在效法安史。同华节度使周智光，气焰更为嚣张跋扈，竟然说："此处离长安只有180里，我夜晚睡觉都不敢伸脚，唯恐一脚踏破长安城。"

当初，李宝臣、田承嗣和淄青的李正己、山南东道（今湖北襄阳）的梁崇义暗中勾结，商定各以所占的土地"传之子孙"。代宗大历十四年（779），田

---

① 《旧唐书》卷一五六《韩弘传》，第4136页。

承嗣死，在李宝臣的要挟下，代宗被迫同意魏博节度使一职由田承嗣之子田悦继任。两年后，即唐德宗（见图9-1）建中二年（781），李宝臣、李正己相继死去。他们的儿子李惟岳、李纳得到田悦的支持，也要继承父职，被德宗拒绝。由是，李惟岳、李纳勾结田悦、梁崇义起兵反唐，史称"四镇之乱"。朝廷命河东节度使马燧、昭义节度使李抱真等讨田悦，范阳节度使朱滔讨李惟岳，淮西节度使李希烈讨梁崇义，宣武节度使刘洽讨李纳。朝廷本想用这种"以毒攻毒"的办法平定藩乱，结果却引起各军阀之间的厮杀、伙并或联合，使局势更加混乱。

图9-1　唐德宗像

建中三年（782）十月，北方藩镇公然推朱滔为盟主，称王建号，对抗中央。朱滔称冀王，王武俊称赵王（他是在四镇之乱时杀了主帅李惟岳而自立的节度使），田悦称魏王，李纳称齐王。这时，淮西的李希烈看到有机可乘，也暗中与朱滔、李纳等人交往，于是年十二月起兵反唐。唐朝政府面临着藩镇联合叛乱的严重威胁。

需要说明的是，藩镇制度不等于藩镇割据，人们通常认为只要是藩镇必定割据一方。其实，不是所有的藩镇都割据不臣，有学者将唐代历史上的藩镇分为四种类型：一为河朔割据型，二为中原防遏型，三为西北、西南御边型，四为东南财源的藩镇。后三种藩镇对维护唐代后期统治的稳定有各自独特的贡献。因此，我们所说的藩镇割据，是指安史之乱后，主要在河朔一带，出现了一些不听从唐政府号令的强大藩镇，他们税赋不上交中央，效仿战国群雄割据一方，以土地传给子孙，俨然是一个个独立王国。

唐代藩镇割据的形成源于安史之乱，安史之乱后唐代中央与地方复杂的政治、军事斗争又加剧了这一混乱的局面。

二、泾原兵变的原因

德宗时期,藩镇反抗朝廷的规模越来越大,其中最突出的事件就是泾原兵变,又称"奉天之难"。

建中二年正月,成德节度使李宝臣卒,其子李惟岳自称留后,要求唐政府准许他继任。唐德宗抓住这一机会,开始酝酿已久的削藩计划,故拒绝了李惟岳的要求。朝廷此令一出,与成德关系密切、有着共同利益诉求的河朔强藩魏博镇及淄青镇、山南东道相约与之共同反叛,史称"四镇之乱"。六月,德宗下令动员全国军事力量平叛,"时内自关中,西暨蜀、汉,南尽江、淮、闽、越,北至太原,所在出兵"①。至次年正月,河朔叛军遭到沉重打击。不久,李惟岳被杀,淄青、山南东道节度使李正己、梁崇义则先后或病故或兵败自杀。但德宗没有很好地把握住对中央十分有利的形势:一没有照顾在战争中有功的卢龙节度使朱滔的利益;二没有识破淮西节度使李希烈的野心,委任他讨伐山南东道梁崇义叛乱的全权,使他借此扩张了势力。遂致使卢龙勾结魏博、成德再叛,而淮西李希烈也自恃羽翼丰满,称兵反叛。第一波叛乱之火未被完全破灭,死灰复燃后的第二波火势更旺,最终导致了泾原兵变。

建中四年(783)正月,淮西李希烈攻陷汝州,遣别将取尉氏,围郑州。朱滔、王武俊等遣使致意,支持他叛唐称帝。德宗命哥舒曜为东都汝州节度使,率凤翔、邠宁、泾原、奉天、好畤兵万余人,讨伐李希烈,同时令东方各道,出兵合击。八月,李希烈率三万人围攻哥舒曜于襄城(今河南襄城一带)。德宗调泾原兵五千人解襄城之围。

这年冬十月二日,泾原节度使姚令言带兵冒雨行军,路过京师长安时,不仅无任何赏赐,而且接待甚为不周。次日出发到了浐水,京兆尹王翃奉旨犒劳,只不过是一些粗茶淡饭而已。军士大怒,踢翻了饭菜,气愤地说:"吾辈弃父母妻子,将死于难,而食不得饱,安能以草命捍白刃耶!国家琼林、大盈,宝

---

① 《资治通鉴》卷二二七,唐德宗建中二年六月,第7302页。

货堆积，不取此以自活，何往耶？"① 于是回兵向长安城前进，姚令言劝阻说：等到了东都将会有大量的赏赐，你们这样做并非良图。众人不听，德宗闻知兵变，急忙从内库拿出缯彩二十车赏赐，将士们不予理睬。德宗又令普王与学士姜公辅前往抚慰，刚刚走到宫城内门，乱军已经攻到丹凤门楼前。城中百姓惊恐逃窜。德宗派禁军出来平叛，由于其主力已经被派往前线作战，京城招募使白志贞所募的禁军，多是吃空饷的市井之徒，没有战斗力。到用兵之时，竟无一人前来。不多时，叛军将士已冲入宫禁。德宗无法招架，仓促带着王贵妃、韦淑妃、太子、诸王等从宫城后门逃走。多亏王贵妃将传国玉玺放在衣服里带了出来。后宫诸王、公主十之七八没来得及逃走。随驾逃出的人马，以普王李谊为先锋，太子殿后，司农卿郭曙、右龙武军使令狐建以及宦官窦文场、霍仙鸣率左右百余人随行，加上卫队，共五百余人，直奔奉天。

这一事件历史上称为"泾师之变"，由于其发生在唐朝的统治中心长安，故对当时正在进行的削藩战争造成了极其不利的影响，致使前线将士闻知皇帝出逃的消息后，纷纷退兵，而叛乱藩镇的气焰却由此更加高涨。

德宗出走之后，叛军进入宫廷，登上含元殿，大呼道：天子已经出奔，我们该各人自求财富了！于是争相冲入府库。长安居民也乘机入宫，与兵士一起抢夺国库及皇家财物。姚令言身为节度使无法阻止部下将士的叛乱行为，他被裹胁入宫，犯下了驱逐皇帝的大罪。在这种情况下，他自知罪恶甚大，索性参与其中。他作为一名懂军事的将军，深知区区五千之众根本成不了气候，同时他也自知自己政治威望不足，出于自保，他与诸将商议后，决定寻找一位地位与影响较大的人物，拥立为主，而朱泚则是他们心目中的理想人物。

朱泚，幽州昌平（今北京市昌平区）人。他自幼从军，逐渐升任为将军。大历七年（772），幽州节度使朱希彩被部下所杀，众人拥立朱泚为节度留后。他遣使入朝上表，当时代宗姑息藩镇，遂正式任命其为节度使。

大历九年（774），朱泚主动上表，表示愿意觐见皇帝。自安史之乱后，河

---

① 《旧唐书》卷一二七《姚令言传》，第3572页。

北诸镇从未有节帅入长安觐见过皇帝，朱泚此举自然受到唐廷的高度重视，代宗命在京师为其修建了豪华宅第，以待其入朝。这年十月，朱泚来到长安，代宗在内殿召见了他，赏赐御马两匹、战马十匹及大量的金银锦帛，又拿出器物十床、马四十匹、绢两万匹、衣一千七百袭，赏赐其随行将士，"宴犒之盛，近时未有"。① 不久，朱泚又上表，请求留在京师，代宗同意了他的请求，任命其弟朱滔为幽州节度留后。大历十一年（776）八月，又拜其同平章事。此后，他又先后镇守奉天行营，任陇右节度使，权知河西、泽潞（昭义）行营兵马事。德宗即位后，又任命他为泾原节度使，加中书令、太尉。后来，其弟朱滔反叛，派人携蜡书与朱泚联系，被河东节度使马燧发现，送交德宗。朱泚惶恐，向皇帝请罪。德宗没有治其罪，但却罢去了他的兵权，赐给金银、良田，并增加其实封户数，留在京师闲居。自此朱泚心中郁郁寡欢，对唐德宗非常不满。

当天夜里，朱泚在一群骑士的夹拥中，入居大明宫含元殿。次日，又移居白华殿，只称太尉。当时有不少朝官谒见朱泚，劝他迎奉德宗回京，由于不合朱泚的心意，均怏怏而退。失意朝臣李忠臣、张光晟、源休、蒋镇、彭偃等见有机可乘，在谒见朱泚时，纷纷劝其称帝，密谋改朝换代。朱泚自以为众望所归，决心背叛朝廷，于是移居于宣政殿，自称大秦皇帝。以其弟朱滔为皇太弟，姚令言为侍中、关内元帅，李忠臣为司空兼侍中，源休为中书侍郎、同平章事、判度支，蒋镇为吏部侍郎，樊系为礼部侍郎，彭偃为中书舍人，张光晟等人为节度使。

德宗离开长安两天后，文武百官才得知乘舆的去向，于是急忙追赶来到奉天。金吾大将军浑瑊一向威望甚高，他来到奉天后，众心稍安。浑瑊向德宗奏言：朱泚当了叛军头子，后患无穷，不可不备。德宗委任浑瑊为京畿、渭北节度使，并向天下各道节度使告急，令诸道勤王。宰相卢杞却认为，朱泚忠贞不二，群臣莫及，为什么会作乱呢？并表示愿以身家性命保他不会谋反。德宗原也以为朱泚不会反唐，天天幻想朱泚会迎自己回宫。不料朱泚已阴谋篡位，他用各种

---

① 《旧唐书》卷二〇〇《朱泚传》，第5386页。

手段争取利诱了一批唐室重臣。譬如曾以才学、节义、文学、勇略名重于时的源休、张光晟、蒋镇、彭偃、敬钜等人，而今皆背叛德宗，转而支持朱泚称帝。

其时在长安城中，誓死不与朱泚合作者，唯有司农卿段秀实等人。朱泚以为段秀实久失兵权，一定对朝廷愤怒不满，于是派数十骑召见他。段秀实闭门拒召，骑兵只得翻墙入室，武力劫持了他。段秀实自料难免此行，决心以死报国，入宫会见朱泚。朱泚听说段秀实来见，盛情接待，坐而问计。想不到段秀实义正词严，晓以利害，劝朱泚奉迎圣驾，重回宫廷，朱泚不悦。段秀实遂与左骁卫将军刘海宾、泾原都虞候何明礼等，密谋诛杀朱泚，恭迎天子。一天，朱泚召集姚令言、源休及段秀实等共商称帝之事。源休执笏入堂，俨然是大臣朝见天子。段秀实看了特别生气，跳起来，一把夺过源休手中的象牙笏板，走上前去，唾骂朱泚道：狂贼，我恨不得将你碎尸万段，岂能同你一起谋反！说着，举起笏板，将朱泚的前额打得鲜血直流。段秀实被左右乱刀砍死。

三、德宗避难奉天

德宗避难的奉天距离京城很近，因怕乱兵追来，总想迁到凤翔去。户部尚书萧复说："陛下大误，凤翔将卒皆朱泚故部曲，其中必有与之同恶者。臣尚忧张镒不能久，岂得以銮舆蹈不测之渊乎！"① 果然，第二天从凤翔逃来的两个司马报告说：节度使张镒被营将李楚琳杀害。李楚琳自称节度使，投降了朱泚。德宗这才打消了奔凤翔的念头。

十月九日，朱泚改年号"应天"，署置百官，杀李唐宗室七十余人。并派使者致书其弟朱滔，大意是：三秦之地，指日可下，黄河之北，托弟收复，最后我们兄弟二人会师于东都。朱滔得书，宣示军府，通知各道，借以炫耀自己。可见，奉天之难是关中军阀与河北军阀相互勾结造成的。由于朱泚的叛变，不少割据的藩镇更加猖狂。困守襄城的哥舒曜因食尽退保洛阳，李希烈乘机攻陷襄城。

当时，也有一些支持德宗讨伐叛乱的将帅和将军。如龙武将军李观率卫兵

---

① 《资治通鉴》卷二二八，唐德宗建中四年十月，第 7360 页。

千余人奔奉天勤王。德宗令他招兵,几天之内募得五千余人,布列通衢,旗鼓严整,奉天城内逐渐稳定。主理泾州政务的泾原兵马使京兆人冯河清和判官姚况,得知皇上出奔奉天,大骂姚令言,并召集将士,涕泣宣言:誓死保卫皇室!他们筹备甲兵器械一百余车,连夜运到奉天。奉天城中正苦于缺少铠甲兵器,得到这些支援,士气大振。德宗立即委任冯河清为四镇、北庭行营及泾原节度使,姚况为行军司马。

为了防御朱泚突然袭击,德宗命邠宁留后韩游瓌、庆州刺史论惟明、监军翟文秀,率兵三千人,把守奉天与长安间的要道——便桥。韩游瓌在途中探知叛将姚令言和张光晟已从京城出发,准备围攻奉天。于是立即班师回营,与浑瑊并肩战斗,保卫奉天城。

朱泚、姚令言率叛军围奉天城,官军出战不利。朱泚欲夺门而入。久经战阵的浑瑊,足智多谋,沉着应战,双方血战一整天。左龙武大将军吕希倩开城迎战,中箭身亡。将军高重捷也英勇战死。但朱泚军终未能攻入城内。

为了增强奉天的防卫力量,德宗曾派出不少使者,令各地节度使火速派兵护驾。大将李晟接到敕旨,立即率四千人从定州出发。十一月,李晟自蒲津过河,到达东渭桥。朔方节度使李怀光也带兵五万来援,到达蒲城。马燧派司马王权将兵五千屯中渭桥(在今陕西咸阳东)。朱泚党徒只占长安城,屡次作战失利。朱泚十分着急,下令猛攻奉天。他们特制一架云梯,高广数丈,上容五百人,云梯下装着巨轮,前来攻城。浑瑊急令士兵暗凿地道,通出城外,储薪蓄火。龙武将军韩澄看到城东北角最为宽广,足容云梯,命令搬运膏油松脂等引火之物,储积城上。朱泚指挥叛军加紧围攻城南。唐将韩游瓌识破声东击西的诡计,迅速加强东北城角的防御力量。果然不出所料,叛军的云梯正好搭在东北城角。唐军燃起火具,叛军不敢接近,暂时退走。火灭之后,又来进攻,情况十分紧急。

在这严重的时刻,大将浑瑊请求德宗发给空白告身(委任状),组织敢死队。浑瑊表示,誓死与奉天共存亡。恰巧这时,叛军的云梯车轮,辗着地道,陷入地里。地道里放出火来,一声巨响,浓烟冲天,云梯四离五散。德宗闻讯,派太子督战,兵分三路,从三个城门出发,追赶叛军。

在此后一个多月的时间里，叛军团团包围了奉天城，并击败了前来援救的其他官军，使奉天成为一座孤城。城中粮食匮乏，最困难时供给德宗的粮食仅为两斗粗米，不得不派人乘黑夜出城采芜菁根以充饥。奉天城朝不保夕，危若累卵，强弩距德宗帷幄仅三步之遥。正在这危急关头，自河北战场回师的朔方节度使李怀光率大军五万赶到醴泉，并且击溃了叛军的阻击部队。朱泚见此状况，知道战局已发生了逆转，如不急撤，将会遭到官军的两面夹击，于是撤奉天之围而去，返回了长安。

李怀光对奉天的援救具有非常重要的意义，当时众人皆说，如援军再迟三天，奉天城定会陷落。因此，李怀光此举，对扭转危局，解德宗于倒悬，起到了极为重要的作用，建立了重大的功勋。然而，唐廷的危难并没有就此结束，唐德宗的愚蠢和对功臣的猜忌，导致了李怀光的叛乱，加剧了局势的混乱，使李唐王朝再一次陷入危难之中。

朱泚回到长安，为了安定人心，常派人从城外进来，遍行街衢，大声呼叫："奉天已被攻破！"欺骗百姓。他以皇家府库的财物，取悦将士，公卿家属都可得到俸料钱。制造和修缮兵器，每日支出甚多。朱泚所用之兵，只不过范阳及神策团练之兵。泾原军的士卒，一向骄慢，不肯受他指挥，守着他们抢掠的珠宝财货，不愿出征打仗。也有人在密谋策划杀掉朱泚。整个局势似乎向有利于唐廷的方向发展。

四、李怀光反叛

一波未平，一波又起。奉天刚刚解围，又出现了李怀光的反叛。李怀光是继郭子仪死后任朔方节度使的。德宗对河南、河北藩镇用兵，李怀光奉命率朔方兵步骑一万五千赴河北前线，协同作战。接到奉天危急的消息，李怀光昼夜兼程，自蒲津渡河，西趣泾阳。十一月二十日，他率部众大败朱泚于醴泉，朱泚引兵遁归长安。奉天城中闻朔方军至，"欢声如雷"。当时人们议论说："怀光复三日不至，则（奉天）城不守矣。"①自李怀光的朔方军和李晟的神策军入

---

① 《资治通鉴》卷二二九，唐德宗建中四年十一月，第 7375 页。

援后，唐军不但解除了奉天之围，而且向长安进围朱泚，形势发生了根本的转变。李怀光在解奉天之围中立了大功。

唐德宗依靠李怀光的兵力扭转了危急的局势，然而德宗并没有因此而增加对他的信任，反而在奸臣的挑唆下草率从事，激起了李怀光的反叛。

李怀光是一个性格粗疏、有勇无谋的将军。他从河北驰援关中，常言：天下之乱，皆由宰相卢杞和赵赞、白志贞等奸佞之人所酿成。如果他见到皇上，定当揭露卢杞等人的罪恶。奉天解围后，卢杞等怕李怀光见到德宗于己不利，便建议德宗，命李怀光"乘胜取长安，则一举可以灭贼"。德宗不察真相，轻信卢杞，下诏命李怀光、李晟等刻期共取长安。李怀光千里赴难，血战解围，原以为"上必接以殊礼"。不料"咫尺不得见天子，意殊怏怏，曰：'吾今已为奸臣所排，事可知矣！'"① 从此造成怀光与德宗之间的嫌隙。正如元代史学家胡三省所说："怀光矜功，厚望其上而求逞其欲。德宗欲速，逼使其下而不闵其劳。卢杞之心，自营免罪而捭阖于其间。是以虽急于平贼，而不知更生一贼也。"②

李怀光逗留咸阳，顿兵不进，多次上表揭露卢杞等人的罪恶，舆论也责怪卢杞。卢杞曾以阴谋手段借李希烈之手杀害了元老重臣颜真卿，又与京兆尹王翃合谋诬陷大臣崔宁。德宗轻信谗言，缢杀了崔宁，"中外皆称其冤"③。这时，德宗不得已，将卢杞、白志贞、赵赞贬为远州司马。

李怀光胁迫德宗逼走卢杞等人后，甚感不安，于是怀有二心。不过在当初，他反叛朝廷的态度并不坚决，在行动上也有些犹豫。他憎恶李晟独当一面，恐其成功，奏请与李晟合军。李晟与李怀光会师于咸阳西边的陈涛斜。工事尚未做好，朱泚大兵已到。李晟认为这是上天将逆贼送到手上，万不可丧失战机。而李怀光却以"马未秣，士未饭"为由，按兵不动。

德宗见李怀光不进兵，多次催促。部下将领也劝其进攻长安，李怀光均不

---

① 《资治通鉴》卷二二九，唐德宗建中四年十一月，第 7377 页。
② 《资治通鉴》卷二二九，唐德宗建中四年十一月胡注，第 7377 页。
③ 《资治通鉴》卷二二八，唐德宗建中四年十月，第 7362 页。

予理睬，而在暗中秘密与朱泚勾结。为了拖延作战时间，并激怒各军将士，李怀光还不断给朝廷出难题，提出所谓诸军与神策军粮赐厚薄不均等问题。当时德宗派人到吐蕃去调兵，吐蕃要求唐主帅李怀光署名。德宗又遣陆贽去请李怀光署名，李怀光"固执以为不可"，此事只好作罢。

陆贽从咸阳回到奉天，向德宗报告了李怀光的所作所为，认为："惟以姑息求安，终恐变故难测。此诚事机危迫之秋也，固不可以寻常容易处之。"① 德宗终于同意了李晟调移军队至东渭桥的请求。李晟自咸阳移军东渭桥后，陆贽又建议将鄜坊节度使李建徽和神策行营节度使阳惠元所率的两支军队，也从李怀光的联军中分离出来。德宗怕引起李怀光的怨怒，暂未应允。

李晟认为李怀光反状已明，必须早做准备。因而，奏请委任他的副将赵光铣等人为蜀道要冲洋（今陕西洋县）、利、剑三州刺史，各将兵五百以防患于未然。德宗犹豫不决，欲亲总禁兵赴咸阳，督促诸将进兵讨贼。李怀光甚为惊惧，他意识到朝廷已不相信他，更增加了谋反的决心。尤其是他接到德宗赐予他免死罪的铁券后，更为恼火，当着使者的面将铁券投于地上，说："圣人（指皇上）疑怀光邪？人臣反，赐铁券；怀光不反，今赐铁券，是使之反也！"② 手下将领见李怀光如此无礼，纷纷劝谏。朔方左兵马使张名振冒死指责李怀光，说他虽功高于泰山，一旦弃之，是自取灭族之祸。李怀光不仅听不进，反而将张名振杀害。右武锋兵马使石演芬是李怀光的养子，因揭发李怀光暗中与朱泚通谋，被李怀光质问。石演芬从容对曰："天子以太尉（指李怀光）为股肱，太尉以演芬为心腹；太尉既负天子，演芬安得不负太尉乎！……苟免贼名而死，死甘心矣！"③ 李怀光大怒，命左右杀石演芬。至此，李怀光反叛朝廷的面目，终于彻底暴露了。

朝廷派往咸阳的使者返回，向德宗禀述了李怀光骄恣傲慢之状，德宗深感事态十分严重。咸阳距奉天很近，李怀光既已反叛，随时都有可能来犯。为防

---

① 《资治通鉴》卷二三〇，唐德宗兴元元年二月，第 7402—7404 页。
② 《资治通鉴》卷二三〇，唐德宗兴元元年二月，第 7406 页。
③ 《资治通鉴》卷二三〇，唐德宗兴元元年二月，第 7407 页。

不虞，德宗决定再奔梁州（今陕西汉中），同时下令加强奉天的门关之禁，严密防备。从臣们都在暗中整装以待。

李怀光扯起了反唐的旗帜。他一面派人袭取唐将李建徽、阳惠元的军营，追杀阳惠元；一面正式发布宣言："吾今与朱泚连和，车驾且当远避！"原朔方军将领韩游瓌，现在奉天握有兵权，李怀光写信劝他叛变。韩游瓌密奏之，德宗称其忠义，并问以对策。韩游瓌请德宗罢李怀光兵权，令行营诸将各受本军指挥。

兴元元年（784）二月二十六日，李怀光派他的大将赵昇鸾到奉天，约定在他抵达的当天晚上，另派别将达奚小俊纵火焚烧乾陵，而令赵昇鸾在城中做内应，以惊吓威胁天子。不意赵昇鸾将这一切报告了唐将浑瑊，浑瑊立即催促天子移驾梁州。德宗大为惊慌，命浑瑊严加戒备，命戴休颜守卫奉天。仓促间，朝臣上下随驾从奉天西城狼狈逃窜。李怀光派孟保等三人率精骑直趋南山截击车驾，在螯屋遇到诸军粮料使张增。孟保等三将商议说：李怀光迫使我们做不义之臣，我们就回报说追赶不及，大不了不做将帅罢了。于是三将率兵东行，任由德宗及随驾百官顺利进入骆谷（今陕西周至西南）。

李晟屯兵东渭桥，修筑城墙濠沟，整修甲兵武器，积极为收复京城做准备。由于李怀光与朱泚连兵，声势强盛，皇上南迁，人心慌乱。李晟以一孤军处于两强之间，内无粮饷，外无援助，只是以一片忠义节气来感动将士，故其众虽兵力单弱而锐气不衰。他还致函李怀光，措辞谦卑有礼，晓以利害祸福，劝其立功补过。李怀光自感羞愧，不忍去攻击他。

过了不久，李怀光见李晟的军队日渐壮大，决定带兵自咸阳袭击东渭桥。三令其众，无人响应，将士们相互议曰："若与我曹击朱泚，惟力是视；若欲反，我曹有死，不能从也！"① 李怀光的宾佐幕僚也劝其取长安，杀朱泚，将功折罪。李怀光终不采纳。他遣使赴邠州，令留后张昕发派他所留屯的士兵万余人及行营将士家属到泾阳会合。又遣大将刘礼等率三千余骑到邠，胁迫韩游瓌迁徙至别处。李怀光一意孤行，许多将领纷纷脱离其控制。于是，韩游瓌屯兵于邠宁，

---

① 《资治通鉴》卷二三〇，唐德宗兴元元年三月，第7415页。

戴休颜屯兵于奉天，骆元光屯兵于昭应，尚可孤屯兵于蓝田，都受李晟节度，李晟的军势因而大振。

起初，当李怀光兵力强盛时，朱泚很是畏惧，曾致函李怀光，尊为兄长，相约与他分别在关中称帝，永远做同盟和好的邻国。及至李怀光决心反叛，逼天子南迁，部下大半背叛，军力日渐薄弱之时，朱泚一反常态，竟赐李怀光以诏书，将他当作臣属对待，并且要征调他的部队。李怀光羞惭愤怒不已。此时李怀光对内忧虑部下叛变，对外愤恨李晟袭击，处境十分狼狈。于是他放火烧营，带兵东走河中，沿途抢掠了泾阳等十二县城，鸡犬都不放过。路经富平时，大将孟涉、段威勇带数千人投奔了李晟。一路上散离逃亡相继不断。李怀光的失败已不可避免。

这时德宗颠沛流离，于三月二十一日来到梁州。山南地瘠民贫，自安史之乱以来，盗贼攻夺抢掠，户口减少了一大半。虽然名义上控制着十五个州，可租税还不到中原几个县的收入。德宗见此地粮用窘困，还想移驾西去成都。恰巧这时李晟上表称：陛下驾临汉中，正足以维系天下之人，而造成灭贼的声势。若只为粮资而移驾成都，遂放弃复兴大业，实是因小失大。一旦迁都于岷、峨，则士卒百姓都会大失所望，即使有再骁勇的猛将，也无计可施了。德宗接受了李晟的意见，就在梁州住了下来。

德宗驻跸梁州，淮南盐铁判官王绍将江淮缯帛运到南郑。浙西（今江苏镇江）节度使韩滉也派遣专使至梁州，献绫罗四十担。韩滉还运米百船至渭桥（今陕西咸阳东北渭河上），接济李晟等军队。"时关中兵荒，米斗直钱五百；及滉米至，减五之四"[①]，从而大大鼓舞了包围朱泚的唐军的战斗意志。

第二节　李晟收复长安

一、光泰门之战

李怀光离去后，收复长安的重担便落在了李晟的肩上。兴元元年四月，德宗加授李晟为鄜坊、京畿、渭北、商华副元帅，统率关中诸军，全面负责讨伐

[①]《资治通鉴》卷二三一，唐德宗兴元元年五月，第7429页。

朱泚、收复长安。

当时的军事态势是：李晟军驻东渭桥，韩游瓌军驻邠宁，盐州（今陕西定边）刺史戴休颜军驻奉天，镇国节度使骆元光军驻昭应，商州节度使尚可孤军驻蓝田，已对盘踞长安的朱泚叛军形成了包围之势。形势对官军非常有利，朱泚军已成瓮中之鳖。

李晟忠心耿耿，肝胆照人，他的家属百余口皆在长安城中。朱泚为了拉拢他，善待其家，李晟慷慨地说："天子何在，敢言家乎！"①朱泚指使其亲近以家书送李晟，并告诉他其家无恙。李晟大怒，认为这是离间军心，下令斩之。于是士卒感泣，人人有效死之心，虽然天气渐暖，战士们仍然身穿裘褐，却无丝毫怨言。

为了尽快剿灭叛军，收复长安，德宗又任命浑瑊为同平章事兼朔方节度使及朔方、邠宁、振武（今内蒙古和林格尔西北）、永平、奉天行营兵马副元帅，与李晟军形成东西夹击之势，共逼长安。在扫清长安外围叛军之后，李晟举行了誓师大会，决定从北面进攻宫城，直取叛军腹心。他联络浑瑊、骆元光、尚可孤等军，克期齐集长安城下，共同攻城。

兴元元年夏四月十日，德宗命浑瑊率诸军自汉中出击，吐蕃兵两万来会。浑瑊击败朱泚兵，进屯奉天，与李晟军东西相应，以逼长安。

五月二十日，李晟布列军阵，向将士们发布收复京城的命令。此前，叛贼姚令言等多次派遣间谍去探听李晟进兵的日期，都被巡逻骑兵捕获。李晟将这些密探带到陈列好的军阵前示众，对他们说：回去告诉叛贼们，好好加强防守，不要不忠于逆贼！让他们饱餐一顿酒菜，发钱放还敌营。并且带兵到通化城门外，耀武扬威一番。贼兵望而生畏，不敢出战。李晟召集诸将，问军队以什么方式攻城为好。众将领建议：先由南面攻入京城，占据坊间街市，然后向北攻取宫阙。李晟认为坊间街道狭隘，逆贼若埋伏兵士拒抗搏斗，城中居民受惊慌乱，对其官军是不利的。逆贼的主力重兵聚集在宫苑之中，不如从苑北进攻，先击溃其

---

① 《资治通鉴》卷二三〇，唐德宗兴元元年四月，第 7422 页。

心脏部位，贼兵必争奔逃命。这样，宫阙不致残破，百姓也不受惊扰，应是最好的战略。诸将齐声赞同。于是，通牒浑瑊及镇国节度使骆元光、商州节度使尚可孤，约定日期，会师于京城之下。

二十二日，尚可孤在蓝田西边击杀朱泚大将仇敬忠。二十五日，李晟移兵到光泰门（苑城东北门）外的米仓村。次日，李晟正亲临修筑工事的现场，朱泚骁将张庭芝、李希倩率贼兵突然到来。李晟对左右将领们说：当初我担心逆贼潜匿不出，今天前来送死，真是上天助我，机不可失！于是立即命副元帅兵马使吴诜等发兵痛击。当时骆元光的华州兵在城北扎营，兵力薄弱，贼并力攻之。李晟派牙前将李演率精兵前去援救。李演等奋力应战，贼兵败逃。李演等紧追不舍，乘胜进入光泰门，再战，又破之。直至深夜，李晟才收兵回营。贼军残余逃入白华门（即白华殿门），夜里传来阵阵痛哭声。

二十七日，李晟再度出兵，诸将建议等西边浑瑊的军队到达之后，再两面进兵夹攻。李晟认为贼兵接连失败，已吓破了胆。不乘胜歼灭，实非上策。贼兵再次出战，官军频频获胜。骆元光在浐水西岸也打败了朱泚的部队。二十八日，李晟陈兵于光泰门外，派李演及牙前兵马使王佖率领骑兵、牙前将史万顷率领步兵，直抵苑墙外的神鹰村。前一天夜里李晟先派人拆除苑墙二百余步长。可是当李演等来到时，贼人已用木栅阻塞起来，从栅中刺射官军，官军无法前进。李晟大怒，斥责诸将说：如此放纵敌人，我先斩了你们！史万顷率军拔栅而入，王佖、李演率骑兵长驱直入，贼兵大溃，官军由各路一齐攻入城内。贼帅姚令言等奋死抵抗，李晟命决胜军使唐良臣等率步骑迫击，且战且进，交战十余回合。到达白华门时，贼兵数千骑从官军背后突然杀出。李晟率数百骑返身抵御，左右大声呼叫："相公来了！"听到李晟的威名，贼骑闻风丧胆，惊慌溃散。

朱泚见大势已去，与姚令言率余众近万人向西逃去。李晟派兵马使田子奇带骑兵追击朱泚，自己屯兵于含元殿前（东内之前殿），传命诸军曰："晟赖将士之力，克清宫禁。长安士庶，久陷贼庭，若小有震惊，非吊民伐罪之意。晟与公等室家相见非晚，五日内无得通家信。"① 并命京兆尹李齐运等安抚长安

---

① 《资治通鉴》卷二三一，唐德宗兴元元年五月，第 7436 页。

居民，对违犯军令的将士，斩之示众，军中震惧。由是，公私安堵，秋毫无犯。远处街坊的居民，过了一夜才得知官军入城的消息。

就在这同一天，浑瑊、戴休颜、韩游瑰也克复了咸阳，打败了贼兵三千余人的部队，得知朱泚西逃，分别领兵前去截击。

二、德宗重返长安

李晟收复长安之后，于六月四日作报捷书上呈皇上，其中写道：臣已肃清宫禁，敬谒皇陵，连钟架都未被移动过，宗庙中历代先王的神像一如往常。德宗接到报捷书，流着泪说：天生李晟，是为了维护宗庙社稷，而不是为我啊！

朱泚欲逃奔吐蕃，其部属沿途逃散，等到达泾州时，只剩下百余骑。泾原士卒杀姚令言于泾州城下。朱泚率宗族宾客北走，途中为其部将所杀。

朱泚之乱彻底平息后，德宗下诏：改梁州为兴元府（今陕西汉中东）；委任李晟为司徒、中书令，浑瑊为侍中；擢升骆元光、尚可孤、韩游瑰、戴休颜等有功之臣的官职，各有等差。

六月十九日，天子的车驾由梁州启程。李晟综理长安庶务，以备百官返京接任。他请求到凤翔迎驾，德宗不许。七月七日，德宗一行到达凤翔，斩杀了曾臣服于逆贼的乔琳、蒋镇、张光晟等。

七月十三日，德宗由浑瑊、韩游瑰、戴休颜的护驾返回长安。李晟、骆元光、尚可孤各率部属恭迎，步骑十余万，旌旗绵亘数十里，一派威武浩荡的景象。李晟在长安城西的三桥拜见皇上。他先向皇上恭贺逆贼已被削平，尔后为未能早日收复京城而请罪，跪伏在路旁。德宗驻马抚慰，教左右侍从将李晟扶起上马，并辔而行。回到宫中，每隔一天，就要设宴款待功臣，赏赐的丰厚优渥，以李晟第一，浑瑊次之，其他将相又次之。

从建中四年十月长安泾原兵变，到兴元元年五月李晟收复长安，这半年多的时间，德宗两度播迁，唐王朝的命运真是险恶万状，现在总算转危为安了。

李怀光反叛之时，唐德宗遂剥夺了他主要的官爵，尤其是兵权。德宗在回长安途中，考虑到他曾立有大功，遂授其太子太保官衔，并派给事中孔巢父前往河中送去任职制书，答应河中将士各任原职，一切不问。孔巢父到达河中后，李怀光素服待罪，孔巢父未加阻止。李怀光的部下亲信不懂国家制度，还以为剥夺了李怀光的全部官爵。加之孔巢父行事粗疏，激怒了李怀光的左右亲信，他们一拥而上，将孔巢父乱刀杀死。李怀光不加阻止，听之任之。

德宗见李怀光无可救药，遂在这年八月命浑瑊、骆元光、马燧等人各率本部人马讨伐李怀光。其中马燧部进展神速，连败敌军。而浑瑊等部却吃了败仗，幸亏德宗派韩游瓌增援，双方僵持在长春宫（在今陕西大荔朝邑镇西北）一线。马燧连战连胜，夺取了绛州、闻喜、万泉、虞乡、永乐、猗氏、陶城等地，又大败李怀光军主力，使其大伤元气。此战持续了将近一年，又赶上罕见的旱灾和蝗灾，谷价飞涨，斗米千钱。许多朝臣都主张双方罢战，赦免李怀光。只有李晟、马燧等将领力主剿灭，不可姑息养奸，马燧还保证在一个月内彻底扫平叛军。在这种情况下，德宗同意了他们的请求，命马燧全力负责平叛的军事指挥。

贞元元年（785）八月，马燧自长安来到前线，与诸将商议进军方略。马燧认为长春宫墙高而坚固，易守难攻，决定只身前往劝降。他单身来到宫墙外，呼守将徐庭光等出面，晓以大义及福祸利害。徐庭光与诸位将士罗拜于城上，答应坚壁不战。马燧遂率官军绕过长春宫，直攻河中府，并攻破西城。李怀光见西城已破，自知难以坚守，又自感罪孽深重，只好自缢而死，部下将士斩其首出城投降。徐庭光后来也归降了朝廷。

李怀光背叛朝廷，其罪固不可赦。但德宗不能善待功臣，猜忌心重，给奸臣以可乘之机，致使战火连年不息，这种历史教训不可谓不深。嗣后，德宗命李晟负责长安以西的军事事务，并力田积粟以攘吐蕃的东进。

德宗两次播迁只是泾原兵变造成的表面影响。这次兵变对德宗朝后期政策，乃至此后的唐代政局都造成了深远影响。

泾原兵变后，德宗认识到唐王朝的经济、军事力量还不足以消灭已经盘根错节的藩镇势力，于是他不再积极削藩，而是对藩镇采取姑息政策，尤其是对河北藩镇，只要其名义上承认中央政府，朝廷就不干涉他们的内部事务。

德宗的这次经历，还反映了一些内地节度使力量过于强大，他们表面服从中央，实际具有割据倾向，与河北藩镇比，虽非朝廷的心腹之患，却常常成为燃眉之急。对于这种藩镇，德宗及以后的唐代帝王在能力许可的情况下，逐步尝试削夺其权力，也取得了一定的效果。但问题并未彻底解决，这种中央与地方的矛盾在中晚唐之际始终存在，且随着唐王朝的渐趋衰落，中央影响力日益缩小。

  此外，面对皇权受到冲击，德宗转而亲信家奴，使得宦官势力再次抬头。代宗时打击宦官势力，鱼朝恩被杀后，宦官不再执掌禁军兵权。德宗出逃时，有宦官窦文场、霍仙鸣率众扈从，宦官又渐掌神策军。逃难的经历及地方军将势力的日益壮大影响到德宗对武将的信任。返京后，德宗深感拥有一支由自己掌控的禁军的重要性，于是不断扩大神策军，并于贞元十二年（796）设左右神策护军中尉，由窦、霍二人充任，将禁军统帅权交给了宦官。这遂使得唐代藩镇割据之祸与宦官专权之害并存，加速了唐王朝的衰亡。

第十章 宦官专权与朋党之争

宦官专权、牛李党争、南衙北司之争，是发生在长安政治中枢的重要政治事件，是唐朝中期以来长期不能解决的政治痼疾。这些内耗极大地影响了唐朝的政治生活，造成了很不好的历史影响。

第一节 宦官专权局面的形成

一、宦官干政始于玄宗

宦官是被阉割后在宫廷中奔走服侍的人物，他们本为皇帝的家奴，如同唐昭宗所说："此辈皆朕之家臣也，比于人臣之家，则奴隶之流。"① 这些地位卑微的皇家奴隶，攫取大权，进而弄权干政，这在唐代是有一个过程的。

唐初宦官并不被重用。《旧唐书·宦官传序》云："贞观中，太宗定制，内侍省不置三品官，内侍是长官，阶四品。至（高宗）永淳末，向七十年，权未假于内官，但在阁门守御，黄衣廪食而已。"虽然当时也有少数宦官以接近皇帝的便利条件，诬陷官吏，妄有奏请的，但宦官毕竟人微言轻，不被信用。其时政治清明，皇帝保持着清醒的头脑，在防止宦官窃权方面也比较注意。如太子承乾被废黜，其重要过失之一就是他"宠昵宦官，常在左右"②。高宗前期，司农少卿韦机在苑中见宦官犯法，"杖而后奏"，还得到高宗嘉奖，说："更有犯者，卿即鞭之，不烦奏也。"③

武则天晚年精力不足，男宠张昌宗、张易之兄弟居中用事，已略带后来宦官擅政性质，而真正的宦官也乘机而起。《旧唐书·宦官传序》说："则天称制，二十年间，差增（宦官）员位"，说明宦官人数有所增加；至中宗"神龙中，宦官三千余人，超授七品以上员外官者千余人，然衣朱紫者尚寡"，说明其时宦官人数有了进一步的增长，身居高位者虽少，但已经出现了其弄权的苗头。因此，玄宗先天二年（713），姚崇在《十事要说》中指出："后氏临朝，喉舌之任出阉人之口"。可知武则天时的宦官已起着"口含天宪"的重要作用。

宦官之祸，始于明皇。从玄宗开始，出现了宦官在中枢用事的局面。《旧唐书·宦官传序》说："玄宗在位既久，崇重宫禁，中官稍称旨者，即授三品左右监门将军，得门施棨戟"，"衣朱紫者千余人"。以高力士为首的一批宦官，

---

① 《旧唐书》卷一八四《宦官传》，第 4778 页。
② 《资治通鉴》卷一九六，唐太宗贞观十五年五月，第 6168 页。
③ 《旧唐书》卷一八五上《韦机传》，第 4796 页。

已从宫闱侍从的位置走向政治前台，开始干预军国大事。

唐玄宗在即位前后诛韦后、杀太平公主的两次政变中，都曾得到宦官高力士的"倾心奉之"，大力协助。即位后，高力士便以辅佐之功得幸，权倾天下。开元初，加高力士右监门卫将军，知内侍省事。天宝年间，又授以正三品的内侍监。当时，"每四方进奏文表，必先呈力士，然后进御，小事便决之"①。玄宗常说：高力士值班，我才睡得安稳。著名将相宇文融、李林甫、杨国忠、安禄山，皆由高力士提携。"自宇文融已下，用权相噬，以紊朝纲，皆力士之由。"②由此可见，玄宗时中枢大权已入高力士之手。

玄宗信用宦官，这时不仅有能左右朝政的高力士，也有能领兵出征的杨思勖。此外，袁思艺与高力士同时授予内侍监之职，可见也是一个颇有权势的大宦官。

宦官在中枢的权力，经过肃、代、德三朝稳定下来。

肃宗做太子时，吸取先朝太子树朋党遭杀害的教训，不敢培植党羽。安史之乱中分兵自立在灵武即位，可谓是孤家寡人，身边只有张良娣（时为淑妃，乾元元年立为皇后）和宦官李辅国。《旧唐书·李辅国传》说："禄山之乱，玄宗幸蜀，辅国侍太子……献计太子，请分玄宗麾下兵，北趋朔方，以图兴复。辅国从至灵武，劝太子即帝位"。李辅国为拥戴肃宗之元勋，由此开创了宦官拥立储君的先例。肃宗即位后，身边没有更为可靠的大臣，而经过考验又有拥立之功的宦官李辅国等，成为内廷核心人物，就是很自然的事。

李辅国因此被肃宗视作心腹，赐名护国，中贵人尊之为"五郎"，"四方奏事，御前符印军号，一以委之"，凡"宰臣百司，不时奏事，皆因辅国上决"，"府县按鞫，三司置狱，必诣辅国取决，随意区分，皆称制敕，无敢异议者"③。与高力士相比，其权势有过之而无不及。高力士当年除任知内侍省事、内侍监外，尚未公开兼任军职和其他官职，而李辅国则正式兼任了财政、军需的监牧诸使，并掌握了司法大权，甚至以判元帅行军司马而直接统率禁军，后又加中书令。

代宗是完全由宦官李辅国、程元振拥立的。代宗即位，李辅国以定策之功，

---

① 《旧唐书》卷一八四《高力士传》，第 4757 页。
② 《旧唐书》卷一八四《高力士传》，第 4758 页。
③ 《旧唐书》卷一八四《李辅国传》，第 4759—4760 页。

愈益恣横。他公然对代宗说："大家（指皇帝）但内里坐，外事听老奴处置。"①代宗怒其不逊，但又"惮其握兵，因尊为尚父，事无大小率关白"②。不久，代宗借另一宦官程元振之力，乘间剥夺了李辅国的一切权力，进而遣侠士刺杀。但继起的程元振仍旧专典禁军，势力不断发展。史载："是时元振之权，甚于辅国，军中呼为'十郎'。"③程元振嫉贤妒能，陷害将相，以致人皆衔恨。当吐蕃攻取长安、代宗下诏征兵时，竟无人率兵勤王。代宗在出走陕州的离乱之中，又借陕州驻军长官、宦官鱼朝恩之力，罢除了程元振。

去一辅国，出一元振，除掉元振，复出一朝恩，足见其时宦官势力已根深蒂固，除之不易。鱼朝恩因陕州迎驾有功，代宗回銮后深加宠异。他不仅专典禁军，而且被任命为天下观军容宣慰处置使，即诸镇总监军，其专横又甚于程元振。他"求取无厌，凡有奏请，以必允为度"④。朝廷大事若不经他同意，便会发怒，说："天下事有不由我乎！"⑤胡三省在《资治通鉴》注中说："去程得鱼，所谓去虺得虎也。"

代宗深感鱼朝恩专横太甚，吸取前次以宦官治宦官，宦官势焰更嚣张的教训，利用宰相与宦官的矛盾，依靠既有权势又深受宦官凌辱的宰相元载，剪除了宦官势力。"鱼朝恩既诛，宦官不复典兵"⑥，宦官掌禁军的局面暂时得以中断。从玄宗至代宗，宦官权力随着高力士、李辅国、程元振、鱼朝恩四凶的更替在急剧地膨胀。然而，当时的宦官毕竟还是假皇权以肆虐而已。皇帝感到与己不利不能容忍时，仍是有能力将其除掉的。

宦官之复见任用，是在德宗时候。德宗即位之初，承代宗后期的政局，本也不信用宦官。但在建中四年长安发生泾原兵变，素为德宗所倚重的一批将相大臣如姚令言、张光晟、源休、乔琳、张涉、蒋镇等，纷纷附逆。德宗仓皇召集禁兵，竟无一人至者。关键时刻只有宦官窦文场等率少数禁军扈从车驾逃奔

---

① 《旧唐书》卷一八四《李辅国传》，第 4761 页。
② 《新唐书》卷二〇八《李辅国传》，第 5882 页。
③ 《旧唐书》卷一八四《程元振传》，第 4762 页。
④ 《旧唐书》卷一八四《鱼朝恩传》，第 4764 页。
⑤ 《新唐书》卷二〇七《鱼朝恩传》，第 5865 页。
⑥ 《资治通鉴》卷二二八，唐德宗建中四年十月，第 7353 页。

山南。最后平定朱泚之乱和李怀光叛军的首要功臣李晟，又是宦官旧领的神策军将领。次年乱平返京，德宗深恨朝臣将帅不可信赖，而信任宦官。他将神策军扩大为左右神策军，以宦官窦文场、霍仙鸣分掌。"自是神策亲军之权，全归于宦者"①。这是宦官权力最终确立的标志。由此直至唐亡，宦官掌禁军成为一项制度。

宦官的危害不仅表现在宫廷内部，还对长安的社会生活造成了极坏的影响。如"宫市"，是指唐德宗时派宦官到长安市场上为宫中采购货物的行为。人们都知道白居易的名篇《卖炭翁》中所述的情景。一个在终南山砍柴烧炭的老头，好不容易烧了一车炭，拉到长安城里来卖，准备换点衣食钱。"可怜身上衣正单，心忧炭贱愿天寒"，谁知遇到了"宫市"。"一车炭，千余斤，宫使驱将惜不得"，"半匹红纱一丈绫，系向牛头充炭直"。②两个穿着黄衣白衫的宦官，只付了一丁点代价，就逼着老头把炭送进宫去了。诗歌生动深刻地揭露了宦官巧取豪夺的丑态。

宦官在当时气焰嚣张，他们依仗权势，巧立名目，开始是低价强买，后来发展到专派一批人在长安的东西两市瞭望，叫作"白望"。看中什么东西，就强迫货主送进宫去，有时还要勒索什么"进奉门户及脚价银"。

"宫市"之外，又有"五坊小儿"。宦官以给宫中打猎和捕雀为名，牵犬擎鹰，把网张在老百姓家的门口和井上，不让他们进出和打水。有的宦官在饭店吃了白食，还留一篓蛇，说是用来替皇帝捉鸟雀的，要店主人喂养，直到主人赔礼送钱，才肯把蛇篓带走，弄得长安百姓"畏之如寇盗"。还有来往宣传主命的中使，夺路人鞍马，沿路抢劫，致使百姓"惊扰怨嗟，远近喧腾"③。这从一个侧面反映了宦官得势之后，飞扬跋扈、颐指气使的情状。

《旧唐书·窦文场、霍仙鸣传》载：其时"窦、霍之权，振于天下，藩镇节将，多出禁军，台省清要，时出其门"。宦官权势更为显赫。他们再不用"假人主之权"，相反，连皇帝也得听他们摆布。《旧唐书·宦官传》说："自贞元之后，（宦

---

① 《旧唐书》卷一八四《宦官传序》，第4754页。
② 彭定求等编：《全唐诗》卷四二七《卖炭翁》，增订本，中华书局1999年版，第4716页。
③ 《旧唐书》卷一六五《柳公绰传》，第4303页。

官）威权日炽，兰锜将臣，率皆子蓄，藩方戎帅，必以贿成，万机之与夺任情，九重之废立由己。"皇帝几乎成为宦官的傀儡。如唐后期，宦官杨复恭以拥立昭宗有功，自称"定策国老"，居然骂昭宗是"负心门生天子"。①

二、内侍省与内诸司使

唐朝内侍省的职官设置，分为两大部分，即内侍省直属职官与所属五局之职官。唐朝前期的内侍省最高职官，其品阶也不过是从四品上。与此同时，还规定宦官不得过问外廷政事，亦不得出使。因此，在唐朝前期内侍省主要掌管内廷各种事务，尚无法顾及外廷政事，更谈不上与南衙朝官争权夺利了。下面分别将内侍省的职官设置与职掌做一简介。

内侍四人，从四品上；内常侍六人，正五品下。他们分别为内侍省的正副长官，除了总掌五局事务，还有一些具体事务或职责需要直接掌管。这些事务是：每年春季第三个月的吉日，皇后祭先蚕于北郊时，由内侍与内常侍升坛执掌相关仪式；皇后车驾出入时，由他们分领诸宦官乘马在两边夹引。

内给事八人，从五品下。掌判内侍省日常事务，此外每逢元日、冬至群臣朝贺皇后，则出入宣传。

主事二人，从九品下，隶属于内给事，掌管勾检稽失，省查抄目，以便发现问题及时纠正。

内谒者监六人，正六品下；内谒者十二人，从八品下。前者掌管宫内传宣之事，后者主要掌皇亲命妇朝见时的班位排列。他们之下，还置有内典引十八人、寺人六人。这些都是流外之职，前者负责导引命妇朝见出入之事，后者负责皇后车驾出入的安全事务，执御刀护卫于两旁。

内寺伯二人，正七品下。这是一种专职的监察官员，主要负责纠察内侍省各种不法之事。

以上这些都是直属于内侍省的各种职官，下面介绍五局的设置及其职官。

掖庭局，为掌管宫中女工之事的部门。凡沦落为官奴婢之人多为其管理，并服各种苦役，如种桑养蚕、缫丝纺织、缝纫浆洗、洒扫庭院等。掖庭局设令

---

① 《旧唐书》卷一八四《杨复恭传》，第4775页。

二人为长官,从七品下;丞三人,从八品下,掌管本局日常事务;宫教博士二人,从九品下,掌教授宫人书法、算术及其他技艺;监作四人,从九品下,掌监管宫中各种杂役及制造事项。

宫闱局,主要职能是掌管宫门及出入钥匙。凡举行太庙祭祀之礼仪时,则负责皇后神主的出入之事,事毕则归于原室。有宫闱令二人为长官,从七品下;丞二人,从八品下,掌管本局日常事务,以下各局皆同,就不再一一叙述了。其下属有:内阁二十人,掌管诸门钥匙;内掌扇十六人,掌管皇后伞扇;内给使,无员数,掌管诸门进出物品的抄目。这些都是流外之职。唐朝规定凡宦官中无品阶者皆称内给使。

奚官局,主要掌管宫人医疗丧葬及其名品等事。凡宫人患病,则供其医药;死亡,则按照其品阶给其衣服和丧葬之物。内命妇五品以上死亡,如无亲戚,则由奚官局负责在其同姓中选男子一人每年主祭;如无同姓之人,由奚官局负责每年春、秋二季进行祭祀。置有令二人,正八品下;丞二人,正九品下。

内仆局,为掌管宫中后妃车乘的机构。置有令二人,正八品下,掌皇后车乘出入导引之事;丞二人,正九品下,驾士一百四十人,典事八人,皆为流外之职。凡后妃车乘出入,内仆令居左,丞居右,夹引而行。

内府局,为掌管宫中府库的机构。凡宫中的珍宝、绢帛、钱币出入给纳之数,皆由其掌之。凡皇帝举行朝会要对五品以上官员赏赐绢彩、金银器时,由其供给;将士出征有功,或者外国使者、少数民族首领面辞归还时,所赏赐的物品也都出自这里。置有令二人,正八品下;丞二人,正九品下。

内坊局,为掌管东宫事务的机构。内坊本为太子东宫系统的宦官机构,置典内二人为长官,从五品下;丞二人为副长官,从七品下。其下属职官主要有:录事七人、典直四人,正九品下;导客舍人六人、阁帅六人、内阁八人、内给使无员数;内厩二十人、典事二人、驾士三十人。以上人员皆为流外之职。其中典内掌东宫内部事务及宫人粮廪赐予,丞为之贰,典直掌管仪式,导客舍人掌管导引宾客及次序,阁帅掌管东宫门户,内阁掌管人员出入,内给使掌管伞扇,内厩掌管东宫车舆,典事掌管牛马之事,驾士掌车舆的驾驭。开元二十七年(739),废内坊,将其隶属于内侍省,成为其下属的一个局,长官称令,然职能未变,仍管东宫宫内之事。

唐代的宦官人数不同时期多少不一，在高祖、太宗统治时期，只允许宦官供奉禁中，故人数有限。武则天统治时期，人数渐增。至中宗神龙中，宦官人数达到三千余人，其中七品以上及员外官达千余人。到了玄宗统治末期，宦官人数又有所增加，总数为四千六百二十八人，其中高品为一千六百九十六人。宪宗元和以来，大体维持在四五千人，最多时达到一万人。唐代宦官人数之多、规模之大，至此达到了顶峰，并发展成为一股极大的政治势力，在历史上留下了深刻的影响。

唐玄宗时期增置了内侍监一职，《旧唐书·职官志一》载："唐初旧制，内侍省无三品官，内侍四员，秩四品。天宝十三年十二月，玄宗以中官高力士、袁思艺承恩遇，特置内侍监两员，秩三品，以授之。"内侍监的设置不仅在于其打破了唐朝旧制，它的出现实际上是宦官势力不断膨胀的结果，也是玄宗以后出现的宦官专权局面的一种预兆。关于此职的设置，胡三省评论说："中官之贵，极于此矣，至帝始隳其制。杨思勖以军功，高力士以恩宠，皆拜大将军，阶至从一品，犹曰勋官也。今置内侍监正三品，则职事官矣。"[①]高力士与杨思勖所拜大将军，皆为武散官，并不是胡三省所说的勋官，这一点是需要指出的。内侍省设置内侍监后，作为职事官，无疑提高了内侍省的地位。在唐代只有中书省、门下省、太常寺等极少数机构为正三品机构，内侍监设置后，遂使其地位与以上诸机构并驾齐驱，并高于其余八寺，以及御史台、秘书省、殿中省、国子监等国家机构，这显然是一种极不正常的状态。

唐代宦官充任的内诸司使系统是一个庞大的行政系统，其权力已经不再局限于管理宫廷事务，而是把触角延伸到国家行政事务的管理方面，并且逐渐发展成为一个既管理宫廷事务又参与国家行政事务的以宦官为主体的北司系统。之所以称其为北司，是相对于以宰相为首的政府机构而称的。唐代的中央政府机构位置在宫城的南面，即皇城之内，所以称为南衙，而内诸司使系统的办公机构却在宫城之内，相对南衙而言，它的位置在北面，所以称北司。以往的论著把

---

① 《资治通鉴》卷二一七，唐玄宗天宝十三载十一月胡注，第6928—6929页。

内侍省机构称为北司，其实是不完全的，只有当内诸司使系统形成后，北司才真正具有与南衙相抗衡的力量。因此，在强调唐代宦官专权的时候，需要说明的是，其并不是通过内侍省进行的，而是通过内诸司使伸展权势的。所谓南衙北司之争，也是指内诸司使系统与以宰相为首的国家行政系统之间的斗争。

在唐代之所以产生南衙北司之争，根本原因就在于内诸司使系统对南衙系统权力的不断侵削，从而伤害了士大夫阶层的既得利益，激化了双方之间的矛盾。国家的行政权力多少是固定的，当内诸司使系统掌握更多权力的时候，就意味着南衙诸司丧失了同样多的权力，所以北司系统越是健全，南衙系统就越是遭到削弱。因此，南衙北司之间的矛盾是难以调和的，一直贯穿于整个唐朝后期，直到唐朝灭亡为止。

正因为内诸司使的权力更多地来自南衙系统，所以它的形成与壮大是渐进式的。由于有关记载唐代制度的史籍均未记载内诸司使，因此有关其情况目前尚无法全部掌握，根据一些零星的记载，可以考知的属于内诸司使系统的使职只有数十个，以左右神策护军中尉和枢密使为首，时称"四贵"。神策中尉与枢密使之所以能凌驾于内诸司诸使之上，是由于其掌握禁军兵权和中枢决策权，地位尊贵。从工作关系上看，实际居于内诸司使之首的是宣徽使，通管北衙诸司。由于宣徽使的地位也十分尊贵，故著名史学家唐长孺认为其地位与枢密使相亚，其和神策中尉、枢密使都是北司首领。下面择要对这些职官做一简单介绍。

（1）神策中尉。唐朝以南衙宰相掌十六卫，以左右羽林军、左右龙武军、左右神武军为北衙六军，相当于汉代的南北军体制，以互相制约。府兵制破坏后，十六卫基本无兵可掌，成为闲司。安史之乱以来，北衙六军兵力寡弱，只是作为天子六军而装点门面，充作仪卫，宿卫京师的重任主要依靠新起的神策军。神策军的统帅为左右军护军中尉，由宦官担任，其下还置有中尉副使、中护军、判官、都勾判官、勾覆官、表奏官、支计官、孔目官、驱使官及长史、诸曹参军事等官职。这样，左右神策军就形成了以护军中尉为首的一整套组织和指挥系统。从此直至唐末，神策军便一直在宦官的控制之下，成为其专权擅政的有力工具。由于神策军是唐朝后期中央政府掌握的唯一一支有战斗力的军队，所以它除了宿卫京师，还分驻于京西北八镇，承担着防御吐蕃的任务，实力最盛时达十八万多人。左右军中尉手握重兵，不仅南衙诸司难以与其比肩，就连皇帝的废立亦在其掌握之中。从职能上看，其并无参与朝政之责，但其凭借实力也时常参与中枢决策，干预国政。

（2）枢密使。枢密使宦官掌机密，应始于高力士时，史载："每四方进奏文表，必先呈力士，然后进御，小事便决之。"① 从职能上看，相当于后来的枢密使。关于枢密之名，王夫之说："枢密之名，自宪宗以任宦官刘光琦始。"② 赵翼说："是枢密之职盖始于德宗之末宪宗之初。"③ 这些说法均不准确，《册府元龟》卷六六五《内臣部·总序》载："永泰二年（766），始以中人掌枢密用事。"注曰："代宗用董秀专掌枢密。"《资治通鉴》卷二二四所载亦同。关于枢密使使名的出现，上引《册府元龟》载："宪宗元和中，始置枢密使。"注云："刘光琦、梁守谦皆为之。"其实是错误的。据《资治通鉴》卷二三七元和元年（806）八月条载，刘光琦任"知枢密"。《梁守谦墓志铭》说他元和四年（809）"总枢密之任"，可见他们两人并非同时任枢密之职，也未称使。根据《资治通鉴》等相关史书的记载看，枢密使名的出现应在长庆三年（823）至宝历二年（826）之间，并同时设置了两人。约在宣宗时出现了枢密院，至唐末枢密院机构有所扩大，并分为东、西两院，"东院为上院，西院为下院"④。关于枢密使之职掌，马端临说："执掌机密，承受表奏，传宣诏敕"⑤，沟通皇帝与宰相之间的联系，并可在中书门下与宰相一起议决国事。还可以参与延英殿的召对，与皇帝、宰相共同商议军国大事。从有关史料看，连宰相的任命，枢密使都有权参与决定。至唐僖宗时，杨复恭、西门季元任枢密使时，则于"堂状帖黄决事"⑥，"行文书"，直接"指挥公事"⑦，其权力已开始凌驾于宰相之上了。

---

① 《旧唐书》卷一八四《高力士传》，第4757页。
② 王夫之：《读通鉴论》卷二五，中华书局1975年版，第758页。
③ 《廿二史札记校证》卷二〇《唐代宦官之祸》，第424页。
④ 《资治通鉴》卷二六三，唐昭宗天复三年正月胡注，第8592页。
⑤ 马端临：《文献通考》卷五八《职官考》，中华书局1986年版，第523页。
⑥ 《新唐书》卷二〇七《马存亮传附严遵美传》，第5872页。
⑦ 《文献通考》卷五八《职官考》，第523页。

（3）宣徽使。据唐长孺考证，此使职设置于大历末年，其后分为南、北两院，南院比北院地位稍优。其主要职掌是管理内诸司使所属的吏、兵、工匠名籍与休假、典礼、宴会等的供设，内外进奉名物，教坊伶人，四时祠祭，内廷诸给使的升补、假故、鞫劾等事。所管职事虽然繁杂，但涉及机构众多，通管北衙诸司，地位非常尊贵，唐后期多有自宣徽使而升任神策中尉者。

（4）飞龙使。约设于玄宗时期，高力士曾任内飞龙厩大使，掌管内外闲厩之马，并统率有军队，史籍中多有飞龙兵的相关记载，便是其统率的军队。唐以群牧使、闲厩使取代殿中省与太仆寺的职权，后又以飞龙使取代上述二使的权力，唐后期国家马政实际控制在宦官充任的飞龙使手中。

（5）军器使。唐以军器监掌兵器制造，军器监废置不常，其不置时则以军器使取代。在开元以前不论是置监还是置使，都属南衙系统，肃宗乾元元年时以宦官充使，从此便转为北衙系统。军器使在内诸司使中地位尊贵，地位与飞龙使相亚。

（6）弓箭库使。这也是一个重要的使职，掌内库军器、装备的贮藏出纳。其地位与军器使、飞龙使相亚，在宦官中多有自弓箭库使而升任神策中尉者。

（7）小马坊使。唐后期设置，具体年代不详。它是与飞龙使相对应的另一掌管马政的内诸司使，主要掌小马坊之马。从现有史料看，其使名最早出现于唐懿宗咸通（860—873）时。后唐明宗长兴元年（930），改飞龙使为左飞龙院，小马坊为右飞龙院，宋太宗雍熙二年（985）改为左、右骐骥院。

（8）鸿胪礼宾使。唐鸿胪寺辖有礼宾院，"掌四夷之客"①。唐玄宗时是否置使不详，唐代宗时鱼朝恩曾任此职，从此成为宦官专职，也就是说成为内诸司使之一，主要掌管外国及少数族使者、宾客的接待。

（9）两街功德使。德宗贞元四年（788）以后有设置，掌京师地区僧尼、道士之名籍及剃度、考核等事，为掌管宗教事务的使职，照例由左右神策军中尉分别兼任。宗教事务本属礼部的祠部与鸿胪寺掌管，该使的设置就侵削了以上两个部门的部分职权。

---

① 《资治通鉴》卷二三二，唐德宗贞元三年七月胡注，第7493页。

（10）阁门使。胡三省说："唐中世置阁门使，以宦者为之，掌供奉朝会、赞引亲王、宰相、百官、蕃客朝见、辞；唐初，中书通事舍人之职也。"[1] 五代时以士人、武臣充任，宋代成为武臣阶官之一。

（11）内庄宅使。管理皇家庄田及其他产业的使职，例由宦官充任。

（12）五坊使。唐有雕、鹘、鹰、鹞、狗五坊，"以供时狩"，由宫苑使兼领，称五坊宫苑使，后又由闲厩使兼押。安史之乱后，五坊隶属于宣徽院，五坊遂单独置使。

（13）内酒坊使。掌内廷酒坊之事，其所造酒以供内廷不时之需。在陕西出土的唐代金银器上有的刻有"宣徽酒坊"的字样，如西安出土的银注壶、陕西铜川市耀州区柳林背阴村出土的银碗等，就刻有这样的字样，说明这些都是隶属于内酒坊使的器物。

（14）大盈库使、琼林库使。大盈库、琼林库两库始置于唐玄宗时期，为内廷府库之一。其中大盈库主要收纳钱帛丝布，琼林库收纳金银珠宝，设使掌管其事，为宦官所专任。

（15）学士使。唐有翰林院，置学士若干员，掌起草内制，又置学士使，以宦官充任，职责是向下向学士宣示皇帝旨意，向上转达学士们对政事的意见，起到沟通皇帝与学士的作用。宦官们遂利用这一职务的便利，往往也参与军国政事的讨论。这是一个比较重要的使职。

（16）辟仗使。置二人，分为左右，分别监管左右龙武、神武、羽林等六军。

（17）染坊使。染坊原属少府监织染署，唐后期以宦官充使，专掌染坊，便侵削了少府监的职权。

（18）鸡坊使。据陈鸿《东城老父传》载，玄宗统治初期置鸡坊，以驯养斗鸡。当时虽以中人掌其事，但尚未称使。大约在宪宗前后才出现使名，宦官王文干就任过此使职。

（19）内园、栽接总监等使。内园使置于武则天时期，栽接总监使出现于肃宗时，掌皇家苑园种植花木、水果、蔬菜及苑面管理与修葺等事务。其后两

---

[1] 《资治通鉴》卷二五〇，唐懿宗咸通四年八月胡注，第8106页。

使合而为一，称内园栽接使，"总监"二字不再出现（总监有使名，始于李辅国时）。

（20）十王宅使。《新唐书·十一宗诸子传》："开元后，皇子幼，多居禁内，既长，诏附苑城为大宫，分院而处，号'十王宅'。……以十，举全数也。中人押之，就夹城参天子起居。"十王宅使当置于此时，其职责主要是监护诸王，唐后期改称十六宅使。

（21）少阳院使。少阳院为太子所居之处。《旧唐书·玄宗诸子传》载："太子不居于东宫，但居于乘舆所幸之别院。"这里所说的别院，即少阳院，位于长安大明宫内，唐玄宗时设置。少阳院使从始置时起，就以宦官主持院事，以监护太子，置使时间当在玄宗时期。

现能考知的其余内诸司使还有内坊使、御厨（食）使、内作使、中尚使、文思院使、如京使、内教坊使、武德使、洛苑使、翰林医官使、皇城使、客省使、毡坊使、毯坊使、牛羊使、冰井使、仗内使、口味库使等，就不一一介绍了。

以上所述的内诸司使并非全部情况，由于史料散失严重，有些使名还有待于进一步发现，即使现有的这些使职的研究也还需要进一步深入。

三、宦官掌控禁军兵权

自从唐代宗诛杀大宦官鱼朝恩后，虽然不再令宦官直接掌典禁军，但为了防止发生不测，仍然任用鱼朝恩的亲信将领刘希暹和王驾鹤执掌禁军兵权。后来刘希暹因为心存疑惧，言辞多有怨望，被王驾鹤告发，代宗遂赐刘希暹死，加王驾鹤右领军大将军衔，独掌神策禁军，权势很大，中外侧目。德宗即位后，与宰相崔祐甫合作，罢去了王驾鹤神策都知兵马使、右领军大将军之职，改任东都园苑使，另以德宗信任的白志贞任神策军使，接掌禁军兵权。

泾师之变时，德宗召神策军御敌，白志贞新招募的神策军士多为长安市井之徒，或商贾小贩，他们参加神策军只想获得军饷，避免被人欺负，而白志贞则是为了获得他们的贿赂，并不召集训练，只是名在军籍而已。这样的状况自然无法御敌，致使德宗不得不逃出长安，以避祸乱。在德宗逃难时，最初只有窦文场、霍仙鸣等百余位宦官紧随在皇帝身边护驾，使德宗觉得还是家奴可靠，产生了"外臣之无功而不足倚"①的认识。贞元元年正月，宰相萧复进谏说，不可让宦官参与兵机、政事，不可给其大权时，德宗便流露出不悦之色，说明德宗已经完全转变了对宦官的认识。

禁军是中央政府直接控制的军事力量，对其兵权加强控制是十分必要的，德宗认为如果将禁军"复分割隶于节镇，则徒为藩镇益兵，而天子仍无一卒之可使"②。正是出于这种认识，德宗就必须要将禁军兵权牢牢地控制在自己手中，可是皇帝又不可能直接掌兵，也不愿交给那些自己并不信任的文臣、武将，剩下来的只有经过艰难考验对自己忠心耿耿的宦官了。

唐德宗将白志贞贬为恩州司马后，便将禁军兵权交给了宦官窦文场。只是这一时期窦文场所率领的禁军人数极为有限。兴元元年七月，德宗从兴元府回到长安后，李晟所率的神策行营及浑瑊所率的神策军部队重新回归建置，使禁军兵力得到了加强。德宗遂将神策军分为左右厢，以宦官窦文场、王希迁分别统率，其中窦文场的职务是监神策军左厢兵马使，王希迁是监神策军右厢兵马使。

贞元二年九月，又将神策左右厢扩编为左右军，每军置大将军二人，正三品，将军各二人，从三品。并特置监勾当左右神策军，以宠中官。"监勾当"一职，仍是监军性质，由于神策军有大将军、将军等军职的存在，兵权并没有完全控制在宦官手中。既然德宗信任宦官，禁军兵权完全落入宦官之手只是时间问题而已。贞元八年（792）十二月，左神策大将军柏良器为了加强神策军的战斗力，大量招募勇士以替代市井贩鬻之徒，引起了监勾当左神策军窦文场的不满，遂借口其妻族犯禁卫，将柏良器逐出神策军，改任右领军卫大将军的闲职，"自是军政皆中官专之"③。从此，宦官才算完全控制了神策军的兵权。

虽然宦官已掌控了禁军兵权，但在制度上还没有形成定制，于是在贞元十二年六月，德宗设置了左右神策军护军中尉，以宦官窦文场、霍仙鸣分任之，又增置左右神策军中护军，以宦官张尚进、焦希望分任之。护军中尉，正二品，

---

① 《读通鉴论》卷二五，第767页。
② 《读通鉴论》卷二五，第767页。
③ 《新唐书》卷一三六《李光弼传附柏良器传》，第4593页。

地位在神策大将军之上，成为神策军的最高统帅。神策军护军中尉之职由皇帝任免，宰相无权过问，地位非常特殊。自此以后，直到唐末，神策军兵权始终控制在宦官手中，并形成为定制，从而宦官在唐代政坛上占据了举足轻重的地位，在南衙北司的斗争中处于优势地位。

说宦官控制了禁军兵权，并非仅指左右神策军为唐朝中央政府直接掌控的唯一具有较强战斗力的军队，控制了其兵权就等于控制了整个禁军兵权，而是宦官们还控制了其他各支禁军。众所周知，唐朝有天子六军，即左右龙武、左右神武、左右羽林军等六支军队，它们又分为左三军、右三军，以宦官为左右三军辟仗使，"如方镇之监军，无印"。其权力是"监视刑赏、奏察违谬"。①权力虽重，但还没有完全控制六军兵权。元和十三年（818）四月，宪宗命六军修麟德殿，右龙武统军张奉国、大将军李文悦因战事刚刚平息，营缮过多，遂报告宰相裴度，请其出面谏止。皇帝大怒，将两人调职，致使龙武军无帅。于是拿出印二纽，分赐左右三军辟仗使，"得纠绳军政，事任专达矣"②。《唐会要》卷七二京城诸军条对此举评论说："由是命辟仗使主军，印异于事。其军之佐吏，或抗言以论，或移疾请告，于是特赐辟仗使印，俾专事焉。"也就是说，自此以后辟仗使不再是传统意义上的监军性质，而成为掌典兵权的军事主官。神策军与六军兵权完全由宦官专掌，使得唐代宦官专权之势遂不可解，成为绵延一百多年的政治痼疾。

唐朝在出征的军队中设置监军由来已久，在唐朝前期通常都以御史监军，自唐玄宗以来才出现以宦官监军的现象，但是尚未形成制度。自安史之乱爆发以来，以宦官监军的现象才多了起来，所谓"宦者自艰难已来，初为监军，自尔恩幸过重"③。这里所说的"艰难已来"，就是指安史之乱以来。自此以后，宦官不仅在出征的野战军队中任监军，而且在各个藩镇中普遍地设置了监军一职。一般来说，前者称监阵使或排阵使，后者称监军使。贞元十一年（795），

---

① 《资治通鉴》卷二四〇，唐宪宗元和十三年四月胡注，第7749页。
② 《资治通鉴》卷二四〇，唐宪宗元和十三年四月，第7749页。
③ 《旧唐书》卷一二五《萧复传》，第3551页。

为天下诸镇监军使铸印，以宦官为监军使遂成为一种定制。

通常所说的宦官监军，主要是指其在各藩镇任监军使，其主要责任是："监护统帅，镇静邦家"，"布皇恩遇阃外，推赤心于腹中"。① 前一句指监军负有监视节帅、维护国家统一的职责，后一句指监军可以起到沟通中央与地方各藩镇联系的重要作用。从唐后期的情况看，藩镇内部发生叛乱，为监军所平定的事例也不少。如陈许节度使上官涗死，其婿田偶谋图夺位，监军范日用尽擒其党，平息了这场动乱。大历十一年，河阳军乱，乱兵逐监军使冉庭兰出城，大掠三日，冉庭兰调动其他军队，攻入城中平乱，诛杀数十人，终于平定了这次兵变。贞元十年（794），郑滑节度使李融患病不起，大将宋朝晏煽动三军作乱，被监军使与节度副使赵植镇压，诛杀宋朝晏及乱党殆尽。唐武宗时，河东节度使李石被乱兵所逐，推其都将杨弁为留后，监军吕义忠召集榆社本道兵，诛杨弁以闻。类似的事例还很多，就不再一一列举。

当然也有一些监军使专横跋扈，欺凌节帅，甚至激起了兵变。如监军使薛盈珍屡次欺凌郑滑节度使姚南仲，还多次向唐德宗诬告谗毁。贞元十六年(800)，薛盈珍又一次派人入京诬告姚南仲，正好姚南仲的部将曹文洽也要入京奏事。他得知薛盈珍诬告的情况后，昼夜兼程，追赶薛盈珍的使者，在长安城东面的长乐驿赶上了此人。两人同住一室，曹文洽半夜杀死薛盈珍所派的使者，将其奏表沉于厕中，然后自杀。德宗得知此事后，感到非常震惊。后来姚南仲回朝，德宗问道："盈珍扰卿邪？"姚南仲回答说："盈珍不扰臣，但乱陛下法耳。且天下如盈珍辈，何可胜数！虽使羊、杜复生，亦不能行恺悌之政，成攻取之功也。"② 再如泽潞监军使刘承偕恃宠凌辱节度使刘悟，"三军愤发大噪，擒承偕，欲杀之。已杀其二傔，（刘）悟救之获免，而囚承偕"③。山南东道监军使杨叔元贪财怙宠，怨节度使李绛不向其行贿，遂调动兵士作乱，杀害了李绛。岭南

---

① 《全唐文》卷七三〇《忠武军监军使宁远将军守内常侍员外置同正员赐紫金鱼袋上柱国赠云麾将军左监门卫将军朱公神道碑》，第 7525—7526 页。
② 《资治通鉴》卷二三五，唐德宗贞元十六年三月，第 7587 页。
③ 《旧唐书》卷一七〇《裴度传》，第 4424 页。

节度使杨於陵廉洁奉公，而监军使许遂振悍戾贪恣，干挠军政，见杨於陵不奉己，遂向皇帝进行诬陷，幸亏宰相裴垍从中斡旋，才避免了一场冤案。

正因为有后面这一类监军使的存在，所以当时人及后世对唐朝的宦官监军制度多持批评态度。王夫之说："宦者监军政于外而封疆危，宦者统禁兵于内而天子危"①，完全否定了宦官监军的作用。当代一些学者也认为宦官监军制度是唐代政治生活中的毒瘤。其实这些观点并不完全正确，因为从本质上看，宦官势力与皇权是相互依赖的，宦官恃皇权保持自己的地位，而皇权则需要利用宦官来控制臣下。这也从另一个角度说明了宦官势力对皇权具有寄生性，他们不能也无法离开皇权。他们也许不是皇帝个人的忠实代表，但却永远会是一个王朝皇统的忠实代表。正因为宦官权势具有这样的特点，所以皇帝宁愿相信家奴（宦官），而不愿相信朝臣武将；宦官中虽然有不少人贪赃枉法，祸乱政事，但却不会取皇权而代之，从根本上他们还是会维护皇权皇统的。

在宦官监军制度下，宦官实际上成了中央与骄镇联系的桥梁，即骄横如河朔藩镇，他们也不拒绝监军使。在这类藩镇中，每当老节度使死亡，军中拥立新的节度使，他们都会通过监军宦官上奏朝廷，希望能够获得朝廷的确认，得到旌节，因为只有这样他们的地位才是合法的，否则便是非法，便不能长久维持其地位。在其他藩镇中，监军不仅可以对节度使的军事行动进行干预，而且可以干预地方的行政与财政。因为监军宦官可以直接代表皇帝，对节度使有一种天然的震慑力，使其不至于贸然行事。可以说，宦官监军制度是唐代皇权控制地方的一种工具，在时代已经永远无法恢复贞观、永徽时期中央控制力的背景下，这种工具无疑是最有效的也是风险最小的。

四、激烈的朋党斗争

唐后期，在穆、敬、文、武、宣宗五位皇帝统治的近四十年间，统治阶级内部出现了持续的党派斗争，朝中的官僚士大夫集团为争权夺利，形成了对立的两派。因一般认为其中一派的领袖是牛僧孺、李宗闵，另一派的代表人物则

---

① 《读通鉴论》卷二六，第805页。

是李德裕，故将此朋党之争又称为牛李党争。

牛李党争的导火索是穆宗长庆元年（821）的进士录取事件。当时，礼部侍郎钱徽执掌贡举，考前，前宰相、新任西川（今四川成都）节度使段文昌和翰林学士李绅都对钱徽有所请托，但录取结果出来后，两人发现钱徽并未照顾他们所推荐的人，而进士及第十四人中，有郑朗、裴譔、苏巢、杨殷士等，分别是朝臣郑覃之弟、裴度之子、李宗闵之婿、杨汝士之弟等。段文昌遂向穆宗举报本次考中进士的人员都是官宦子弟，并无真才实学，是考官徇私舞弊录取了他们。穆宗征求当时的翰林学士李德裕、李绅、元稹等人的意见，他们都附和段文昌之奏。穆宗遂令进行复试，结果郑朗等十人落榜，原主考官钱徽自然被贬官，李宗闵、杨汝士也都遭贬。此事之后，李德裕、李宗闵各树朋党，争权夺利，互相倾轧，排挤陷害，几乎达四十年之久。

说起来，李宗闵与李德裕的矛盾由来已久。早在元和三年（808），当时为前进士的李宗闵、县尉牛僧孺、皇甫湜参加制举贤良方正直言极谏科的考试，他们直言不讳地指斥时政得失，提出解决对策，其策文被考官杨於陵、韦贯之评为上等，宪宗也对他们的文章颇为认可。但是，时任宰相的李吉甫认为这是对自己的攻击，遂哭诉于宪宗面前，宪宗无奈，只好将杨於陵、韦贯之贬官，李宗闵、牛僧孺等不但未能通过制举考试脱颖而出，反而因此长期受到压制，直至七年后李吉甫死去，他们才从藩镇幕府中被征调入朝。李吉甫虽死，但其子李德裕将父亲对李宗闵、牛僧孺等人的不满继承延续下来，在长庆科考案中表现得淋漓尽致。所以可以说，长庆科考案的引线在元和三年的对策事件中早已埋下。

双方的斗争经历了五位皇帝执政阶段，主要分为四个时期。第一个时期是穆宗长庆二年（822）至敬宗宝历元年（825），李逢吉为相，排斥李德裕，援引牛僧孺入朝为相。第二个时期是文宗太和三年至九年（829—835），太和四年（830），李宗闵引牛僧孺为相，两人排斥李德裕之党。七年（833），李德裕为相，李宗闵出任外官。八年（834），李宗闵为相，排斥李德裕。次年，李宗闵也被文宗贬官，李训、郑注用事，对两党之人都弃而不用，但不久李训、郑注二人谋诛宦官未成，反酿成甘露之变而致殒命，此后宦官专权，牛李二党之争又起。总的来说，文宗时期，两党斗争激烈，互有胜负，双方势力也呈现此消彼长的态势，文宗曾感叹道："去河北贼非难，去此朋党实难。"① 第三个阶段是武宗统治时期，李德裕依靠掌权的宦官得以入朝为相，且深得武宗信任，将牛党人物牛僧孺、李宗闵、杨嗣复、李珏等都贬往岭南，李党处于全盛时期。最后一个阶段是宣宗统治时期，牛党执政，李德裕被贬死崖州（今海南海口市琼山区东南），李党衰败，牛李党争以牛党胜利而宣告结束。

除以上所列举的人物外，牛党成员还有李固言、杨虞卿等，李党成员还有李绅、元稹、郑覃、陈夷行等。双方围绕两大问题展开斗争，即关于选官的途径和如何对待藩镇的问题。一般认为李党成员都是世代公卿出身的士族官僚，重视门第，主张选拔公卿子弟为官，坚决打击藩镇；牛党主张通过科举选官，其成员都是通过科举取得进士出身而走上仕途的，他们对藩镇势力采取姑息态度。

但对此观点，学界并不完全认同。

就第一个问题而言，李党中有些人虽出身于士族，但家族早已衰落，李德裕的祖父就是在天宝年间通过科举考试入仕的；李党中还有像李绅这样冒牌的士族；而且李党中有些人虽有门第，却是通过科举进入仕途的。李德裕并不反对科举制，还主张通过科举考试挑选高官子弟入仕，他只是反对进士浮华的风气，而李党中陈夷行、郑覃等人却主张优先选拔才华出众、出身寒微者。可见，李党出身并非整齐划一的士族门阀，内部对选官标准的认识并不一致。牛党成员在选官标准问题上其实也不排斥公卿子弟，如李珏、杨嗣复都建议选择人才时应才华与出身并重。

就第二个问题来看，李党并不都是强硬派，如元稹并不主张对藩镇用兵，元和末年他曾写《连昌宫词》说："老翁此意深望幸，努力庙谋（一作谟）休用兵。"② 穆宗长庆二年，河朔再乱，元稹对主张用兵的裴度多所掣肘。而牛党也并不都是妥协派，如李逢吉面对穆宗长庆二年汴州宣武军乱，采取坚决镇压

---

① 《旧唐书》卷一七六《李宗闵传》，第 4554 页。
② 《全唐诗》卷四一九《连昌宫词》，第 4625 页。

的态度。牛李两党在藩镇问题上还有意见一致的时候，如文宗太和五年（831），幽州军乱，副使逐帅，自为留后，要求朝廷承认其继任幽州节度使，时为宰相的牛僧孺同意了其要求。七年，李德裕为相，并未更改牛僧孺的决定，同时对幽州也采取了安抚的政策。武宗会昌元年（841），幽州卢龙镇再度发生军乱，雄武军使张仲武未经朝廷指令而起兵讨之，李德裕却授之卢龙节度使，显然对这一地区但求安稳而已。由此观之，牛李两党对藩镇的态度并无明显区别，而均视藩镇类型不同而变化。当面对河朔割据型的藩镇，两党都认为河朔割据已久，人心难化，朝廷对讨伐河朔已是心有余而力不足，所以谁当节度使已没有太大差异，宜采取安抚姑息之策，使之防卫北狄即可；但当面对的是不够忠诚顺服的内地藩镇时，牛李两党都认为不可纵容，所以有上述李逢吉对汴州宣武军乱的强硬态度，也有会昌三年（843）李德裕讨平昭义（泽潞）镇的军事行动。

总而言之，牛李党争的真相或许并非以阶层划分的士族、庶族之争，而是对朝廷最高执政权力之争。两党的形成，建立在门生故吏、家族姻亲、同学旧交等错综复杂关系的基础上。还有学者曾提出牛党多为关陇人士，李党多为山东士族的说法，如此，则牛李党争又具有地域性特点。所有这些观点都还有进一步讨论的必要。

第二节　在长安的朋党斗争

一、早期的斗争

南衙北司之争，是指唐代中后期，外朝官僚集团和内廷宦官集团争夺权利的斗争，故又称内外朝之争。

唐代自宦官掌权，即有内外朝之争。首次交锋是玄宗时宦官高力士与宰相李林甫、杨国忠之争。《资治通鉴》卷二一七天宝十三载（754）九月条载，是年秋，大雨，昼夜六十日，玄宗谓高力士曰："淫雨不已，卿可尽言。"对曰："自陛下以权假宰相，赏罚无章，阴阳失度，臣何敢言！"这里所说的宰相是指李林甫、杨国忠。李、杨二相虽曾得助于高力士，但二人先后进入政权核心，深得玄宗信任，自必引起宦官高力士等的忌恨。当时宦官与宰相的斗争，具体表现在高力士反对李林甫拥立寿王瑁和抵制李林甫、杨国忠危害太子李亨上。双方的斗争倾轧，最终发展到高力士在玄宗面前公开攻击杨国忠。其后，高力士乘安禄山叛乱之机，联合陈玄礼，利用禁军，发动了马嵬驿事变，诛杀杨国忠等。这可以说是唐代最早的内廷与外朝之争。

肃宗时有宰相裴冕、萧华与宦官李辅国之争。上元二年八月，李辅国求兼宰相。《旧唐书·李辅国传》说："辅国骄恣日甚，求为宰臣"，肃宗曰："以公勋力，何官不可，但未允朝望，如何？"辅国讽仆射裴冕联章荐己，肃宗密谓宰臣萧华曰："辅国欲带平章事，卿等欲有章荐，信乎？"华不对，问裴冕，曰："初无此事，吾臂可截，宰相不可得也。"华复入奏，上喜曰："冕固堪大用。""辅国衔之。"这生动地反映了肃宗欲靠外朝宰相抵制宦官的情况。宦官如任宰相，则是合内廷与外朝为一体，其权势更不可一世。由于裴、萧等外朝宰相的竭力反对，李辅国求兼宰相一事未能得逞。

代宗时又有宰相元载与宦官鱼朝恩之争。鱼朝恩专横跋扈，"凡诏会群臣计事，朝恩怙贵，诞辞折愧坐人出其上，虽元载辩强亦拱默，……又谋将易执政以震朝廷"[①]，最终发展到在百官会上训斥宰相，逼宰相退位的地步。面对鱼朝恩的一再欺凌，宰相元载等"心衔之，阴图除去之"[②]。"元载测知上指，乘间奏朝恩专恣不轨，请除之；上亦知天下共怨怒，遂令载为方略。"[③] 经过周密策划，鱼朝恩终被剪除。这一时期的内外朝之争，主要表现为宦官与朝官在皇帝面前争宠、争权，双方各有胜负。

自德宗朝宦官权力稳定之后，这种斗争愈益激烈。一方面宦官弄权，控制皇帝；另一方面皇帝利用朝臣，抵制削夺宦官权力。这种控制与反控制的夺权斗争，在唐后期发生过多次。

德宗死后，顺宗即位。时顺宗重病不能亲政，王伾、王叔文居中用事。二王欲推行所谓的"革新"，其中一项就是谋夺宦官兵权。他们派老将范希朝为

---

① 《新唐书》卷二〇七《鱼朝恩传》，第5864页。
② 《旧唐书》卷一八四《鱼朝恩传》，第4764页。
③ 《资治通鉴》卷二二四，唐代宗大历五年正月，第7211页。

神策军京西诸城镇行营节度使，企图接管由宦官所统领的神策军。神策军中尉发觉后，密令神策诸将"无以兵属人"。接着宦官导演了"永贞内禅"一幕，顺宗被迫逊位，王伾、王叔文及其同党纷纷被贬被杀。这一事件也叫"二王八司马"事件。

因为唐宪宗也是宦官们害死的，故文宗也深恶宦官，急于铲除宦官势力。太和五年，文宗用宋申锡为相，谋诛宦官。不料走漏消息，宋申锡反被宦官诬告谋立漳王，致使文宗贬逐了宋申锡。这一时期大宦官右神策中尉王守澄专权，于是唐文宗又想依靠郑注、李训之力铲除宦官。

郑注，翼城（今山西翼城）人，为人机警，善揣测人意。其家境贫寒，以四方行医为生。曾经医治好徐州牙将的病，此人便将他介绍给节度使李愬，李愬服了其药后，颇为灵验，遂署其节度衙推之职。郑注在此期间干预军政之事，引起了军中的不满。当时王守澄在徐州任监军使，把军中的反映告诉了李愬，并要求将他赶走。李愬说："郑注虽然有这样的缺点，但却是个奇才，您不妨与他谈一谈，如果不满意再驱逐也为时不晚。"于是李愬就命郑注去拜见王守澄，交谈未久，王守澄大喜，将他请入后堂，屈膝密谈，大有相见恨晚之意。后来王守澄入朝任知枢密，遂把郑注也带到了长安，并为其建造宅第，又将郑注推荐给文宗。郑注遂得到了文宗的赏识。

李训是肃宗时的宰相李揆之族孙，原名李仲言，进士出身，有文辞，多智敏。他通过郑注结识了王守澄，王守澄对其才干也非常欣赏，遂与郑注一同将他推荐给唐文宗。文宗对李训的才学也十分欣赏，授其官职，并且提拔很快。

他们两人通过与皇帝的密切接触，了解到皇帝想要铲除宦官势力的想法，于是投其所好，积极出谋划策。文宗认为这两人均是通过王守澄而受到重用，王守澄一定不会对他们有所怀疑，遂把自己的心事全盘相告。文宗对他们言无不从，十分信任。郑注多居住在宫中，偶而归家，则宾客盈门，所收贿赂不计其数。外人均知他们与宦官关系密切，而不知皇帝与他们的密谋。郑注、李训深知宦官势力很大，欲要彻底铲除，并不容易，必须对他们采取分化瓦解的策略，逐步铲除才有可能达到目的。

当年拥立文宗时，另一个宦官即右领军将军仇士良出力甚大，王守澄对他十分忌惮，经常进行压制，仇士良对此耿耿于怀。于是，郑、李二人设谋，让皇帝提拔仇士良以分王守澄之权。文宗遂将左神策中尉韦元素外任为淮南监军使，由仇士良取代了他的职务，与王守澄形成分庭抗礼之势。郑、李在策划此事时做得非常巧妙，不仅瞒过了王守澄，朝官中也没有人看破其谋图。当时在朝中专权用事的宦官，除了王守澄、韦元素，还有两个枢密使杨承和、王践言，他们均"与王守澄争权不叶，李训、郑注因之出承和于西川，元素于淮南，践言于河东，皆为监军"①，一举将王守澄的三个主要对手赶出了朝廷。王守澄当然非常高兴，绝不会从中阻挠。这样朝中专权的大宦官就只剩下了王守澄，初步达到了削弱宦官势力的目的，唯一使王守澄不高兴的就是仇士良的提拔，但也不好再说什么。郑注、李训的下一步计划是，联合仇士良，铲除王守澄，然后再对付仇士良，并且在朝廷内部稳定后，再进一步对付吐蕃和叛乱藩镇。关于这一点，史书中记载得很清楚，所谓"李训、郑注为上画太平之策，以为当先除宦官，次复河、湟，次清河北，开陈方略，如指诸掌。上以为信然，宠任日隆"②。客观地看，郑注、李训这个计划不可谓不宏大，也切中当时存在的主要问题，但是欲想得以实现，又谈何容易！尤其是他们不能团结广大朝官，不能取得士大夫阶层的广泛支持，仅仅依靠阴谋诡计，虽然也能铲除几个宦官，但要想彻底消灭宦官势力，改变唐朝的政治格局，却是根本不可能的。

杨承和等既然已被赶出朝廷，失去了权势，文宗当然不会轻易放过他们。太和九年（835）七月，颁诏将杨承和流放到驩州安置，韦元素流放到象州，王践言流放到思州。随后又派使者赐三人死。这时宦官崔潭峻已死，文宗下令开棺鞭尸。唐宪宗之死，当时人皆说是宦官陈弘志亲手所为。这时陈弘志在山南东道任监军使，为了防止狗急跳墙，李训为皇帝出谋划策，召其赴京，行至青泥驿（今陕西蓝田）时，派人乱杖打死。至此，凡与宪宗之死有牵连的宦官基本被铲除殆尽，剩下的只有王守澄一人了。

---

① 《资治通鉴》卷二四五，唐文宗太和九年六月，第7904页。
② 《资治通鉴》卷二四五，唐文宗太和九年七月，第7905页。

尽管此时的王守澄势孤力单，但他毕竟还掌握着右神策军的兵权，因此李训、郑注仍然颇为小心。他们为文宗出主意，以王守澄为左右神策军观军容使，兼十二卫统军，"以虚名尊守澄，实夺之权也"①。在此之前，王守澄的官职是右神策中尉、行右卫上将军、知内侍省事，掌管着右神策军与内侍省的实权，改任新职后，名义上王守澄可以过问左右神策军之事，但却失去实际兵权，也就是被架空了。

在这种情况下，王守澄已经成了死老虎，剩下的只是选择处死他的方式而已了。王守澄是太和九年九月二十六日被罢去的兵权，至十月九日便一命呜呼了，仅仅相隔了十几天时间。关于王守澄的死，史书记载得很清楚，郑、李二人密请皇帝处死王守澄，文宗遂派另一宦官李好古赐以毒酒，将王守澄毒死于家中。由于王守澄是以这种不光明的方式杀死的，而不是明正刑典，所以在其死后，仍赠其为扬州大都督，以掩人耳目。

二、甘露之变始末

郑注、李训铲除以宦官为主的元和逆党的成功，使得其权势大大地膨胀了。在此之前，人们都传说郑注要当宰相了，侍御史李甘在朝中扬言说："如果白麻颁下，我将当场撕毁于朝堂。"所谓白麻，就是指任命宰相的制书。此话一出，马上招来祸患，李甘随即被贬为封州司马。于是，人们更相信郑注就要拜相了。但是郑注最终还是没有拜相，原因就是李训对郑注也非常忌惮，他不愿意郑注的地位凌驾于自己之上，在他暗中阻挠下，此事便不了了之。

郑注见谋求宰相不成，退而求其次，要求担任凤翔节度使。凤翔镇是长安以西的军事屏障，军事地位非常重要，且距离长安很近，军力较为强大。因此，宰相李固言坚决反对，于是李固言也很快被赶出了朝廷，外任山南西道节度使。不过李训倒是非常赞成郑注出任此职，原因就在于郑注在朝廷对其威胁也大，郑注出任凤翔节度使后还可以凭借当地强大的军力，内外合力，铲除宦官；还有一个好处就是郑注不在长安，就无法控制朝政，将来一旦完成了铲除宦官的

---

① 《资治通鉴》卷二四五，唐文宗太和九年九月，第7908页。

大事，下一步就可以对付郑注了，从而使自己独掌朝纲。

郑注谋图拜相不成，李训倒是顺利地当上了宰相，主要原因就是唐文宗的全力支持。史载："（李）训或在中书，或在翰林，天下事皆决于训。王涯辈承顺其风指，惟恐不逮；自中尉、枢密、禁卫诸将，见训皆震慑，迎拜叩首。"①王涯是另一位宰相。可见，此时的李训权势已经达到了何种程度，连那些担任神策中尉和枢密使的宦官都十分畏惧他，这是自唐代宗以来很少见的一种政治现象。在权力高度集中的情况下，如果李训、郑注从制度的层面上不断地完善，从而逐渐剥夺宦官掌握的兵权，削弱宦官已经掌握的行政权，那么杀不杀宦官就没有什么意义了。可惜的是，他们没有这么做，而是继续玩弄权术，欲想通过再杀一批宦官，从肉体上彻底消灭宦官。在宦官仍然掌握很大权力，尤其是掌握着朝官包括郑注、李训在内所没有掌握的禁军兵权的时候，他们的这种做法本身就存在很大的风险。

郑注、李训为什么没有采取逐渐剥夺宦官权力的办法，而是采取一种风险很大的方法呢？除了他们的政治见识有限，还有一个重要的原因，就是他们太急功近利了，等不及了。

郑注与李训商定，郑注到凤翔后，选壮士数百作为亲兵，手持白梃，怀揣刀斧，在举行王守澄葬礼时，一举将宦官铲除。当时决定将王守澄葬在长安城东浐水之旁的白鹿原西南，郑注主动要求由自己监护葬事，这样就可以随身带亲兵参加葬礼了。为了使事情办得天衣无缝，郑注和李训还奏请文宗，届时下令中尉以下宦官全部会集于浐水，为王守澄送葬，然后郑注派亲兵予以包围，全部砍杀，一个不留。两人商定之后，李训与其同党商议，认为如果照此计划施行，即使成功，也是郑注一人的功劳。当时已任命大理卿郭行余为邠宁节度使，户部尚书、判度支王璠为河东节度使，此时尚未动身赴任，因此李训就想命这两人以赴任为名，多募壮士，同时再出动金吾卫的吏卒，抢先动手，诛杀宦官，再寻机除去郑注。参与这一密谋的除了郭行余、王璠，还有左金吾大将军韩约、御史中丞李孝本、

---

① 《资治通鉴》卷二四五，唐文宗太和九年九月，第7909页。

京兆少尹罗立言和刑部侍郎舒元舆等。这些人均是李训的亲信。

一切商定后，太和九年十一月二十一日，文宗坐朝于大明宫紫宸殿。百官列班已定，按照唐制，金吾将军此时要向皇帝奏称："左右厢内外平安。"韩约却没有报平安，而是奏称："左金吾听事后石榴夜有甘露，臣递门奏讫。"唐大明宫正门为丹凤门，其门内有左右金吾卫仗院，再后是朝堂，朝堂之后便是正殿——含元殿。所谓"左金吾听事后"，是指左金吾卫仗院内长官办公之处的后院。韩约奏完后，"宰相亦帅百官称贺"。古人认为天降甘露，乃祥瑞之兆，所以李训、舒元舆等人遂劝文宗亲往观看，文宗同意。于是百官便从内殿紫宸殿退出，班于含元殿，文宗也乘软舆来到了含元殿。文宗先命宰相率中书、门下两省官员到左金吾卫仗院观看，等了很久，这一行人才返回。李训奏称："臣与众人验之，殆非真甘露，未可遽宣布"。[1] 李训这样说的目的，就是要皇帝再派宦官们前去查验，以便伏兵诛杀之。文宗果然命左右神策中尉仇士良、鱼志弘率宦官们再去查验。宦官们走后，李训急忙召郭行余、王璠来到殿前领受敕旨，王璠恐惧不敢前来，只有郭行余一人拜于殿下。当时郭、王二人部卒数百人，已经手持兵器等待在丹凤门外，李训派人召其入宫，只有河东镇的兵卒入宫，而邠宁镇的兵士竟然没有入宫。这种情况的出现，说明有人畏惧宦官势力，有临阵退缩之意。

当仇士良等人来到左金吾卫仗院，韩约面对大群宦官，心中害怕，脸色突变，流汗不止，仇士良还奇怪地问："将军为何如此？"这时突然一阵风起，吹开了幕帐，露出事先埋伏的兵士，又听到兵仗之声。仇士良等人大惊，急忙向外退走，有人欲关上大门，仇士良怒叱，把门的兵士便不敢再关大门，遂使宦官们得以逃出。此时仇士良等人还不知道文宗也参与了密谋，急忙赶到含元殿，向文宗报告有兵变发生。李训见宦官向文宗奔来，急呼金吾卫士说："赶紧上殿保卫陛下，每人赏钱百缗。"宦官们见状，急忙把文宗扶上软舆，从殿后趋出，向后宫而去。李训上前拉住软舆大声说："臣奏事未毕，陛下不可入宫！"

---

[1] 《资治通鉴》卷二四五，唐文宗太和九年十一月，第 7911 页。

这时金吾兵已经进入大殿，罗立言率京兆府兵卒三百人自东而来，李孝本率御史台之卒二百多人自西而来，皆入殿大打出手，顿时宦官死伤十余人。由于李训攀住文宗软舆不松手，有一个名叫郗志荣的宦官赶上前去，奋拳猛击，将李训打倒在地，这才将文宗抬入内宫，并且关上了大门。宦官们皆呼万岁，而百官惊恐，不知所措，慌忙出宫，四散而去。直到此时，仇士良等人方才醒悟，知道文宗也参与了此事，怨愤之下，口出不逊之言，文宗又愧又怕，一言不发。

李训见此状况，知道事情已经不可挽回，急忙换上了从吏的衣服，也不回家，骑马而奔，出城逃命去了。李训与终南山僧人宗密关系素来密切，出城直奔终南山，宗密本打算将他剃发藏匿，但由于其徒坚决反对，李训只好出山，打算投奔凤翔郑注，中途为盩厔镇遏使宋楚所擒，押送京师。李训不愿回去受辱，对押送者说："得到我则可富贵，听说禁军四处搜捕我，碰到后必为所夺，不如送我的首级更为万全。"押送者遂斩其首送到京师请功。

在这场斗争中，以李训为首的一批人与仇士良等宦官的力量对比悬殊，他们只能依靠突然袭击，在宦官们没有防备的情况下，以求侥幸成功，一旦突袭不成，失败便不可避免了。仇士良等脱离险境后，马上命令左右神策军各出动五百人，全副武装，杀向南衙各部门。当时宰相王涯等人尚在政事堂会食，突然有人报告说有禁军杀来，王涯等狼狈逃窜，两省吏卒千余人争先恐后涌出门去，突然大门关上，没逃出的六百多人全部被杀死。仇士良还命令关上诸门，派兵到各部门去搜索，又杀死了千余人，尸横遍地，流血成渠。朝廷各部门的印信、图籍、帷幕、器皿等，被毁被抢，无一存留。

仇士良等派禁军出城追捕逃亡者，又在长安城中四处搜索，将李训同党一一捕获，同时捕获的还有宰相王涯等一批朝官，统统也被处死，其家属不问亲疏多被杀死，妻女不死者则没为官奴婢。当时宦官们杀红了眼，将不少并未参与此事的官员也一并杀死。如李训的族弟户部员外郎李元皋、左散骑常侍罗让、詹事浑鐬、翰林学士黎埴、前岭南节度使胡证之子胡溵等。其中胡溵被杀，完全是因为其家巨富，乱兵借口搜索李训同党，闯入其家，杀死胡溵，抢夺钱财。在混乱之中，长安城中的流氓恶少，也乘机报私仇乱杀人，甚至剽掠百货，抢劫市场，互相攻杀，尘埃蔽天，长安城中一片混乱。

就在长安城中乱成一片之际，郑注率亲兵五百人从凤翔出发，行至扶风时，得知李训诛杀宦官失败的消息，只好匆忙返回凤翔。仇士良派人秘密通知凤翔监军张仲清，令其相机铲除郑注。张仲清与其押衙李叔和商议定策，由李叔和邀请郑注赴宴，于席间杀之。郑注仗其手握兵权，欣然而来，李叔和将其亲兵安排在外院款待，将郑注等数人迎入内院，先将郑注等斩杀后，又关闭外门，诛杀其全部亲兵。接着又拿出密敕，宣示将士，然后又诛灭郑注全家及节度副使钱可复、节度判官卢简能、观察判官萧杰、掌书记卢弘茂等人，牵连被杀的达千余人之多。

当初，王守澄厌恶宦官田全操、刘行深、周元稹、薛士干、似先义逸、刘英誗等人，李训、郑注遂乘机将他们分别派遣到盐州、灵武、泾原、夏州、振武、凤翔巡边，然后命翰林学士顾师邕撰写诏书，分赐六道，命令将这六人处死。正好遇到李训此举失败，六道官员便没有再执行此项命令。仇士良等在甘露之变后，召田全操等六人返京。六人深恨李、郑之谋，在途中扬言说："我等入京后，见儒服者，不分贵贱全部杀死。"十二月初，田全操等人疾驰入长安金光门，京城讹言有寇入城，士民惊慌散走，尘埃四起。南衙诸司官员闻讯，四处奔散，甚至有来不及束带穿袜而乘马急奔的。由于那一段时间内，京城动辄杀人，两省官员入值当班时，皆与家人告别，不知能否再相见。可见，当时的政治气氛已经紧张到何种程度了。

事后，仇士良等宦官皆加官晋爵，"自是天下事皆决于北司，宰相行文书而已。宦官气益盛，迫胁天子，下视宰相，陵暴朝士如草芥。每延英议事，士良等动引训、注折宰相"①，表明这场南衙与北司的斗争，以南衙朝官的彻底失败而告终，自此以后不仅大权尽归北司，连文宗皇帝也受到宦官的极大钳制。史载："上自甘露之变，意忽忽不乐，两军球鞠之会什减六七，虽宴享音伎杂遝盈庭，未尝解颜；闲居或徘徊眺望，或独语叹息。"②文宗甚至自比为周赧王、汉献帝，

---

① 《资治通鉴》卷二四五，唐文宗太和九年十一月，第7919页。
② 《资治通鉴》卷二四五，唐文宗开成元年十一月，第7927页。

终于忧郁而死。

三、斗争的尾声

自从甘露之变后，北司势力一直处于压倒性优势的地位。唐文宗死后，其弟武宗即位。武宗因服食丹药，英年早逝，宦官们遂拥立武宗叔父宣宗即位。宣宗虽然为宦官所拥立，但他对宦官势力的坐大并非视而不见，而是采取了一种抑制的态度，不使其过分强大。

宣宗对于其父宪宗被杀之事，长期以来不能释怀，在其未即位前，自然无能为力，即位之后，他便马上着手铲除这些谋逆的宦官。参与谋逆的宦官经过文宗、武宗时期惩处后，主要凶党已经铲除殆尽了，然其党羽却没有彻底肃清。宣宗即位后，穷治了当年谋逆之党，除宦官之外，还包括穆宗当太子时的东宫僚属，死者甚多。

对于甘露之变，宣宗也有他自己的看法，他认为除郑注、李训之外，其余诸人皆无罪，于是颁诏予以平反昭雪。这一行为实际上是对宦官乱杀朝官行为不满的一种表示。有一次，宣宗召见翰林学士韦澳等，为了躲避宦官的耳目，假托论诗，屏退左右问他近日外间对内侍有何议论，韦澳不知宣宗的本意，遂回答说："陛下威断，非前朝之比。"上闭目摇首曰："全未，全未！尚畏之在。卿谓策将安出？"对曰："若与外廷议之，恐有太和之变，不若就其中择有才识者与之谋。"上曰："此乃末策。自衣黄、衣绿至衣绯，皆感恩，才衣紫则相与为一矣！"可见，宣宗对高层宦官是非常失望的。在与翰林学士商议未果的情况下，宣宗又与宰相令狐绹商议这件事情，令狐绹密奏曰："但有罪勿舍，有阙勿补，自然渐耗，至于尽矣。"① 令狐绹提出的这个方略应是一个比较稳妥的办法，虽然需时较长，但却不致引起大的动荡，如果持之以恒，宦官专权的问题是能够解决的。可惜的是，宣宗寿命不长，数年后就死去了。

由于宣宗对宦官权势非常担忧，所以对朝官与权阉的交往十分关注，一旦发现则予以坚决打击。左神策军护军中尉马元贽在宣宗即位问题上出了大力，

---

① 《资治通鉴》卷二四九，唐宣宗大中八年十月，第 8055 页。

宣宗对他也比较好，宠遇超过了其他宦官，宰相马植遂与其攀为本家。当初马元贽有功，宣宗赐他一条非常珍贵的宝带，马元贽便把此带转赠马植。有一天，马植上朝与皇帝商议政事，宣宗一眼就认出了这条宝带，遂问此带从何而来。马植不敢隐瞒，如实相告。宣宗听后，很是不悦。次日，便将马植贬为天平军（今山东东平北）节度使。马植行走到华州时，又将其再贬为常州刺史。原来在马植离开长安赴任时，宣宗就将马植的亲信之吏董侔逮捕下狱，经审问后，"尽闻（马）植交通之状"[①]，于是才有了再次贬官之举。马植事件在当时影响很大，从此朝官不敢再与宦官交往，对抑制宦官势力的发展起到了一定的作用。

对于那些跋扈宦官，宣宗也采取了适当的措施进行压制，使其不敢过分张扬。如大中八年（854）九月，有一敕使（宦官）路过硖石驿（今河南三门峡市陕州区东南），嫌驿中供给的饼黑，一怒之下，鞭打了驿吏，以至打得浑身是血。陕虢观察使高少逸气愤不平，便将这块饼封送到长安，呈给了皇帝。这个敕使回京后，宣宗斥责他说："山中艰苦，有此食岂是容易？"遂将此人贬到恭陵守陵去了。内园使李敬寔外出，遇到宰相郑朗而不回避，郑朗不平，遂奏报宣宗。宣宗把李敬寔召来，当面诘问。李敬寔回答说：供奉官照例不必回避。宣宗说："你奉命出使，自可通行无阻，岂能因私外出，遇宰相而不回避？"遂命剥去其袍服，送到南衙充役。

正是由于宣宗的这些作为，后世史家称其为"小太宗"。

宣宗以后诸帝皆才具平平，对宦官势力无所抑制，于是在唐朝晚期仍然出现一些大权阉，其中田令孜就比较突出。他是西川人，本姓陈，因为早年被一名田姓宦官收为养子，遂改姓田。关于田令孜的早年情况，史书阙载。在懿宗统治末期，田令孜已经当上了颇有权势的小马坊使，并且与时为普王的僖宗建立了密切的关系。僖宗即皇帝位后，便提升他为枢密使，不久，又晋升为神策中尉，田令孜遂成为僖宗朝炙手可热的大宦官。

据史书记载，田令孜为人机警，多智谋，喜读书，颇有文采。他倚仗皇帝

[①] 裴庭裕：《东观奏记》卷上，中华书局1994年版，第93页。

的宠信，施展手段，先将右神策中尉韩文约逼迫致仕，接着又设法使权势更大的左神策中尉刘行深致仕。在这些斗争中，田令孜采取联合当时两个大宦官家族杨氏与西门氏的策略。在取得胜利后，他又与西门氏家族联合，将杨氏家族的势力压了下去，先将任右神策中尉的杨玄实赶下台，接着又把任枢密使的杨复恭降为飞龙使。西门家族虽然仍有较大的势力，然田令孜借助于皇帝的力量，仍牢牢地控制了朝中的大权。

由于唐僖宗自幼就得到田令孜的关照，僖宗一直叫他"阿父"，当了皇帝以后也没有改口。随着田令孜权势的不断膨胀，他对僖宗的态度也越来越放肆，甚至公然对僖宗说："皇帝不宜为小事而多耗精神，把一切交给老奴办就行了。"当年李辅国对唐代宗说过类似的话，引起了代宗极大的反感。不同的是，僖宗不但不反感，反而认为田令孜为自己分忧了，于是便更加放心大胆地游乐去了，不再为朝政的事烦心，无怪乎旧史家称其"童昏"，意思是说他年幼无知，昏庸而易受蛊惑。

田令孜每次与僖宗见面，都要准备两盘精美的食品，两人相对而坐，一边吃食品，一边闲谈。谈话的内容无非是些奇闻趣事，从不涉及军国政事，一切由他代劳就是了。僖宗也不主动过问此类大事，甘心当傀儡。这样田令孜就可以放心地出卖官爵，大发横财了。田令孜将各种官职公开售卖，明码标价，上至宰相、节度使，下止刺史、县令，只要有钱，找到田令孜就可以满足其要求。至于赐给官员绯鱼袋、紫金鱼袋，更是田令孜的一句话，也不必等例行公事的诏敕。

黄巢占据长安，田令孜与唐僖宗躲入成都，返回长安后因为财政紧张，下令将河东安邑、解县两大盐池收归中央管辖。但是这两处盐池已归河中节度使王重荣所管，王重荣不愿遵命，遂与河东节度使李克用联合对抗朝廷，并击败了前来讨伐的军队，乘胜进军长安。田令孜只好与僖宗再次逃离长安，避往兴元府。田令孜之故，导致皇帝再次出走，引起了朝野上下的一致声讨，田令孜无法继续立足，请求前往成都，归靠其兄西川节度使陈敬瑄去了。唐僖宗在返回长安后不久，遂一病而亡了。

僖宗死后，宦官杨复恭又拥立其弟李杰即位，是为唐昭宗。杨复恭自以为功大，扬扬自得，视昭宗为门生，以座主自居，专断朝政，毫无人臣之礼。他任枢密使时，就在宰相的堂状后贴黄，"指挥公事"。杨复恭不仅专断朝政，而且还以六军十二卫观军容使的身份控制了禁军兵权，他收养了大批假子，任命他们担任禁军将领、节度使，号"外宅郎君"。[1]天下诸镇的监军使，也多由其假子充任，据说共有六百余人，势力之大，空前绝后。杨氏家族还与当时最强大的藩镇之一河东节度使李克用关系密切，所有这一切都是田令孜所不能比拟的。

杨复恭的所作所为引起了昭宗的极大不满，但一时也无可奈何。大顺元年（890）四月，传来了一个使昭宗感到非常振奋的消息，即实力强大的河东节度使李克用被朱全忠（即朱温）与李匡威、赫连铎等联军打得大败，这就意味着杨复恭的靠山不稳了。次年，昭宗下诏解除了杨复恭的军容使、神策中尉的官职，命其到凤翔去任监军。杨复恭对昭宗此举十分气愤，不肯从命，声称自己有病，要求致仕归家。唐昭宗对这样的请求当然求之不得，马上同意了他的请求，令其以上将军的身份致仕。为了防止杨复恭反悔，昭宗还派使者到其家中宣读诏书，赐以几杖，让其安心养老。

杨复恭虽闲居在家，却与其养子玉山军使杨守信往来密切，有人报告说两人密谋造反。昭宗正要找借口铲除杨复恭，一听此言，马上命令天威都头李顺节、神策军使李守节统率所部禁军攻打杨宅。杨复恭当然不愿束手就擒，率其家丁与李顺节等对抗，杨守信闻讯也率玉山营兵前来助战，由于禁军强大，难以抵御，于是杨守信保护杨复恭杀出通化门，向兴元府逃去。兴元是山南西道的治所，节度使是杨复恭之兄杨复光的养子杨守亮。杨复恭到达兴元后，指使杨守亮与其养子武定军（今陕西洋县）节度使杨守忠、龙剑节度使杨守贞、绵州刺史杨守厚以及杨守信等杨氏子弟联兵造反，与朝廷公开对抗。昭宗命凤翔节度使李茂贞、邠宁节度使王行瑜等率军讨伐，杨复恭及杨守亮等屡战屡败，无力

---

[1] 《新唐书》卷二〇八《杨复恭传》，第5890页。

据守山南，遂放弃了兴元，前往河东，想去投靠李克用，当这一行人路经华州时，被韩建擒获。韩建本为田令孜养子，在田令孜失势后，被杨复恭贬到华州任刺史。当韩建擒获杨复恭后，仇人相见，分外眼红，不待朝命，当即处死了杨复恭与杨守信，将杨守亮等人押送长安，昭宗下令处斩。

由于河东节度使李克用与杨氏家族关系密切，后来他上表为杨复恭申诉，要求昭雪平反，昭宗畏惧李克用的强大势力，无奈之下，又颁诏恢复了其官爵，等于为其平了反。

一波未平，一波又起。昭宗自解决了杨复恭的问题后，自然是信任朝官，疏远宦官。宦官们感到危机日益严重，于是左军中尉刘季述与右军中尉王仲先、枢密使王彦范、薛齐偓等密谋，拥立太子为皇帝，尊昭宗为太上皇。光化三年（900）十一月的一天夜里，刘季述等率禁军千余人闯入宫中，把昭宗幽禁起来，另立太子为皇帝。昭宗被囚禁的消息很快传遍了全国，当时另一强大的藩镇宣武节度使朱全忠（见图10-1）决定干预此事，以树立威望，号令天下。他命人与宰相崔胤联络，设法铲除宦官，恢复昭宗的帝位。

天复元年（901）正月初一，禁军将领孙德昭在崔胤的支持下，联合右军将领董彦弼、周承诲一起行动。他们先攻入宫中，扶昭宗上殿，然后分兵抓获了刘季述、王彦范，昭宗刚刚责问几句，二人就被军士们乱棍打死。参与囚禁昭宗的宦官有的闻讯自杀，有的被抓来处死，共杀死大宦官及其同党二十余人。

图10-1 朱全忠像

为了削弱宦官势力，崔胤下令收回了被宦官控制的部分财权，主要是收回了酒曲专卖权，规定自天复元年七月后，两军所造酒曲不得再卖，允许卖酒者自造曲，只要向朝廷缴纳榷酤钱即可。此举不仅剥夺了宦官掌控的财权，同时也侵害了一些藩镇的利益，凤翔镇也在禁止之列，从而引起了李茂贞的不满。李茂贞上书论列不已，又入朝当面陈奏。宦官韩全海乘机拉拢李茂贞，商议对策，崔胤见势不妙，遂加紧与朱全忠勾结，互通信息，以对抗宦官与李茂贞。

崔胤还屡次催促昭宗尽诛宦官，以宫人代替宦官，掌管宫中各类事务。此事很快就传到宦官们的耳中，韩全海马上面见昭宗，哭诉求哀。昭宗遂通知崔胤以后有事，应密封表章以奏，不要口头进奏。但是宦官们却找来几个通晓文字的美女，送到宫中，安置在昭宗身边，于是崔胤之密谋尽为宦官所知，而昭宗却毫无觉察。

当时李茂贞与朱全忠各有挟天子以令诸侯之意，李茂贞想把皇帝迁到凤翔，朱全忠想把天子移至洛阳。崔胤见此状况，知道自己诛杀宦官的密谋已泄，遂紧急向朱全忠写信，称受密诏，令他出兵以迎车驾，且说如果来迟，凤翔必先迎驾，则必将挟天子之命，号令天下诸侯讨伐于他。朱全忠得信，决定发大军向长安进发。以韩全海为首的宦官得知朱全忠将要进军的消息，害怕被诛杀，遂与禁军诸将李继昭、李继海、李彦弼、李继筠（李茂贞养子）等相结，打算出动禁军挟制皇帝。

九月，昭宗得知朱全忠大军将要进入关中，担心与李茂贞发生战争，则长安必然再次遭到涂炭。于是急命韩偓转告崔胤，令其写信给两镇，进行调解。然此事如同箭在弦上，不是一封书信所能阻止的。

十月二十日，朱全忠正式向关中进发。二十九日，韩全海强迫昭宗迁往凤翔，昭宗不愿，韩全海遂命人纵火焚烧后宫，迫使昭宗不得不与皇后、妃嫔等离开宫中，当天夜里便到了距京城60里的鄠县。次日，李茂贞亲自从凤翔赶来迎驾，与昭宗一行人同路返回了凤翔。

朱全忠大军一路势如破竹，他迫使韩建投降后，把韩建另行任命为忠武（今河南许昌）节度使，将华州据为己有，然后继续向长安进军。由于昭宗西幸凤翔时，以崔胤为首的百官大都不愿前往，留在了长安。这时崔胤急忙派人与朱全忠联络，希望他尽快派军队前往凤翔，迎回皇帝。朱全忠入长安后的次日，便与崔胤商议决定当即向凤翔进军。

朱全忠大军在武功击败了李茂贞军，这年十一月二十日，到达凤翔，将凤翔城团团围住。李茂贞为了解围，曾亲自率军与朱全忠的汴军在凤翔城南决战，结果战败，损失一万多人。李茂贞的弟弟保大军节度使李茂勋来救凤翔，也被打得大败而逃。天复二年（902）八月二十日，凤翔兵倾城出动，欲与汴军一决胜负，日暮时分，凤翔兵收兵返城，汴军乘势追击，几乎攻陷凤翔西门，从此李茂贞再也不敢轻易出城作战了。

凤翔成为孤城后，粮食及其他物资越来越紧缺。城中居民因饥饿而死者不计其数，饥饿的人们甚至以人肉为食，市场上人肉每斤一百文，狗肉每斤五百文。有的人奄奄一息尚未断气，就被人割肉以食，甚至有父子相食的惨状出现。昭宗贵为皇帝，生活也极为艰难，李茂贞只能供给一点猪、狗肉，皇子、公主及嫔妃只能一天吃粥一天喝汤以度日。后来竟然连汤也供应不上了，昭宗只好拿出一些衣物换回一点豆、麦，在行宫中设小磨，命宫人自磨以供皇帝与皇子、嫔妃食用。每逢大雪天气，凤翔城中便是一片片冻饿而死的尸体，状况非常悲惨。

凤翔城中的这种状况，使得城池很难再坚守下去了，人心惶惶，不断有兵士出城投降。李茂贞为了自保，不得不与朱全忠议和，表示愿意奉天子回京，并杀死宦官。

天复三年（903）正月二日，昭宗派朝臣与李茂贞的使者一同出城，来到朱全忠的营寨议和。此后，又连续派出两批人议和，以表示诚意。六日，李茂贞背着韩全诲等宦官面见昭宗，表示愿意诛杀宦官，奉车驾返京。昭宗大喜，当即授命斩杀韩全诲等宦官及禁军将领李继筠、李继诲、李彦弼等，共计杀死二十余人。然后命人把这些首级送出城去，拿给朱全忠看。正月二十二日，李茂贞打开城门，送昭宗一行人来到汴军营寨。朱全忠素服待罪，见到昭宗便跪伏在地，泪流满面，昭宗令人将其扶起，好言抚慰，并赐给其玉带。二十七日，昭宗一行人在汴军的护送下，终于又一次回到了长安。

昭宗回到长安仅仅数日，崔胤与朱全忠便商议彻底铲除宦官的问题。崔胤出面奏请皇帝罢除宦官所任的内诸司使，并且下令召回在诸道监军的宦官。昭宗不敢不从，遂按他们的意思颁布了诏书，将第五可范为首的宦官七百多人全部集中到内侍省杀死，只留数十名小黄门洒扫庭院。对于外地监军的宦官，命所在地全部处死，除几个藩镇藏匿少数宦官没有杀掉外，其余宦官被诛杀殆尽。

随着宦官被诛杀，唐朝存在一百多年的南衙北司之争也彻底结束了。自此以后，出宫传达皇帝诏命，就只好由宫人负责了。

四、宦官的历史作用

唐代士人曾对宦官专权、挟制天子、败坏吏治、贪赃枉法、祸国殃民的罪状，做过痛切的指斥。宪宗元和初年皇甫湜的《制策》，指陈当时的朝政是宦官"掌王命，握兵柄，内膺腹心之寄，外当耳目之任"。公卿大夫则"偷合苟容，持禄养交"。将帅"知兵者亦寡"，而"怙众以固权位，行贿以结恩泽"。[1] 文宗太和二年（828），名士刘蕡应贤良对策时，更极言宦官之专横，指出"忠贤无腹心之寄，阉寺持废立之权"[2]。唐末昭宗时，宰相崔胤在请尽诛宦官的奏章中说："内务百司，皆归宦者，上下弥缝，共为不法，大则倾覆朝政，小则构扇藩方。车驾频致播迁，朝廷渐加微弱，原其祸作，始自中人。自先帝临御已来，陛下纂承之后，朋俦日炽，交乱朝纲，此不翦其本根，终为国之蟊贼。"[3] 唐人所指出的这些情况，基本属实。唐代宦官自得权以来，政治上控制天子，以固其位，军事上独揽大权，以树其威，经济上疯狂掠夺，以遂其欲，致使唐代社会愈益走向腐败。其历史的罪责是不容否定的。

然而，这些也不值得惊怪。这些劣迹和祸害，大都属于剥削阶级和专制制度本身的痼疾和弊端，朝官集团在这些方面也未见得能好多少。就反对宦官的元载、王伾、王叔文、李训、郑注等人来说，也并非什么"正人君子"。《旧唐书·元载传》说，元载助代宗诛除宦官鱼朝恩后，"志气自若，谓己有除恶之功，是非前贤，以为文武才略，莫己之若。外委胥吏，内听妇言。城中开南

---

[1] 《全唐文》卷六八五《对贤良方正直言极谏策》，第 7015—7017 页。
[2] 贺复微编：《文章辨体汇选》卷一八八刘蕡《应贤良方正能直言极谏科策》，文渊阁《四库全书》本，第 1404 册，台湾商务印书馆 1986 年版，第 287 页。
[3] 《旧唐书》卷一八四《杨复恭传》，第 4777 页。

北二甲第,室宇宏丽,冠绝当时。……城南膏腴别墅,连疆接畛,凡数十所,婢仆曳罗绮一百余人,恣为不法,侈僭无度。江淮方面,京辇要司,皆排去忠良,引用贪猥。士有求进者,不结子弟,则谒主书,货贿公行,近年以来,未有其比"。"会有上封人李少良密以载丑迹闻,载知之,奏于上前,少良等数人悉毙于公府。由是道路以目,不敢议载之短。门庭之内,非其党与不接,平素交友,涉于道义者悉疏弃之。"同书《王伾传》说:"伾与叔文及诸朋党之门,车马填凑,而伾门尤盛,珍玩赂遗,岁时不绝。室中为无门大柜,唯开一窍,足以受物,以藏金宝"。同书《郑注传》说:"是时,训、注之权,赫于天下。既得行其志,生平恩仇,丝毫必报。因杨虞卿之狱,挟忌李宗闵、李德裕,心所恶者,目为二人之党。朝士相继斥逐,班列为之一空,人人惴栗,若崩厥角。"论起贪酷,这些专权的朝官同专权的宦官一样,都是一丘之貉。

尽管唐代宦官有过种种劣迹,但它在维护中唐以后中央权力方面所起的作用,还是应给予客观的评价。

唐代宦官区别于东汉及明代宦官的最重要的特点,是宦官握有兵权。这时的兵权,主要指两种情况:一是指宦官掌握的禁军兵权;二是指宦官出任地方监军,控制了一部分兵权。这是唐王朝针对当时形势采取的相应措施,并且已被证明是行之有效的。

宦官统领的神策军,是中唐以后唐王朝在军事上的主要支撑者。中唐以后,藩镇割据,不仅河北、山东列镇相望,连腹心之地关中,也遍设节度使,成为唐中央的一大祸患。这迫使朝廷建立一支由中央直接掌握、有战斗力的军事武装。《新唐书·兵志》载:"强臣悍将兵布天下,而天子亦自置兵于京师,曰禁军。"这里所谓禁军,便是指神策军。这是中唐以后由宦官掌握的军事力量,除此之外,朝廷再没有直接指挥的军队。

随着中央与地方矛盾斗争的日益尖锐,神策军不断被强化。代宗大历初年,神策军以大量吸收藩镇军队进行了扩编。在这次扩编中,久经沙场的平卢兵马使邢君牙,平卢名将阳惠元,安史降将尚可孤,朔方名将郝廷玉、侯仲庄,以及号称"万人敌"的陇右名将李晟,均被任命为神策军重要将领。德宗贞元年间,神策军再次扩编，一方面继续收编藩镇军队，另一方面招募为数甚少的所谓富家子弟。如镇国军节度使骆元光卒，其军并入神策军。贞元十四年（798），因神策军"药茗蔬酱之给最厚。诸将务为诡辞，请遥隶神策军，……由是塞上往往称神策行营，皆内统于中人矣，其军乃至十五万"①。可见神策军的兵士主要来自收编藩镇军队，收编者都是作战能力较强的边军，只有极少数来自招募。

神策军在维护中央政权、巩固统一国家中发挥了很大的作用。

首先，在阻遏吐蕃等少数族的袭扰中为唐王朝立下了战功。安史之乱中及其后，吐蕃乘机入犯。早在广德元年，"西蕃入犯京畿，代宗幸陕"的危难时刻，宦官鱼朝恩率"大军遽至迎奉，六师方振"，②就立下了迎驾大功。其后，唐政府以神策军出镇京西地区，"使与节度使犄角相应"，"以备御吐蕃"。③贞元五年（789）夏，吐蕃三万寇宁州，神策将高崇文"率甲士三千救之，战于佛堂原，大破之，死者过半"。④八年，吐蕃寇灵州，"诏河东、振武救之，遣神策六军二千戍定远、怀远城；吐蕃乃退"。⑤宪宗元和十五年（820）十月，吐蕃军欲寇泾州，唐命宦官梁守谦"充左右神策、京西、京北行营都监，统神策兵四千人，并发八镇全军赴泾州救援"⑥直到宣宗年间张议潮驱逐吐蕃，收复河陇，近百年中，神策军始终是抵御吐蕃的一支重要力量。此外，文宗太和三年（829），"云南蛮寇成都，右领军卫大将军董重质为左右神策及诸道行营西川都知兵马使以伐之"⑦。懿宗咸通五年（864），"南蛮寇邕管，以秦州经略使高骈率禁军五千赴邕管，会诸道之师御之"⑧。历次战斗皆以神策军为主力。

其次，神策军讨伐藩镇叛乱的功绩更是不能抹煞的。《新唐书·兵志》载，德宗初年，"神策兵虽处内，而多以神将将兵征伐，往往有功"。如建中元年，

---

① 《新唐书》卷五〇《兵志》，第 1334 页。
② 《旧唐书》卷一八四《鱼朝恩传》，第 4763 页。
③ 《资治通鉴》卷二三九，唐宪宗元和七年十一月，第 7698 页。
④ 《旧唐书》卷一五一《高崇文传》，第 4051 页。
⑤ 《资治通鉴》卷二三四，唐德宗贞元八年三月，第 7530—7531 页。
⑥ 《册府元龟》卷六六七《内臣部·将兵》，第 7977—7978 页。
⑦ 《新唐书》卷八《文宗本纪》，第 232 页。
⑧ 《旧唐书》卷一九上《懿宗本纪》，第 656 页。

刘文喜据泾州叛，德宗命朱泚、李怀光讨之，"命神策军使张巨济将禁兵二千助之"①。三年，魏博节度使田悦叛，"诏朔方节度使李怀光将朔方及神策军步骑万五千人东讨田悦"②。"（阳）惠元领禁兵三千与诸将讨伐（田悦），战御河，夺三桥，皆惠元之功也。"③建中四年正月，左龙武大将军哥舒曜、神策军行营兵马使刘德信，统神策及凤翔、邠宁等军万余人征讨淮西李希烈。同年十月，发生著名的泾原兵变。在德宗出奔奉天、再逃兴元的紧急关头，神策军军将李晟、邢君牙、尚可孤等，与叛军殊死奋战，终于收复京城，使唐王朝转危为安。自贞元十二年以窦文场、霍仙鸣任左右神策中尉，宦官掌神策成为定制以后，十多万神策大军完全控制了京畿关内地区，直到唐末以前的百年间，这些地区再未见大的动乱。其他地区出现藩镇叛乱，神策军随时应命出征。如宪宗元和元年，西川节度使刘辟反，左神策行营节度使高崇文与左神策京西行营兵马使李元奕率神策军讨平之。四年，成德节度使王士真薨，子承宗自为留后，抗拒朝命，左军中尉吐突承璀亦率神策军讨之。承璀虽出师败绩，然经年苦战，也是事实。最后用计，乃使王承宗罢兵。

总之，宦官掌握神策军，大大增强了唐中央的军事实力，对于防遏少数族袭扰和抑制地方藩镇，具有十分重要的意义。吐蕃等族不能恣意入犯，一般藩镇不敢睥睨朝廷，即使河朔藩镇，也在一个长时期内未能公然割据称雄。文宗时日本僧人圆仁也看出了这点，他在《入唐求法巡礼行记》卷四说："左右神策军者，天子护军也，每年有十万军。自古君王频有臣叛之难，仍置此军以来，无人敢夺国位。"安史之乱，唐几于亡，而唐王朝最终能维持一百数十年之久，挟天子以令诸侯的宦官及其所领的神策军，是军事上的主要支撑者。

宦官监军也是中唐以后的特殊历史现象。玄宗天宝八载，募兵制取代了府兵制，领兵将领不再是"事解辄罢"，而是长期统领军队。于是，外重内轻、尾大不掉的形势逐渐形成。唐中央为加强对统兵将帅的监督和牵制，从而有效

---

① 《资治通鉴》卷二二六，唐德宗建中元年四月，第7279页。
② 《资治通鉴》卷二二七，唐德宗建中三年五月，第7330页。
③ 《旧唐书》卷一四四《阳惠元传》，第3915页。

地控制藩镇，便用宦官出任地方监军。天宝年间，宦官边令诚监高仙芝军。安史之乱后，发展到凡有兵马处，莫不设有监军。如德宗朝宰相萧复所说："艰难以来，始用宦官监军。"事实证明，宦官监军是中央对藩镇斗争的需要。

监军的基本职责是以皇帝特派员的身份常驻藩镇，"监视刑赏，奏察违谬"①。如德宗时，剑南节度使崔光远虽平息了段子璋之乱，"然不能禁士卒剽掠士女，……帝诏监军按其罪"②。李德裕在藩镇有政绩，监军使田全操等"继以事闻，恩诏嘉许"③。监军还协助戎臣消弭兵乱，稳定军情。德宗时，义成节度使李复疾笃，"监军使薛盈珍虑变，遽封府库，入其麾下五百人于使牙"④。贞元年间，拥有十万兵的宣武军变乱继作，监军俱文珍采取措施，消除了祸乱。宦官李辅光任河东监军十五年，"前后三易节制，军府晏如"⑤。直到唐末，监军在藩镇兵乱中仍能起到些调解作用。如僖宗时河东兵乱，杀节度使康传圭，"监军周从寓自出慰谕，乃定"⑥。

唐中央在叛服不定的跋扈藩镇派驻的监军，尽管不能施展全部职能，只是"羁縻而已"，但仍是中央统治的象征，构成了中央与藩镇联系的桥梁。多数节度使为了获得朝廷旌节，仍需"严奉监军，厚遗敕使"⑦。而在中央政令所及的藩镇，监军则能以"常驻大使"的身份，忠实贯彻皇帝旨意，起到"监护统帅，镇静邦家""布皇恩于阃外，推赤心于腹中"⑧的作用。

诚然，由于宦官有皇帝心腹的特殊身份，监军往往"权过节度"。监军干政，有时会削弱地方军队的战斗力，以致造成军事上的一些失败。但权衡利弊，其积极作用应是更主要的。《册府元龟》卷六六七《内臣部·监军序》云："申

---

① 《资治通鉴》卷二四〇，唐宪宗元和十三年四月胡注，第7377页。
② 《新唐书》卷一四一《崔光远传》，第4655页。
③ 《全唐文》卷七三一《赞皇公李德裕德政碑》，第7534页。
④ 《旧唐书》卷一五三《卢坦传》，第4091页。
⑤ 《全唐文》卷七一七《兴元元从正议大夫行内侍省内侍知省事上柱国赐紫金鱼袋赠特进左武卫大将军李公墓志铭》，第7375页。
⑥ 《资治通鉴》卷二五三，唐僖宗广明元年正月，第8220页。
⑦ 《资治通鉴》卷二四七，唐武宗会昌三年四月，第7979页。
⑧ 王昶辑：《金石萃编》卷一〇七《朱孝诚碑》，中国书店1985年版。

严有翼则往无不济，爱克厥威则功或罔成。虽委以腹心诚无外顾，而贞其师律或爽嘉猷。信利害之相兼，否臧之不一也。"

由上可见，中唐以后，吐蕃袭扰，连年不断；藩镇动乱，百数十年。然终未能致唐廷于死地，唐王朝赖以生存的全部军事力量，便是宦官统领的神策军和监军控制的地方藩镇。

唐代宦官还被授以枢密使、宣徽使等要职，在日常政治生活中起着相当重要的作用。两军中尉、枢密使和宣徽使，类似南衙的宰相。代宗时用董秀掌枢密，宪宗以刘光琦、梁守谦为枢密使。宣徽使之设，大约与枢密使年代略同。中唐以后，宦官以枢密使、宣徽使及中使的身份，参与决策，宣传诏旨，出纳王命，不仅加强了对文臣武将的监督控制，而且延伸了皇帝的权力，在一定程度上增强了皇权。

所以说，宦官植根于专制主义的皇权，滋生于政治腐朽的土壤，一旦获得窃权干政的资本，便擅作威福，为所欲为。但也不能把当时社会本身的弊端全部归于宦官。还应当看到，在唐王朝面临外扰内乱、各种矛盾尖锐、皇权衰弱的情况下，宦官作为皇帝的心腹和助手，对监视朝臣、控制藩镇、抵御少数族袭扰、维护中央政权起过一定的积极作用。

第十一章 元和中兴之成就

唐宪宗是唐后期较有作为的一位皇帝，其在位的元和年间，坚决实施削除藩镇割据的政策，取得了很大的成就。先后扫平了西川、夏绥（今陕西靖边白城子）、浙西、淮西、淄青等割据藩镇，迫使强大的魏博镇归顺中央，接着成德、横海（今河北沧县东南）等镇也表示服从朝廷，中央威望大增，史称"元和中兴"。

第一节　宪宗定策长安

一、削藩策略的制定

公元805年，28岁的宪宗李纯（见图11-1）即位，次年正月，改元"元和"。他是唐德宗的孙子、唐顺宗的儿子。当时距安史之乱已有四十多年。四十多年中，中央王权与地方藩镇形成尖锐对立的局面，对社会政治经济影响极大。肃、代两朝，专务姑息，导致藩镇日强、中央日弱之势。德宗初行裁抑，酿成泾原兵变，王朝几至覆亡。顺宗因病，即位七月即被迫禅位。宪宗是在藩镇气焰十分嚣张的情况下继承皇位的。

图11-1　唐宪宗像

唐宪宗目睹了其祖父唐德宗统治时期藩镇跋扈嚣张的情况，决心铲除这些跋扈藩镇。他深知如果没有充足的财力支持，欲想达到这一目的是根本不可能的。于是，他首先整顿了财政体系，将德宗时期收入宫中贮于"别库"的资财，全部转归国家"正库"即左藏收管，统一调节支用，以备急需。接着他又加强了对江淮财赋的整顿，接受杜佑的推荐，任命李巽为盐铁转运使，掌管此项工作。李巽非常称职，史称"自刘晏之后，居财赋之职者，莫能继之。巽掌使一年，征课所入，类晏之多，明年过之，又一年加一百八十万缗"[①]。另《册府元龟》卷四九三《邦计部·山泽》载：元和元年，收入粜盐虚钱1128万贯；元和二年（807），收入1305.73万贯；元和三年，收入达1781.51万贯。可见李巽对财税的整顿还是颇有成效的。在元和初年，地方税收分为三部分，即上供、送使、留州。元和四年，宰相裴垍建议改革赋

[①]　《资治通鉴》卷二三七，唐宪宗元和元年四月，第7630页。

税制度，主张诸道节度、观察使府所需用，就地征取使府所在州的赋税，如仍不够支用，才可以征收管内其他州县的赋税，并且规定"天下留州、送使物，一切令依省估"①。这一政策实施后，使得诸道管内支郡的送使钱物，全部上交给了中央财政，对加强中央财政实力、削弱诸道财力起到了积极的作用。

唐宪宗在即位之初，曾颁诏罢诸道进奉，但实际情况却是诸道进奉从未间断过。元和三年，山南西道节度使柳晟、浙东观察使阎济美入京述职，同时进奉财物。御史中丞卢坦弹劾说他们违诏进奉，应给予处罚。宪宗却认为自己已经赦其罪，不可失信，卢坦不同意宪宗的说法，坚持认为应该维护皇帝诏敕的大信，而不应拘泥口头小信，迫使宪宗将进奉的财物交出，转归度支库收藏。此后，凡有藩镇进奉，宪宗大都照收不误，如果有人反对，充其量将其转交国家库藏收管而已。关于唐宪宗接收诸道藩镇进奉钱财的次数及收取的数额，《册府元龟》卷一六九《帝王部·纳贡献》有较详的记载，就不一一列举了。需要指出的是，宪宗的这些行为虽然有增强中央政府财力的作用，但也在一定程度上加重了诸道对百姓的盘剥。

为了确保充足的财力，宪宗除广开财源外，节流省用也是其采取的措施之一。元和初期，他多次拒绝了四方藩镇进贡的歌舞伎乐，认为这类人过多，将会消费巨额资财，"岂可剥肤搥髓强娱耳目焉"②。他曾经与宰相李藩论及足用与节俭的关系，李藩认为足用来自节俭，并且说皇帝如果不以珠玉为贵，专心号召百姓广植农桑、发展生产，那么奇技淫巧也就没有市场了。百姓富足，陛下岂有不富足道理？反之，百姓饥寒交迫，陛下要富足又怎么可能做到呢？宪宗非常赞同李藩的观点，说："俭约之事，是我诚心；贫富之由，如卿所说。唯当上下相勖，以保此道"③。

在中央政府拥有充足的财力后，宪宗开始对跋扈藩镇发动一系列的战争，

---

① 《唐会要》卷八三《租税上》，第1823页。
② 苏鹗：《杜阳杂编》卷中，见上海古籍出版社编：《唐五代笔记小说大观》，上海古籍出版社2000年版，第1382页。
③ 《旧唐书》卷一四八《李藩传》，第3999页。

并且接连获得胜利，与唐德宗时的情况形成了鲜明的对照。

宪宗即位之初，对待藩镇问题十分谨慎。他没有先从比较强大的河北藩镇动手，而是先拿比较弱小的藩镇开刀。元和元年，首先遇到的是西川刘辟的叛乱。刘辟原为西川节度使韦皋的府佐，任剑南支度副使。韦皋死，刘辟自为留后，指使诸将上书要求他继任节度使。宪宗没有同意，征刘辟为给事中。刘辟拒不受征，阻兵自守，公然发动武装叛乱。宪宗即位伊始，并不愿大动干戈，遂以刘辟为西川节度副使、知节度事。刘辟并不满足，在要求兼领三川遭到拒绝后，发兵围攻东川节度使李康。谏议大夫韦丹上疏："今释辟不诛，则朝廷可以指臂而使者，惟两京耳。此外谁不为叛！"① 宰相杜黄裳、翰林学士李吉甫也力主用兵。于是宪宗决意讨伐，任命左神策行营节度使高崇文率兵讨之。不意仅仅九个月时间，即平息了刘辟之乱。西川的收复、刘辟的败亡，是宪宗取得的第一仗胜利。

与此同时，夏绥留后杨惠琳也以武力对抗唐廷。夏绥节度使韩全义自请入京朝觐，以其外甥杨惠琳为夏绥留后。元和元年三月，宪宗另行任命神策军将李演为夏绥银节度使，并令韩全义致仕。杨惠琳闻讯，勒兵抗拒，宪宗下令讨伐，官军尚未出动，当月，杨惠琳为夏州兵马使张承金所杀。夏绥的叛乱也很快平定，这对宪宗扫平叛乱来说是一个鼓舞。

元和二年，又发生了浙西李锜的叛乱。李锜为唐宗室，德宗时曾任润州刺史、浙西观察、诸道盐铁转运使。他利用职权，"多积奇宝，岁时奉献"②，上媚皇帝，下赂权贵，顺宗时受任为浙西节度使，亦称镇海节度使。宪宗平定刘辟、杨惠琳之乱后，藩镇的气焰有所收敛，多求入朝。李锜迫于形势，也假意请求入朝。宪宗同意，李锜却反悔了，并且发动了叛乱。十月，宪宗下诏削去其官爵和属籍。所谓属籍，是指将其从宗室籍中除名。又任命淮南节度使王锷为统帅，调发宣武、义宁、淮南、宣歙、江西、浙东等道军队，联合进剿。在官军的强大压力下，李锜部下将领人心思变，其部将张子良、李奉仙、田少卿率三千军队倒戈，

---

① 《资治通鉴》卷二三六，唐宪宗永贞元年十二月，第7624页。
② 《新唐书》卷二二四上《李锜传》，第6382页。

与李锜外甥裴行立联合，包围了李锜的住所，抓获李锜，押送长安。十一月，李锜与其子一同被斩杀于长安，其家财充作当年浙西百姓的赋税。

与西川、夏绥、浙西的较量，可谓宪宗平叛的初步尝试。宪宗君臣在削藩的初期，是经过一番周密思考的。他们避免了德宗时四面出击的战术，而在战略上实行先弱后强、各个击破、缩小打击面、孤立元凶的方针，选择易于攻取、基础较弱的西川刘辟、浙西李锜，首先下手。由于西川、浙西周围各镇都服从唐廷号令，刘辟、李锜在两镇的统治尚未形成牢固的基础，因此他们发动的叛乱，不仅得不到周围各镇的支持，同时还遭到内部的反对。正如翰林学士李绛所说："西川、浙西皆非反侧之地，其四邻皆国家臂指之臣。刘辟、李锜独生狂谋，其下皆莫之与，辟、锜徒以货财啖之，大军一临，则涣然离耳。"① 实践证明，这一分析是完全正确的。

平叛尝试的成功，促成了割据势力的分化。元和五年（810），张茂昭以易（今河北易县）、定二州归顺中央。七年（812），魏博节度使田季安死。年仅11岁的儿子怀谏继职，援例请朝廷封任。朝中有人主张用兵。李绛分析了魏博的形势，认为"可坐待魏博之自归也"②。事态的发展不出所料，由于魏博的内部矛盾，将士拥兵马使田兴为留后。田兴素来主张服从朝廷，上表请求归顺。唐廷顺势命他做节度使，赐名弘正，并厚加犒赏。这样，没费一兵一卒便收魏博之地。

接连的胜利，使宪宗君臣意识到自己的力量，看到了时势所赋予他们实现"中兴"的机会，因而更加坚定了对割据藩镇进一步采取军事行动的信心和决心。

宪宗要削平藩镇，从哪里下手为好呢？当时，形同独立的藩镇有两个地区：一是河朔的卢龙、成德和与河朔诸镇有密切联系的平卢；一是淮南西道的淮西镇。前者地远、力大，各镇往往互相支援；后者地小、力微，形势比较孤立。唐廷用兵，自然以集中兵力先取淮西为宜，更重要的是淮西是朝廷的心腹之患。淮西镇领有申（今河南信阳）、光（今河南潢川）、蔡三州，即今河南东南角与安徽、

---

① 《资治通鉴》卷二三八，唐宪宗元和四年七月，第 7663—7664 页。
② 《资治通鉴》卷二三八，唐宪宗元和七年八月，第 7693 页。

湖北交界的地区。它雄据淮、颍两河交汇的三角地带，扼制着长江下游通往中原的主要孔道。其势力向北推进能控制汴梁，向东北推进就能扼制甬桥（在今安徽宿州城南古汴河上），切断漕运：地理位置具有十分重要的战略意义。唐自安史之乱后，北方残破，经济重心南移，政府财政主要有赖于江淮地区的贡赋。因此，以运河为主的转运江淮粮赋的漕运线，乃朝廷的经济命脉，它一旦中断，就会在两京造成极大恐慌。如《新唐书·李正己传》载，德宗建中初，藩镇连兵，李正己陈兵"徐州以扼江、淮。天子于是改运道，檄天下兵为守备，河南骚然"。在中原战乱和运河受阻的时候，唐政府曾先后启用过几条临时运输线。但由于淮西镇横亘在南北交通的咽喉要冲，无论漕运如何改道，只要淮西兵锋所及，均能对粮赋转运造成威胁。这便是元和削藩中把淮西作为重点打击对象的主要原因。从淮西镇的历史来看，它存在着藐视朝廷、侵暴四邻、荼毒人民的罪恶记录。早在德宗时，淮西节度使李希烈就参与了卢龙、成德、魏博、淄青四镇之乱，自称楚帝。李希烈死后，吴少诚继为节度使，遣兵袭唐州，掠临颍，围许州。德宗合诸道兵进讨，屡为所败。宪宗元和四年，吴少诚死，吴少阳自为留后。"少阳在蔡州，阴聚亡命，牧养马骡，时抄掠寿州茶山以实其军。"①元和九年（814），吴少阳死，其子吴元济自领军务，"发兵四出，屠舞阳，焚叶，掠鲁山、襄城"②，"纵兵侵掠，及于东畿"③。淮西与唐廷的矛盾已发展到不可调和的地步。

讨平淮西是元和削藩的关键一战。尽管在元和之初已顺利平息了几起叛乱，但对长期割据的强藩来说，影响并不很大。淮西在诸镇中不仅为害最烈，且为叛镇营垒的南方前哨。裴度曾对宪宗说："淮西，腹心之疾，不得不除；……两河藩镇跋扈者，将视此为高下"④。可见，淮西同诸镇命运息息相关。若讨伐获胜，将开创唐廷征服强藩悍镇的先例，从而使反迹未彰者闻风震慑乃至归服。

---

① 《资治通鉴》卷二三九，唐宪宗元和九年闰六月，第 7705 页。
② 《资治通鉴》卷二三九，唐宪宗元和九年九月，第 7707 页。
③ 《资治通鉴》卷二三九，唐宪宗元和十年正月，第 7707 页。
④ 《资治通鉴》卷二三九，唐宪宗元和十年六月，第 7714 页。

就地理位置而言，淮西地处中原腹地，同河北、山东叛镇并不接壤，辖区又仅限于申、光、蔡三州。早在元和四年宰相李绛就进言："少诚病必不起。淮西事体与河北不同，四旁皆国家州县，不与贼邻，无党援相助；朝廷命帅，今正其时，万一不从，可议征讨。臣愿舍恒冀难致之策，就申蔡易成之谋。"① 元和七年，距淮西最近的魏博镇田弘正归顺朝廷，又进一步割断了淮西同河北、山东诸镇的联系。这一变化使唐廷的战略地位有了极大的改善。基于以上情况，用兵淮西，乃势所必然。

二、辉煌的削藩成就

元和九年冬，当淮西吴少阳死，其子吴元济自领军务发兵作乱时，宪宗抓住这一机会，果断地做出征讨淮西的决定，以严绶为申、光、蔡招抚使，督诸道兵招讨吴元济，命内常侍知省事崔潭峻监其军，揭开了元和削藩战争的序幕。

讨伐淮西的战争自元和九年十月开始，到十二年十一月结束，前后延续了三年之久。这场战争比平定西川、浙西要艰巨得多。淮西镇是一个有相当战斗力的武装集团。《新唐书·吴少诚传》云："自希烈以来，申、蔡人劫于苛法而忘所归，及耆长既物故，则壮者习见暴掠，恬于搏斗。地少马，乘骡以战，号'骡子军'，尤悍锐。"面对较强的敌手，唐军未能集中兵力统一指挥。当时九万之众，由各地分别出兵，心志不一，威力不大，只有忠武节度使李光颜有所进展，斩敌数千，取得了小胜。加之宦官监军，阻碍军事，以致旷日持久，进讨无功。而且吴元济的叛乱还得到成德节度使王承宗和淄青节度使李师道的支持。此二镇因有唇亡齿寒之虑，联名上表请赦吴元济。在遭到朝廷拒绝后，他们即调兵遣将，分赴各地进行破坏活动。如李师道采用恐怖手段，威吓朝廷，以图解除淮西之围。

李师道蓄养刺客数十人，有刺客向他献计说："用兵所急，莫先粮储。今河阴院积江、淮租赋，请潜往焚之。募东都恶少年数百，劫都市，焚宫阙，则朝廷未暇讨蔡，先自救腹心。此亦救蔡一奇也。"② 李师道从之。为了破坏朝廷

---

① 《资治通鉴》卷二三八，唐宪宗元和四年七月，第7664页。
② 《资治通鉴》卷二三九，唐宪宗元和十年四月，第7711页。

的作战计划，李师道在元和十年（815）的三四月间，派人放火烧毁河阴（今河南荥阳西北）转运院仓库，烧钱帛三十余万缗匹、谷三万余斛。六月，又派刺客潜入长安，乘天明前百官出门上朝时，刺杀主战派宰相武元衡，刺伤御史中丞裴度。贼人还向负治安责任的金吾和府县衙门提出书面警告："毋急捕我，我先杀汝！"①许多朝官闻风丧胆，有的主张罢兵，有的主张罢去裴度的官职。宪宗则不肯让步，一面搜捕贼党，加强戒备，一面升任裴度为宰相，表明了用兵的决心。

武元衡被刺事件牵连到成德的王承宗，因而激化了唐廷与成德的矛盾。元和十年宪宗下诏，公布王承宗罪状后，王承宗纵兵四掠。于是，宪宗下令河东等六道兵进讨。对淮西、成德两线作战，使唐廷陷于十分不利的局面。在一年多时间里，两线皆未取得进展，白白消耗了大量的财力、物力。现实的教训使宪宗采纳宰相李逢吉等人"宜并力先取淮西，俟淮西平，乘其胜势，回取恒冀"②的建议，撤销了河北行营，全力以赴对付淮西。

元和十二年（817），宪宗命裴度以宰相兼彰义节度使（即淮西节度使），充淮西宣慰处置使，驰赴前线（驻河南郾城），指挥全线战事。大将李愬受任为唐、随、邓节度使，积极筹划直捣淮西腹心的行动。他们取消了宦官监军，充分发挥将领的才能，士气大振。李愬是德宗时收复京城的名将李晟之子，沉勇有谋。他到达唐州（今河南泌阳），首先巡视士卒，慰问伤员。先后俘获招降敌将丁士良、吴秀琳、李忠义、李祐等，推诚相待，对投降士卒也实行宽大政策。为了掌握敌方情况，"每得降卒，必亲引问委曲，由是贼中险易远近虚实尽知之"③。当时，淮西粮食将尽，居民逃到政府军辖区的达五千余户。裴度调整部署，任命北线作战主要由李光颜指挥，南线则主要由李愬指挥。李光颜感裴度知遇之恩，对淮西军队发起了猛烈进攻，迫使吴元济大将董重质率主力骡军移守洄曲（今河南漯河市沙河与澧河汇流处下游一带），蔡州的西南面防务空虚，这就为李

---

① 《资治通鉴》卷二三九，唐宪宗元和十年六月，第7713—7714页。
② 《资治通鉴》卷二四〇，唐宪宗元和十二年五月，第7734页。
③ 《资治通鉴》卷二四〇，唐宪宗元和十二年五月，第7734页。

愬雪夜袭取蔡州创造了条件。在充分掌握敌情的基础上，李愬制定了乘虚袭蔡的用兵方案。

是年冬十月辛未，李愬率将士九千人，分作三队，以李祐、李忠义率突将三千为前驱，自与监军将三千人为中军，命李进诚将三千人殿其后。部队从文城栅（今河南遂平西南）出发，东行60里，到张柴村（在今河南汝南），天色已晚。稍事歇息，留五百人拆断通洄曲方面的桥梁，然后连夜引兵继续东行。众将问行军去向，李愬才说："入蔡州取吴元济！"这时风雪交加，从张柴村到蔡州70里路，军队急行军于四更时分赶到蔡州城下。自吴少诚拒命，官军不到蔡州已三十多年，故城上毫不戒备。李祐、李忠义率部攀上城垣，杀死守兵，留下更夫照常打更。进入城内，如法炮制。待天亮鸡啼时，官军已全部入城。吴元济得讯，率左右登牙城拒战，官军放火焚烧牙城南门。李愬入城，先访得董重质家属，好生款待，令其发信招降，"重质遂单骑诣愬降"，断绝了吴元济指望董重质援救的念头。①由于外援无望，牙城南门已被烧坏，吴元济只好投降。申、光二州闻讯，也于当天投降。这便是历史上著名的"李愬雪夜入蔡州"的故事。淮西之战至此取得了彻底的胜利。吴元济被送到京城后，宪宗命令斩于城中独柳树下。

讨伐淮西的战争，是宪宗对藩镇用兵并取得一系列胜利的关键，也是改变中央同藩镇力量对比的转折点。削平淮西，强藩悍将无不畏惧，朝廷声威由是复振。它坚定了宪宗"志平僭叛"的决心，鼓舞了唐军的士气。

这一重大事件产生了强烈的反响，也引起了一系列连锁反应。河北、山东的割据藩镇在惊惧之余，开始寻求自己的归宿。短短几年间，政局发生了急剧的变化。山东淄青镇是实力最雄厚的叛镇之一。在平淮西的过程中，李师道虽曾施展阴谋，然并未改变战争的进程。淮西的平定使他胆战心悸，终于"遣使奉表"表示归顺。他刚迈出赎罪的第一步，旋即反悔。但此时山东军民人心所归，已由不得他了。元和十三年七月，宪宗下诏宣布李师道罪状，并遣各路藩镇围

---

① 《资治通鉴》卷二四〇，唐宪宗元和十二年十月，第7741页。

攻郓州（今山东东平西南州城镇西北）。在郓州被围之后，淄青大将刘悟以万余人屯兵阳城（今山东阳谷东北），知李师道必败，回军夺取了郓州治所须昌，杀李师道，以淄青十二州归附朝廷。仅用半年时间，唐军即全复山东，结束了淄青镇五十四年的割据状态。范祖禹在《唐鉴》卷一八评论道：宪宗平淮西后，"取淄青如反掌，不惟乘胜用兵之易，盖人心先服故也"。

成德镇是河朔三重镇之一，曾多年为害。当淮西吴元济与唐军对抗的时候，成德节度使王承宗也响应吴元济、李师道，与唐作战并纵兵四掠。宪宗命左神策中尉吐突承璀为左右神策行营兵马使兼招讨处置等使，统六镇兵十余万讨王承宗。然而，六镇兵"回环数千里，既无统帅，又相去远，期约难一，由是历二年无功，千里馈运，牛驴死者什四五"[1]。元和十二年，宰相李逢吉及朝士多言："宜并力先取淮西，俟淮西平，乘其胜势，回取恒冀（即成德镇），如拾芥耳！"[2]于是罢河北行营，专讨淮西。"申、蔡平而河北震惊"[3]。随着淮西吴元济就擒和淄青李师道授首，成德王承宗献出德、棣二州，请求向朝廷输纳赋税，由朝廷任命官吏，并且把两个儿子王知感、王知信作为人质，送到了长安。幽州节度使刘总因失去党援，也割地献质，相继归服。

元和削藩的潮流，席卷了河南、山东、河北诸强镇，同时也波及那些趁中原内乱而拥兵自重的中小割据者。如横海节度使程权，自度难挡朝廷问罪之师，于元和十三年自动离任，举族入朝，归还了割据三十六年的沧、景二州。又如朝廷任命的淮西诸军都统韩弘，是一个一贯"乐于自擅，欲倚贼以自重"[4]的军阀。淮西复灭后，也于元和十四年（819）主动入京，请求辞职。

元和削藩是安史之乱后唐朝历史上的重大事件。宪宗坚持对藩镇用兵并取得胜利，使跋扈藩镇俯首听命，反映了唐王朝统治力量的加强，它对于王朝又延续近百年之久具有十分重要的意义。旧史家对此做过许多评论。如司马光说："自广德以来，垂六十年，藩镇跋扈河南、北三十余州，自除官吏，不供贡赋，

---

[1]《资治通鉴》卷二四〇，唐宪宗元和十二年五月，第7734页。
[2]《资治通鉴》卷二四〇，唐宪宗元和十二年五月，第7734页。
[3]《读通鉴论》卷二五，第762页。
[4]《资治通鉴》卷二三九，唐宪宗元和十年九月，第7717页。

至是尽遵朝廷约束。"① 王夫之也说：元和削藩之后，"河北割据跋扈之风，消尽无余。唐于斯时，可谓旷世澄清之会矣"②。安史之乱后半个世纪的分裂局面基本告一段落。尽管并没有根除藩镇势力，但这一成就确是巨大的。可以说，藩镇割据的平定，为元和中兴打下了坚实的基础，而平定藩镇割据本身，也是宪宗中兴成就的一个重要标志。

第二节　元和之治与宪宗暴死

一、元和之治的成就

唐宪宗在元和时期所取得的成就，不仅仅表现在削平叛乱藩镇方面，在社会治理方面也同样取得了很大的成就。就其采取的政策而言，主要表现在如下方面。

（1）赈灾安民，为政宽仁。宪宗接受"秦以惨刻而亡，汉以宽大而兴"的经验教训，主张为政宽仁，以"仁政结于人心"。③元和四年南方大旱，宪宗即命左司郎中郑敬为江淮等道宣慰使，赈恤百姓，并嘱咐说："朕宫中用度，一匹已上，皆有簿领，唯拯救百姓，则不计费焉。"④对于遭水旱灾害的地区，多次颁诏蠲免租赋。《全唐文》卷五六《赈诸道水旱制》载："近者江淮之间，水旱作沴，绵亘郡邑，自夏徂秋。……临遣使臣，分命巡行，特加存恤，往救灾患，冀安流庸，俾免其田租，赈以公廪。""其元和三年诸道应遭水旱所损，州府应合放两税钱米等，损四分已下，宜准式处分，四分已上者，并准元和元年六月十八日敕文放免。"七年，当宪宗得知上一年淮、浙水旱，御史为谀上而谎称无灾的情况后，自责地说："国以人为本，闻有灾当亟救之，岂可尚复疑之邪！"⑤下令迅速蠲除淮、浙租赋。为了保护民力，宪宗两次颁发制敕，禁止掠良人为奴。据《唐会要》元和四年闰三月敕文载，"岭南、黔中、福建等

---

① 《资治通鉴》卷二四一，唐宪宗元和十四年二月，第7765页。
② 《读通鉴论》卷二六，第794页。
③ 《资治通鉴》卷二三八，唐宪宗元和六年二月，第7683页。
④ 《册府元龟》卷一五八《帝王部·诫励三》，第1911页。
⑤ 《资治通鉴》卷二三八，唐宪宗元和七年五月，第7691页。

道百姓，虽处遐俗，莫非吾民，多罹掠夺之虞"，要求"缘公私掠卖奴婢，宜令所在长吏，切加捉搦"。元和八年（813）九月又敕："自岭南诸道，辄不得以良口饷遗贩易，及将诸处博易。"

（2）劝课农桑，发展生产。宪宗即位之初，即颁《劝种桑诏》："农桑切务，衣食所资。如闻闾里之间，蚕织犹寡，所宜劝课，以利于人。诸道州府有田户无桑处，每检一亩，令种桑两根。勒县令专勾当。每至年终，委所在长吏检察。""兼令两税使同访察，其桑仍切禁采伐，犯者委长吏重加责科。"① 又准李绛之奏请，在振武、天德（今内蒙古乌拉特前旗北阿拉奔附近）开垦营田，"四年之间，开田四千八百顷，收谷四千余万斛，岁省度支钱二十余万缗，边防赖之"②。元和八年，常州刺史孟简"开漕古孟渎，长四十一里，得沃壤四千余顷"③，赐金紫以示褒奖。元和年间，政府还发动郑、滑（今河南滑县东）两州民众，开凿古黄河道，"决旧河以注新河，遂无水患"④。

（3）减轻额外租赋，禁止聚敛蓄钱。德宗初定两税法时，"货重钱轻"。但由于富商大贾不断贮钱牟取暴利，市场上渐渐"货轻钱重"。百姓年交纳的两税数额名义上不变，实际上已是"几倍于初征"。加之各级官吏"以自封殖而重赋于人"，百姓不堪其累。针对这些弊病，宪宗下令禁止聚敛，减免杂税。元和三年，接受裴垍建议，"天下留州、送使物，一切令依省估。其所在观察使，仍以其所莅之郡租赋自给，若不足，然后征于支郡"⑤。于是诸道支郡送使额，悉变为上供，故江淮百姓负担稍减。十三年，又根据盐铁使程异所奏，将用兵以来诸州府所置茶盐店收税及擅加科配等项予以废除。

为了控制物价，元和三年六月，宪宗下诏严禁蓄钱。《唐会要》载："天下商贾先蓄见钱者，委所在长吏，令收市货物，官中不得辄有程限，逼迫商人，任其货易，以求便利。计周岁之后，此法遍行，朕当别立新规，设蓄钱之禁。"

---

① 《全唐文》卷六〇《劝种桑诏》，第645页。
② 《资治通鉴》卷二三九，唐宪宗元和七年十一月，第7697页。
③ 《册府元龟》卷四九七《邦计部·河渠二》，第5953页。
④ 《唐会要》卷八九《疏凿利人》，第1923页。
⑤ 《旧唐书》卷一四八《裴垍传》，第3991页。

十二年又敕:"京城内自文武官僚,不问品秩高下,并公、郡、县主、中使等已下,至士庶商旅等,寺观坊市,所有私贮见钱,并不得过五十贯"①,违者处以重罚。为了扭转"货轻钱重"所造成的动荡局面,还命"出内库钱五十万贯,令两市收市布帛,每端匹估加十之一"②。此外,鉴于德宗时期进奉之风带来的弊端,宪宗多次下诏禁止:"献贺之议,谅非朕志,务从简约。……诸司诸道,进奉宜停。"③"自今已后,所有祥瑞,但令准式申报有司,不得上闻;其奇禽异兽,亦宜停进。"④

(4)整顿吏治,裁撤冗员。对于贪官污吏,宪宗严惩不贷。元和元年,中书省堂后主书滑涣勾结知枢密刘光琦招权纳贿,被贬为雷州(今广东雷州)司户,旋赐死,籍没家产数千万缗。元和六年(811),前行营粮料使于皋谟、董溪因贪污数千缗被处死,弓箭库使刘希光因受贿两万缗被赐死。元和十四年,对私用军粮四万石,强取党项羊马,致党项引吐蕃入寇的右卫大将军田缙,予以贬谪处分。神策军骄横跋扈,神策吏李昱假贷长安富人钱,三年不还,被京兆尹收系之,以致神策军"一军尽惊,冤诉于上"。宪宗支持京兆尹的处置,京师"自此豪右敛迹"。⑤

与此同时,宪宗还对庞大的官僚机构进行了大刀阔斧的裁并。元和初年,国家机构冗杂,官员数量惊人,吃官俸者达万人之多。元和六年六月,李吉甫建议:"请敕有司详定废置,吏员可省者省之,州县可并者并之,入仕之涂可减者减之。"⑥宪宗即命给事中段平仲、中书舍人韦贯之着手办理此事。不久,"吏部奏准敕并省内外官计八百八员,诸司流外一千七百六十九人"⑦。另据《旧唐书·宪宗本纪》载,同年十月,又下诏进一步精简冗散机构,减轻财政负担。"其

---

① 《唐会要》卷八九《泉货》,第1935页。
② 《旧唐书》卷四八《食货志上》,第2103页。
③ 宋敏求编:《唐大诏令集》卷八〇《罢正至进奉敕》,商务印书馆1959年版,第458页。
④ 《旧唐书》卷一五上《宪宗本纪上》,第411页。
⑤ 《旧唐书》卷一五四《许孟容传》,第4102页。
⑥ 《资治通鉴》卷二三八,唐宪宗元和六年六月,第7684页。
⑦ 《资治通鉴》卷二三八,唐宪宗元和六年九月,第7686页。

河南水陆运、陕府陆运、润州镇海军、宣州采石军、越州义胜军、洪州南昌军、福州靖海军等使额,并宜停。所收使已下俸料一事已来,委本道充代百姓阙额两税"①。此外,还降低了官吏的月俸钱。

二、短暂的安定局面

宪宗能开创"中兴"之局,是由多种历史因素决定的。就经济方面说,由于德宗以来两税法的实行,大大改善了朝廷的财政状况。两税法不仅使唐中央与官僚豪贵争夺剥削对象的斗争取得了一定的胜利,扩大了纳税面,赋税岁入逐年增多,而且也使官僚豪贵负担两税,赋税暂时不完全集中在农民身上,从而多少缓和了阶级矛盾,中央政权重新获得一定程度的稳定。从军事方面而言,又以兴元元年淮西李希烈兵败为转机,藩镇大规模军事叛乱失去了势头,国内局势转趋相对平衡。因此,唐中央得以积聚财富,重振军旅。到元和初年,政府军已达八十三万之多,武力平藩的条件宜已具备。元和年间一批著名的政治家如杜黄裳、李吉甫、李绛、武元衡、裴度等相继辅政。这些均为中兴局面的出现创造了重要的历史条件。

宪宗李纯在唐后期的皇帝中算是最有作为的一个。他很注意汲取前代的历史经验,孜孜求治。《旧唐书·宪宗本纪》说:"宪宗嗣位之初,读列圣实录,见贞观、开元故事,竦慕不能释卷"。"延英议政,昼漏率下五六刻方退。"处理政务,废寝忘食,以至"中外咸理,纪律再张"。唐代史学家蒋系盛赞他:"睿谋英断,近古罕俦,唐室中兴,章武(即宪宗)而已。"

宪宗重视人才,任贤使能。白居易原为盩厔尉、集贤校理,作乐府及诗百余篇,规讽时事,宪宗深为赞许,擢为翰林学士。国子祭酒孔戣先为华州刺史,曾上疏建议废除明州(今浙江宁波)远途岁贡的蚶、蛤、淡菜,受到宪宗赏识,后被命为岭南节度使。程异本为永贞革新失败后被贬的骨干人物,因善于理财,元和四年被破格任命为扬州留后,十二年又升任转运副使。程异在解决财政问题上发挥了重要作用。宪宗对于宰相的人选尤为重视。他吸取"德宗不任宰相,

---

① 《册府元龟》卷五〇七《邦计部·俸禄三》,第6084页。

天下细务皆自决之"的教训，十分注意"选擢宰相，推心委之"。他说："以太宗、玄宗之明，犹藉辅佐以成其理，况如朕不及先圣万倍者乎！"①宪宗一朝，人才济济。著名宰相杜黄裳、裴垍、韦贯之、崔群、李夷简、李绛、武元衡、裴度等，均能守正不阿，竭诚辅佐。他们对于保持政治相对稳定、贯彻削藩政策和推行其他各项方针政策起了重要的作用。对于一些不称职的大臣，则坚决罢去。如郑絪虽有拥戴之功而无治国之才，宪宗不徇私情，将他撤换，改用正直能干、处事果断的李藩。正如范祖禹在《唐鉴》卷一七中所说："宪宗以循默罢郑絪，以忠直相李藩，责任如此，可谓正矣。其中兴唐室，不亦宜乎！"

宪宗还能虚心纳谏。他对宰相说："太宗以神圣之资，群臣进谏者犹往复数四。况朕寡昧，自今事有违，宜卿当十论，无但一二而已。"他认为德宗时"政事不理"的主要原因是，当时宰相"见事有得失，未有再三执奏者，皆怀禄偷安"。因此，告诫臣下："宜用此为戒，事有非是，当力陈不已，勿畏朕谴怒而遽止也。"一些敢于直谏者被宪宗引为心腹。如李绛或久不谏，"上辄诘之曰：'岂朕不能容受耶？将无事可谏也？'"②而在行动上，宪宗也能约束自己。如有一次，宪宗想到宫苑中去打猎，已经走到蓬莱池西，突然对左右说："李绛必谏，不如且止。"③这当然是一些小事，却能看出他对谏官的敬畏。范祖禹在《唐鉴》卷一七中赞曰："为人君动必有所畏，此盛德也。……宪宗畏直臣谏而不敢盘于游畋，其可谓贤矣。"

对于裁制藩镇，宪宗始终表现出坚定的信心和决心。元和十年，讨伐淮西经年不克。河阴转运使院遭李师道焚毁，宰相武元衡又在长安街头被刺，人心惶惶，"群臣多请罢兵"，甚至有人请罢免积极主张讨叛的裴度。而宪宗遇难不乱，坚定不惑，严厉驳斥了妥协议论，并提拔裴度为宰相。十二年，李逢吉又以"师老财竭"④为由，主张罢兵。宪宗分析形势后，当机立断，派裴度赴

---

① 《资治通鉴》卷二三七，唐宪宗元和三年九月，第 7654 页。
② 《资治通鉴》卷二三八，唐宪宗元和七年三月，第 7690 页。
③ 《资治通鉴》卷二三八，唐宪宗元和五年六月，第 7677 页。
④ 《资治通鉴》卷二四〇，唐宪宗元和十二年七月，第 7737 页。

郾城前线，统一指挥淮西军事，使战局迅速改观，终于取得了削藩的全胜。宪宗对于元和中兴局面的形成起了重大的作用，说他是位有为之主是合乎事实的。

唐宪宗毕竟受时代所限，也有偏颇。他所处的时代，统治集团中的腐朽势力在不断滋长，阶级矛盾日益加深。虽然他成功地利用了当时的客观条件，取得了对藩镇斗争的多次胜利，暂时抑制了割据势力的发展，进而缔造了短期的"中兴"局面，但是他的事业也只限于平定淮西、淄青，迫使河北强藩暂时就范而已，并没有从根本上铲除藩镇割据势力。在取得上述胜利之后，他本身固有的腐朽面迅速滋长，"以世难渐平，有侈乐之态"①，开始热衷于兴土木，修宫殿，供佛骨，求神仙。方士柳泌以天台山可采得灵草的谎言，骗取了台州（今浙江临海）刺史的官职。刑部尚书韩愈因上书谏迎佛骨，被贬为潮州（今广东潮州）刺史。曾经立有大功的裴度因"知无不言"，遭皇甫镈等人排挤，外调为河东节度使。在正直大臣遭贬逐的同时，谄佞者日见得势。如聚敛之臣皇甫镈"数进羡余以供其费，由是有宠"②。臣下极力劝谏，说皇甫镈不可进用，宪宗听不进去，反而擢任为相。宪宗早年励精图治和任贤纳谏作风已消失殆尽。

由于宪宗不能慎终如始，于是骄奢之风渐兴。度支、盐铁和四方官员，揣摩上意，加紧搜刮，不断呈献赋税之外的进奉，人民经受不起，逃亡流散。库部员外郎李渤上书："臣过渭南，闻长源乡旧四百户，今才百余户，阌乡县旧三千户，今才千户，其他州县大率相似。迹其所以然，皆由以逃户税摊于比邻，致驱迫俱逃，此皆聚敛之臣剥下媚上，惟思竭泽，不虑无鱼。乞降诏书，绝摊逃之弊；尽逃户之产偿税，不足者乞免之。"③如此中肯的进谏，不仅得不到采纳，反而遭到冷遇。

宪宗后期，忠臣被疏斥，宦官势力重新抬头。两个任中尉的宦官头目又分作两派，展开激烈的斗争。梁守谦拥护太子李恒，吐突承璀主张改立李恽。元和十五年正月，梁守谦和王守澄、陈弘志等宦官谋杀了宪宗，并杀掉吐突承璀

---

① 孙甫：《唐史论断》卷下《裴度罢相位》，清粤雅堂丛书。
② 《资治通鉴》卷二四〇，唐宪宗元和十三年八月，第7752页。
③ 《资治通鉴》卷二四一，唐宪宗元和十四年八月，第7771页。

和李恽，拥太子即位，是为穆宗。穆宗登基后，伪说宪宗服金丹中毒而死，处死一个方士和一个和尚了事。

朝廷如此混乱，统一的局面自然难以维持。宪宗死后，陆续继位的穆宗、敬宗，沉溺于奢侈游乐的生活，不关心朝政。在河北方面，元和时代辛苦经营的相对安定局势，迅速逆转。元和十五年，成德节度使王承宗病死，其弟承元上表请朝廷另行任命节度使。当时执政者完全不考虑河朔诸镇的习俗，轻易地派魏博节度使田弘正移镇成德。结果成德兵变，杀了田弘正全家，推衙将王庭凑为成德节度使。魏博自田弘正走后，也不断发生兵变。到长庆二年，先锋兵马使史宪诚被推为魏博节度使。幽州卢龙节度使刘总退职后，朝廷调宣武节度使张弘靖为幽州卢龙节度使。幽州兵变，推朱克融为节度使。河朔兵变重新再起，反映了元和削藩的不彻底性。元和年间主要是讨平了几个桀骜不驯的强藩巨镇，迫使其他藩镇不得不表面归顺。而节度使领有重兵的局面依然如故，割据的基础并未消除，各镇的武装集团尚未变动。将校是当地的地主，又世代相传以军官为职业。兵士是从当地招募而来，其中一部分亲兵受着将校的优厚待遇，成为将校的心腹爪牙。这些骄将悍卒有强烈的地方性，往往不肯接受调动。他们又跟主将有深厚的关系，不肯随便改变隶属关系。这就是说，造成军阀割据的社会根源始终存在，祸根没有消除，事变随时可能爆发。

由于宪宗对吴元济、李师道用兵，消耗了大量财力，"国用已虚"。穆宗即位，又"赏赐左右及宿卫诸军无节，及幽、镇用兵久无功，府藏空竭，势不能支"[①]，只得承认现实，任命朱克融、史宪诚、王庭凑为节度使。"由是再失河朔，迄于唐亡，不能复取"[②]。河朔三镇很快又恢复了割据局面。河朔一变，别的藩镇看到朝廷纪纲不振，纷纷仿而效之，驱逐主帅，自为首领。元和年间费了很大气力取得的一些成就和出现的安定局面，很快便付诸东流了。

三、法门寺迎奉佛骨

法门寺位于今陕西省扶风县城北10公里的法门镇，始建于东汉，从东汉

---

① 《资治通鉴》卷二四二，唐穆宗长庆元年十二月，第7804页。
② 《资治通鉴》卷二四二，唐穆宗长庆二年二月，第7809页。

到北魏均叫阿育王寺。寺里有砖塔一座，"因塔置寺，寺因塔著"。隋开皇三年改天下佛寺为道场，此寺便改名为"成实道场"。唐武德八年改为今名。原寺规模很大，寺内建筑面积在百亩以上，唐时有僧尼五百余人，拥有二十四院。传说，佛祖释迦牟尼涅槃后，佛法笃信者天竺阿育王，将佛祖遗骨分成八万四千份，分葬世界各地，每份建塔一处，法门寺塔就是其中之一，法门寺因此而闻名于天下。法门寺曾多次遭到焚毁。仁寿末年，右内史李敏曾进行过一次修葺。唐太宗贞观五年（631），由于岐州刺史张亮的奏请，法门寺又一次得到维修，并先后度僧八十多人。此后，唐代诸帝大多佞佛，对该寺的赏赐极多，遂使寺院不断扩大，僧众逐渐增加。唐代宗大历十三年（778）给法门寺立《大唐圣朝无忧王寺大圣真身宝塔碑铭并序》碑，为后世研究法门寺留下了珍贵资料。

此后法门寺多次被毁，又多次重修。唐末五代初，李茂贞重修寺宇、宝塔。随着唐朝的灭亡，长安失去佛教弘传中心的地位，法门寺也开始衰落，寺院规模逐渐缩小，至明代时仅剩塔院一隅之地，唐代所建四级木塔亦于隆庆年间（1567—1572）崩毁，万历七年（1579）改修十三层八棱砖塔，高47米。第一层东南西北四面分别题额"真身宝塔""美阳重镇""舍利飞霞"和"浮图耀日"，一至十二层共有89个佛龛，雕饰华丽。清光绪十年（1884），"复崇遗址"。全面抗战开始后，朱子桥等重修宝塔和寺宇。中华人民共和国成立时，寺院已经残破不堪。

1981年因连阴雨原塔崩坍。1987年重修宝塔，在清理塔基时，发现了地宫。法门寺地宫是中国迄今发现的最大的佛教地宫。地宫由砖砌踏步、隧道、前室、中室、后室组成，均用石头砌成，宏伟壮观，为唐代所建。地宫正室以收置释迦牟尼真身舍利的八重宝函为中心，构成密宗曼陀罗佛式。发现的珍贵文物有佛指舍利4枚（其中真身佛舍利1枚，影骨3枚）（见图11-2）、金银器皿121件组、玻璃器17件、瓷器16件、石质器12件、铁质器16件、漆木及杂器19件、珠玉宝石等约400粒，还有大批纺织物品，其中包括武则天等唐朝帝后绣裙、服饰等，均是稀世珍宝。这些奇珍异宝数量之多、品类之繁、等级之高、

图 11-2 法门寺出土的佛指影骨
（法门寺博物馆提供）

保存之完好世所罕见。它们均为唐代宫廷御赐物。

从1987年9月至20世纪90年代末，法门寺重建、重修、扩建工程连续不断。现在的法门寺由两院组成，主院中轴线及两旁的主要建筑有山门、天王殿、真身宝塔、钟鼓楼、大雄殿、二层楼房式僧舍数十间、天王殿后及东西两侧凹字形回廊等。殿堂像设庄严，宝塔下地宫供奉佛真身指骨舍利。东院南北中轴线上及两旁的主要建筑有左右排列的玉佛殿与卧佛殿、放生池、千佛阁、左右排列的数幢楼阁式学舍上百间。与寺院相邻，建有法门寺博物馆，其主体为两层亭子式仿唐建筑，专门收藏、展出法门寺宝塔地宫出土的珍贵文物，故称珍宝阁。

法门寺在唐代为皇家道场，不仅唐宪宗迎奉过佛骨，其实在他之前已经有多位皇帝从法门寺迎奉佛骨到长安。这是一种非常隆重的礼佛仪式，把佛骨从法门寺迎到长安城，先供奉于皇宫，再遍送诸寺，然后再奉还法门寺，耗资巨大，影响也极大。

早在唐太宗贞观五年，经岐州刺史张亮的奏请，开塔取出佛舍利，"遍示道俗"，以至于"京邑内外，奔赴塔所，日有数万。舍利高出，见者不同"。①贞观时期出现的这种情况，是由于当时社会经济尚在恢复之中，统治阶级并未过分佞佛，故花费并不很多，而且还有兆示岁丰人和的积极作用。唐高宗显庆四年（659），皇帝又一次下令开塔迎佛骨，把佛骨舍利一直送到东都洛阳，沿途令两都各名寺供奉，直到龙朔二年才送回法门寺。武则天长安四年，女皇命人迎佛骨入洛阳，敕令王公以下、佛教徒制作华美的幢盖，令太常寺奏乐迎奉，武则天本人则身心护净，请高僧法藏捧持，普为善祷。唐中宗景龙二年，也曾取出佛骨瞻仰礼拜，并改题寺名、塔名。由于有每三十年才可开塔迎奉的说法，此时尚未满三十年，所以又很快将佛骨放入塔内。除此之外，还在唐肃宗上元初年，唐德宗贞元六年（790），两次开塔迎奉佛骨。不过，以上这些迎奉佛骨的活动，无论是规模还是花费的钱财以及造成的社会影响，都不足与唐宪宗元和十四年迎奉佛骨的活动相提并论。

唐宪宗迎奉佛骨的行动，是在他取得削平藩镇的一系列战争胜利之后举行的。在这些战争进行期间，尤其是在平定淮西叛镇的战争中，由于战争残酷而进展缓慢，唐宪宗心急如焚，除调兵遣将、调整部署外，为了缓解紧张的情绪，他只有每日礼佛，希望佛祖保佑，尽快取得战争的胜利。为了礼佛方便，他在元和十二年四月，令右神策军护军中尉第五守进率两千军士，从云韶门、芳林门西至修德里修筑夹城，直通兴福寺。夹城修成后，宪宗可以直接从大明宫，经西内苑，然后通过夹城直达兴福寺，拜佛求福。在取得战争的胜利后，宪宗认为这是佛祖保佑的结果，因此对佛教的尊崇更是达到了无以复加的程度。元和十四年的迎奉佛骨活动，就是在这样的社会背景下发生的。

元和十三年十一月，功德使进奏说："法门寺所藏佛骨舍利，相传三十年一开，供官民瞻仰，寺院供奉，可以使岁丰人和。明年就是开塔的时间，请陛下颁诏开塔迎奉。"此奏正和宪宗的心意，遂于十二月初，命中使筹办迎奉仪式，并诏告京师百姓。随着各种迎奉事项筹办的完备，次年正月，派往法门寺迎接佛

---

① 释道世著，周叔迦、苏晋仁校注：《法苑珠林校注》卷三八，中华书局2003年版，第1212页。

骨的长安各寺院僧众迎到佛骨后,到达长安以西的临皋驿。佛教自传入中国以来,至唐代已经发展到鼎盛时期,信众愈来愈多,尤其是京师地区可以说无人不信佛。为了表示对佛祖的虔诚,不少人倾其多年积蓄,一些人甚至变卖家产,准备用来供奉佛骨,以求得佛祖的保佑。整个长安城处在一种躁动狂热的情绪之中。宪宗为迎奉佛骨,出动神策禁军护卫,命宦官杜英奇率宫人三十人,持香花,赴临皋驿迎佛骨。这一行人从临皋驿迎到佛骨后,经过西内苑,从光顺门进入大明宫。这时长安全城沸腾起来,全城王公贵族、士庶百姓出动,争先恐后地施舍钱物,希望能够得到佛的福佑,死后能转入乐土。更有甚者,除献出钱财外,觉得还不足以表达对佛的虔诚,于是"烧顶灼臂"①,割其肌肤,以求供奉,以至于出现了爬滚街市、痛楚号叫的混乱场面。

佛骨舍利在宫中供奉了三日,唐宪宗奉献了大量的钱帛金银,每天虔诚地礼拜颂经。然后,又将佛骨送到各寺院供奉。这些寺院借此机会,广泛地接受京城士庶的施舍,获得了大量的钱物。此次迎奉佛骨本身规模较大,参与人数较多,加之著名诗人、文学家韩愈的卷入,遂使其影响大大超过了唐代历次的迎奉活动。韩愈反对迎奉佛骨,给皇帝上了一份名为《谏佛骨表》的奏章,其中批评的语言比较激烈,惹得宪宗大怒,要杀韩愈,在大家的苦劝下,韩愈虽免去死罪,却被贬为潮州刺史。

其实在宪宗之后,唐朝还有皇帝举行过类似的迎奉佛骨活动,如唐懿宗咸通十四年(873)四月,皇帝将佛骨从法门寺迎到了长安。史载:"广造浮图、宝帐、香舆、幡花、幢盖以迎之,皆饰以金玉、锦绣、珠翠。自京城至寺三百里间,道路车马,昼夜不绝。"这是指迎奉时的情况。到了长安之后,皇帝下令:"导以禁军兵仗、公私音乐,沸天烛地,绵亘数十里;仪卫之盛,过于郊祀,元和之时不及远矣。富室夹道为彩楼及无遮会,竞为侈靡。上御安福门,降楼膜拜,流涕沾臆,赐僧及京城耆老尝见元和事者金帛。迎佛骨入禁中,三日,出置安国崇化寺。宰相已下竞施金帛,不可胜纪。"②其规模之大已经超过了宪宗时,

---

① 《旧唐书》卷一六〇《韩愈传》,第4198页。
② 《资治通鉴》卷二五二,唐懿宗咸通十四年三月,第8165页。

而且此时唐朝的经济状况大不如宪宗时期，所以危害之大超过宪宗时期。之所以在历史上没有宪宗那次出名，根本原因还是韩愈在起作用。

四、宪宗暴死之谜

关于唐宪宗之死，非常复杂，必须从头说起。宪宗共有二十个儿子，按照排行依次是邓王李宁、澧王李恽、穆宗李恒、深王李悰、洋王李忻、绛王李悟、建王李恪、鄜王李憬、琼王李悦、沔王李恂、婺王李怿、茂王李愔、宣宗李忱、淄王李协、衡王李憺、澶王李㤞、棣王李惴、彭王李惕、信王李憻、荣王李惯。

唐宪宗是一个颇好声色的人。唐德宗贞元九年（793），他16岁时，其父李诵（后来的顺宗）便为他聘故驸马都尉郭暧之女为妃。当时顺宗为皇太子，宪宗为广陵王。郭氏出身于一个显赫的家族，其祖父郭子仪是平定安史之乱的勋臣，其父郭暧为驸马都尉，其母为唐代宗女升平公主。顺宗之所以选郭氏为其儿子正妃，也是看中对方是勋臣之家。其实，在郭氏与宪宗成婚前，他已与宫人纪氏生了长子李宁。次年，另一宫人也为宪宗生了次子李恽。直到贞元十一年，即宪宗18岁时，郭氏才为其生了一子，即第三子李宥，后改名李恒。

虽然郭氏之子出生较晚，但顺宗对他非常重视。史载："顺宗以其家有大功烈，而母素贵，故礼之异诸妇"①。加之，郭氏为广陵王正妃，地位非一般嫔妃可比，也使宪宗对她不敢漠然视之。随着李诵的太子地位不断巩固，时为广陵王的宪宗出头之日也指日可待，终将成为皇朝的储君。在这种情况下，他终日为所欲为，与众多的宫人嬉戏厮闹，生下了一个又一个的子女。宪宗的子女虽然很多，除长子李宁、次子李恽外，其他子女尚不能对郭氏之子的前途构成威胁。不过在这一时期，由于宪宗尚没有即位，因此大家基本上相安无事，矛盾并不突出。

唐宪宗即皇帝位之后，由于他生子早而多，立皇太子的问题很快便摆上了议事日程。在元和初年，因忙于平定叛乱藩镇之事，朝廷尚无暇顾及此事。元和四年三月，朝廷没有重大军政事件发生，正好是一个空档期，于是便把立太子的问题提了出来。

---

① 《新唐书》卷七七《后妃传下》，第3504页。

宪宗的长子李宁，这年17岁，封邓王，据载，李宁"学师训谟，词尚经雅，动皆中礼，虑不违仁"①。所以宪宗对其十分喜爱。当时，次子李恽15岁，三子李恒14岁。这年三月，翰林学士李绛等上奏，请求早立太子，其理由是："陛下嗣膺大宝，四年于兹，而储闱未立，典册不行，是开窥觎之端，乖重慎之义，非所以承宗庙、重社稷也。"②也就是如果不早立太子，则容易导致诸子争夺，开"窥觎之端"。在这几个年龄稍长的皇子中立谁为皇太子呢？按照古制，应该立嫡长子，也就是郭氏所生的第三子李恒。可是这并不符合宪宗的心愿，原因就在于宪宗与郭氏的感情不和。

宪宗早在为广陵王时，就好色多内宠，这使得郭氏很不高兴，从而影响了两人的感情。宪宗即皇帝位后，照例应立一个嫔妃为皇后，郭氏是宪宗原配，照理应该册立为皇后，可是宪宗偏偏没有这样做，而是于元和元年八月，册其为贵妃，后来又不知何故，又将郭氏改封为德妃。德妃与贵妃虽然同为正一品，然排序却在贵妃之后。由于皇后之位长期空缺，到元和八年十月时，"群臣累表请立德妃郭氏为皇后。上以妃门宗强盛，恐正位之后，后宫莫得进，托以岁时禁忌，竟不许"③。但是，宪宗的这一理由实在不能成立，他又找不出正当的理由，以拒绝群臣的请求。关于这个问题，除了上引《资治通鉴》，《新唐书·懿安皇后郭氏传》亦载："（元和）八年，群臣三请立为后，帝以岁子午忌，又是时后廷多嬖艳，恐后得尊位，钳挚不得肆，故章报闻罢。"可见群臣请立皇后的要求，并不是仅此一次，而是多次，但都不能动摇宪宗的意志，直到宪宗死去，皇后之位都一直空而无人。

试想在这种情况下，宪宗如何肯立郭氏子李恒为太子呢？在群臣要求立太子的请求下，宪宗顺水推舟，索性立长子邓王李宁为太子。李宁母这时仅封为美人，地位低下，又没有强势的家族背景，自然不会对宪宗的个人生活问题有什么干扰。

---

① 《全唐文》卷六〇《立邓王为皇太子诏》，第642页。
② 《资治通鉴》卷二三七，唐宪宗元和四年三月，第7658页。
③ 《资治通鉴》卷二三九，唐宪宗元和八年十月，第7702页。

事情的发展并非如宪宗所希望的那样美满，太子李宁不幸染病，于元和六年十二月逝世，终年仅19岁。太子李宁的死使唐宪宗受到很大的打击，宣布废朝十三日，赠谥曰"惠昭"，并在怀贞坊为其建庙，设置官吏四时祭祀。

太子李宁死后，册立谁为皇太子，使宪宗重新陷入苦恼之中。刚刚平息了两年的争夺太子之位的斗争又一次激化起来，朝廷各派纷纷卷入这场斗争。

本来郭氏之子李恒最应该被立为太子，而且在朝中群臣也大都愿意拥立李恒为太子的时候，宪宗最宠爱的宦官吐突承璀却力排众议，提出了立宪宗第二子澧王李恽为皇太子，遂使立太子的问题又复杂化了。至于吐突承璀力主立澧王为太子的原因，旧史记载说："欲以威权自树"①。其实这并不是吐突承璀主张立澧王的主要原因，根本原因还是吐突承璀深知宪宗的心意，不想立李恒为太子，避免使郭氏集团的势力坐大。他既为宪宗的心腹，宪宗不便公开表达的意思，为主分忧，自然应该由自己出面提出来。可是由于郭氏集团势力颇大，群臣又众口一词，力主立李恒为太子。在这种情况下，宪宗只好妥协，同意立李恒为皇太子。

唐宪宗早在元和前期，就对神仙长生之术感兴趣。元和五年，宦官张惟则从新罗国出使返回，对宪宗说：东海有岛屿，其上仙境缥缈迷离，花木楼台，金户银关，有仙人数位，戴章甫冠，穿紫霞衣，致意皇帝。唐宪宗听到此言，不知真伪，遂问宰相道：果有神仙吗？可见，宪宗已经对神仙之类很有兴趣了。尤其太子李宁的死，对他打击颇大，生老病死的问题始终困扰着他。于是他寄希望于佛、道二教，希望能够修得善果，从而获得健康长寿。

为达此目的，他在元和六年命谏议大夫孟简、给事中刘伯刍、工部侍郎归登、右补阙萧俛等，在醴泉寺翻译《大乘本生心地观经》，宪宗亲自为翻译好的佛经作序。元和十年三月，长安西明寺僧将本寺的毗沙门神像移往开元寺供奉，宪宗主动命金吾卫骑士前后护卫，浩浩荡荡的队伍招摇过市，引得无数善男信女燃香膜拜，数里不绝；长安城中的百姓会集于街道两旁观看，万人空巷，

---

① 《旧唐书》卷一七五《澧王恽传》，第4524页。

盛况空前。元和十四年的迎奉佛骨之举，就是在这种心理支配下举行的。

除了崇佛，宪宗还迷信道教，其痴迷程度甚至超过了佛教。元和八年七月，宪宗下令修建了兴唐观。赐予内库钱、绢、茶等巨额钱物，作为修建费用，并且修建了一条复道，作为皇帝行幸此观的专用线路。次年，又将《道教神仙图像经法》赐给了兴唐观。他还下诏广征天下术士，宗正卿李道古与宰相皇甫镈给他介绍了术士柳泌。此人原名杨仁昼，年轻时学习医术，自言能炼仙丹，制方药。宪宗得到此人后，非常欣喜，安置在兴唐观为其炼制丹药。

在唐代也有不少人喜服丹药，以求长生，如唐太宗、唐代宗、颜真卿、元载等，均属此类人，唐太宗的死也直接因此而起。唐宪宗与其祖先一样，在其晚年也迷恋上此物，他宠信的术士柳泌，就是一个愿意为他合制丹药的人。不过柳泌是一个骗子，他对宪宗说：浙东天台山自古以来多有神仙出没，那里灵药颇多，丹石累累，也是历代炼丹之士经常涉足的地方。只是由于路途遥远，臣只身难以前往，如果授臣以台州长吏之职，还有什么仙药丹石不能得到呢？宪宗急于获得丹药，竟然不顾群臣的反对，立即授予其台州刺史之职，专门负责采集丹药。柳泌上任后，马上驱使当地人民进山采集药物，烧炼丹石，干了一年多，竟一事无成。在这种情况下，他害怕皇帝降罪，遂携妻带子潜逃于深山之中。浙东观察使见此情况，担心皇帝追究自己的责任，马上派兵将柳泌捕获，并押送京师。由于有皇甫镈与李道古的保护，再三为其开脱，宪宗便释放了柳泌，命他在兴唐观为自己继续炼制丹药，参与此事的还有一个术士韦山甫。

唐宪宗服食了柳泌等人炼制的丹药后，燥热焦渴，极感不适。元和十四年十月，起居舍人裴潾上疏建议由炼制丹药者自服其药一年，如果安全且有效，再由皇帝服不迟。这样一个为皇帝身体处处设想的人，非但没有得到皇帝的褒奖，反而引起宪宗大发雷霆，将裴潾贬为江陵县令。从此以后，再也没有人敢出面谏阻其服食丹药了。

元和十五年正月，唐宪宗的身体每况愈下，上朝会见臣僚的次数越来越少，甚至连正月一日举行的大朝会，即所谓元会，也没有照例举行。一时间京师流言四起，人心不安。这月二十五日，新任义成军节度使刘悟来京，宪宗在麟德殿接见了他，刘悟退出后对人谈起他与宪宗的对话情况，人心始安。史书记载没有提到刘悟与宪宗的谈话内容，但是提到了宪宗的身体情况，即所谓"上体平矣"。也就是说，刘悟认为皇帝的身体并无大碍，于是惶恐的人心才平静下来了。可是出人意料的是，三日之后，即二十八日，宫中突然传出了皇帝驾崩的消息，时年仅43岁。于是人们惶恐不安的心情又一次紧张起来：皇帝前几天还好好的，怎么会突然驾崩呢？因此，在臣民的心中不免产生了很大的疑团。

关于唐宪宗的突然死亡，史书中均有详略不同的记载。

《旧唐书·宪宗本纪》载：

> 时以暴崩，皆言内官陈弘志弑逆，史氏讳而不书。

《新唐书·宪宗纪》载：

> （元和）十五年正月，宦者陈弘志等反。庚子，皇帝崩，年四十三。

《资治通鉴》卷二四一元和十五年正月条载：

> 上服金丹，多躁怒，左右宦官往往获罪，有死者，人人自危；庚子，暴崩于中和殿。时人皆言内常侍陈弘志弑逆，其党类讳之，不敢讨贼，但云药发，外人莫能明也。

《旧唐书·王守澄传》载：

> 宪宗疾大渐，内官陈弘庆（志）等弑逆。宪宗英武，威德在人，内官秘之，不敢除讨，但云药发暴崩。

《新唐书·王守澄传》载：

> 是夜，守澄与内常侍陈弘志弑帝于中和殿，缘所饵，以暴崩告天下，乃与梁守谦、韦元素等定册立穆宗。

根据以上记载，可以看得出诸书均把宦官陈弘志作为谋杀宪宗的凶手。那么陈弘志为什么要谋害宪宗？他区区一个内常侍竟然敢谋害皇帝，是谁给了他这样的胆量，换句话说，谁是幕后的主使者？他既然是谋害宪宗的凶手，为什么事后没有被诛杀反而堂而皇之地到山南东道节度使那里任监军去了？因为山南东道是唐朝后期江淮财赋的重要的中转地之一，唐中央所需的一部分财赋通过这里源源不断地输送到长安,同时它也是控制广大两湖地区的重镇。陈弘志到这里任职:一是可以避开长安之人的耳目,躲避风头;二是可以掌握山南地区的军政财大权。通过这种现象可以看出,有人对陈弘志进行了十分妥善的安排,这些都是令人十分疑惑的问题。

为了拨开重重的历史迷雾,寻找出正确的答案,我们首先要看宪宗的死,谁是最大的实际受益者?史载:"内官陈弘庆(志)等弑逆。……内官秘之,不敢除讨,但云药发暴崩。时(王)守澄与中尉马进潭、梁守谦、刘承偕、韦元素等定册立穆宗皇帝。长庆中,守澄知枢密事。"①可见宪宗死后,最大的受益者是唐穆宗,其次是以王守澄为首的一批宦官。众所周知,唐宪宗最宠信的宦官是吐突承璀,王守澄等宦官在元和时期并不受到宠信,所以他们也想推倒吐突承璀,以获得最大的政治利益。为了达到这一目的,只有改换皇帝才可能做到,否则只要皇帝不换,他们便永远无法达到目的。谋害老皇帝、拥戴新皇帝,是唐代宦官获取权势的常用手法,这一次也不例外。因此,宪宗刚刚被害,吐突承璀便被杀死,这一情况的出现,便是宦官阶层内部钩心斗角的反映。正因为如此,王守澄才是谋害宪宗的主要凶手,很可能是主要策划者,陈弘志只不过是执行者而已,所以《新唐书·王守澄传》说:"是夜,守澄与内常侍陈弘志弑帝于中和殿,缘所饵,以暴崩告天下,乃与梁守谦、韦元素等定册立穆宗。"关于王守澄是主要凶手的观点,唐文宗也是这样认为的,史载:"上患宦者强盛,宪宗、敬宗弑逆之党犹有在左右者;中尉王守澄尤专横,招权纳贿,上不能制。尝密与翰林学士宋申锡言之"②。可见,文宗已把王守澄视为杀害宪宗的主要凶手。与吐突承璀相对立的这样一些宦官,之所以急于害死宪宗,除了获取更大的政治利益,还有一个直接的原因,就是宪宗有可能威胁到他们的生命安全。在这一段时间内,"宪宗服(柳)泌药,日益烦躁,喜怒不常,内官惧非罪见戮,遂为弑逆"③。宪宗因喜怒无常而诛杀宦官,当然不会杀自己宠信的宦官,而只

---

① 《旧唐书》卷一八四《王守澄传》,第 4769 页。
② 《资治通鉴》卷二四四,唐文宗太和四年六月,第 7871 页。
③ 《旧唐书》卷一三五《皇甫镈传》,第 3742—3743 页。

会杀那些自己并不喜欢的宦官,这些宦官为了自保,遂采取了先下手为强的办法。

除陈弘志、王守澄外,其他宦官如梁守谦、马进潭、韦元素、刘承偕等人,在这个事件中发挥了什么作用呢?史书中没有明确记载,但是通过对一些史料的分析,仍然可以知道他们在其中发挥的作用。史书中在提到以上诸人时,说:"(王)守澄与中尉马进潭、梁守谦、刘承偕、韦元素等,定策立穆宗"[①]。可见,他们是掌管禁军兵权的宦官。陈弘志与王守澄谋杀宪宗,即使得手,如果没有强大的军事力量做后盾,其生命仍然不能保全,只有和这些握有禁军兵权的宦官联手,才有可能做到万全。左右神策军护军中尉只有两员,已知左神策中尉此时由吐突承璀担任,而王守澄此时尚没有任神策中尉,他是在穆宗即位后升任知枢密,文宗时任神策中尉的。因此,以上所提到马、梁、刘、韦诸人中,只能有一人为右神策中尉,这就是梁守谦,其余人等可能掌握着其他禁军的兵权,如六军、威远营等。这一点从宪宗刚刚死去,穆宗尚未正式即位时,禁军军士就已经获得了赏钱一事中知悉,所谓"中尉梁守谦与诸宦官马进潭、刘承偕、韦元素、王守澄等共立太子,杀吐突承璀及澧王恽,赐左、右神策军士钱人五十缗,六军、威远人三十缗,左、右金吾人十五缗"[②]。这些禁军之所以获得赏赐,是因为他们是这次事变坚强的军事后盾,同时他们也参与了诛杀吐突承璀、澧王李恽等行动。在这次事变中很可能爆发过小规模的战斗,须知吐突承璀也是掌握禁军兵权的宦官,他绝不会在对方杀来时引颈就戮,一定会进行武装对抗,只是由于猝不及防,被对方打了一个措手不及。至于左右金吾卫的军士也获得赏赐,并非他们一定参与了战斗,而是随例赏之,以免引起不稳情绪,同时也有障人耳目的作用。

通过以上论述,可以清楚地看出,唐宪宗实际上是死于一次宫廷政变,具体策划者和实施者就是这些宦官。那么,作为最大受益者的唐穆宗及其母郭氏,是否只是被动地被他人拥戴,事先没有参与这次政变的密划,或者事先根本就不知道任何消息呢?这是需要进一步分析的。

---

① 《册府元龟》卷六六八《内臣部·翊佐》,第7985页。
② 《资治通鉴》卷二四一,唐宪宗元和十五年正月,第7777页。

关于穆宗、郭氏是此次宫廷政变的后台和主要策划者，唐人裴庭裕的《东观奏记》卷上郭太后暴卒条记载说："宪宗皇帝晏驾之夕，上虽幼，颇记其事，追恨光陵商臣之酷。"所谓上，指唐宣宗，他是唐宪宗的第十三子。光陵指唐穆宗，商臣指楚穆王，他杀死了其父楚成王。可知，穆宗的弟弟唐宣宗认为其兄是这次政变的后台。王夫之在仔细考证了这段历史后，指出："则弘志特推刃之贼"，"宪宗之贼，非郭氏、穆宗而谁哉？"[①]也认为陈弘志是杀害宪宗的具体凶手，穆宗母子则为后台指使者。

需要指出的是：唐宪宗在立太子与皇后问题上，率意而为，在一定程度上激化了宫廷内部的矛盾；晚年又服食丹药，脾气暴躁，无故滥杀宦官，加速了宫廷政变的到来。

---

① 《读通鉴论》卷二五，第792—793页。

第十二章 唐朝后期的长安

穆、敬、文、武、宣、懿、僖等帝统治时期，唐朝社会矛盾激化，元和时期开创的大好局面早在穆宗时期就已荡然无存。在这一时期唯一值得一提是，武宗在宰相李德裕的辅佐下，扫平了昭义镇的叛乱。唐宣宗虽号称"小太宗"，但当时的政治并无大起色。至于懿宗、僖宗的统治，则更加腐败，社会矛盾进一步激化，终于导致了农民起义的爆发，彻底动摇了唐朝的统治基础。

第一节 穆宗、敬宗的短暂统治

一、穆宗时的乱局

唐穆宗即位之后，贬宰相皇甫镈为崖州司户，拜御史中丞萧俛、翰林学士段文昌为宰相，同时又处死了柳泌、僧大通等人，象征性地表示对宪宗之死有一个了结。接着，又册其母郭氏为皇太后，赠皇太后父郭暖为太傅，赠皇太后母虢国大长公主为齐国大长公主。

唐穆宗性奢侈，好嬉游，即位的次月，就在大明宫丹凤门举行大规模的俳优百戏表演，纵百姓观看。他还经常幸神策军观看角抵及杂戏表演，喜欢击打马球，并因此而导致了严重的后果。长庆二年十一月，穆宗与宦官们一起击球，有一宦官坠马，穆宗受到惊吓，因而得了中风病，足不能履地。

在政治上，穆宗根本不关心朝政，重用宦官，压抑裴度为首的一批朝官。凡宦官赏识的人均能得到提升，如大诗人元稹，在宪宗时遭到贬黜，被赶到江陵任士曹参军。宦官崔潭峻当时任江陵监军，待元稹甚厚。后来崔潭峻入朝，将元稹所写的《连昌宫词》百余篇献给穆宗，穆宗大喜，即日将元稹从膳部员外郎提升为祠部郎中、知制诰。以元稹之才，任知制诰是完全胜任的，但由于他是由宦官而得官，因而受到朝士们的鄙视。有一次，同僚在一起食瓜，武儒衡挥扇驱蝇，说：这东西是从哪里来的？将元稹视作朝士中的异类，当成苍蝇对待。可见朝官与宦官之间的矛盾是多么的激化。

穆宗即位不久，由于执政无能，很快便葬送了宪宗时期所取得的削平藩镇的大好局面，河北三镇重新叛乱，走向了与朝廷对抗的道路。

史载："上之初即位也，两河略定，萧俛、段文昌以为'天下已太平，渐宜消兵，请密诏天下，军镇有兵处，每岁百人之中限八人逃、死'。上方荒宴，不以国事为意，遂可其奏。军士落籍者众，皆聚山泽为盗；及朱克融、王庭凑作乱，一呼而亡卒皆集。"[①]可知宰相萧、段二人想通过削减藩镇军队人数，以达到减

---

① 《资治通鉴》卷二四二，唐穆宗长庆二年二月，第7808页。

少财政开支的压力、削弱藩镇势力、巩固唐宪宗时期所取得的和平局面的目的。这种想法本意是好的，但是由于萧、段二人乃书生治国，对当时复杂的社会情况估计不足，以为只要皇帝一纸命令就可以万事大吉。这种过分乐观的态度，使他们对后来发生的变故措手不及，从而造成了严重的后果。

关于萧、段二人此举的错误，唐人杜牧分析说："雄健敢勇之士，百战千功之劳，坐食租赋，其来已久，一旦黜去，使同编户，纷纷诸镇，停解至多，是以天下兵士闻之，无不忿恨。至长庆元年七月，幽镇乘此首唱为乱。"①杜牧可谓看到了问题的一些实质方面，因为这一时期的藩镇军队均为职业兵，以当兵领饷来养家糊口，一旦失去军籍，便无法生活。然而最根本的问题还不是这些士兵不愿归农，而是政府根本就没有想到如何妥善地安置这些士兵。从当时的情况看，最好的安置办法无非是给他们土地，使其能够有维持生存的基本条件，可是唐朝政府根本就没有想到这一层。也有学者认为，当时的唐朝政府拿不出足够的土地来安置这些士兵。但问题的关键不在这里，而是萧、段等人根本就没有打算安置这些人。因为此次"消兵"主要针对的是藩镇军队，中央禁军是不在其内的，而且"消兵"的比例并不很大，仅为百分之八。这个时期全国军队的人数为八十余万，除去禁军也就是六十多万，按百分之八计算，裁减的兵士不超过五万人。唐朝在各地有许多屯田、营田和官庄，如果拿出来安置裁减的兵士，问题并不很大，更何况当时还有大量荒地存在。唐朝政府既不能妥善安置裁减的士兵，这些人为了生存，只能聚于山林，聚而为盗，从而严重威胁社会秩序的稳定。

更荒唐的是，唐朝政府为了彻底解决河北藩镇问题，调河东节度使张弘靖为卢龙节度使，又将魏博节度使田弘正调到成德任节度使。张弘靖擅自扣留朝廷赏军的一百万贯中的二十万贯充作军府杂用，引起了广大将士的不满。张还自作威福，出入乘坐肩舆，与以前河北诸镇节度使与将士同甘共苦的作风形成了鲜明的对照。他将政事委于幕僚韦雍等人，而这些幕僚对士卒常以"反虏"

---

① 杜牧：《樊川文集》卷一一《上李司徒相公论用兵书》，上海古籍出版社1978年版，第166页。

视之，动辄呵斥如奴仆。所有这一切都使得卢龙将士非常愤怒，他们的情绪就如同一团干柴，遇到一点火星，就会熊熊燃烧起来。卢龙都知兵马使朱克融便利用将士们的这种情绪，囚禁了张弘靖，举兵反叛。

  田弘正自从归顺朝廷后，曾多次奉命进攻成德，与成德将士有很深的仇怨，朝廷却偏偏把他调任为成德节度使。田弘正自知不为成德将士所容，遂率魏博军两千人作为自己的卫队，但是朝廷却不愿给这支军队支拨军费，田弘正数次上表请求，均被拒绝，不得已田弘正只好将这支部队遣回魏州。就在这支部队回到魏州的当月，成德军乱，杀害了田弘正及其家属、参佐、将吏三百余人，并推举都知兵马使王庭凑为节度留后。卢龙、成德两镇相继兵变后，时任魏博节度使的李愬因病不能讨伐，朝廷虽命田弘正之子田布代替李愬为节度使，率军讨伐叛军，但其部将先锋兵马使史宪诚不愿作战，并煽动士卒，要求复行河朔故事，即与两镇联合对抗朝廷。田布无力制约，又不愿背叛朝廷，遂抽刀自刺而死。从此以后，河北三镇又恢复了故态，互相呼应，沆瀣一气，实行割据。朝廷兴兵讨伐受挫，由是再失河朔，迄于唐亡，也未能恢复，"消兵"之策自此以失败而告终结。

  本来"消兵"之策并无不当，唐朝自宪宗发动削藩战争以来，国库空虚，赋税繁重，而各地藩镇兵员甚多，给朝廷财政造成了极大的负担。加之，藩镇跋扈者多依仗其强大的军事实力，故朝廷欲削藩必先从裁其兵员入手。问题在于既然认为"消兵"乃太平之策，就应想好配套措施，如此简单行事，无疑视国事为儿戏。此事如此收场，说到底还是唐穆宗用人不当之故。

  对于"消兵"之策的失败与河朔三镇的复叛，穆宗也要负一定的责任。当卢龙、成德等镇兵乱爆发后，朝廷先后调动了诸镇兵十五万多人，共同进讨，却屡战屡败。其原因并非叛军兵力强大，而是朝廷措置失当，史载：

> 诸节度既有监军，其领偏军者亦置中使监陈，主将不得专号令，战小胜则飞驿奏捷，自以为功，不胜则迫胁主将，以罪归之；悉择军中骁勇以自卫，遣羸懦者就战，故每战多败。又凡用兵，举动皆自禁中授以方略，朝令夕改，不知所从；不度可否，惟督令速战。中使道

路如织,驿马不足,掠行人马以继之,人不敢由驿路行。①当时官军由裴度、李光颜、乌重胤等重臣或名将统率,却也一事无成,连深州之围都不能解除,更不用说铲除叛乱藩镇了。裴度等一事无成的原因,除宦官干扰的因素外,还有就是朝中有人掣肘,这个人就是元稹。史载:"翰林学士元稹与知枢密魏弘简深相结,求为宰相,由是有宠于上,每事咨访焉。稹无怨于裴度,但以度先达重望,恐其复有功大用,妨己进取,故度所奏画军事,多与弘简从中沮坏之。"元稹出于一己之私心,担心裴度再立大功,回朝拜相,从而影响到自己的前途,所以对其军事方略加以破坏,使其不能入朝。元稹虽在文学上颇有成就,但就其这种行径来看,无疑是卑鄙小人。裴度上表痛陈奸人误国,指出:"若朝中奸臣尽去,则河朔逆贼不讨自平;若朝中奸臣尚存,则逆贼纵平无益。"②穆宗不得已罢去了元稹的翰林学士之职,却任命他为工部侍郎,"恩遇如故"。不久,便拜元稹为相。

元稹如愿拜相,马上向穆宗请求罢兵,赦免王庭凑、朱克融等,"盖欲罢度兵柄故也"③。元稹之所以主张罢兵,是想自己另辟蹊径,平定叛乱,捞取政治资本。和王傅于方推荐王昭、王友明是奇士,曾客游河朔,熟悉贼党,可行反间计以救深州之围。于方提供家财,充当二人的活动经费,还贿赂兵部、吏部官员,从而获得二十份委任官吏的空白告身,以奖赏立功人士。元稹一一应允。实际上这只是元稹的一厢情愿,试想朝廷出动十几万大军都无法解决的问题,区区两个江湖之士就能成功?元稹的无能于此可见一斑,其结果也就可想而知了。

唐穆宗即位以来,朝中群臣之间钩心斗角,关系极为紧张。元稹排斥裴度,导致两人关系不睦,穆宗索将裴度与元稹全都罢去相位,另以兵部尚书李逢吉为宰相,李逢吉又引牛僧孺为相。牛僧孺还不算奸人,却是一个平庸之辈,李逢吉引其为相,目的在于阻止颇有威望的浙西观察使李德裕入朝为相。李、牛两人执掌朝政期间,朝廷政事,并无起色,大权仍然控制在宦官之手。王守澄

---

① 《资治通鉴》卷二四二,唐穆宗长庆二年二月,第7808页。
② 《资治通鉴》卷二四二,唐穆宗长庆元年十月,第7801页。
③ 《旧唐书》卷一七〇《裴度传》,第4424页。

专制国事,"势倾中外",接受贿赂,门庭若市。工部尚书郑权,家中多姬妾,以俸薄不能养,遂通过王守澄求取外任,竟然得以充任岭南节度使。李、牛两人无力抑制宦官势力,却对排挤朝中正直之士颇为用力,致使朝政混乱一发不可收拾。

穆宗自从长庆二年十一月患风疾后,借口身体不适,不理朝政,宰相数次求见,竟不得一见。由于宫中情况不明,群臣不安,于是便有一些朝臣提出早立皇太子的问题。除裴度以外,宰相李逢吉等也主张早立太子。穆宗正当壮年,尚不足30岁,自然不愿早立太子,但是在群臣的再三请求下,不得已只好同意立长子李湛为皇太子。这年十二月,正式在大明宫宣政殿册立景王李湛为皇太子。

穆宗自患风疾后,经过一段时间的治疗,身体情况大好,这年十二月己未,因为皇帝病情痊愈,公主、嫔妃、宦官及皇室宗亲,还到长安诸寺为之斋僧祈福。穆宗甚至颁敕将长安狱中的囚犯全部释放,以示庆贺。正因为穆宗身体大好,所以才亲自在宣政殿主持册立皇太子的礼仪。可是到了长庆三年正月初一,穆宗又因为患病拒绝了群臣的朝贺。那么,穆宗是旧疾复发还是又患新疾?史书中没有明确的记载。从一些情况判断,穆宗当是又患新疾,而且是因服食丹药引起身体不适。有一条记载很值得关注,即在正月初一这一天,穆宗下令将嗣郓王李佐流放到崖州安置,原因是"坐妄传禁中语也"①。史书没有明确记载李佐泄露了宫中什么事,由于这件事与穆宗元日未能坐朝接受朝贺发生在同一天,可见与穆宗患病之事有某种联系,很可能是李佐泄露了穆宗患病的情况。然而这件事在当时并不是什么秘密,穆宗因病不能坐朝,朝中大臣无不知晓,如果李佐说了这件事,也不至于触怒皇帝而获流放之罪。看来李佐一定说了不该说的话,很可能是泄露了皇帝服食丹药之事。

关于穆宗服食丹药,早在其父死后,他即位不久就已经开始了。史载:"初,柳泌等既诛,方士稍复因左右以进,上饵其金石之药。"②只是因宪宗服食之事的影响,穆宗并不想让外人知道他服食丹药之事,故对李佐泄露此事非常震怒。

---

① 《旧唐书》卷一六《穆宗本纪》,第502页。
② 《资治通鉴》卷二四三,唐穆宗长庆四年正月,第7830页。

自从穆宗服食丹药以后，身体状态一直很不好，其即位四年来，仅长庆四年（824）正月初一，在大明宫含元殿举行过一次大朝会。事情发展到后来，使得他服食丹药之事再也隐瞒不住了，不仅在朝中成为公开的秘密，就连在野人士也无不知晓。就在长庆四年正月里，一个名叫张皋的布衣之士上书穆宗曰：

> 然则药以攻疾，无疾不用药也。高宗时，处士孙思邈达于养生，其言曰："人无故不应饵药。药有所偏助，则藏气为不平。"推此论之，可谓达见至理。夫寒暑为贼，节宣乖度，有资于医，尚当重慎。故礼称："医不三世，不服其药。"庶士犹尔，况天子乎？先帝晚节喜方士，累致危疾，陛下所自知，不可蹈前覆、迎后悔也。今人人窃议，直畏忤旨，莫敢言。臣蓬荜之生，非以邀宠，顾忠义可为者，闻而默，则不安，愿陛下无忽。①

张皋的这一番话引经据典，甚至引用唐代著名医学家孙思邈的话，反对穆宗服食丹药，话说得非常诚恳。穆宗感于张皋忠义可嘉，命人寻找张皋，张皋却避而不见。从穆宗寻找张皋的这一行动看，可能他已有所醒悟，但为时已晚。由于长期服药，病入膏肓，正月二十日，穆宗再次发病。此次病势非常凶猛，至二十二日，穆宗已经奄奄一息了。

穆宗在弥留之际，命皇太子监国。宦官们见皇太子年幼，主张请郭太后临朝称制，并起草好了太后临朝称制的制书，遭到了郭太后的拒绝。她对宦官们说："昔武后称制，几危社稷。我家世守忠义，非武氏之比也。太子虽少，但得贤宰相辅之，卿辈勿预朝政，何患国家不安！自古岂有女子为天下主而能致唐、虞之理乎！"②郭氏不愿临朝称制，是她的明智之处，而且她还认为只要太子得到贤宰相的辅佐，宦官们不要再干预国政，何愁国家不安！这都是很有见地的看法。为了表示她坚决不步武则天的后尘，郭氏还当着宦官们的面，撕碎了请她临朝称制的制书。

不仅郭太后是这种立场，其兄太常卿郭钊也是持这一立场，他知道宦官们

---

① 《新唐书》卷一一八《裴潾传附张皋传》，第4289页。
② 《资治通鉴》卷二四三，唐穆宗长庆四年正月，第7830—7831页。

有此动议后,遂秘密地向太后写了一封信,说:"如果您答应了宦官们的请求,我将率全家辞去官爵,退隐山林。"郭氏家族不愧为忠贞勋臣之后,始终保持低调的政治姿态,这也是其家族长盛不衰的一个重要原因。

就在二十二日当晚,穆宗死于寝殿,年仅30岁。二十六日,皇太子李湛正式即皇帝位。

二、敬宗的荒唐生活

李湛即位时年仅16岁,史称唐敬宗。他即位之初,尊其祖母郭氏为太皇太后,其母王氏为皇太后,将国事委于宰相李逢吉,整日只知玩耍嬉闹,而不问国事。

敬宗年幼无知,宦官们投其所好,百般逢迎,因此其对宦官的赏赐甚多,除了赏赐服色及锦彩金银,还随意授予官爵,所谓"或今日赐绿,明日赐绯",全无节制。由于赏赐无度,宫中财宝不足,于是他又从国库左藏库中调出银十万两、金七千两,"悉贮内藏,以便赐与"。①

敬宗非常喜欢营建。他嫌长安宫殿不广,筹集了大量的建筑材料,打算另建宫殿。后来由于吏部侍郎李程的力谏,才勉强同意将这些材料用于营建穆宗陵墓。波斯人李苏沙向皇帝进献沉香木材,用于建造亭子。左拾遗李汉上言说:"何异瑶台琼室乎?"② 敬宗听后,非常不高兴,虽然没有惩处李汉,但却不愿改变初衷。他还打算巡幸东都洛阳,命度支员外郎卢贞负责修缮洛阳宫殿及沿途行宫,群臣劝谏不听。河北藩镇朱克融、王庭凑皆请以兵匠助修东都,敬宗遂下诏停止了修建。胡三省指出:敬宗不是因为群臣劝谏而罢营建,而是畏惧幽、镇之兵才罢手的。

唐代有端阳节龙舟竞渡的习俗,长安地区亦是如此。敬宗命转运使王播造竞渡龙舟二十艘,但是由于长安一带缺乏可用的木材,于是便从外地运到长安,预计仅运费一项就要花去全年全国转运经费的一半。经谏议大夫张仲方等人力谏,敬宗不得已,同意减半运来。即使如此,也要花费全国转运经费的四分之一,浪费之大是非常惊人的。

---

① 《资治通鉴》卷二四三,唐敬宗宝历二年六月,第7850页。
② 《新唐书》卷七八《淮阳王道玄传附汉传》,第3519页。

敬宗酷爱击球。自即位之初，就经常与宦官们游宴、击球，赏赐宦官、乐人财物不计其数。除了喜欢击球，他还喜欢角抵、杂戏，时常令左右神策军中的角抵手进行比赛，或者令教坊乐人表演各种杂戏。由于追求刺激，比赛非常紧张，以至于有"有断臂、碎首者"，常常"夜漏数刻乃罢"。①

敬宗见其祖上多往华清宫，于是也产生了前往一游的想法。群臣见其终日游荡，如果尝得华清温汤的妙处，经常前往又将会造成很大的资财浪费，于是纷纷劝谏。拾遗张权舆叩头谏曰："昔周幽王幸骊山，为犬戎所杀；秦始皇葬骊山，国亡；玄宗宫骊山而禄山乱；先帝幸骊山，享年不长。"敬宗竟说："骊山若此之凶邪？我宜一往以验彼言。"于是在宝历元年十一月，驾幸华清宫，当日返还。他对左右说："彼叩头者之言，安足信哉！"②

凡是有什么新鲜可玩之事，敬宗均不放过。在唐代僧人们为了宣扬佛教，创立了一种宣传形式，谓之"俗讲"，就是将佛经故事用通俗易懂的语言讲授出来，宣讲时有说有唱，形式十分灵活。有关俗讲的内容本不可考，幸在敦煌发现了不少唐代变文，使我们得以知道俗讲到底是一种什么形式。变文就是俗讲的底本，通常是一段文字、一段诗。变文里有一种形式，叫作"讲缘起"，相当于现在唱曲子的开篇，就是拿一首诗或几句话先把总的内容简要地唱出来，声调要特别有魅力。据记载，当时长安城中最有名气的俗讲僧文溆（一作文叙子），曾吟经，"其声宛扬，感动里人"③，以至"听者填咽"④。敬宗得知此事后，也按捺不住前往一观的冲动，遂于宝历二年二月，前往位于长安城修德坊中的兴福寺听文溆表演俗讲。

敬宗迷信神仙之说，同时又相信佛教。当时道士赵归真与僧人惟贞、齐贤、正简等人皆出入宫禁，受到敬宗的热情款待。由于敬宗迷信神仙之说，所以有人马上投其所好。有一个叫杜景先的术士自称能找到"异人"，即不同凡响的仙人。敬宗遂派他到江淮、岭南一带寻访。有一个润州人周息元，自言其已经

---

① 《资治通鉴》卷二四三，唐敬宗宝历二年六月，第7850页。
② 《资治通鉴》卷二四三，唐敬宗宝历元年十月至十一月，第7845页。
③ 段安节：《乐府杂录·文叙子》，古典文学出版社1957年版，第40页。
④ 赵璘：《因话录》卷四，上海古籍出版社1979年版，第94页。

活了数百岁。敬宗马上派使者把他迎到长安，安置在宫中山亭，尊礼有加。其实这些都是一些江湖骗子。

敬宗既然热衷于游乐、神仙之事，自然不把国事放在心上，据载，他每月上朝超不过三次，大臣很难与之相见。即使这有限的数次朝会，他还不按时上朝，史载："上视朝每晏，……日绝高尚未坐，百官班于紫宸门外，老病者几至僵踣。"[1] 早在长庆四年三月，敬宗即位仅数月之久，左拾遗刘栖楚就针对敬宗的这种毛病进行苦口婆心的劝谏，大意说：宪宗与穆宗都是成年的君主，四方犹叛乱不息。陛下年青，正当宵衣求理，而嗜寝乐色，日晏方起。国丧期间，乐舞之声不息，政令不彰，是非不明，恶声传之于外，这些都是他们这些谏臣没有尽到责任的缘故。说罢连连叩首，以至于血流满地，声响传于阁门之外。他希望用这种方式能使皇帝感悟，然而对敬宗这种皇帝来说，刘栖楚的这种行为又能起到什么作用呢？为了安抚刘栖楚，敬宗升其为起居舍人，并赐绯袍银鱼袋，却未有悔改之意。刘栖楚见状，辞而不受，愤而离京赴东都而去。

敬宗的荒唐很快就引来了祸乱。有一个占卜算卦之人，名叫苏玄明，他与染坊工人张韶关系非常密切。苏玄明对张韶说："我为你算了一卦，你命中注定要在皇宫金殿中坐。现在皇帝昼夜打球狩猎，经常不在宫中，如果乘机起事，大事可成。"张韶信以为真，暗中联络了染坊工人中无赖者百余人，把兵器藏于紫草（一种染紫色的植物）车中，进入大明宫银台门，准备在夜间作乱。把守银台门的军士见车辆甚重，产生了怀疑，便上前盘问，张韶见事情将要败露，遂杀死了盘问的军士，与其同伙抽出兵器，大呼冲入宫中。

当时敬宗正在清思殿击球，宦官们见情况紧急，急忙关闭宫门，并报告了敬宗。以前敬宗与其父穆宗都对右神策中尉梁守谦十分恩宠，两军角抵比赛时，总是倾向于右神策军。这时乱党已经破门而入，挥刀乱砍，敬宗狼狈逃窜，打算到内苑的右神策军驻地躲避。左右之人说："右军远，恐遇盗，不若幸左军近。"[2] 左神策中尉马存亮得知皇帝来到，急忙迎入军中，派大将康艺全率骑兵入宫镇

---

[1]《资治通鉴》卷二四三，唐穆宗长庆四年三月，第7834页。
[2]《资治通鉴》卷二四三，唐穆宗长庆四年四月，第7836页。

压乱党。敬宗担心太皇太后郭氏与皇太后王氏的安危，马存亮又派了五百骑兵将两宫太后迎入军中。

与此同时，大明宫中乱成一团，宫人们纷纷躲避，张韶进入清思殿，坐上了皇帝宝座，邀苏玄明同食宫中美味，还说"果如你所言，我真的坐上了皇帝御座。"苏玄明毕竟比张韶这样的莽夫明白事理，他见皇帝已经逃走，知道禁军即刻就会赶到，遂与张韶急忙逃出。这时左军大将康艺全与闻讯赶来的右神策军将军尚国忠引兵包围了乱党，杀死了苏玄明、张韶及其党徒之大部，很快便平定了祸乱。小部乱党躲入禁苑，天明后也一一被擒获处死。

这一夜宫门皆紧闭，皇帝住在左神策军中，朝野上下不知皇帝之所在，人心慌恐。次日，敬宗回到宫中，宰相率百官到延英门朝贺，来者不过数十人，可见长安城已经乱到了何种程度。按照唐朝法律，凡是乱党进入过的宫门，把守者皆应处死，当时有宦官三十五人应当依法处以死刑。由于那些有权势的大宦官的庇护，结果只是从轻处以杖刑，而且照旧供职不变。敬宗如此纵容宦官，最终给自己带来了杀身之祸。

敬宗游戏无度，除了喜欢击球和观看角抵，还经常亲自下场与人手搏。上之所好，下必相投，于是禁军及诸道争先恐后地向皇帝进献力士。即使如此，敬宗还不满足，又拨钱万贯令内园使招募力士。他与这些力士形影不离，整日相随左右，游乐不止。敬宗还有一个嗜好，就是喜欢抓捕狐狸，常常夜里不睡，通宵捕捉狐狸，乐此而不疲。

敬宗又是一个喜怒无常的人，这些力士和宦官受到恩宠，不免有时骄纵无礼，力士稍有不逊，或配流或籍没，宦官们常因小过而遭到责打，弄得人人惶恐，不知何时大祸临头。其左右之人虽然得到了许多的赏赐，但由于这些状况，他们非但不感恩戴德，反而心怀怨恨，联合起来，密谋杀死皇帝，另立新帝。

宝历二年十二月八日，敬宗在夜里打猎回来，与宦官刘克明、田务澄、许文端及击球军将苏佐明、王嘉宪、石从宽、阎惟直等二十八人饮酒。酒宴高潮时，敬宗因饮酒较多，心中燥热，遂起身到内室更衣。忽然殿中灯烛齐灭，苏佐明等冲入室内，将敬宗杀死，终年仅18岁。

敬宗死后，宦官刘克明等假称皇帝之旨，命翰林学士路隋起草遗制，命绛王李悟权勾当军国事，即暂时掌管国政。李悟是宪宗第六子，穆宗之弟。次日，正式宣读遗制，绛王与宰相及百官相见于紫宸殿外廊。刘克明、田务澄、许文端等宦官在宦官阶层中地位并不很高，且没有掌握实权，于是他们便想乘机换掉宦官中掌权者，这样就引起了另一批宦官的反弹。枢密使王守澄、杨承和与神策中尉魏从简、梁守谦定议，率兵接迎穆宗第三子江王李涵入宫，又调发左右神策军、飞龙兵入宫讨伐乱党，刘克明赴井而死，其余乱党全部被杀，绛王也被乱兵所害。

由于事出仓促，王守澄等人对善后之事该如何处理，一时没了主意，遂向翰林学士韦处厚请教。韦处厚认为，讨伐乱党，名正言顺，何嫌之有？应当以江王之教（教是亲王的命令）宣告中外，内难已平。然后令群臣上表劝江王即位，再以太皇太后令册立为皇帝。王守澄大喜。十日，江王素服涕泣，与百官见于紫宸殿外廊。次日，又在少阳院（太子居处）与诸军使相见，同时下令将道士赵归真等术士及敬宗所宠信者流放到岭南或者边地。同月十二日，江王正式即皇帝位，史称唐文宗，并改名李昂。

综上所述，可知唐文宗的即位，完全是两派宦官互相斗争的结果。绛王已经见过了宰相及百官，算是准备即位的皇帝了。而王守澄等杀死绛王，另立文宗，宰相及百官不敢有异议，可见此时的宦官势力已经膨胀到何种程度，同时也使文宗隐隐感到了宦官势力的威胁。

第二节　文宗、武宗的统治情况

一、文宗其人其事

文宗即位后，尊其母萧氏为皇太后，以敬宗母王氏为宝历太后，仍尊郭氏为太皇太后，合称三宫太后。太皇太后郭氏居住在兴庆宫，王太后居义安殿，萧太后居大明宫。文宗性孝谨，待三宫太后如同一人，每获珍异之物，先奉太庙，次奉三宫太后，最后才是他自己。

文宗未即位前，深知穆宗、敬宗两朝的弊端，即位之后，励精求治，去奢从俭。下诏释放宫女三千余人，又将五坊鹰犬除留一部分校猎之外，全部放归田野。减少相关部门供给宫廷的年支物,减省教坊、翰林、苑总监的富余人员一千二百多人,停止拨给内诸司的新加衣粮。又把御马坊场所占陂田及近年另行贮藏的钱谷,全部交给政府相关部门。除这些节省惜费的措施外,他还将穆宗、敬宗时期向各地索要的锦绣、雕镂物品,全部罢去。敬宗在位时极少上朝,文宗下令恢复旧制,每月单日坐朝,双日放朝,还经常召见宰相,询访政事,常常很久才罢朝。于是朝廷上下翕然相贺,以为太平可致。但是文宗有一个明显的缺点,虽然能够虚心纳谏,却不能果敢决断,所议定的事情,往往不能坚持,常常改变,使得群臣有时无所适从。

文宗自即位以来,虽然采取了一些措施,以革新朝政,但由于宦官权势甚大,他总不能如意。同时他从宦官杀死绛王、拥戴自己即位这件事上,看到了宦官对皇权的威胁。基于皇帝地位毫无保障,于是他便产生了铲除宦官势力的想法。唐朝自唐代宗大历以来,节度使多出于禁军大将,禁军大将中凡资历高者,皆以高额的利息向长安富商大贾借取巨额钱款,然后用以贿赂宦官,以求节钺。一旦获得节度使的官职,上任后便加重剥削量,以偿付借款,人们称这类人为"债帅"。节度使的任命,很少经过宰相,致使皇帝与宰相大权旁落。同时"债帅"现象的存在,严重毒化了当时的政治空气,使官场风气更加败坏,也激化了社会矛盾。这些现象的存在,使得一些正直之士痛心疾首,无不反对宦官专权,刘蕡对策就是在这样的社会背景下产生的。

太和二年三月,文宗举行了一次制举考试,昌平人刘蕡应贤良方正科,他在对策中极言宦官专权乱政之祸,文辞犀利,语气激愤,引起了极大的轰动,人们纷纷传抄其文,一时洛阳纸贵。刘蕡对策的基本内容大体有如下几点。

其一,指斥宦官专权乱政。他指出"亵近五六人总天下大政,外专陛下之命,内窃陛下之权,威慑朝廷,势倾海内,群臣莫敢指其状,天子不得制其心,祸稔萧墙,奸生帷幄",致使"阉寺专废立之权,陷先帝不得正其终,致陛下不得正其始"。

其二,指出朝廷法制不能统一。他指出"法者,高祖、太宗之所制也。法宜画一,官宜正名"。现在的官员分外官(朝官)、中官(宦官),机构分为南司、北司,在南司犯罪，躲到北司就没事了，或外官定了罪，中官却认为无罪，"法出多门，人无所措，繇兵农势异，而中外法殊也"。应该兵农一致，文武同心，保邦卫国。现在的情况却是兵部不管军政，将军只存空名，军政大权，归于中官。头一戴武弁，便把文官视为仇敌；足一登军门，视农夫如草芥。"谋不足以剪除奸凶，而诈足以抑扬威福；勇不足以镇卫社稷，而暴足以侵害闾里。"应该屏除宦官，恢复祖宗旧制，使国家政治走上正常的轨道。

其三，批评了朝廷的任官使能路线。他指出"居官非其能，左右非其贤"执行了一条任人唯亲的路线，要求文宗改变这种现状，认为"昔秦之亡也，失于强暴；汉之亡也，失于微弱。强暴则奸臣畏死而害上，微弱则强臣窃权而震主"。他认为敬宗失于强暴，而文宗则失于软弱，这样都不能使社稷永固，希望文宗振作起来，防微杜渐，以绍祖宗洪业。

其四，揭露了当时剥削残酷、人民生活困苦的景况。他说"今海内困穷，处处流散，饥者不得食，寒者不得衣，鳏寡孤独不得存，老幼疾病不得养"，百姓生活在水深火热之中，"冤痛之声，上达于九天，下入于九泉，鬼神为之怨怒"。这种情况如果不引起重视，陈胜吴广，赤眉黄巾，恐怕不仅起于秦汉。

刘蕡的对策说出了当时存在的弊病，在朝野上下引起了很大的共鸣，考官也对此文非常欣赏，认为超过了汉代晁错、董仲舒的对策，但因为害怕得罪宦官，不敢录取刘蕡。许多士人在读此文时，感动得热泪滚滚，谏官、御史纷纷上表为刘蕡鸣不平。此科共录取了二十三人，其对策大都平淡无奇，其中河南府参军李郃认为刘蕡落第，而自己被录取是最大的不公，上疏文宗说："况臣所对，不及蕡远甚，内怀愧耻，自谓贤良，奈人言何！"① 表示愿意将自己的名额让给刘蕡，以平天下之公愤。但是当时文宗因宦官势力正盛，没有接受李郃的意见。

刘蕡的对策虽然没有被采纳，但此论一出，天下人心感奋，对当时沉闷的政治空气是一个很大的冲击，表明士大夫阶层与宦官集团的矛盾已经非常尖锐了，对文宗皇帝来说，触动也是很大的，使他看到了士大夫阶层中的确存在着

---

① 《新唐书》卷一七八《刘蕡传》，第 5293—5307 页。

一股可以利用的力量，促使他下定了铲除阉宦势力的决心。从此，他开始在朝官中物色人物，准备对宦官采取行动，后来发生的一系列针对宦官的事件，与刘蕡的对策不无关系。

刘蕡下第后，令狐楚、牛僧孺任山南东西道节度使时，先后延请其入幕府，上表授秘书郎，并且以师礼待之。然而宦官却对刘蕡十分痛恨，诬之以罪，贬为柳州（今广西柳州）司户参军，刘蕡后来就死在了当地。

刘蕡虽然最终难逃宦官毒手，被贬而死，但他的品行却赢得了后人的极大敬仰。唐昭宗时，左拾遗罗衮上书皇帝，指出刘蕡"遂罹谴逐，身死异土，六十余年，正人义夫切齿饮泣"[1]。并且指出如果早用刘蕡之谋，杜渐防萌，国家不至于多难如此，请求昭宗表彰刘蕡。昭宗遂赠以左谏议大夫之职，并访其子孙，授以官职。

唐文宗既然决定铲除宦官势力，就必须先在朝臣中物色好可以信赖且志同道合的人，君臣共同努力才有可能达到目的。他登基之初任命的宰相韦处厚，早在太和二年就死去了。次年，浙西观察使李德裕被召入朝，任兵部侍郎，裴度推荐他任宰相，可是却被其政敌宰相李宗闵排挤出朝，任义成节度使去了。李宗闵又引牛僧孺为相。两人合力排斥拥护李德裕的朝官，连裴度都被排挤出朝去任节度使，而李德裕则被进一步赶到更加偏远的西川任节度使。李、牛二人如此热衷于朋党斗争，又与宦官有着千丝万缕的联系，这样的人自然不能成为文宗依靠的对象。

在这种情况下，文宗便把目光移到了翰林学士宋申锡的身上。史载："上患宦者强盛，宪宗、敬宗弑逆之党犹有在左右者；中尉王守澄尤专横，招权纳贿，上不能制。尝密与翰林学士宋申锡言之，申锡请渐除其逼。上以申锡沉厚忠谨，可倚以事"[2]。所谓"渐除其逼"，即逐渐铲除那些威逼皇帝的宦官。这个意见深得文宗的赞赏，于是他先提拔宋申锡为尚书右丞，太和四年七月，正式拜其为相。

---

[1] 《新唐书》卷一七八《刘蕡传》，第 5307 页。
[2] 《资治通鉴》卷二四四，唐文宗太和四年六月，第 7871—7872 页。

宋申锡，字庆臣。少年时丧父，他是经过自己的努力才考中进士的。入仕以后长期在节度幕府任职，入朝后历任起居舍人、礼部员外郎、中书舍人、翰林学士等职。因此，宋申锡是没有深刻政治背景的一个人，也正因为如此，才会获得文宗的信任。宋申锡深知单靠自己一个人的力量是不可能完成皇帝重托的，必须要联络一批朝官，壮大自己的势力，这样才有可能与宦官势力抗衡。于是，他首先联络了御史中丞宇文鼎，然后又联络了吏部侍郎王璠，并任命其为京兆尹。与此同时，他把皇帝的密旨也告诉了王璠，不料王璠却是一个小人，为了一己之私，把此事告诉给了王守澄。

王守澄得知此事后，一方面暗中做好应变的准备，另一方面又密谋诬陷宋申锡，破坏文宗的计划。当时文宗的弟弟漳王李凑礼贤下士，在士大夫中很有声望。于是王守澄指使神策军都虞候豆卢著诬告宋申锡谋图拥立漳王为皇帝。文宗本来就对其弟漳王非常猜忌，得知此事后，非常震怒。王守澄见皇帝中计，索性一不做二不休，打算派二百骑兵屠戮宋申锡全家。飞龙使马存亮坚决不同意，认为如此一来，京城必然大乱，不如召其他宰相共同商议对策。王守澄只好取消了出动军队的想法，向文宗报告了处置宋申锡的办法。

太和五年二月的一天，文宗召宰相们入宫，行至中书省东门时，中使对宋申锡说："陛下没有召相公入朝。"宋申锡知道大事不妙，遂望了望延英殿，以笏叩头而退。其他几位宰相进入延英殿后，文宗拿出了王守澄的奏章给大家看，众人看后都感到非常惊诧，又都不好再说什么。于是，文宗命王守澄逮捕漳王所居住的十六宅负责宫市的宦官晏敬则及宋申锡身边的亲信王师文等人，在宫中进行审问。这两人都是豆卢著诬告时所提到的同谋者。还没有进行审问，文宗便迫不及待地罢去了宋申锡的相位，贬为太子右庶子。随后又将漳王李凑贬为巢县公，宋申锡贬为开州司马，同时受牵连处死或者流放的人达百余人之多。后来，宋申锡死在了贬所。

唐文宗本意是想铲除宦官势力，结果却反倒中了宦官的反间计，自剪羽翼，其愚蠢之态于此可见一斑。

后来文宗又信任郑注与李训，依靠他们铲除宦官，虽然除去了王守澄，但在后来的甘露之变中，招致了宦官集团更大的报复和屠杀，使南衙朝官集团遭到了极大的打击，宦官势力更加膨胀，文宗也在长期的压抑中死去了。

二、武宗与会昌灭佛

唐文宗死于开成五年（840）正月，终年32岁。神策中尉仇士良和鱼弘志矫诏立其弟颖王李瀍为皇帝，史称唐武宗。

武宗即位之初，曾经大开杀戒，圆仁《入唐求法巡礼行记》卷二载：开成五年二月廿二日，新天子（武宗）即位，"城中杀却四千余人，先帝时承恩者也"。谏议大夫夷直复亦上言："陛下自藩维继统，是宜俨然在疚，以哀慕为心，速行丧礼，早议大政，以慰天下。而未及数日，屡诛戮先帝近臣，惊率土之视听，伤先帝之神灵，人情何瞻！"①武宗不听。武宗的确诛杀了很多人，但是这些人被杀似乎不全是出于他本意，而是仇士良等人所为，史载："时仇士良等追怨文宗，凡乐工及内侍得幸于文宗者，诛贬相继。"②武宗只是因刚刚即位，不便于阻止仇士良等人的行为而已。然而，武宗也贬逐过几位大臣，他因其即位并非出于宰相之意，于是便把杨嗣复、李珏两人罢相，召淮南节度使李德裕入朝，拜为宰相。不过李德裕此次拜相，宦官杨钦义亦出力不少。当初杨钦义在淮南任监军使时，人们相传杨钦义要回朝任知枢密，节度使李德裕对待如同平时，丝毫未有优礼，杨钦义愤愤不平。过了几天，李德裕宴请杨钦义，赠送珍玩数床，杨钦义非常感激。杨钦义行至汴州，奉旨仍回淮南。杨钦义遂归还李德裕所赠礼物，李德裕不受。后来杨钦义任枢密使后，便举荐李德裕为宰相。李德裕此次拜相虽然与宦官有一定的关系，但却不是其刻意讨好宦官的结果，而是以平时心对待一起共事的同僚，使杨钦义感受到同僚的情谊。这种情况与那些依附于宦官，甘当其附庸的官员是不同的。

李德裕入朝拜相，在他的辅佐下，朝廷政治方面出现了一些新气象。

在对藩镇的斗争方面，最大的成就便是削平了昭义镇的反叛。昭义镇领泽、潞、邢（今河北邢台）、洺、磁五州，治所在潞州，其中泽、潞二州在今山西

---

① 《资治通鉴》卷二四六，唐文宗开成五年正月，第7944页。
② 《资治通鉴》卷二四六，唐文宗开成五年正月，第7944页。

境内，邢、洺、磁三州在今河北境内。武宗会昌三年四月，昭义节度使刘从谏死，其侄刘稹秘不发丧，擅自称留后。当时朝廷关于是否出兵讨伐，争议很大。李德裕力主出兵讨伐，可是其他宰相都坚决反对，还有许多大臣纷纷上表固争，认为刘从谏练兵十万，粮支十年，不易讨平，主张姑息苟安。武宗坚决支持李德裕的主张，毅然调动诸道军队进行讨伐。为了保证战争的胜利，武宗还采纳李德裕的建议，改革了宦官监军制度。《资治通鉴》卷二四八会昌四年八月条载：

> 初，李德裕以"韩全义以来，将帅出征屡败，其弊有三：一者，诏令下军前者，日有三四，宰相多不预闻。二者，监军各以意见指挥军事，将帅不得专进退。三者，每军各有宦者为监使，悉选军中骁勇数百为牙队，其在阵战斗者，皆怯弱之士；每战，监使自有信旗，乘高立马，以牙队自卫，视军势小却，辄引旗先走，陈从而溃。"德裕乃与枢密使杨钦义、刘行深议，约敕监军不得预军政，每兵千人听监使取十人自卫，有功随例沾赏。二枢密皆以为然，白上行之。自御回鹘至泽潞罢兵，皆守此制。自非中书进诏意，更无他诏自中出者。号令既简，将帅得以施其谋略，故所向有功。

从李德裕的这个动议可以看出，唐中期以来之所以在讨伐叛镇的战争中屡屡失败，其根本原因就在于此。武宗信任李德裕，使其能够充分发挥自己的才干，最终取得了战争的胜利，削平了昭义镇的叛乱。

刘稹之乱的平定，意义重大：（1）这是继元和平淮蔡之后的又一次对割据藩镇的胜利用兵，而这次胜利发生在危机四伏的晚唐时代，就显得尤为难得。（2）自天宝以后，河朔世为唐患，朝廷唯事姑息，别说调遣他们，能够不叛就是万幸。而武宗"不惟使三镇不敢助逆，又因以为臂指之用"①。之所以会出现这样的局面，是因为武宗能专信李德裕，"德裕以一相而制御三镇，如运之掌"②。由于君相同心同德，国威由此重振。（3）此役以及后来的平回鹘（回纥，后改名回鹘）之役，都没有监军对将帅的掣肘，因而得以成功。这是自唐中叶以来

---

① 范祖禹：《唐鉴》卷二〇《武宗》，文渊阁《四库全书》本，上海古籍出版社1987年版。
② 《唐鉴》卷二〇《武宗》，第297页。

朝廷用兵中的罕见现象。

唐武宗时期的另一成就就是抑制了宦官势力的进一步膨胀。甘露之变后，天下大事皆由北司决定，南衙形同虚设，成为北司的附属机构，"宰相但行文书而已"。北司的头目仇士良等"迫胁天子，下视宰相，陵暴朝士，如草芥"。① 于是政事不由中书等三省，而取决于北司仇士良等宦官。有鉴于此，在李德裕入相的第四天，就建言天子"常令政事皆出中书，推心委任，坚定不移"②。武宗立即采纳了李德裕的意见，其后"自非中书进诏意，更无他诏自中出者"③。为了确实做到政归宰相，武宗与李德裕配合默契，对宦官进行巧妙而沉重的打击。

首先，利用宦官集团内部矛盾诛除枢密使刘弘逸、薛季稜等。文宗病危时，薛季稜与宰相谋奉太子李成美监国，而刘弘逸同宰相杨嗣复则拟拥立安王李溶称帝。武宗即位后，仇士良揭发其事，并劝天子除之。武宗遂将计就计，找借口将刘、薛二人处死。接着，又对仇士良采取阳示尊宠而实际进行打击的方针。武宗因仇士良等有拥立之功，所以即位之初对他们表面上还算客气，迁仇士良为骠骑大将军，封楚国公，鱼弘志封韩国公。刘弘逸等既诛，又授仇士良以观军容使。但武宗内心深处则对仇士良等十分厌恶，一有机会，就坚决打击。会昌二年（842），有人告诉仇士良，宰相李德裕作敕书，要减禁军衣粮和马草料。仇士良因帝信任李德裕，早心怀不满，于是借题发挥，扬言宣敕日要鼓动禁军闹事。李德裕诉于武宗，武宗大怒，即遣中使宣谕神策两军："敕书初无此事。且敕书皆出朕意，非由宰相，尔安得此言！"④当众揭穿仇士良的谎言，大出其丑。武宗即位之初，仇士良上表请求以其所任开府仪同三司荫一子为官，给事中李中敏批驳说："开府阶诚宜荫子，谒者监何由有儿？"⑤唐制，五品以上官员皆可荫子，开府仪同三司，一品，故李中敏说开府本来应当荫子；谒者监乃宦官专任之职，而宦官乃阉人，没有生育能力，故李中敏才说"谒者监何由有儿"。

① 《唐鉴》卷二〇《文宗》，第288页。
② 《资治通鉴》卷二四六，唐文宗开成五年九月，第7946页。
③ 《资治通鉴》卷二四八，唐武宗会昌四年八月，第8010页。
④ 《资治通鉴》卷二四六，唐武宗会昌二年四月，第7961页。
⑤ 《资治通鉴》卷二四六，唐文宗开成五年十一月，第7948页。

仇士良羞愧不堪，只好作罢。试想李中敏此举如果发生在其他时期，结局将是难以想象。正因为武宗对宦官采取了敬而远之的态度，仇士良感到非常失落，嚣张气焰也大为收敛，所以对李中敏才不敢有所动作。

此后，仇士良实在忍受不了皇上的"忌恶"，"遂以老病求散秩"，武宗乘机解除了他的兵权。他终因不堪天子的冷待，不久即致仕退归私第。然而，他又不甘就此失败，遂教其党固权之术："天子不可令闲，常宜以奢靡娱其耳目，使日新月盛，无暇更及他事，然后吾辈可以得志。慎勿使之读书，亲近儒生，彼见前代兴亡，心知忧惧，则吾辈疏斥矣。"①可是，天子并不受阉寺蛊惑，在仇士良死后反而利用宦官揭发他的"宿恶"。仇士良死于会昌三年六月，他死后武宗于次年六月，从其家抄出兵仗数千，又以此为由，追夺仇士良生前官爵，其家产也被登记造册，予以没收。仇士良子醉后颠狂，说天子虽然尊贵，也是其父所立。武宗震怒，将其子打杀，并敕令捉其妻女等，削发守陵。

仇士良之后，枢密使刘行深、杨钦义慑于武宗和李德裕的气势，都不敢干预政事。旧例宣学士草诏，须经枢密使，而会昌三年五月的宣诏拜崔铉为宰相，则并未通过刘行深等。又如，将帅出征，例由宦官充监军使，此监军制度已推行近百年，可是，由于宰相李德裕反对，枢密使也不得不同意改变。所以习惯于作威作福擅权专横的一些老宦官埋怨刘、杨懦怯，感叹宦官干政的旧风堕败。此外，武宗于会昌五年（845）还曾再三向神策中尉追索禁军军印，并拟付中书门下，以剥夺阉寺军权。由于中尉借故要胁，夺印之举作罢。

王夫之对会昌君相卓有成效的抑制宦官专权给予高度的评价，他说："夷考德裕之相也，首请政事皆出中书，仇士良挟定策之功，而不能不引身谢病以去。唐自肃宗以来，内竖之不得专政者，仅见于会昌。"②

武宗即位之初，回鹘为黠戛斯所破，其首领嗢没斯等率部至天德军塞下，请求内附。而新立的乌介可汗，则以太和公主为质，率十余万众南下，要挟唐朝借天德城。武宗不答应，乌介进逼振武，略朔州，转战云州（今山西大同）。

---

① 《资治通鉴》卷二四七，唐武宗会昌三年六月，第7985页。
② 《读通鉴论》卷二六，第799页。

对于嗢没斯等请求内附，李德裕力排众议，并不顾边将邀功心切，坚决主张安抚。在皇上的支持下，以彩绢等物赈济回鹘饥民，竭诚欢迎嗢没斯等归附唐朝，授嗢没斯左金吾大将军，封怀化郡王，以其部为归义军，以嗢没斯为军使。嗢没斯和其诸弟以及回鹘宰相入朝后，又被天子分别赐姓名为李思忠、李思贞、李思义、李思礼、爱弘顺，授弘顺为归义军副使。后来又擢李思忠（即嗢没斯）为左监门卫上将军兼抚王傅，享双份俸禄，赐第永乐坊。

对于乌介可汗的挑衅，武宗和李德裕迅速做出反应，调集汉蕃大军予以迎头痛击。会昌三年正月，大破乌介于杀胡山（又名黑山，在今内蒙古四子王旗南），斩首万级，降其部落两万余人，乌介在遁逃中为黑车子（室韦之一部）所杀。此役银州刺史何清朝、麟州刺史石雄率沙陀、吐谷浑、党项等蕃兵勇往直前，所向披靡。

此外，为加强边防建设，李德裕还于会昌五年建议设置备边库：当年由户部从赋税中、度支从盐铁税中各提出十二万缗、匹的钱物储入库中，以后每年各以八万缗、匹入库。凡诸道所进助军财货也全部储入备边库，以度支郎中主管此事。从此以后，"边庭有急，支备无乏"。直到懿宗咸通元年（860），延资库（即备边库）的广厦内犹"钱帛山积"。①

在武宗统治的会昌时期，为了提高行政效率，节省财政开支，在武宗的大力支持下，宰相李德裕大刀阔斧地裁减了大批冗余官员。李德裕明确指出："省事不如省官，省官不如省吏，能简冗官，诚治本也。"②此举触及了不少既得利益者的痛处，因此引起了不少人的反对。但是在武宗的坚持下，裁减官员的措施还是推行下去了。不过效果不是很理想，根本原因是阻力太大。

宰相李德裕虽出身士族，但为扩大唐朝的统治基础，遂"辟孤寒之路"，即对于那些出身低微却有真才实学的下层知识分子给予破格擢用。因此常为人们怀念，"后之文场困辱者，若周人之思乡焉，皆曰'八百孤寒齐下泪，一时

---

① 王谠撰，周勋初校证：《唐语林校证》卷三《赏誉》，中华书局1987年版，第284页。
② 《新唐书》卷一八〇《李德裕传》，第5341页。

回首望崖州'"①。

唐武宗在会昌五年发动的打击佛教事件，佛教史上称为"会昌法难"。它是中国历史上几次打击佛教行动中规模最大的一次，影响深远。

此次事件的发生，首先是佛、道二教斗争所致。《旧唐书·武宗本纪》载："时帝志学神仙，师归真。归真乘宠，每对，排毁释氏，言非中国之教，蠹耗生灵，尽宜除去，帝颇信之。"《唐语林》卷一亦载："武宗好神仙。道士赵归真者，出入禁中，自言数百岁，上颇敬之。与道士刘玄靖力排释氏，上惑其说，遂有废寺之诏。"可见，道士们在发动打击佛教的行动中的确起到了比较重要的作用。

其次，出于经济方面的原因。佛教自传入中国以来，至唐代达到了发展的鼎盛时期，佛寺遍于天下，僧尼人数众多，消耗了大量的社会财富，严重制约了社会经济的发展，这就是在唐朝之前多次发生灭佛事件的重要原因。唐武宗会昌年间发生的打击佛教事件的原因之一也是如此。杜牧《杭州新造南亭子记》载："文宗皇帝尝语宰相曰：'古者三人共食一农人，今加兵、佛，一农人乃为五人所共食，其间吾民尤困于佛。'帝念其本牢根大，不能果去之。武宗皇帝始即位，独奋怒曰，穷吾天下，佛也。"②武宗颁布的《拆寺制》也说"洎于九有山原，两京城阙，僧徒日广，佛寺日崇。劳人力于土木之功，夺人利于金宝之饰。……且一夫不田，有罹其馁者；一妇不织，有罹其寒者。今天下僧尼，不可胜数，皆待农而食，待蚕而衣。寺宇招提，莫知纪极"③云云。可见，武宗下决心打击佛教的发展，经济问题是一个重要的原因。

再次，打击与搜寻流亡的唐宣宗。有学者据日本僧人圆仁的《入唐求法巡礼行记》卷四的这一段记述，进行推论，提出了这一观点。原文如下：

> 道士奏云："孔子说云：李氏十八子，昌运方尽，便有黑衣天子理国。臣等窃惟黑衣者，是僧人也。"皇帝受其言，因此憎嫌僧尼。意云，"李"字十八子。为今上当第十八代，恐李家运尽，便有黑衣夺位欤！

---

① 范摅：《云溪友议》卷中，古典文学出版社1957年版，第52页。
② 《全唐文》卷七五三《杭州新造南亭子记》，第7809—7810页。
③ 《唐大诏令集》卷一一三，第591页。

十八子不仅与唐朝国姓"李"字相合,而且与唐武宗正好是唐朝第十八代君主相吻合,这条谶语等于明白地宣布唐武宗运祚将要终结,黑衣僧人将会取代其地位,而这个僧人则是指后来的唐宣宗。据《中朝故事》《宋高僧传·齐安传》《北梦琐言》等书记载,宣宗未即位前,武宗不能善待,曾经当僧人,或与僧人游处,因此谶语中才有黑衣僧人夺位的说法。从而下结论说:唐武宗与佛教的矛盾,实质上主要是与宣宗的矛盾。武宗毁灭佛教的原因,根本就在于宣宗从宫中逃出之后,隐身于佛门。灭佛,就是为了查杀宣宗,毁灭他的栖身之所。这种说法虽有一定的道理,但推测的成分较多,录之于此,姑备一说。

唐武宗在下诏打击佛教之前,先令主管宗教事务的祠部调查天下寺院及僧尼的数量情况,在摸清全部情况后,制定了打击佛教的具体方案。据载,会昌五年五月,祠部奏报说天下有寺院四千六百所、兰若四万所、僧尼二十六万零五百人。在掌握了这一情况后,武宗于这年七月正式颁布制书,规定长安、洛阳两街各留寺两所,即各保留四所寺院,每寺留僧三十人;藩镇治所所在州及同、华、商、汝等州各保留寺院一所,分为三等,上等留僧二十人,中等留十人,下等五人。其余僧尼全部勒令还俗,非保留的寺院、兰若全部拆毁,"财货田产并没官,寺材以葺公廨驿舍,铜像、钟磬以铸钱"①。

关于此次打击佛教拆毁寺院、兰若及还俗僧尼的数量,学界多引用《唐大诏令集》卷一一三《拆寺制》所载的数字,即拆毁寺院四千六百所、兰若四万多所,还俗僧尼二十六万零五百人。杜牧在《文苑英华》卷八三四《杭州新造南亭子记》一文中,也是这样记载的,并且还说:"始去其山台野邑四万所,冠其徒几至十万人。"至会昌五年,共解放奴婢十五万人,收回"良田数千万顷"。如依此说,则此次还俗僧尼有三十六万余人。如果这些记载真实的话,则等于将全国的寺院全部拆毁,僧尼全部还俗了,因为前述的祠部调查数字总共就这么多寺院和僧尼。

另据司马光《通鉴考异》引《武宗实录》载:"镇州、魏博、淮南、西川、山南东道、荆南、岭南、汴宋、幽州、东川、鄂岳、浙西、浙东、宣歙、湖南、

---

① 《资治通鉴》卷二四八,唐武宗会昌五年七月,第8015—8016页。

江西、河南府,望每道许留僧二十人;山南西道、河东、郑滑、陈许、潞磁、郓曹、徐泗、凤翔、兖海、淄青、沧景、易定、福建、同、华州,望令每道许留十人;夏桂、邕管、黔中、安南、汝、金、商州、容管,望每道许留五人;一道河中已敕下留十三人。"即一等十七道,应保留寺十七所、僧尼三百四十人;二等十五道,应保留寺十五所、僧尼一百五十人;三等八道,应保留寺八所、僧尼四十人。加上河中道寺一所、僧尼十三人,长安、洛阳寺八所、僧尼二百四十人,全国总计保留寺四十九所、僧尼七百八十三人。扣除这些数字,全国拆毁寺院应是四千五百五十所,还俗僧尼二十五万九千七百多人,加上解放的十五万奴婢,将他们全部充作两税户,的确可以为唐朝增加不少赋税收入。

需要指出的是,在打击佛教的同时,唐朝政府还禁止已经在中国流行多年的景教、摩尼教、火祆教等宗教继续流行,教堂拆毁,教士还俗,如是外国人发配边远处收管,仅景教教士就有两千人还俗。经过这次打击后,这些宗教便很难在中国内地立足了。

唐武宗是一名年轻皇帝,即位时年仅27岁,与其他皇家子弟一样,非常喜欢狩猎、鞠球、骑射、手搏等类活动。由于这种喜好,他对五坊人员非常宠爱,赏赐无度,并且允许他们自由出入宫禁。不过武宗并不是一个固执的君主,有一次他去兴庆宫看望其祖母郭太后,询问如何才能当好皇帝,太后遂劝他要善于纳谏。返回后他把臣下的奏章拿出来看,见有不少谏其狩猎的奏章,此后便减少了外出打猎的次数,同时也不再随意赏赐五坊人员。有一次,他到泾阳狩猎,谏议大夫高少逸、郑朗进谏说:"陛下近来出猎太频,出城太远,早出晚归,影响了国事的处理。"武宗马上表示接受,为了鼓励群臣积极进谏,他还给高、郑二人升了官。

唐代举行宴会饮酒时风行酒令,武宗听说扬州的女伎善于此道,遂命令淮南监军使选十七名女伎献入宫中。监军使要求节度使杜惊同选,想借机再选一些良家美女,献入宫中,以讨好皇帝。杜惊拒不参与此事,监军再三请求,杜惊始终不从。监军大怒,上表向武宗告了杜惊一状。武宗身边的人都劝他命节度使同选,武宗说:"命藩臣选伎女入宫,岂是天子所为!杜惊不屈从监军之意,真宰相才也,与他相比,朕甚惭愧。"于是,下令淮南监军停止选人。不久,拜杜悰为宰相。

武宗为人颇通情达礼。太和公主远嫁回鹘，回鹘乌介可汗被唐军击败后，唐廷派人迎回了和亲的太和公主。太和公主到达长安后，武宗按照唐朝制度，改封其为安定大长公主，诏宰相率百官迎谒于章敬寺前。公主到光顺门，脱去盛装，表示对和蕃无状的谢罪。武宗遣使再三抚慰，然后又接入宫中。阳安、宣城、真宁、义宁、临真、真源、义昌等七位公主，没有前来看望和慰问太和公主，被武宗处以各罚若干俸物和封绢的惩罚。

唐武宗最大的缺点就是喜好神仙之术，他把敬宗所宠信的道士又请入宫中，修建九天道场，亲授法箓。右拾遗王哲上疏切谏，武宗不但不听，反而将王哲贬为河南府士曹参军。武宗还封赵归真为左右街道门教授先生，宠信无比。宰相李德裕也出面劝谏武宗，武宗表示自己只是与赵归真谈道解烦而已，至于军国政事只与卿等商议，绝不许此辈过问。李德裕说："小人见势利所在，则奔趣之，如夜蛾之投烛。闻旬日以来，归真之门，车马辐凑。愿陛下深戒之！"①武宗不听。武宗虽然在这个问题上拒绝接受谏言，然客观地看，赵归真虽然恃宠骄横，武宗却从未让其染指过政治，在这一点上他还是没有食言的。

唐武宗既然迷信神仙之术，与之前的几位皇帝一样，也免不了服食丹药，史载："上饵方士金丹，性加躁急，喜怒不常。"②而这个引起了内外臣僚的不安。有一次，武宗向宰相李德裕问外间之事，李德裕乘机对他进行了劝谏，大意是说：陛下脾气喜怒无常，臣僚均惊惧不安。以往因平定藩镇叛乱，应以威权制之，今天下太平，希望陛下以宽政治理，使罪者无怨，善者不惊，则局势自然平稳。

武宗虽然因服食丹药而身体不适，却不知悔改，仍然对道士宠信不疑。他除了宠信赵归真，还授给衡山道士刘玄静以银青光禄大夫、崇玄馆学士之职，赐号广成先生，并为其修建了崇玄馆，设置官吏并铸印。自会昌五年秋冬以来，武宗的身体越来越差，他也觉察到自己患有疾病，遂向道士咨询，而道士说这是换骨的征兆，武宗深信不疑。这年年末，武宗的身体状况已经非常差了，外

---

① 《资治通鉴》卷二四七，唐武宗会昌四年四月，第8000页。
② 《资治通鉴》卷二四八，唐武宗会昌五年九月，第8020页。

人并不知此乃服食丹药所致，而武宗本人也对自己的状况保密，从不寻医诊治，人们只是对这个喜欢游猎的皇帝不再进行此类活动而感到奇怪，却不知皇帝已经病入膏肓。宰相们奏事时，也不敢久留，完事后便匆匆离去。直到会昌六年（846）元日即位来临时，武宗无力坐朝接受朝贺，大家这才知道皇帝的身体出问题了。在这种情况下，武宗只好下诏免去来年元日朝会。

从会昌六年正月到三月上旬，武宗已经衰弱到连在延英殿召见宰相、商议国事的旧制也无法坚持下去了。宰相主动请见，也拒而不见，于是朝廷内外人心惶惶，忧惧不安。武宗临终时，口不能言，结果在三月二十三日死去，终年33岁。

武宗患病能够瞒得了外臣，却瞒不住宦官，他们见皇帝即将死去，遂秘密商议另立新君。三月二十日，他们假借武宗的名义，颁诏说因皇子年幼，须另选贤德之人，光王李怡可立为皇太叔，改名李忱，并主持国政。当天，皇太叔李忱便与百官见面，裁决政务。武宗死后，李忱于二十六日正式即皇帝位，史称唐宣宗。

第三节　宣宗以来的长安

一、"小太宗"李忱

宣宗（见图12-1）为宪宗的第十三子，穆宗之弟，敬宗、文宗、武宗三帝之叔。其在藩邸时，外表装成"不慧"的样子，"历太和、会昌朝，愈事韬晦，群居游处，未尝有言"。文宗、武宗幸诸王宅宴集，"强诱其言，以为戏剧"。武宗性豪迈，对这个光叔（李忱初封光王）"尤不为礼"。[①]这使光叔大为光火，

图12-1　唐宣宗像

---

① 《旧唐书》卷一八下《宣宗本纪》，第613页。

并因此结怨。因此宣宗一登基，遂尽反会昌之政。

唐宣宗用人一反武宗时的政策，大凡武宗重用的人物他都弃而不用，首先遭到抛弃的便是武宗时的名臣宰相李德裕。宣宗即位之日，李德裕奉册，站在其身边。隆重的仪式结束后，宣宗对左右说："刚才站在旁边的是李太尉吗？他看我一次，都使我毛发悚然。"可见，宣宗对李德裕厌恶之深。会昌六年四月二日，即唐宣宗即位的第六天，就将李德裕贬为荆南节度使，不久又改任东都留守，此后一路走低，先后贬为太子少保分司、潮州司马、崖州司户，后死在了崖州贬所。与此同时，又把武宗时得到重用的与李德裕关系密切的官员，不问贤愚，大都予以贬黜，如工部尚书、判盐铁转运使薛元赏，京兆少尹、权知府事薛元龟等。

李德裕被时人和史家誉为"奇才""贤相""不在诸葛下"，"唐之相臣能大有为者，狄仁杰而外，德裕而已"，"大中以后无能继之者"，"武宗不夭，德裕不窜，唐其可以复兴乎！"①德裕斥死海上，实为"自坏长城之失计"②。

几乎与此同时，宣宗又拜白居易的弟弟白敏中为宰相。白敏中进士出身，先在藩镇幕府任职，后又在洛阳任职，经李德裕推荐被召入朝中任翰林学士。李德裕失势后，白敏中又落井下石，《资治通鉴》卷二四八载："德裕失势，敏中乘上下之怒，竭力排之，使其党李咸讼德裕罪"，致使李德裕一贬再贬。不仅如此，"凡德裕所薄者"，白敏中"皆不次用之。以卢商为武昌节度使。以刑部尚书、判度支崔元式为门下侍郎，翰林学士、户部侍郎韦琮为中书侍郎，并同平章事"。③唐武宗时所贬黜的五名宰相，也开始起用，以循州司马牛僧孺为衡州长史，封州流人李宗闵为郴州司马，恩州司马崔珙为安州长史，潮州刺史杨嗣复为江州刺史，昭州刺史李珏为郴州刺史，然后再逐步提升重用。

唐宣宗在用人方面有一个特点，就是重用宪宗时的旧臣或者旧臣子弟。如

---

① 《旧唐书》卷一七四《李德裕传》，第4530页；《唐鉴》卷二一《宣宗》，第298页；《读通鉴论》卷二六，第824页。
② 岑仲勉：《隋唐史》第45节，商务印书馆2015年版，第383页。
③ 《资治通鉴》卷二四八，唐宣宗大中元年二月，第8029页。

他用令狐绹为宰相，就是出于这种心理。他先提升令狐绹为考功郎中、知制诰，后来竟拜为宰相。令狐绹的拜相是因其父是宪宗的宰相。再如刑部员外郎杜胜面见宣宗时，宣宗问其家世，回答说："臣父杜黄裳，当年首请宪宗监国。"于是马上提拔升为给事中。翰林学士裴谂，乃宪宗时宰相裴度之子。宣宗到翰林院，见到裴谂后，遂提拔他为翰林承旨学士。故史书记载说："上见宪宗朝公卿子孙，多擢用之。"① 宣宗读《宪宗实录》，见故江西观察使韦丹政事卓异，问宰相谁是韦丹之子，宰相周墀告诉他河阳观察判官韦宙为其子。宣宗吩咐说："速与好官。"② 于是遂升为侍御史，后来做到了岭南节度使。

宣宗用人还有一个特点，就是特别喜欢科举出身的人。李德裕当政时，不许进士在杏园宴集，不准在雁塔题名。宣宗在大中元年（847）颁敕曰："自今进士放榜后，杏园任依旧宴集，有司不得禁制。"③ 同时，他还鼓励公卿子弟参加科举考试，与李德裕对科举的冷漠态度形成鲜明的对照。《卢氏杂说》载："宣宗酷好进士及第。每对朝臣问及第。苟有科名对者。必大喜。便问所试赋题目。拜主司姓名。或有人物稍好者。偶不中第。叹惜移时。常于内自题乡贡进士李道龙。"④ 可见其对科举之制已经着迷到何种程度。

宣宗反会昌之政，有时甚至到不分青红皂白的程度，例如：会昌四年（844），李德裕以州、县佐官冗杂，奏令吏部郎中华原（今陕西铜川市耀州区）人柳仲郢裁减，仲郢奏减一千二百一十四员。对这项地方冗官的裁减，"时议为惬"⑤。而宣宗于大中元年却在会昌四年所减州、县官内复增三百八十三员。⑥

会昌时，由于君相协力抑制宦官，故政归宰相，南衙北司的矛盾得到基本解决，而宣宗虽尝与宰相谋尽诛宦官，但终因畏惧内侍权势，一味姑息迁就，竟至南衙北司如水火的局面重又出现。大中朝，不唯朝内"宦者握兵柄，制国

---

① 《资治通鉴》卷二四八，唐宣宗大中二年十二月，第8037页。
② 《东观奏记》卷上《韦宙任侍御史》，第87页。
③ 《旧唐书》卷一八下《宣宗本纪》，第617页。
④ 李昉等编：《太平广记》卷一八二《贡举五·宣宗》，中华书局1961年版，第1356页。
⑤ 《旧唐书》卷一六五《柳公绰传附柳仲郢传》，第4305页。
⑥ 《资治通鉴》卷二四八，唐宣宗大中元年十二月，第8031页。

命自如",而且在地方上,"藩方数逐其帅守而不能治"①。唐立国于西北,而植财赋重心于东南。可是自大中九年(855)起,浙东、岭南、湖南、江西、宣州等军镇相继驱逐节度观察使。而会昌朝,不只国之东南相对安定,连倡乱近百年的河朔都恭从朝命。

武宗任人,唯贤唯才,信而不疑,其与德裕,君臣相得而欢,可谓千载一时。而宣宗驾驭臣下,以察为明,"小过必罚,而大纲不举"②,宣宗任相,率皆媚上欺下,如白敏中、令狐绹之流,唯知"恃宠保位",哪有国家社稷之念?因而,后代治史者指斥说:"其相如此,则其君之功烈亦可知矣。"③

会昌朝,国家中兴有望;而大中朝,不仅天子忌刻,贤臣斥死,南衙北司纷争又起,东南藩镇叛乱,统治者内部矛盾加剧,而且阶级矛盾也被激化。所以说,"唐之亡,宣宗亡之"④。

宣宗时期最值得批评的就是恢复佛教之举,距会昌灭佛仅历四年多时间。宣宗曾对宰相说:"佛者虽异方之教,深助理本,所可存而勿论,不欲过毁,以伤令德。"⑤可见,宣宗认为佛教在政治教化方面还是具有较大作用的。正是出于这种看法,于是在大中元年闰三月全面开始恢复佛教的行动,他颁敕说:"会昌季年,并省寺宇。虽云异方之教,无损致理之源。中国之人,久行其道,厘革过当,事体未弘。其灵山胜境、天下州府,应会昌五年四月所废寺宇,有宿旧名僧,复能修创,一任住持,所司不得禁止。"⑥

宣宗即位后的第二个月,即令长安两街"更各增置八寺"⑦。左街在慈恩、荐福两寺外,又新建兴唐、保寿二寺,并复置宝应寺(改名资圣寺)、青龙寺(改名护国寺)、菩提寺(改名保唐寺)、清禅寺(改名安国寺)、法云尼寺(改名唐安寺)、崇敬尼寺(改名唐昌寺),右街在西明寺(改名福寿寺)、

---

① 《唐鉴》卷二一《宣宗》,第304页。
② 《唐鉴》卷二一《宣宗》,第299页。
③ 《唐鉴》卷二一《宣宗》,第302页。
④ 《读通鉴论》卷二六,第819页。
⑤ 孙光宪:《北梦琐言》卷一《再兴释教》,中华书局2002年版,第19页。
⑥ 《旧唐书》卷一八下《宣宗本纪》,第617页。
⑦ 《资治通鉴》卷二四八,唐武宗会昌六年五月,第8024页。

庄严寺（改名圣寿寺）之外，又新建千福寺，并复置兴元（圣）寺（尼寺）、化度寺（改名崇福寺）、永泰寺（改名万寿寺）、温（清）国寺（改名崇圣寺）、经行寺（改名龙兴寺）、奉恩寺（改名兴福寺）、万善尼寺（改名延唐寺）。①其僧尼的隶属和度牒的发放，皆恢复到会昌以前的情况。②大中元年闰三月，又敕令灵山胜境、天下州府恢复会昌季年所废寺宇，若有"宿旧名僧复能修创，一任主持，所司不得禁止"③。"是时君、相务反会昌之政，故僧、尼之弊皆复其旧。"④大中二年（848）正月，又命京师长安在已有大寺二十所的基础上，再添置十所。东都洛阳亦添置五所。益、荆、扬、润、汴、并、蒲、襄等八道，在各原有寺五所外，更增置僧尼寺各一所。其他诸节度、刺史州，亦添置寺一所。各道管内诸州，凡无寺宇的，应置僧、尼寺各一所。大中六年（852）十二月诏令"京畿及郡县士庶，要建寺宇村邑，勿禁，兼许度僧尼主持营造"⑤。进士孙樵"以为残蠹于民者群髡最大"，"中户不十不足以活一髡"，遂上奏批评宣宗复僧尼之弊：

> 陛下自即位以来，诏营废寺，以复群髡。自元年正月洎今年五月，斤斧之声不绝天下而工未以讫，闻陛下即复之不休。臣恐数年之间，天下十七万髡如故矣！臣以为武皇帝即不能除群髡，陛下尚宜勉思而去之，以苏疲氓，况将兴于已废乎！……天下之民不得重困乎！……臣愿已复之髡，止而勿复加，已营之寺，止而勿复修，庶几天下之民尚可活也。⑥

就连当时的宰相们对大兴佛寺也颇有微词。他们认为大规模地兴修佛寺，耗费了大量的财力，而为了筹措修寺经费，不免有滋事扰民的情况发生。度僧不精，应该加以选择，至于乡村佛舍，希望能在战争（当时唐与吐蕃之间有战事）

---

① 《唐会要》卷四八《寺》，第999页。
② 《资治通鉴》卷二四八，唐武宗会昌六年五月，第8024页。
③ 《全唐文》卷八一《复废寺敕》，第844页。
④ 《资治通鉴》卷二四八，唐宣宗大中元年闰三月，第8029—8030页。
⑤ 《唐会要》卷四八《议释教下》，第1000页。
⑥ 《全唐文》卷七九四《复佛寺奏》，第8321—8322页。

结束后再兴修不迟。后来因为财力实在难以承受，改为大县距州城远者可以兴建一座寺院，乡村不再建寺。在这些压力下，宣宗也只好采取妥协态度，同意了宰相们的主张。

唐宣宗虽然有以上不足的方面，但是也并非一无是处。客观上看，他应是唐后期诸帝中比较有作为的皇帝。其优点与成就，主要表现在如下方面。

首先，非常重视汲取历史上兴衰成败的经验。他令人将《贞观政要》一书的主要内容抄在屏风上，在听政之暇伫立屏风前反复阅读。此书总结了唐太宗贞观时期如何治理天下的经验和君臣之间的对话，对唐初统治政策的形成和贞观之治局面的出现发挥了重要作用。他还阅读了臣下所撰的《帝王政纂》《统史》等书，这些书对他治理国家有着直接的借鉴作用。

宣宗加强对地方官员的控制。他规定：凡被任命为刺史的官员，赴任前必须入朝接受皇帝的当面考察，只有证明其确有行政能力，可以胜任刺史之职，才会正式任命。令狐绹当宰相时，曾任命一个友人为刺史，并允许他就近直接上任。宣宗知道此事后，马上询问令狐绹是怎么回事。令狐绹回答说："因为其所居之地距任职之所甚近，这样做既可以节省时间，又可以免去迎来送往的费用。"宣宗对他的回答很不满意，甚至说出了宰相权力太大令人可畏之类的话。当时把令狐绹吓得出了一身冷汗，连连叩头认错。从此之后，令狐绹做事更加谨慎，对皇帝的决策不敢稍有改变，总是百分之百地执行。令狐绹曾对其朋友说："我当宰相至今已十年，应是皇帝最信任的人，可是每逢在延英殿与天子面对面商议国事时，心里总是非常紧张，更是经常汗湿衣衫不敢稍有松懈。"

宣宗对朝廷大臣要求很严，希望他们忠于职守，不要辜负了皇帝对大家的期望，否则君臣之间就很难相处了。在任命节度使、观察使、刺史等地方军政大员时，他都要反复考察，慎重对待，不轻易任命任何一个官员。对于新任的地方长官，他也要召见面谈，要他们勤于职守，爱惜民力。他还要求地方长官把他们了解的任职地区的风俗、人情、物产、地理等情况，一一告诉自己，要求翰林学士也要注意收集这方面的资料，编成书籍，供自己浏览阅读。后来翰林学士韦澳撰成了一本名为《处分语》的书，面呈皇帝，内容包括全国十道的地理、风俗、物产等情况。

宣宗非常重视官员的奏章,阅读十分仔细。即使对各地官员所上的所谓谢表,他也认真地阅读。通常来说,这些表章的内容都是无关大局的文字,所以宣宗的左右就劝他对这类表章不要太认真了,也不会有什么重要的事情。但宣宗却不这样认为,仍然坚持这种习惯。宣宗还能虚心纳谏,凡谏官奏论或门下省封驳,只要言之成理,他大都会诚心接受。他的这种作风,受到了历代史家的称赞。

其次,重视吏治建设。宣宗经常微服私访,骑一头毛驴,带少数随从,往往是清晨出宫,至黄昏回宫,以至于引起了谏官和左右近臣的劝阻。宣宗却认为要了解民间风俗,体察百姓疾苦,只有亲自出去巡访才可以察知真情,并且表示自己这么做也是学习明皇即位前的做法。从宣宗察访的实际效果看,也的确发现了不少问题。如宣宗微行访察寺观时,发现有女道士盛服浓妆,大怒,回宫后立即命令两街功德使将这些女道士全部驱逐,另择男道士主持道观。唐后期,士人与僧尼交往自由,或押妓,京师僧尼宫观常常是藏污纳垢的场所,所以出现上述宣宗所看到的情况,就不足为怪了。

宣宗对吏治也进行了整顿,希望能够造就一支忠于职守、勤政爱民的官吏队伍。他强调要加强对官员政绩的考核,规定观察使、刺史在任期满后,如果能够增加一千户的,可以破格予以升迁;如果辖区内户口减少七百户,不但要罢官,而且在三年内不得授予新的官职。他规定没有任过刺史、县令等地方官职的官员,不能升任谏议大夫、给事中、中书舍人等职务。还规定地方长官离任时,不得收取资送钱物,也不可向百姓摊派,如果违反者,按贪赃论处。对于地方上的一些闲散之职的官员,如州一级的别驾、长史、司马,县一级的丞、主簿等,以往都是只拿俸禄不领公事,规定今后必须参与当地公事的处理,如有违反,致使政事失误者,要与州、县长官一起连坐。

唐后期对官员的考课制度大都流于形式,尤其是地方官员更是如此。宣宗强调必须加强对地方官员的考核,按其政绩分三等报告朝廷。第一等交中书门下及吏部优先任用,第二等按规定正常任用,第三等则要予以降职处分。考核要逐级进行,如对县令的考核由刺史、录事参事主持,观察使复核,如发现考核不实，主持考核的各级官员就要受到相应的处罚。

宣宗还特别注重亲自考查官员，一旦发现优秀官员，马上给予提拔重用。如他在渭水之滨打猎时，路过一寺见百姓祈祷，经询问知道他们在为醴泉县令李君奭祈祷，此人治理有方，百姓安康，即将任满离去，百姓不愿其离去，遂向佛祖祈祷，希望能够实现大家的心愿。不久，醴泉县所在的州刺史出缺，宣宗当即任命李君奭为本州刺史。

宣宗在泾阳狩猎时，遇到了几位樵夫，遂驻马询问当地县令为官如何。樵夫回答说：县令李行言，为官公正，敢作敢为，有一次几个强盗藏匿于禁军士卒家里，李行言知道后，派人前往捉拿，该士卒阻拦，被全部杖死。宣宗回宫后，便把李行言的名字写在殿中的柱子上。后来便升任李行言为海州刺史，并赐紫金鱼袋。

经过宣宗的大力整顿，唐朝官吏的作风发生了明显的改变，吏治状况比之以往发生了较大的变化，这一时期是唐朝后期吏风最好的。后世之人之所以称唐宣宗为"小太宗"，更多的是出于这个缘故。

其三，收复河湟，巩固边防。武宗会昌时期，吐蕃内哄迭起，连年内战，实力大损，原州、秦州、安乐三州及石门、驿藏、木峡、制胜、六盘、萧关、石关等七关将吏纷纷向唐朝投降，使唐朝不战而获得了这一广大地区。不久，唐军又收复了维州和扶州，获得了自安史之乱以来的最大胜利，朝野上下，一片欢腾景象。自此，吐蕃实力衰落，对唐朝已无法构成大的威胁了。

大中二年，沙州（今甘肃敦煌）民张议潮利用民众不满吐蕃残暴统治的情绪，秘密起事，率领当地汉族民众突然起兵，将吐蕃沙州守将赶走，接管了沙州政权。此后，他领导沙州人民一边坚持生产，一边练兵，反击吐蕃的进攻，并相继攻下了甘、肃等州。大中五年（851）二月，张议潮派来的使者到达长安，带来了归顺朝廷的表章。唐宣宗下诏任命张议潮为沙州防御使。同年十月，张议潮又派其兄张议泽率领使团来到长安，进献了瓜、沙、伊、肃、甘、鄯、河、西、兰、岷、廓等十一州的版籍。唐宣宗遂改沙州为归义军，任命张议潮为节度使，使这里成为唐朝在河陇地区的政治、军事中心。

至此，被吐蕃占据了百年之久的河西、陇右大部分地区又重新归于唐朝，在这一地区广大汉族人民的支持下，唐朝的统治得到巩固，吐蕃的势力日趋削弱，已经失去了发动大规模战争的能力。咸通二年（861），张议潮又收复了凉州。次年，唐朝在凉州设节度使府，下辖凉、洮、西、鄯、河、临六州。到了咸通中期，吐蕃在河西、陇右地区的势力被全部肃清，唐朝已无西顾之忧。但是由于中原纷扰，唐朝逐渐衰弱，已经无暇治理河陇地区，只是保持着名义上的管辖权而已。这些都是后话，就不多说了。

二、荒淫的唐懿宗

唐宣宗生前迟迟不立太子，大中十二年（858）二月，宰相崔慎由劝其早日册立太子，宣宗不悦，遂罢去了其相位。那么，宣宗为什么不愿早日册立太子，并且对臣僚的劝谏如此敏感呢？史载："初，上长子郓王温，无宠，居十六宅，余子皆居禁中。夔王滋，第三子也，上爱之，欲以为嗣，为其非次，故久不建东宫。"① 崔慎由劝宣宗早立太子，属意于皇长子李温，故引起了宣宗的极大不满，将其罢相，无非是将来立夔王时，可以减少一些阻力。然而使他没有料到的是，还未等到这一天，自己就先死去了。

宣宗不愿立长子郓王李温为太子，显然是他已经觉察到此子生性荒唐，不足以继承大位，故坚决不愿立其为太子。然而这样的人却正是宦官们所愿意拥立的对象，因为只有生活荒淫、不关心政事的皇帝，其才有专擅权力的可能。

宣宗本来打算立夔王李滋为太子，因服食丹药病重之时，他便秘密召见枢密使王归长、马公儒，宣徽南院使王居方等人，吩咐他们一旦自己不测，便拥戴李滋为皇帝。大中十三年（859）八月，宣宗因病重一个多月不见朝臣，连宰相也无法与其见面。王归长等三人与右神策中尉王茂玄都是宣宗平时信任之人，只有左神策中尉王宗实与他们素有矛盾，于是他们商定以宣宗的名义任命王宗实为淮南监军。王宗实不知宣宗是否已死，不敢轻举妄动，在宣化门接受敕命后，准备从银台门而出。就在此时，遇到了左神策军副使亓元实，亓元实告诉他这

---

① 《资治通鉴》卷二四九，唐宣宗大中十三年六月，第 8075 页。

道敕命有可能是假的，劝他入宫察看虚实。"（王）宗实感悟，复入，诸门已踵故事增人守捉矣。亓元实翼导宗实直至寝殿，上已崩，东首环泣矣。宗实叱归长等，责以矫诏；皆捧足乞命。"[①] 对于这一记载，有很大的疑问存在，试想王归长、马公儒、王居方等既然受命于宣宗，并且已颁敕贬逐了王宗实，难道不事先做好应变准备？而且王宗实仅在亓元实导引下，便可顺利地进入戒备森严的宫门，也是很难想象的。尤其他们见到赤手空拳的王宗实后，竟然"皆捧足乞命"，更是难以使人相信。由此可以断定：王宗实一定是率领禁军强行闯入宫中的，在双方力量对比悬殊的情况下，王归长一方才会捧足乞命，承认失败。王归长等人失败还有一个原因，即此时掌握着右神策军兵权的王茂玄并不在宫中，失去了军事力量的支持，王归长等人还有什么力量能与王宗实抗衡呢？

在王宗实一派宦官控制了王归长为首的另一派宦官后，马上派遣宣徽北院使齐元简迎接郓王李温入宫。随后又颁布王宗实等炮制的遗诏，立郓王为皇太子，权勾当军国政事，并改名李漼，与此同时，将王归长、马公儒、王居方等人收捕下狱，随即处死。八月十三日，郓王正式即皇帝位，史称唐懿宗（见图12-2），时年27岁。

唐懿宗即位后，马上加王宗实为骠骑上将军，将为宣宗炼制丹药的医官李玄伯、道士虞紫芝、山人王乐全部处死。

唐懿宗借助王宗实等宦官的势力，登上了皇帝宝座，这完全是宦官内部矛盾斗争的结果，使得其侥幸得以即位。但是在旧史家的笔下却写成了天命所归，早有定数在

图12-2 唐懿宗像

---

① 《资治通鉴》卷二四九，唐宣宗大中十三年八月，第8076页。

先。如《旧唐书·懿宗本纪》就写道：懿宗气度不凡，姿貌雄杰，异于常人。有一次大病之中，其妃郭氏给他端茶送水，就看见有一条黄龙出入于他的卧室。后来病愈之后，郭氏告诉他所看到的一切，懿宗还一再告诫她不要对外人泄露，以免招来杀身之祸，并表示将来一旦大富大贵，定会与郭氏共享富贵。甚至还记载说，有一次天降大雪，四处雪深数尺，唯有懿宗所居之室无雪。还说宣宗所撰写的《泰边陲乐曲词》中有"海岳晏咸通"之句，正好与懿宗即位后，改年号为"咸通"相合。又记载说，大中末年，在长安儿童中流行玩一种名叫"拔晕"的游戏，"晕"字与"郓"字谐音，预示着郓王将要当天子。所有这一切皆荒诞无稽，不足以信。

唐懿宗是唐朝晚期诸帝中一个荒淫的皇帝，与其父宣宗形成了鲜明的对照。他即位之后的一个时期内，虽然唐朝在政治上没有发生大的变故，但是从宣宗时期的清明政治迅速滑向了腐败。

与其父不同，懿宗是一个喜好乐舞和热闹的皇帝，在皇宫中专门为他服务的乐工经常保持在五百人左右，他甚至夜以继日地观赏乐舞和滑稽表演，而毫无困倦之意。他出手大方，对乐工与优伶赏赐从来都不吝惜钱财，动辄千贯以上。乐工李可及为了讨懿宗欢心，经常谱一些新曲献给他，诱使懿宗醉心于享乐生活，而置国家政事于不顾。李可及遂成为懿宗最宠爱的近臣之一。除赏赐大量财宝外，懿宗甚至还任命他为左威卫将军。

这些乐工不仅有正常的薪俸收入，还可以时常得到皇帝的赏赐，因而在生活上养尊处优。他们还依仗皇帝的恩宠，与朝臣、宦官们交结，横行不法，干预政事，从而加速了唐朝政治的腐败。宣宗皇帝十分珍惜官爵名位，从不轻易授人，而懿宗却恰恰相反，毫不珍惜官爵，尤其对优人的授官已经达到了泛滥成灾的地步，甚至连他自己都不清楚到底授了多少官职给乐工优人。

唐懿宗的另一个爱好，便是无节制地举办各类宴会。每月在宫中举办的大型宴会不下十次，或与百官宴饮，或与诸王、嫔妃聚餐。食不厌精，水陆珍奇，山货海味，无所不备，每次宴会的花费十分惊人。咸通前期全国许多地方水、旱、蝗灾不断，唐朝又在安南、西川、浙东等打仗，所需军费不计其数，百姓负担空前沉重，而懿宗的大肆挥霍，对百姓来说，无疑是雪上加霜。

唐懿宗还爱巡游。长安周围的风景名胜如曲江池、昆明池、兴庆宫、灞水与浐水风景区，稍远一些的如昭应的华清宫、咸阳的望贤楼等，以及位于宫城以北的禁苑，都是他经常光顾的地方。懿宗还是一个性急的人，他每次出游时，一旦决定，马上成行，不容丝毫耽搁，经常使宫中相关机构的官员措手不及。因为要随时保证皇帝出游的需要，官员们索性把乐工、优伶以及乐器、道具、饮食、帐幕等物事先准备好，以便随时支应皇帝所需，甚至从行的诸王也都随时处于待命状态，立马恭候，以备皇帝随时召唤。

唐懿宗的游幸活动可以分为两类：一类为小行从，指到大明宫、太极宫、兴庆宫以及禁苑内的游幸；另一类称大行从，指到华清宫、昆明池等稍远一些地方的游幸。每次游幸场面都很是宏大，随行的有大量的乐工、优伶、军队、车舆等，通常乐工、优人约有五百人，军士三千人，各类车舆一百辆，此外还有装满金帛的大车五辆，用于赏赐从行人员。每次大行从花费约十万钱，规模最大的游幸出动的各类人员竟达十万人之多，那十万钱肯定是不够的了。

唐懿宗用于游幸的费用开支浩大，且漫无节制，引起朝廷内外许多人士的担忧。一些官员上疏劝谏，希望他能有所节制，但他都置若罔闻，依然我行我素，以致到了后来人们也就不再为此多费口舌了。

唐懿宗还是一个佞佛的典型，他花费在这方面的钱财数量也是非常惊人的。最为典型的便是赴法门寺迎奉佛骨。咸通十四年三月，懿宗决定遣使赴法门寺迎取佛骨，群臣纷纷劝谏，懿宗不听，并表示"朕生得见之，死亦无恨"①。他下令广征民间工匠，赶造了许多浮屠、宝帐、香舆、幡花、幢盖等，皆以金玉、锦绣、珠翠装饰。最引人注目是各种大小佛塔，大者高数丈，小者丈余，顶部用金银制成，檐柱以名贵的檀木制成，周身涂以金泥，又用珠玉、孔雀羽毛装饰帐幕，每一佛塔由数百人举在头顶随香车前进。从法门寺到长安的300里官道上，车马、人流络绎不绝，昼夜不息，浩浩荡荡。四月，到达长安后，懿宗

---

① 《资治通鉴》卷二五二，唐懿宗咸通十四年三月，第8165页。

出动了禁军兵仗以及公私音乐，绵亘数十里，前来迎接佛骨。长安各寺院的僧尼、诸司官员皆奉命夹道迎于城外，许多富室、大户纷纷出资在道路两旁搭盖彩楼，举行无遮大会。他们竞相攀比，或以水银为池，或以金银为树木，至于锦车绣舆更是不计其数。场面之宏大、花费之多，远远超过了宪宗时迎奉佛骨的活动。

唐懿宗驾临安福门迎候，佛骨到后，顶礼膜拜，泣涕不止。他还厚赐诸僧及元和时见到过宪宗迎佛骨场面的长安耆老，宰相以下官员为了取悦于皇帝，也纷纷拿出金钱和绢帛向寺院施舍，以表示对佛祖的恭敬和尊崇。懿宗把佛骨迎入宫中，供奉三日后，出置于安国崇化寺，供人们膜拜。为了表示自己的诚心，他还特意下诏赦免全国囚犯。

唐懿宗的佞佛并不仅仅表现在迎奉佛骨这件事上。他即位不久，就继承了宣宗复兴佛教的政策，广造寺院、道场，普度僧尼。早在咸通三年（862）四月，懿宗命长安城内的慈恩、荐福、西明、庄严四寺各置戒坛，度人为僧尼。又在宫内咸泰殿筑坛，为宫人出家者就地受戒剃度为尼。当时还把左右街的僧尼全部请入宫中，参加剃度宫人的仪式，一时间钟鼓齐鸣，香烟缭绕，把一座庄严肃穆的皇宫搞得乌烟瘴气。

唐懿宗还在宫中设置道场，请高僧诵念经文，有时他本人也登坛讲经说法，并亲手抄写经文。至于长安城中诸寺，更是懿宗经常临幸的地方。他所到之处，随手布施，所用财物不计其数。有一次，他到安国寺，赏赐给讲经僧重谦和僧澈沈檀香木制成的宝座各一把，宝座高两丈，雕刻有龙凤瑞兽和奇花异草，用黄金扣边、涂漆，座的四周各立有数尺高的瑞鸟神人，制造精细，价值不菲。懿宗还多次举行斋会，规模很大，最多时一次斋僧尼上万人，称之为万人斋。至于平时给寺院僧尼的施舍，所用财物更是难以数计。

唐懿宗的这种大肆挥霍民脂民膏的行径，不仅浪费了大量的资财，加剧了社会矛盾的激化，影响了社会生产的发展，而且也加速了唐朝政治的进一步腐败，严重动摇了李唐王朝的统治基础。

唐懿宗的奢靡还表现在同昌公主的出嫁上。同昌公主是唐懿宗与郭淑妃所生的女儿。郭淑妃是唐懿宗最宠爱的妃子，此人自幼入宫，陪侍在时为郓王的唐懿宗身边。当时，郓王虽然贵为皇长子，但由于失去了宣宗的宠爱，其诸弟皆住在宫中，只有他一人居住在十六宅中，孤苦伶仃，身边只有郭氏相陪，两人相依为命，感情自然非同一般。懿宗即位后，郭氏进位美人，不久又封为淑妃。本来郭氏是可以立为皇后的，由于非名门贵族出身，懿宗担心立其为皇后会遭到群臣的反对，所以也就打消了这个念头。

懿宗与郭淑妃所生的这个女儿，长到数岁也不会说话。忽然有一天她开口说话了，第一句话就是："这回可活了！"懿宗和郭淑妃感到非常惊异。也正是这个原因，他们对此女非常偏爱，懿宗即位后，遂封为同昌公主。

同昌公主长到十几岁时，到了该嫁人的年龄了，懿宗遂在青年贵族中为其物色驸马，最后选定了京兆人韦保衡。韦保衡时任右拾遗之职，虽然官职不高，但却是京兆韦氏的后裔，门第高贵。加之他本人又是进士及第出身，是所谓的青年才俊之士，才有幸被懿宗选为乘龙快婿。懿宗马上升任他为起居郎、驸马都尉，于是在咸通十年（869）正月，将公主嫁给了他。

唐懿宗本是一个好排场的皇帝，加之同昌公主又是其最宠爱的女儿，自幼娇生惯养，养成了一掷千金的奢豪习气，为其举行婚礼自然不能简慢了。懿宗首先命令在长安广化里为其修建了一座豪华气派的府邸，从福建、云贵等地深山中运来了上好的木材，打造了精美的家具，"窗户皆饰以杂宝，井栏、药臼、槽匮亦以金银为之，编金缕以为箕筐"①。帐幕是穿珍珠而成，其中却寒帘的制造材料据说是用一种却寒鸟的骨骼制成的，看起来类似玳瑁，表面有紫色的斑纹，是外国进贡给皇帝的宝物。其他许多器皿都以五色玉石制成，显得豪华精美。公主卧室中有鹧鸪枕，用七种宝玉制成，其表面像鹧鸪羽毛的斑纹，故此得名。此外，还有飞禽羽毛装饰的翡翠匣，绣有三千只鸳鸯和缀有小珍珠的神丝绣被，长百尺、宽三丈的碧绿色瑟瑟幕，据说这种幕帐轻薄无比，举之若无，即使大雨滂沱，幕帐上也不沾一滴水。其他珍异物品众多，如洁白如雪的纹布巾，蓬松柔软，拭水不湿，使用一年也不会脏；火蚕绵，也是外国进贡的珍异物品，

---

① 《资治通鉴》卷二五一，唐懿宗咸通十年正月，第8139页。

用它来制棉衣，最多只需要一两，如果用多了穿在身上则热不可耐。

据史书记载，懿宗倾宫中珍玩，赏赐给公主作为陪嫁。仅公主随身佩带的就有不少罕见的宝物，如蠲忿犀，是一种圆如弹丸的佩饰物，佩带此物可以使人解除忿怨，平心静气；九玉钗，上面刻有九只鸾，各为九色，工艺精湛，巧夺天工，据说是南齐潘淑妃之遗物；如意玉，形如桃核，凿有七孔，寓有聪明精思之意。懿宗还不满意，又赐给公主"金麦""银米"数斛，现钱五百万贯。朝廷中的许多大臣也都向公主大献殷勤，纷纷拿出巨额钱财或珍异宝物，作为公主结婚的献礼送到了广化里府中。

韦保衡当上了懿宗的乘龙快婿，不仅使他一举成为当时的巨富，在物质上享尽了富贵荣华，而且也使其政治地位迅速提高，与同昌公主成婚仅一年多的时间，就被任命为宰相。婚后不久，由于公主患病，夫妻生活变得有名无实，这使他不免感到有些美中不足。在这一时期，郭淑妃虽然宠冠后宫，但皇帝毕竟嫔妃众多，对郭氏难免时有冷落，遂使她难以忍受。在这种情况下，不甘寂寞的郭淑妃与韦保衡在交往中萌生了奸情。他们两人一个为了满足自己的私欲，一个则是认定了郭淑妃在懿宗心目中的特殊地位，为了获取更大的政治利益，不惜以人格与乱伦为代价。为了方便与韦保衡厮混，郭淑妃经常打着看望女儿的旗号来到广化里公主府中，流连欢娱，数日不归。有时韦保衡也被接入宫中，屡日不返。两人的这种行径虽然是在极为秘密的状态下进行的，但是没有不透风的墙，不久长安城中便有一股风言风语在流传，只是瞒住了唐懿宗与同昌公主而已。

同昌公主虽然富贵无比，但却极为薄命，出嫁还不满两年，就于咸通十一年（870）八月病故了。公主病故使懿宗极为痛心，他把一腔愤怒之情全部发泄到为公主治病的医官身上，下令处死了医官二十余人，将其家属三百多人全部抓捕投入狱中。此事震动了朝野，宰相刘瞻动员谏官上表进谏，谏官们没有人敢出面，刘瞻只好亲自出面，劝懿宗释放被抓人员。懿宗正在气头之上，一怒之下，将刘瞻贬为荆南节度使。韦保衡因先前与刘瞻议事不合，为泄私愤，乘机与人编造了刘瞻与医官合谋投药毒死同昌公主的罪名，将刘瞻连续贬为康州刺史、骧州司户参军。受牵连被贬的还有朝官高湘、杨知至、魏笃、孙瑝、郑畋、尹温璋等一批人，其中尹温璋被贬后自杀而亡。

咸通十二年（871）正月，懿宗为同昌公主举行了隆重的葬礼，并亲自创作挽歌，令文武百官唱之。入葬当天，懿宗与郭淑妃亲自坐在延兴门楼上送行，陪葬的衣服、器皿、珍宝无数，殉葬的陶俑等物排列有30里长，仅给抬灵柩的力夫准备的酒就达一百斛之多，准备的面饼等食品用了四十头骆驼驮运。更为可恶的是，唐懿宗竟然下令将同昌公主的奶妈殉葬，将中国历史上早就废除的人殉制度又重新恢复，充分地暴露了懿宗草菅人命的残忍本性。

咸通十四年六月，唐懿宗突然病倒，虽经御医百般医治，不见起色。到了这年七月，病势更加严重，他自知不起，想安排后事，却被宦官切断与外界的联系，无法见到宰相和群臣，选择帝位继承人的权力再次落到了宦官手中。就在懿宗弥留之际，左神策中尉刘行深与右神策中尉韩文约勾结起来，矫诏立懿宗第五子普王李俨为皇太子，时年12岁。两天后，懿宗病逝，皇太子李俨正式即皇帝位，后改名李儇，史称唐僖宗。

三、僖宗时期的混乱政局

唐僖宗即位时年纪甚小，改元乾符，根本不懂国家政事为何物，他将政事交给臣下，自己每日玩耍、游乐不息，国家政事更加混乱不堪。史载：

> 上年少，政在臣下，南牙、北司互相矛盾。自懿宗以来，奢侈日甚，用兵不息，赋敛愈急。关东连年水旱，州县不以实闻，上下相蒙，百姓流殍，无所控诉，相聚为盗，所在蜂起。州县兵少，加以承平日久，人不习战，每与盗遇，官军多败。是岁，濮州人王仙芝始聚众数千，起于长垣。①

面对这种状况，僖宗亦然游乐不息，或吃喝玩乐，或走马斗鹅，根本不把政事放在心上。僖宗年纪虽幼，却是一个极聪明的人，只是把心思全部用在了玩乐上而已。这个小皇帝玩什么，精什么，可以说是一个样样精通的玩家。史书曾

---

① 《资治通鉴》卷二五二，唐僖宗乾符元年十二月，第8174页。

经罗列过一大串僖宗精通的玩乐技艺,如骑术、射箭、舞槊、击剑、音律、法算、蒲博、蹴鞠、斗鸡、斗鹅、弈棋等,僖宗无不精通。比如蹴鞠,就是僖宗最拿手的好戏,他曾对身边的人说:如果设了击球进士,他去应试,一定会获得状元。优人石野猪整日陪僖宗游乐,深获僖宗的恩宠,于是便说:陛下前去应试,要是碰到尧、舜当主考官,恐怕陛下就要落第了。石野猪的话明显带有讽刺之意,僖宗听了也不为意,只是一笑而已。

僖宗既然喜爱游乐,不免要花费大量的钱财,这个小皇帝根本就不懂得稼穑的艰难,花起钱来大手大脚。有一天,他到十六宅与诸王比赛斗鹅,一只鹅的赌注竟然高达五十万钱。至于其对伶人、艺伎的赏赐,更是出手大方,成千上万,毫不在意。他自以为贵为皇帝,钱财自然是用之不竭,时间一长,国家府库消耗一空。

为了满足小皇帝的挥霍和镇压农民起义,除了督促地方官员加大搜刮力度,兵部侍郎、判度支杨严只能东挪西凑,有时甚至以政府的名义向商贾富豪借贷钱粮。借贷不足,又将空名告身(任官状)拿出来售卖。即使如此,杨严仍然无法筹足可供开支的经费,万般无奈,他只好上表请求辞职,连上三章,都不能获得批准。在这种情况下,宦官田令孜献策于僖宗,请其下诏,登记京城商人的货物,统统收缴,以充实宫廷内库。唐长安城中有东、西两市,西市多胡商,东市则以华商为主,当时商业贸易非常繁荣,宝货山积。唐僖宗的这种做法无疑是一种强盗行径,全然不顾对社会经济的严重影响,引起了许多人的反对和不满。只要有人敢于对抗,马上交京兆府乱杖打死。以宰相为首的朝官们,明知此举乃饮鸩止渴,也不敢出面劝阻。

直到黄巢义军快要打到长安时,僖宗还在千方百计地敛钱。这一次他不再限于商贾,把搜刮的矛头又对准了富户大室,下令借其资产的一半,实际上却是有借无还,形同抢劫。后来,在前线与农民军作战的将领高骈上奏说:天下盗寇蜂起,全是饥寒交迫所致,只有富户、商贾未反。言下之意,难道还要把这些人都逼反吗?这才迫使僖宗放缓了搜刮的步伐,稍稍有所收敛。

唐朝早在懿宗统治时期社会矛盾就已经很尖锐了,先后爆发过裘甫、庞勋起义，唐朝政府花了很大的气力才把这些起义镇压下去，但社会矛盾依然非常突出。到了僖宗时期，由于统治更加腐败，百姓负担进一步加重，于是又爆发了王仙芝、黄巢领导的起义，对唐王朝的腐朽统治以沉重的打击。

广明元年（880），潼关以东广大地区战火连绵，已无一片净土。老奸巨猾的大宦官田令孜预见到局势不妙，为了事先准备好退路，以便在义军攻入关中时，能够顺利地退到蜀中去，他向僖宗推荐其兄陈敬瑄以及其心腹神策大将军杨师立、牛勖、罗元杲镇守三川。所谓三川，指剑南东川、剑南西川与山南西道，其中剑南东川与山南西道都是入蜀的必经之地，而西川的成都则是幸蜀的目的地，故这三处必须由心腹控制田令孜才能放心。荒唐的小皇帝竟然命四人击球赌胜，结果陈敬瑄赢得第一筹，于是便率先获得了西川节度使之职，杨师立与牛勖分别获得了东川、山南西道节度使。

这年十一月，黄巢义军攻下了东都洛阳，长安震动。次月三日，义军攻入潼关，接着又攻下华州，并迅速向长安进军。长安城中一片混乱，田令孜率神策兵五百人带着小皇帝自金光门逃出长安，向西急驰而去，只有福、穆、泽、寿四王及妃嫔数人从行，百官皆莫知之。当人们得知皇帝已经逃窜后，乱军及市民打开府库，争相盗取库中金帛钱财。

僖宗在前往兴元的途中，便命人通知牛勖、杨师立、陈敬瑄三人，告知长安失守，让他们做好迎接皇帝到成都的一切准备。唐僖宗到达兴元后，文武百官得知消息纷纷前来从驾。他一面颁诏命令诸道军队围攻义军，收复长安，一面继续向成都进发。中和元年（881）正月二十八日，经过长途跋涉，唐僖宗终于到达了成都。

僖宗到达成都后，暂时摆脱了危险，四方贡献的财赋源源不断地运到成都，使得他又有条件开始醉生梦死的生活。于是任命田令孜为行在都指挥处置使，具体负责僖宗在成都的一切事务。还给蜀军每人赏钱三缗，后来四方贡献的金帛越来越多，田令孜遂经常给从驾诸军以赏赐，而不再给蜀军了。对此，蜀军颇有怨言。西川黄头军使郭琪希望能公平对待诸军，田令孜不悦，竟给郭琪赐予毒酒。郭琪侥幸不死，一怒之下，便率领其部下军队作乱，并焚掠坊市。田令孜急忙与僖宗躲入成都东城，一面闭门登城防守，一面出动诸军围攻郭琪之军。郭琪军人数寡少，难以抵敌，只好逃出成都，投奔扬州高骈而去。田令孜之故，闹出了如此大的乱子，僖宗非但没有谴责，反而更加亲近，史载："上日夕专与宦者同处，议天下事，待外臣殊疏薄。"①这里所说的"宦官"，便是指以田令孜为首的一批人。这种状况引起了一些朝臣的极大不满，其中左拾遗孟昭图上疏说：

> 多难之时，中外尤当一体。去冬车驾西幸，不告南司，遂使宰相、仆射以下悉为贼所屠，独北司平善。况今朝臣至者，皆冒死崎岖，远奉君亲，所宜自兹同休等戚。伏见前夕黄头军作乱，陛下独与令孜、敬瑄及诸内臣闭城登楼，并不召王铎已下及收朝臣入城；翌日，又不对宰相，又不宣慰朝臣。臣备位谏官，至今未知圣躬安否，况疏冗乎！倘群臣不顾君上，罪固当诛；若陛下不恤群臣，于义安在！夫天下者，高祖、太宗之天下，非北司之天下；天子者，四海九州之天子，非北司之天子。北司未必尽可信，南司未必尽无用。岂天子与宰相了无关涉，朝臣皆若路人！②

这篇奏疏反映的不仅仅是孟昭图一人的意见，实际上也是广大朝官心声，所以引起了田令孜极大的愤恨。他隐瞒了这篇奏疏，然后又矫诏贬孟昭图为嘉州司户，命人在途中将孟昭图沉入眉山（今四川乐山）以东的蟆颐津。朝官们得知这个消息后都非常气愤，但却无人敢于仗义执言。

僖宗经过长途跋涉，吃尽了苦头，好不容易来到成都，虽然仍可享受奢侈的生活，但成都毕竟比不上长安的富丽堂皇。他每次登楼北望，不免都要流下几滴眼泪，经田令孜百般安慰，这才转忧为喜。田令孜为了使僖宗宽心，凡是打了胜仗的奏报，都拿给僖宗看；凡是打了败仗，则隐瞒不报。经过了流亡生活的磨炼，僖宗也开始关心政事了。诸道都统高骈与相邻的镇海节度使周宝发生了矛盾，直接影响了对义军的作战。僖宗为了排解两镇纠纷，使他们早日出

---

① 《资治通鉴》卷二五四，唐僖宗中和元年七月，第8255页。
② 《资治通鉴》卷二五四，唐僖宗中和元年七月，第8255页。

兵，亲自过问给高骈与周宝的诏书。翰林学士起草了数份诏书，僖宗都不满意，最后还是田令孜请人捉刀，这才交出了一份使皇帝满意的诏书。

黄巢义军被迫从长安退出后，中和五年（885）正月，僖宗才从成都启程，取道凤翔回京。当年三月二十二日，终于回到了阔别四年之久的京师。两日后，僖宗宣布大赦天下，改元光启，希望唐朝从此能够社会稳定，重启太平。

唐僖宗虽然重新回到了长安，但是并不等于唐朝从此走上了稳定恢复的道路。由于经过农民起义军的沉重打击，唐政府的统治基础已经严重动摇，财政非常困难，而且内部矛盾也尖锐激烈，时隔不久，又爆发了内乱，迫使僖宗又一次踏上了流亡的道路。

由于唐廷财政困难，田令孜主张收回河东安邑、解县两大盐池，但河中节度使王重荣却不愿交出这块肥肉。在田令孜的主张下，唐廷出动军队讨伐，却被王重荣联合河东节度使李克用打得溃不成军，并且逼近了长安。光启元年（885）十一月二十五日，僖宗连夜出城逃跑，逃到了凤翔。李克用、王重荣一看逼走了皇帝，也不敢造次，遂上表说明此次行动在于清君侧，绝无造反之意，并且请求诛杀田令孜等人，以谢天下。僖宗看到表章后，终于放下心来，不必再过那种颠沛流离的生活了。为了早日返回长安，他多次派人出使河中。但田令孜却不愿返回长安，反倒请皇帝移驾兴元，遭到了僖宗的拒绝。田令孜清楚地知道，皇帝两次播迁，都是自己的缘故，天下之人纷纷指斥，如果再回长安必然会遭到自己政敌的清算，因此打算先到兴元，再把皇帝弄到成都，这样皇帝便会始终在他们兄弟的掌控之中。一天夜里，田令孜突然命其义子王建等人率随驾禁军闯入行宫，声称有外兵犯驾，不容分说，把僖宗扶上马，簇拥而去。朝中大臣除少数几个人随后追到宝鸡（今陕西宝鸡）外，大多数的朝臣都没有跟随而来。

光启二年（886）三月十七日，历经千难万险的唐僖宗终于到达了兴元，刚刚松了一口气，不料使他更加震惊的一件事突然发生了，差一点使其皇位不保。

邠宁节度使朱玫与凤翔节度使李昌符见皇帝逃走，遂在这年四月三日，逼迫没有追随僖宗逃走的百官拥戴嗣襄王李煴为权监军国事，并开始为其正式称帝做准备。宰相萧遘虽然不赞成此事，但由于一时无法制约朱玫，只好采取了消极观望的态度。四月六日，李煴任命朱玫兼任左右神策十军使，朱玫等遂将李煴送回长安。又派遣吏部侍郎夏侯潭宣谕河北，户部侍郎杨陟宣谕江淮诸藩镇，接受李煴之命的藩镇已占十分之六七，高骈还奉笺劝进，希望李煴早日正式登基。

嗣襄王李煴是何许人也？他是唐肃宗之子襄王李僙的曾孙，这时正患病，行动艰难，没有赶上僖宗的队伍，落在了朱玫的手中。

当这些消息传到兴元后，僖宗君臣顿时呆若木鸡，不知如何是好。田令孜见大势已去，而且深知自己已为天下人所唾弃，为了自保，遂推荐枢密使杨复恭为左神策中尉、观军容使，自任为西川监军使，跑到成都投靠陈敬瑄去了。

这一时期各地贡赋多入于长安，兴元缺少钱粮，卫士人心动荡，僖宗除了哭泣，也拿不出一点办法。宰相杜让能认为杨复恭家族与河中节度使王重荣关系密切，劝僖宗以杨复恭的名义派人出使河中，劝王重荣顾全君臣大义。王重荣果然听命，上表献出绢十万匹，并表示愿意带兵讨伐朱玫。李煴派人通告于河东节度使李克用，告知受册之意。李克用得知这一切都是出自朱玫的主意，大怒，其大将盖寓说：皇帝播迁，天下人皆归咎于河东，不如兴兵讨伐朱玫，迎回圣驾，以洗前咎。李克用也赞同此议，遂囚禁了李煴派来的使者，发布檄文，告知邻道，并发兵三万，讨伐凶逆。

当初，凤翔节度使李昌符与朱玫共同商议拥立李煴，后来朱玫自任侍中，专擅权柄，引起了李昌符的愤怒。于是，一不做，二不休，干脆上表于兴元，表示臣服于僖宗，僖宗遂加其为检校司徒。这样一来，形势又为之一转，从而使唐僖宗再次看到了复兴的曙光。

六月，僖宗任命杨复光的养子扈跸都将杨守亮为金商节度使、京畿制置使，率兵两万出金州，与王重荣、李克用共同讨伐朱玫。但实际上王、李二人并没有马上出兵，杨守亮孤军又不敢深入，这样就给了朱玫喘息的机会。这年十月，他奉李煴在长安正式即皇帝位，遥尊僖宗为太上元皇圣帝。十二月，杨复恭传檄于关中，声称能得朱玫首级者，授静难军（今陕西彬州）节度使之职。朱玫部下大将王行瑜在前线战败，担心受到制裁，又见朱玫势力日渐衰落，知其终究难成大事，遂率所部军队返回长安，擒杀了朱玫，同时杀死其同党数百人。

长安城中大乱，士民被烧杀者不计其数。

李煜在大臣裴澈、郑昌图等人的奉迎下，率百官二百余人，逃往河中，投奔王重荣而去。王重荣假装表示愿意迎奉，待其到达后，执而杀之，从官被杀者过半，裴澈、郑昌图等人被囚禁。然后又将李煜首级送到了兴元，向僖宗请功。这场动乱至此总算结束了，唐僖宗再一次转危为安。

光启三年（887）三月，僖宗下诏诛杀了萧遘、裴澈、郑昌图等一批朝臣，还要处死追随李煜的其他朝官，后经杜让能的一再劝说，才避免了大批人头落地。同时，又下诏免去了田令孜的一切官爵，发配到边远地区，但由于其依靠陈敬瑄，并不从命，朝廷也无可奈何。

不久，僖宗回到了凤翔，节度使李昌符担心皇帝回到长安后，会再次追究他的罪责，遂以长安宫室被毁，需要修葺为由，将僖宗留在了凤翔。唐僖宗在凤翔并没有得到丝毫的安宁，这年六月，杨复恭养子、护驾的天威都头杨守立与李昌符争道，双方部下互相殴击。当夜，李昌符率兵焚烧行宫，被杨守立击败，遂逃往陇州。僖宗命武定节度使李茂贞率军讨伐李昌符，迫使陇州刺史薛知筹杀了李昌符全家。李茂贞被任命为凤翔节度使，从此他以此为基地，逐渐扩张势力范围，开始了唐末称霸的战争。

光启四年（888）初，就在长安宫室已经修葺得差不多，返回长安指日可待之时，唐僖宗却患上了重病。二月十四日，皇帝病危，于是只好匆匆动身急返京师。二十一日，终于回到了长安，并于次日宣布大赦，改元文德。三月六日，僖宗驾崩于灵符殿，终年27岁。

第十三章　黄巢政权在长安

黄巢自乾符二年（875）聚众起义以来，长期转战于大江南北，广明元年十一月，义军攻破洛阳，十二月五日攻入长安，唐僖宗仓皇逃往西蜀，黄巢在长安建立了国号为齐的政权。黄巢政权在关中既没有招抚农民、恢复生产，也没有出兵追击逃亡的唐朝皇帝，而是忙于封官加爵，享受当皇帝的荣耀。数十万大军坐吃山空，在唐军的四面围攻下，难以继续支持，只好撤出长安，退往河南，走上了覆亡的道路。

第一节　政权的建立

一、攻占长安

僖宗广明元年，在关中历史上发生了一桩重大事件，这就是以黄巢为首的农民起义军突破潼关天险，长驱关中，直捣长安。

黄巢（？—884），曹州冤句（今山东曹县西北）人，世代贩卖私盐，善击剑、骑射，粗通书传，但屡举进士不第。乾符二年，聚众响应王仙芝起义。后王仙芝战死，黄巢被推戴为领袖，号"冲天大将军"，建元王霸。鉴于中原地区官军实力强大，黄巢避实击虚，率军挺进江西、浙江、福建等地，于乾符六年（879）九月攻克广州，众至百万，自号"义军百万都统"。在广州略事休整之后，即于十月取道桂林北伐。至广明元年七月，自采石（今安徽当涂北）渡江，乘胜长驱，于九月率众渡过淮河。黄巢自称"率土大将军"，随即又改称"天补大将军"。十一月十七日，进至东都洛阳，留守刘允章率百官迎谒。"巢入城，劳问而已，闾里晏然。"① 然后鼓行而西，攻陕州，下虢州。十二月一日，前锋已抵潼关城外。

在此存亡危急关头，朝廷上下，乱作一团。早在十一月中旬，僖宗从汝郑把截制置都指挥使齐克让的报告中获悉黄巢要"问罪京邑"时，就急召宰相商议却敌之策，并开延英殿要群臣献计。宰相豆卢瑑、崔沆请发关内诸镇及神策军前往堵截，大宦官田令孜请选神策军弓弩手守潼关，且表示亲自为都指挥制置把截使到前线督阵。僖宗则认为："侍卫将士，不习征战，恐未足用。"其实，田令孜也深知禁军的神策军将士都是些银样镴枪头，遂转而兜售其"幸蜀"之策："昔安禄山构逆，玄宗幸蜀以避之。"崔沆附和："禄山众才五万，比之黄巢，不足言矣。"豆卢瑑讲得更妙："哥舒翰以十五万众不能守潼关，今

---

① 《资治通鉴》卷二五四，唐僖宗广明元年七—九月、十一月、十二月，第8234—8236页。

黄巢众六十万，而潼关又无哥舒之兵。若令孜为社稷计，三川帅臣皆令孜腹心，比于玄宗则有备矣。"① 这段君臣对话绝妙无比，义军尚在汝州境，朝廷就已定下播迁之策。为了不使准备逃遁的天机泄露，明知潼关不堪固守，皇上还是根据田令孜的推荐，命神策军左军马军将军张承范为兵马先锋使兼把截潼关制置使、右军步军将军王师会为制置关塞粮料使、左军兵马使赵珂为句当寨栅使，并选神策军弓弩手两千八百人，令张承范等率领奔赴潼关。此外，又故作姿态以田令孜为汝、洛、晋、绛、同、华等镇都统，率神策军东讨。实际上田令孜正忙于天子"幸蜀"事宜，此项任命只是掩人耳目而已。真正到潼关的，也只有张承范等所统数千将士，加上潼关原有驻军和前方退保潼关的齐克让部，充其量不过数万人。这些人士气低落，素质极差。如神策军士卒，都是长安富家子弟，靠贿赂宦官寄名军籍，平时"厚得禀赐"，"华衣怒马，凭势使气"，从未打过仗，所以一听说要出征，"父子聚泣，多以金帛雇病坊贫人代行，往往不能操兵"。② 军饷更无着落，当时虽置有督粮道官员，但朝廷并无"馈饷之计"。张承范等途经华州，才从州库的残存中得到只能对付三日的粮食。齐克让部，更是长期缺乏资储，兵士冻馁交逼，兵械弊破。所以张、齐所统万余饥卒，没有斗志。朝廷之所以做如此草率部署，是因为君臣早已存必败之心，而头等大事则是预作出逃之计。

十二月一日，当张承范等抵达潼关时，关外已在战斗。齐克让拼命顽抗，从中午打到黄昏，士卒饥饿难忍，喧噪起来，烧毁了营房而溃逃。齐克让也只好随败军入关。关左有大谷，本为防逃避关税，平时禁行人出入，称为"禁谷"。守潼关的唐军以为谷既官禁，敌军也就不能越过了，所以不曾分兵设防。义军大将尚让、林言等率前锋由禁谷绕到唐军背后。这样义军对潼关便形成内外夹攻之势。十二月二日，义军急攻潼关，张承范全力抗拒。义军将士冒矢石、填沟堑、焚关楼，经一昼夜苦战，大败唐军。关上官军皆溃逃而去，大将王师会

---

① 《资治通鉴》卷二五四，唐僖宗广明元年十一月，第 8235—8236 页。
② 《资治通鉴》卷二五四，唐僖宗广明元年十一月，第 8237 页。

兵败自杀，张承范落荒遁走。号称关中屏障、京师东大门的潼关被打开，预示着经五年血战的农民军终于要直捣帝国的心脏地带。

十二月三日，黄巢入华州，留其将乔钤守华州。此时，由潼关溃败的唐军将士有窜归长安的，这些人饥疲沮丧，怒火中烧，遂燔掠西市，有的还充任义军前导。当张承范向朝廷报告潼关陷落的情况后，田令孜为逃避罪责，将宰相卢携作为替罪羊贬官，两日后卢携服毒自杀。尤其可笑的是，当四日义军已抵昭应时，僖宗竟还宣布任命黄巢为天平节度使，企图以招安缓解农民军攻长安的势头。作为回报，黄巢则任命尚让为平唐大将军，盖洪、费全古为平唐副将军，旗帜鲜明地表示了灭唐决心。僖宗看大势已去，于五日在田令孜和神策兵的卫护下，西出长安金光门，经骆谷向兴元方向奔去。僖宗仓皇出逃，只有皇族和妃嫔中数人从行，"百官皆莫知之"。车驾既去，京城陷于一派混乱状态，史载：文武百官"布路窜匿"，军卒和市民"竞入府库盗金帛"。①

僖宗出逃的当天黄昏，义军前锋将柴存进入长安，没有来得及脱逃的金吾大将军张直方率朝官数十人迎降黄巢于霸上（今陕西西安东白鹿原北首）。于是，义师数十万众自长安春明门开进长安城，《资治通鉴》载："巢乘金装肩舆，其徒皆被发，约以红缯，衣锦绣，执兵以从，甲骑如流，辎重塞涂，千里络绎不绝。民夹道聚观，尚让历谕之曰：'黄王起兵，本为百姓，非如李氏不爱汝曹，汝曹但安居无恐。'……其徒为盗久，不胜富，见贫者，往往施与之。"②所以下层民众都欢迎义军。

二、政权的建立

广明元年十二月十三日（881年1月16日），黄巢在大明宫含元殿正式即皇帝位，并登丹凤楼，宣布国号为大齐，改元金统，颁布大赦令。进长安之初，当数千宫女称他为"黄王"时，他喜不自禁地表示："殆天意欤！"③及至宣告

---

① 《资治通鉴》卷二五四，唐僖宗广明元年十二月，第8239—8240页。
② 《资治通鉴》卷二五四，唐僖宗广明元年十二月，第8240页。
③ 《新唐书》卷二二五下《黄巢传》，第6458页。

大齐代唐，更明确地以"天命所归"自诩。他宣称："唐帝知朕起义，改元广明，以文字言之，唐已无天分矣。'唐'去'丑''口'而安'黄'，天意令黄在唐下，乃黄家日月也。土德生金，予以金王，宜改年为金统。"①这固然反映了农民领袖难以摆脱传统观念的影响，但诸如天命观为自己服务，也是农民阶级的一贯传统；黄巢对唐广明年号的解释，同黄巾军"苍天已死，黄天当立"的口号，正是一脉相承的。

在大齐政权的领导层中，黄巢及其部将始终居于核心地位。黄巢称帝数月后被其部下上尊号为承天应运启圣睿文宣武皇帝，标志着大齐开国君主地位的确立。其中央机关的主要官员有：尚让为太尉兼中书令，赵璋兼侍中，崔璆、杨希古并同平章事。其余可称道的还有孟楷、盖洪、费传古、郑汉璋、李俦、黄谔、尚儒、马祥、方特、皮日休、沈云翔、裴渥、张直方、许建、朱实、刘瑭、朱温、张言、彭攒、李逵、林言等。其中，唐官僚出身的仅有六人：崔璆、杨希古、皮日休、沈云翔、裴渥、张直方。这些唐朝的旧官僚，有的归附农民军已久，如皮日休；有的为黄巢旧识，如崔璆、裴渥；假投降的也仅只张直方一人，且很快就败露，并被处以极刑。而尚让等二十八人，或为黄巢亲密战友，或为黄巢隶从部将，或为黄巢族属亲戚。故敌人讥讽他们是"烂羊头而拜爵，续狗尾以命官"②。由这样一些讥评，显示出大齐政权的领导层中十之七八的人都来自农民军将领。

黄巢自广明元年攻据长安，至中和三年（883）四月撤离关中，历时三年零五个多月，曾颁布和推行一系列的政策和措施，对于维护新生的农民政权，起到了一定的保证作用。

首先，农民军曾采取某些"均平"措施。如义军入京"甫数日，因大掠，缚箠居人索财，号'淘物'。富家皆跣而驱"③。而这种"淘物"，并不只限于

---

① 《旧唐书》卷二〇〇下《黄巢传》，第5393页。
② 《旧唐书》卷一七八《郑畋传》，第4635页。
③ 《新唐书》卷二二五下《黄巢传》，第6458页。

地主官僚的浮财，他们还曾试图挖掘乾陵，且于其处留有"黄巢沟"的遗迹。又有迹象表明，大齐政权还在长安近畿没收过地主的土地，唐凤翔节度使郑畋就曾大骂义军"广侵田宅"①。散施财物给穷人的情况就更为常见，史载：义军"遇穷民于路，争行施遗"，"竞投物遗人"。②平均财富是唐末农民军的理想追求，早在王仙芝初起时，就曾自称"天补平均大将军"③，而大齐政权推行的对剥夺者进行剥夺的政策，也正是农民领袖平均思想的实践。史书中记载的"贵落深坑贱出泥""食肉朱唇却吃齑"④的情况，说明地主在经济上受到了打击。

其次，对唐朝官僚采取分化瓦解和争取的政策。农民军刚到长安时，"尤憎官吏，得者皆杀之"，并"杀唐宗室在长安者无遗类"。⑤但黄巢登基后，立即"下令军中禁妄杀人，悉输兵于官"⑥。同时制定了对在京唐朝百官和在藩诸节度使的区别对待、分化瓦解、招降利用的政策。先是规定："唐官三品以上悉停任，四品以下位如故。"⑦由于"无有至者"，为争取一些有影响的唐朝大官为大齐效力，"乃大索里间"⑧。时义军对旧官僚的政策，几乎是宽大无边，只要表示归降，则既往不咎且给官做。如京兆杜陵人王徽，于僖宗出逃前拜相，后追随车驾不及，夜坠崖谷，被义军所救。黄巢要授官于他，王徽则假装嗓哑，且以足折为辞。于是黄巢命人将他抬回家将养，还派医工为其治病。月余康复，竟窜脱逃走。⑨京兆高陵人于琮，尚宣宗女广德公主，懿宗时拜相，后病卧在家，黄巢入京，要起复他为相，于琮以疾病辞，黄巢不答应，于琮竟说："吾死在

---

① 《全唐文》卷七六七《讨巢贼檄》，第7981页。
② 《旧唐书》卷二〇〇下《黄巢传》，第5393页。
③ 《资治通鉴》卷二五二，唐僖宗乾符元年十二月《考异》引《续宝运录》，第8174页。
④ 何光远：《鉴诫录》卷一《金统事》，见傅璇琮、徐海荣、徐吉军主编：《五代史书汇编》，杭州出版社2004年版，第5874页。
⑤ 《资治通鉴》卷二五四，唐僖宗广明元年十二月，第8240—8241页。
⑥ 《新唐书》卷二二五下《黄巢传》，第6459页。
⑦ 《资治通鉴》卷二五四，唐僖宗广明元年十二月，第8241页。
⑧ 《新唐书》卷二二五下《黄巢传》，第6459页。
⑨ 《旧唐书》卷一七八《王徽传》，第4643页。

旦夕，位宰相，义不受污。"①黄巢看他不可救药，只好将其处死。其他唐相如刘邺、崔沆、豆卢琢等也都为义军所得，称病不应，黄巢不得已，将他们处死。以上表明，大齐政权为了分化瓦解唐朝在长安的百官，曾做了大量的工作。此外，在进京前后，黄巢利用唐中央同地方藩镇的矛盾和诸节帅观望以便保存实力的心理，曾传檄天下诸镇，令他们归顺义军，收到一定的效果。一时之间，平卢节度使王敬武、忠武节度使周岌、河中节度使李都等，纷纷表示降附，连开赴关中勤王、屯驻栎阳（今陕西西安市临潼区东北栎阳镇）的夏绥银节度使诸葛爽也接受了义军的招安。"天下藩镇，多受其伪命"②，"屈节'伪'廷者十三四"③。

大齐政权还曾礼遇众多的儒生。早在黄巢起义之初，农民军就传播着"逢儒则肉，师必覆"④的说法，加上黄巢本人也是落第举子，所以义军对儒生特别优待。"俘民给称儒者，皆释"⑤。黄巢进京后，不仅以追随义军已久的大文豪皮日休为翰林学士，而且还极力搜罗长安地区文人为新政权服务。如著名的文学之士柳晦，懿宗时因上疏不纳，长期隐居于终南山中，及至黄巢求能为檄文的人，有人荐柳晦，"巢乃驰骑迎之"，"命晦为中书舍人。寻授伪相"。⑥不只黄巢看重读书人，即便在一般的义军将领中，"喜下士"⑦的亦不少见。

对于与大齐政权为敌的人，则推行坚决镇压的政策。黄巢在长安期间确曾杀了不少人，但一般并不是滥杀。被处死的大致有四种人：（1）假投降的两面派分子；（2）顽固派；（3）恶毒攻击大齐政权的文人；（4）充当唐军内应的坊市恶少、坏人。像张直方，归降后高官厚禄，黄巢待其不薄。但他阳奉阴违，施展两面派的伎俩，匿唐朝公卿于宅中夹壁，且招纳亡命，阴谋劫持黄巢以向

---

① 《新唐书》卷一〇四《于志宁传附于琮传》，第4010页。
② 《旧唐书》卷一八二《王处存传》，第4699页。
③ 《册府元龟》卷三七四《将帅部·忠》，第4454页。
④ 《新唐书》卷二二五下《黄巢传》，第6454页。
⑤ 《新唐书》卷二二五下《黄巢传》，第6454页。
⑥ 《太平广记》卷三一二《神二十二·柳晦》，第2468页。
⑦ 《新唐书》卷一九四《司空图传》，第5573页。

唐天子邀功。为人揭发后，义军"屠其族"①。如唐宰相崔沆、豆卢瑑、刘邺、于琮等，为逃避大齐要他们自首的命令，藏匿于张直方居处。义军严切追捕，崔沆等夜窜，为义军抓获，黄巢不念他们的旧恶，打算起用于琮等为新朝宰臣，但这些人拒不归顺，甘愿就死，由是崔沆等百余人俱为义军所杀。还有人作诗讥讽义军，并公然向新政权挑衅，张贴于尚书省南门。为惩办反抗者，大齐宰相尚让在盛怒之下大开杀戒，搜捕到京城内外能为诗者三千余人，尽杀之。②这种不加区别的乱杀无辜，当然应当受到谴责，而且也是有违黄巢"禁妄杀人"的命令和优待儒生的一贯主张。还有，中和元年四月五日，黄巢为诱敌深入，有意向进迫长安的唐军示弱，撤军霸上，唐军夜入京城。于是，潜伏于长安居民中的各种反对者"争欢呼出迎官军，或以瓦砾击贼，或拾箭以供官军"③。一些坊市恶少也乘机配合官军进行疯狂的劫掠。十日，黄巢复入京师，对充当唐军内应的业已暴露出来的暗藏敌人，进行坚决的镇压和清洗，纵击杀八万人。通过这次"洗城"，坊市中的坏分子被杀戮殆尽。

黄巢据长安期间的这一系列措施，沉重地打击了李唐在京师的势力，"甲第朱门无一半"，"天街踏尽公卿骨"，④而侥幸能苟全性命者，不得不放下架子自谋生计，"或卖饼自业"⑤。

第二节　黄巢坐困长安与撤离关中

一、官军围攻长安

黄巢入京后，忙于登基称帝，从广明元年十二月到中和元年二月，在长达三个月的宝贵时间内按兵不动，致使僖宗从容脱逃，并有机会集结力量，在龙

---

① 《新唐书》卷二一二《张仲武传附张直方传》，第5981页。
② 《鉴诫录》卷一《全统事》，第5874页；《资治通鉴》卷二五四，唐僖宗中和元年三月，第8247页。
③ 《资治通鉴》卷二五四，唐僖宗中和元年四月，第8250页。
④ 韦庄：《韦庄集》，人民文学出版社1958年版，第107页。
⑤ 《新唐书》卷二二五下《黄巢传》，第6460页。

尾陂（今陕西岐山东）战役重创义军，由之形成了自中和元年三月至二年十一月，双方对垒关中、两军长期相持的局面。

  义军坐失战机使唐军从容建立反攻据点和大本营。僖宗一行于广明元年十二月五日出金光门，每日仅行40里。僖宗在逃难途中接见了凤翔节度使郑畋，授命"谨扼贼冲，无令得西向"，郑畋还得到可以"便宜行事"的大权。① 还镇后，郑畋同将士"刺血与盟"，"完城堞，缮器械，训士卒"，并约邻道合兵进攻黄巢，"邻道皆许诺发兵，会于凤翔"。还承旨招谕畿内数万散处诸镇的禁军，"畋分财以结其心，军势大振"②。前朔方节度使唐弘夫、泾原节度使程宗楚、秦州节度使仇公遇等，率先响应郑畋，会师于凤翔。中和元年二月，黄巢为打击郑畋，遣大将尚让统兵五万讨伐凤翔。郑畋侦知义军将至，令麾下大将李昌言、唐弘夫等伏兵要隘，自己则以锐卒数千，大张旗鼓，阵于高岗。义军轻视郑畋是一介书生，认为他必不能抗拒大军，因而"步骑长驱，部伍不整"。当义军行进距郑畋阵地10余里处时，官军布于高岗上的疑阵中突然鼓声大作，义军前锋被敌阵的虚张声势所迷惑，在后军未到敌情不明的情形下，匆忙列队准备应战。此时李昌言等的伏兵乘机出来攻击，义军大败。战至黄昏，官军四合，乘胜追击义军至龙尾陂。一场恶战，义军被歼两万余人，丢弃大批铠仗，尚让等率残部奔回京城。此役大长了唐军的志气，遂使郑畋以匡复王室为己任，传檄天下，约以勤王。本来四方以为唐室不能复振，"及畋传檄，诸藩耸动，各治勤王之师"。③ 据说黄巢听到这个音信，大为恐惧，再没有向京西发动进攻。龙尾陂战役之后不到二十天，唐军就初步完成了对京师的环形包围：唐弘夫屯渭北；河中节度使王重荣屯沙苑；义武军（今河北定州）节度使王处存屯渭桥；党项酋长、夏绥节度使拓跋思恭屯武功；郑畋屯盩厔。此外，为黄巢所署的河阳节度使诸葛爽亦奉表降唐。

---

  ① 《新唐书》卷一八五《郑畋传》，第5403页。
  ② 《资治通鉴》卷二五四，唐僖宗广明元年十二月，第8242—8243页。
  ③ 《旧唐书》卷一七八《郑畋传》，第4634—4636页。

这样就展开了唐军与义军之间频繁的拉锯战。唐军乘龙尾陂新胜,进迫长安。中和元年四月五日,黄巢为避开敌锋,待机歼敌,遂主动撤出京城,驻屯霸上。唐军行营副都统、泾原节度使程宗楚率先自西苑延秋门入城,唐弘夫、王处存也接踵率军开进长安。程宗楚等进城之后,纵兵抢劫金帛、妓妾;军士甚至扔弃兵器,仍是不堪重负。义军侦知唐军不整且郑畋、拓跋思恭等部未能进城,遂引兵还袭,大战长安城中。这一役唐军惨败,"死者什八九",程宗楚、唐弘夫战败身亡,王处存收拾残部退出京城。这一战打灭了唐军的威风,诸军皆退却。然而,因唐军一度入京,也给义军造成某些消极影响,黄巢任命的同州刺史王溥、华州刺史乔谦(铃)、商州刺史宋岩"闻巢弃长安,皆率众奔邓州"。①这种双方得失基本相当的拉锯战,也反映在关中之外的战场和以后双方对华州、渭北同州的争夺上。早在广明元年十二月,黄巢因河中节度使王重荣叛归唐朝,派其大将朱温和其弟黄邺分别自同州、华州合兵数万讨伐王重荣,结果义军大败,损失粮船四十余艘。王重荣乘胜同前来勤王的义武军节度使王处存联盟,进屯渭北。次年六、七月间,尚让、朱温再次讨伐河中,败诸葛爽于河中西关,破王重荣数千骑兵于黄河之上,诸葛爽等闭关不出。尚让遂拔郃阳(今陕西合阳),朱温则于夏阳(今陕西合阳东南)夺取河中漕米数十船。为收复同、华等州,义军同唐军更是争战不休,影响着关中的阵容。由于乔铃南奔,来关中勤王的昭义军(今山西长治)节度使高浔遂乘隙攻陷华州。双方对华州的争夺颇为激烈,州城至少三次易手。同州也一样。同州西至长安250里,为关中通河中的重要门户,历来的兵家必争之地。所以黄巢入关后不久,即以王溥为同州刺史。由于王溥的弃守,同州复为唐军所有。直至中和二年(882)二月,朱温始复据有同州。此外,中和元年春夏之交至次年秋冬之际,长安附近的其他战事也都具有拉锯战的性质。尽管尚让、孟楷、朱温于东渭桥、富平等地数度击败拓跋思恭、李孝昌所统之军,尽管王璠、强武等于京西兴平、武功、盩厔、鄠县等

---

① 《资治通鉴》卷二五四,唐僖宗中和元年四月,第8250页。

地屡败邠宁节度使朱玫和凤翔节度使李昌言等,但义军旋胜旋败,地旋得旋失。虽然唐军以黄巢兵势尚强而逗留不进,不敢贸然决战,但义军始终未能从根本上解除唐军对京师东、西、北三面的环形包围。而且随着时间的推移,粮荒加剧,朱温降唐,李克用参战,勤王兵大至,黄巢不得不另谋出路,撤出坐困长安已久的农民军。

黄巢在其后期遇到极为严重的缺粮危机。这种情况的出现,既有人为因素,也有天灾的原因。

首先,黄巢对关中缺粮、依赖漕运的问题缺乏应有的思想准备。长安固然是全国的政治中心,也是人口集中的地区。关中虽素有"天府"之称,但很难养活过多的人口,要凭借漕运东南地区的粮食以相接济。而江淮路远,途中诸多阻遏,难免有所贻误。黄巢进入长安后,也曾意识到漕运的重要性,并试图控制华州以东的漕运咽喉要道和荆襄等鱼米之乡。可是事与愿违:首战河中,义军大败;两战邓州,既胜复败,始终未能恢复漕运。

其次,黄巢初至京时,粮食浪费严重。义军攻取长安之初,京师积粮尚多,即使外物不入,而支持之力,数年当不至用罄。可是黄巢听从唐朝宫廷奸人的建议,选召二十万丁夫,自大明宫南门望仙门以北,经北门玄武门,至西门白虎等门(白虎门,疑即白兽门),"博筑城池","为御捍之备"。这些民工每人每日支米两升、钱四十文,日计支米四千石、钱八千贯,"岁余,功不辍而城未周,以至于出太仓谷以支夫食,然后剥榆皮而充御厨,城竟不就"。①如此徒劳无功,消耗粮储,实在惊人!加之黄巢广置百官和数十万义军耗费,在"东南断绝无粮道"②的情况下,又岂能不出现粮荒?

再次,缺乏保障供给的政策和措施。农民军虽对京师达官豪富实行"淘物"等政策,亦有迹象表明采取过某些"均平"措施,但这些只是对已有财富的再分配,

---

① 杜光庭:《录异记》卷三《忠》,见《唐五代笔记小说大观》,第1521—1522页。
② 《韦庄集》,第107页。

其本身并不能增殖财富。黄巢也未曾在政策上出台防止农户逃亡、保障农事正常生产的措施。当时"京畿百姓皆寨于山谷，累年废耕耘"，义军坐守空城，"赋输无入，谷食腾踊，米斗三十千"。①

最后，天灾更使粮荒加剧。中和二年，缺粮危机更雪上加霜。由于京师食尽，义军将士不得不剥食树皮苟活，军中饿死者不计其数。为补充缺员，只好用高价买人为士卒。卖主竟是唐军，他们"皆执山寨百姓"，以每人数十万钱售于义军。而义军"以肥瘠论价"，"买人于官军以为粮"。②无粮自乱，这正是农民军在关中后期难以坚持、不得不东走的根本原因。

唐军对粮食问题的解决要好得多。僖宗在蜀，"府库充实"，"赏赐不乏"。③会兵长安的诸镇节度使，大都有本镇雄厚的物力为后盾，如河中王重荣，不只本镇军府积实，入关后，还能组织军士屯田待敌。再如成德军节度使王景崇与义武军节度使王处存连师入关后，贡输接连送到。王景崇死后，其子王景镕不改父志，仍不断馈粟以接济唐军。同时，漕运基本畅通。由于黄巢"号令所行不出同、华"④，且王重荣等又长期屯兵沙苑，所以义军在多数情况下不能对漕运构成威胁。朱温麾下曾有人盛称唐朝"漕运波注"⑤，说明唐军水道粮运确实畅通，军用不乏。正是由于漕运和其他渠道运输不绝，所以入关勤王的诸镇兵绝少有粮饷不继的现象。

二、黄巢撤离关中

长期的缺粮困扰，使义军的实力每况愈下。中和二年九月，朱温以同州降唐，形势急转直下，华州守将也接踵叛齐。此后，沙陀首领李克用的入关勤王，使形势更趋于恶化。为保存义军实力，黄巢只好于中和三年四月撤离长安，沿蓝田道东去。黄巢称帝长安，前后两年又一百二十三天。

---

① 《旧唐书》卷二〇〇下《黄巢传》，第 5394 页。
② 《资治通鉴》卷二五四，唐僖宗中和二年四月，第 8268 页。
③ 《资治通鉴》卷二五四，唐僖宗中和元年三月，第 8248 页。
④ 《资治通鉴》卷二五四，唐僖宗中和二年四月，第 8268 页。
⑤ 薛居正等：《旧五代史》卷二〇《谢瞳传》，中华书局 1976 年版，第 269 页。

朱温，宋州砀山（今安徽砀山）人。黄巢起事，朱温与二兄朱存加入义军，以军功补为队长。后随黄巢入关，战河中，克邓州，拒鄜夏，取同州，所至立功，为黄巢所器重，累授大将军游弈使、同州刺史兼防御使等要职。同州治所冯翊，东控关河之会，隔黄河与河中相望，相距仅81里；西辅京师长安，河中去京300里，同州居于重要位置。以其为关中襟要，所以历来为兵家必争之地。且境内有沙苑牧场万余顷，为关中军马来源之最大所在。① 朱温既克同州，独当一面，遂与河中节度使王重荣兵锋相接。朱温在小胜之后迭遭王重荣的报复。当时朱温所统士卒仅数千，而王重荣竟以甲士三万围剿。为解脱困境，朱温请求京城发兵。表章十上，均被左军使孟楷抑而不报。其幕僚谢瞳等乘机诋毁黄巢"始窃伪号，任用已失其所"，"破亡之兆必矣"。且称唐朝"土德未厌，外兵四集，漕运波注，日以收复为名"，劝朱温做降唐的决断。朱温也早有叛齐之意，表示"我意素决，尔又如是，复何疑哉！"② 于是，朱温在中和二年九月十七日杀监军使严实，举州降于王重荣。王重荣飞章奏报，僖宗览表大喜说："是天赐予也。"授朱温左金吾大将军、河中行营副招讨使，赐名全忠。③ 朱温降唐，与孟楷专权，黄巢不明，整个领导集团对同州的战略地位缺乏认识等不无关系。朱温叛变后，向新主子邀功心切，自是率所部与河中兵士偕行，所向无不克捷，并使华州归唐。华州刺史李详以王重荣待朱温厚，也打算投降。于是黄巢杀李详，以其弟黄思邺代之。但李详部属驱逐黄思邺，推华阴镇使王遇为主，王遇即以华州降于王重荣。黄巢连失二州，怒甚，亲统精兵数万讨伐，战于梁田陂（今陕西蒲城西），结果大败，其宰相赵璋被擒，黄巢本人亦中流矢而奔还长安。

同、华二州降唐，黄巢东征失利，表明义军大势已去。然黄巢犹拥有数十万众，西线实力犹在，其兵势尚强，唐军欲全线反攻，力尚不足。不过参加围剿义军

---

① 顾祖禹：《读史方舆纪要》卷五四《陕西·同州》，中华书局2005年版，第2600页。
② 《旧五代史》卷二〇《谢瞳传》，第269页。
③ 《旧五代史》卷一《梁太祖纪一》，第3页。

沙陀族首领李克用的军队战斗力极强，对义军威胁很大。

沙陀族为西突厥别部处月种，原居金莎山（今新疆尼赤金山）之阳，蒲类海（今新疆巴里坤湖）之东。因境内有大碛（今古尔班通古特沙漠），故号沙陀。中和二年十二月，李克用率沙陀、鞑靼（突厥之部）及忻、代（今山西代县）、蔚（今河北蔚县）、朔等州四万士卒到河中，派堂弟李克修率五百骑兵为前锋渡过黄河。以少数民族为主体的李克用军，皆着黑衣，时称"鸦军"。史书载，及李克用前锋至，义军"惮之"，曰："鸦军至矣，当避其锋。"黄巢大为震动，即派使携诏书厚礼求和。而李克用不予回应，"受其赂以分诸将，焚其诏书，归其使者"，继续率领大军自夏阳渡河，驻军同州。① 中和三年正月一日，部将李存贞败黄巢弟黄揆于沙苑。次日，李克用进屯沙苑。王铎承旨以李克用为东北面行营都统。二月十六日，进军乾阬（今陕西大荔西南），与河中、易定（即义武军）、忠武军合兵一处。十七日，与尚让所统十五万众激战于梁田陂，自中午战到黄昏，义军惨败，"俘斩数万，伏尸三十里"。② 与此同时，义军王璠、黄揆部则收复了华州。十天后，李克用复又夺取华州。三月六日，李克用、王重荣于零口（今陕西西安市临潼区东北）再次重创尚让，乘胜进军至渭桥，此后每夜派人潜入京城杀人放火。四月四日，李克用在渭南三战皆捷。八日，自光泰门率先攻入长安至望春宫（在禁苑内）升阳殿。随后攻进京城的唐军，还有忠武、义成、义武、河中、义昌、宣武、天德、荆南、淮南、凤翔、定难、邠宁、泾原、保大、山南西道等数十镇兵。

避实击虚，流动作战，本来为义军克敌制胜的重要因素。然而自黄巢入关，则以阵地战取代运动战，据守于同、华到京师的 200 余里地方，与唐军进行殊死争夺。随着时间的推移，双方强弱易位，义军陷于坐困长安、进退失据、被动挨打的局面。直到中和三年二月，李克用等将要兵临城下时，黄巢才在"兵

---

① 《资治通鉴》卷二五五，唐僖宗中和二年十二月，第 8283—8284 页。
② 《资治通鉴》卷二五五，唐僖宗中和三年二月，第 8288 页。

数败，食复尽"的危急时刻"阴为遁计"，①发兵三万扼守蓝田至武关（今陕西丹凤东南）的道路，准备跳出唐军包围圈，转战河南。四月八日，官军入城，黄巢力战，从早晨直打到下午，终挡不住汹汹来敌，遂焚宫室，收拾余众十五万人，乘夜色沿蓝田道东撤。唐军入城，大肆烧杀劫掠，"长安室屋及民所存无几"②。义军由蓝田入商山（今陕西丹凤境内），为延缓唐军追蹑，故意将许多珍宝遗留途中，唐军争抢遗物，无暇追赶黄巢，义军顺利地离开关中。

黄巢到中原后，故态复萌，悉众攻围陈州（今河南淮阳）达三百天之久，再度出现粮饷危机，陷入被动挨打的境地，终至狼虎谷（今山东莱芜西南）败亡。至是，轰轰烈烈的唐末农民战争最终失败。

① 《资治通鉴》卷二五五，唐僖宗中和三年二月，第 8289 页。
② 《资治通鉴》卷二五五，唐僖宗中和三年四月，第 8294 页。

第十四章 藩镇在关辅的混战与破坏

黄巢起义军击垮了唐中央的军事支柱神策军，致使唐廷失去了控制关中藩镇的军事力量，原来最为稳定的关中诸镇，利用其邻近京师的便利条件，频频干预朝政，欺凌皇帝。藩镇与藩镇之间，藩镇与朝廷之间，战争连绵不断，使黄巢起义以来残破的关中经济，雪上加霜，劳动人民背井离乡，流离失所。宣武节度使朱全忠甚至强迫唐昭宗迁都洛阳，彻底摧毁了古都长安，使关中地区从此失去了全国政治中心的地位。

第一节 关辅大乱与昭宗东迁

一、三帅犯阙

文德元年（888）三月八日，宦官杨复恭拥皇太弟李杰（即位后改名李敏，最后改名李晔）即位，是为唐昭宗。

李杰是唐懿宗第七子、僖宗之弟。他于咸通八年（867）二月二十二日出生于大明宫，其母王氏出身微贱，在他出生后不久就死去了。李杰在6岁时，被封为寿王，长期住在十六宅内。少年时的李杰喜欢读书，在文学、音乐等方面都颇有造诣。那时，僖宗皇帝经常到十六宅来玩，他平易近人，一点都没有皇帝的架子，与兄弟相处甚欢，相互之间的关系也比较融洽。寿王的诗歌写得很好，关于他与臣下作赋吟诗的记载也较多。在音乐方面，他能够谱曲填词，史籍中有关这方面的记载也不少，有时甚至谱曲与臣下共乐。他在即位前，也曾饱受颠沛流离之苦，与其兄僖宗一起逃亡西蜀，对乱世艰难有着比较深刻的认识。为此他对练习击技射箭也颇有兴趣，尤以射术最精，曾亲自操弓箭，一箭便射下了一只秃鹫。

其兄僖宗死时，没有留下遗诏指定继承人。僖宗虽然也生有二子，但由于年纪尚幼，所以不为宦官、朝臣所看好，大家不约而同地倾向拥立长君。在懿宗诸子中，僖宗排行第五，吉王李保排第六，寿王李杰仅排第七。当时，朝官普遍认为吉王最贤，年纪也较寿王为长，因而倾向于立其为帝。但是宦官们尤其是权势最大的杨复恭却反其道而行之，朝官倾向吉王，他偏偏要立寿王。

文德元年三月五日，僖宗处于弥留之际，杨复恭遂做主立寿王李杰为皇太弟、监军国事。右神策中尉刘季述奉命把寿王从十六宅迎到少阳院，在这里接受宰相为首的朝官的参见。次日，僖宗死，寿王即位，史称唐昭宗（见图14-1），当时他22岁。

关于定策拥立昭宗之事，杨复恭一直耿耿于怀，后来与昭宗闹翻，大骂说："吾于荆榛中援立寿王，有如此负心门生天子，既得尊位，乃废定策国老。"①

---

① 《旧唐书》卷一八四《杨复恭传》，第4775页。

其狂傲之态可见一斑。

在昭宗统治时期，唐王朝的统治中心关中地区完全陷入一片混战之中，京畿地区的藩镇一改原来恭顺的态度，利用地理上距长安较近的方便条件，干预朝政，威逼皇帝，使经过黄巢起义打击的李唐王朝更加衰弱，终至于灭亡。

光启三年，河中节度使王重荣为牙将所杀，军中推立王重荣弟王重盈为帅。乾宁二年（895），王重盈又死，军中又拥王重荣养子王珂为留后。王重盈嫡子陕虢节度使王珙、绛州刺史王瑶不服，举兵攻击王珂，且上表朝廷，并函告汴州节度使朱全忠："珂非吾兄弟，予家之苍头也，小字虫儿，安得继嗣？"① 王珂急忙上表自陈，并请婚于李克用。李克用即上表请立其婿王珂，昭宗遂以节钺授王珂。王珙则厚结邠宁王行瑜、凤翔李茂贞、华州韩建三帅为奥援，更上表称王珂非王氏子，请以珂、珙对调。昭宗谕以先已允李克用之奏，不许。于是，诸镇以此为导火索，引爆了关中地方的火药库，将一场历时近一年的战祸强加于京畿及附近人民的头上。

图14-1 唐昭宗像

在这以前，王行瑜向朝廷求加官尚书令，并请将良原镇（今甘肃灵台西北）归其收管，韩建求取邠阳镇（今陕西合阳），皆不获。到了这时，他们又与李茂贞为王珙请求河中帅，再次被唐廷拒绝，三帅深以为耻。乾宁二年五月，王珙乘机派人对三帅说："珂不受代而与河东婚姻，必为诸公不利，请讨之。"②

---

① 《旧唐书》卷一八二《王重荣传附王珂传》，第4697页。
② 《资治通鉴》卷二六〇，唐昭宗乾宁二年五月，第8469页。

于是，王行瑜指使其弟、同州节度使王行约攻河中，王珂告急于李克用。而三帅各引精兵数千入朝，威胁天子以河中授王珙，并杀不依附他们的宰相韦昭度、李溪和枢密使康尚弼等，贬黜与李克用交厚的大臣刘崇望出朝。李克用闻讯大怒，即发代北诸蕃落兵，相约以六月渡河入关。本来三帅还将有大动作，要废昭宗另立吉王李保为帝，在听到李克用的消息后，王行瑜、李茂贞各留兵两千在京，与韩建匆忙还镇。

六月，李克用大举蕃、汉兵南下，上表以王行瑜等犯阙杀大臣，请予讨伐。又移檄三镇，王行瑜等大惧。李克用军至绛州，杀刺史王瑶。七月一日至河中。晋军前锋攻王行约于朝邑，王行约弃同州奔京师。这时王行约弟王行实为神策军右军指挥使，率众与王行约大掠西市，王行实奏称沙陀兵将至，请昭宗幸邠州。而李茂贞养子神策军右军指挥使李继鹏与枢密使骆全瓘则密谋劫昭宗去凤翔。于是，邠、岐两镇在京的代理人先火并起来。双方为劫夺天子，以内宫为战场，乱矢拂昭宗御衣而过。李继鹏纵火烧宫门，烟炎蔽天。当时有盐州六都兵驻在长安，素为神策左右两军所惮，昭宗急命召来护驾，才迫使两军退走。王行实、李继鹏各归邠州和凤翔。长安城中大乱，互相剽掠，又盛传王行瑜、李茂贞欲亲自来劫驾，昭宗惧为所迫，遂于七月六日出启夏门，逃往终南山。夜宿莎城镇（今陕西西安市长安区东南），"士民追从车驾者数十万人，比至谷口，渴死者三之一，夜，复为盗所掠，哭声震山谷"。①

危难之中的昭宗将身家性命、还都的希望完全系于李克用的勤王上。这时候，李克用已遣兵攻围华州。韩建登城呼曰："仆于李公未尝失礼，何为见攻？"李克用使人答说："公为人臣，逼逐天子，公为有礼，孰为无礼者乎！"②恰好昭宗所派中使至，讲李茂贞带兵三万至盩厔，王行瑜率兵至兴平，李克用乃解华州之围，移前锋于东渭桥。

这时昭宗避难于终南山石门镇（今陕西蓝田西南），已有十余天时间，从驾军民天天惊呼："邠、岐兵至矣！"昭宗盼李克用兵至如大旱之望云霓，为

---

① 《资治通鉴》卷二六〇，唐昭宗乾宁二年七月，第8472页。
② 《资治通鉴》卷二六〇，唐昭宗乾宁二年七月，第8473页。

促令李克用迅速进军，又派延王李戒丕去河中。七月二十七日，李克用大队人马南下，八月五日兵至渭桥，同先遣军会师。七日，拔永寿，又遣大将史俨率骑士三千至石门镇侍卫昭宗。九日，李克用分兵会同保大军节度使李思孝①攻打王行瑜于梨园寨（在今陕西淳化）。围攻五十余天，李克用屡败王行瑜，擒其将王令陶等，消灭邠宁军千余人，王行瑜龟缩寨中不敢出战。

李茂贞惧怕，将劫乘舆之罪归于养子李继鹏，斩了李继鹏，传首行在，并"上表请罪，且遣使求和于克用"。然而，李克用尚未全胜，昭宗就已担心其日后难制，于是又在晋、岐间充调停人，派亲王诏谕李克用："令且赦茂贞，并力讨行瑜"。②

八月十九日，昭宗以李克用为邠宁四面行营都招讨使，李思孝为北面招讨使，定难节度使李思谏③为东面招讨使，彰义④节度使张镭为西面招讨使，由李克用总其责，完成对王行瑜四面包抄之势。到这时昭宗才稍感安全，派延王传密旨于李克用："一昨非卿至此，已为贼庭行酒之人矣。"⑤李克用遣其子李存勖奉表请天子还京，并派骑士三千驻扎三桥以为备御。二十七日，车驾回到京城。这一次昭宗逃难终南山共计五十七天。

随后，以李克用为首的诸路勤王大军，经过两个月的围剿追击，俘斩万计，在十一月六日兵临邠州城下。王行瑜穷途末路，向李克用请降，登城哀告："行瑜无罪，迫胁乘舆，皆李茂贞及李继鹏所为，请移兵问凤翔，行瑜愿束身归朝。"李克用答说："王尚父何恭之甚！仆受诏讨三贼臣，公预其一，束身归朝，非仆所得专也。"王行瑜无计可施，又携家弃城遁走庆州境内，为部下所杀，传首京师。⑥

李克用讨平王行瑜后，还军渭北，又请讨李茂贞，且密言于昭宗说："比年以来，关辅不宁，乘此胜势，遂取凤翔，一劳永逸，机不可失。"昭宗谋于贵近，有人说："茂贞复灭，则沙陀大盛，朝廷危矣！"昭宗遂以李茂贞等已

---

① 李思孝：党项人，保大军（治所鄜州，领鄜、坊、丹、翟四州）节度使。
② 《资治通鉴》卷二六〇，唐昭宗乾宁二年八月，第8474页。
③ 李思谏：李思孝兄，定难军（治所夏州，领夏、绥、银、宥四州）节度使。
④ 彰义（即彰义军）：藩镇名，治所泾州，领泾、原二州。
⑤ 《旧五代史》卷二六《武皇纪下》，第352页。
⑥ 《资治通鉴》卷二六〇，唐昭宗乾宁二年十一月，第8478页。

悔过知罪、"贡输相继"为辞，不允李克用进讨。李克用私下对诏使说："观朝廷之意，似疑克用有异心也。然不去茂贞，关中无安宁之日。"为释天子疑忌，从亲信盖寓建议，上表昭宗称："臣总帅大军，不敢径入朝觐，且惧部落士卒侵扰渭北居人。"于是引兵还太原。"表至京师，上下始安。"①

这场发生于三辅近一年的动乱，虽由诸王争立的偶然因素引发，但却是王室衰微、诸侯争霸的必然结果。关内诸藩镇较之太原李克用、汴州朱全忠，实力相对较弱，因此，他们就利用与京师近在咫尺的地理优势，悍然称兵诣阙，试图通过挟天子以令诸侯，达到增强地位的目的。但强藩李克用并不愿看到他们坐大，所以以勤王平乱为幌子企图将他们一举消灭。三帅之乱和李克用勤王实质都是诸侯争霸。

然而，此次纷争，李克用只是表面的胜利者，真正获益的是朱全忠：一方面，他一兵未发，坐待其竞争对手双方力量消耗；另一方面，乘李克用"勤王"，无力东顾，他亲率大军讨击与太原通好的郓、兖等州，并为以后兼并这些地方奠定了基础，更为将来收拾关辅残局创造了前提。

李克用撤军后，李茂贞等故态复萌，因而京畿再乱，天子再度蒙尘。

李克用平王行瑜后，自邠宁移军屯于渭北，李茂贞、韩建惧怕李克用进讨，"事朝廷礼甚恭"。李克用既去，二帅"贡献渐疏，表章骄慢"。② 李茂贞更极力扩充地盘，黄河以西州县多为其所据。为防御李茂贞等骄横不臣，昭宗自石门镇还宫后，在左右神策军之外，更置安圣、捧宸、保宁、宣化等军，选补数万人，命诸亲王统领。延王李戒丕、覃王李嗣周又自募数千人置于麾下。"茂贞谓唐将讨己，亦治兵请觐"。于是，"京师大恐，居人亡入山谷"。③ 乾宁三年（896）六月，李茂贞之兵逼京畿，昭宗命覃王拒敌。王师至兴平，"夜自惊溃，茂贞因出乘之，官军大败"。④ 七月，李茂贞进逼京城，昭宗又一次仓皇出逃。李茂贞遂入长安，大肆烧掠，"宫室廛闾，鞠为灰烬，自中和已来葺构之功，

---

① 《资治通鉴》卷二六〇，唐昭宗乾宁二年十二月，第8481页。
② 《资治通鉴》卷二六〇，唐昭宗乾宁三年六月，第8489页。
③ 欧阳修：《新五代史》卷四〇《李茂贞传》，中华书局1974年版，第431页。
④ 《旧五代史》卷一三二《李茂贞传》，第1739页。

扫地尽矣"①。

当李茂贞进逼京师时,延王李戒丕认为:"今关中藩镇无可依者,不若自鄜州济河,幸太原。"②昭宗也只有这条路可行。当君臣一行至渭北时,韩建派其子奉表请幸华州。昭宗不允其请,继续北行。韩建追赶昭宗到富平,花言巧语,对昭宗说:"方今藩臣跋扈者,非止茂贞。陛下若去宗庙园陵,远巡边鄙,臣恐车驾济河,无复还期。今华州兵力虽微,控带关辅,亦足自固。臣积聚训厉,十五年矣,西距长安不远,愿陛下临之,以图兴复。"③韩建鼻涕一把泪一把地劝说,昭宗亦为之涕泣,于是改变初衷,遂幸华州。

韩建,字佐时,许州长社(今河南长葛东北)人。原为蔡州割据者秦宗权部下小校。僖宗中和初,韩建与同乡王建跟从监军杨复光攻黄巢于长安。杨复光死,韩建入川,僖宗授以金吾将军。不久,扈从僖宗还长安,授华州刺史,后迁华商节度、潼关守捉等使。昭宗即位后,参与三镇犯京师、杀宰相、谋废天子等勾当。李克用勤王兵发,韩建惧怕,才退还本镇,与李克用和好。韩建劫昭宗至华州不久,即专横跋扈如初。当时扈从天子的禁军只有殿后军及定州三都将李筠等所率千余人,由诸王统领。韩建为了挟制天子,"因请罢诸王将兵,散去殿后诸军"④。昭宗当然不会答应。于是,韩建"遣人上急变,告诸王欲杀建,胁帝幸河中",并以此为借口,杀大将李筠,尽逐卫兵,"自是天子孤弱",⑤"卫士尽矣!"⑥不久,韩建又伙同枢密使刘季述矫制发兵,围诸王十六宅。诸王披头散发,翻墙爬屋,呼喊昭宗救命。韩建押通、沂、睦、济、韶、彭、韩、陈、覃、延、丹十一王至石隄谷(今陕西渭南市华州区),尽行杀害。又杀害了昭宗信任的太子詹事马道殷、将作监许岩士,贬宰相朱朴。

韩建既杀诸王,又欲废昭宗爱子德王李裕。其父叔丰斥责说:"汝陈、许间一田夫尔,遭时之乱,蒙天子厚恩至此,欲以两州百里之地行大事,覆族之祸,

---

① 《旧唐书》卷二〇上《昭宗本纪》,第759页。
② 《资治通鉴》卷二六〇,唐昭宗乾宁三年七月,第8490页。
③ 《资治通鉴》卷二六〇,唐昭宗乾宁三年七月,第8491页。
④ 《新五代史》卷四〇《韩建传》,第434页。
⑤ 《新唐书》卷八二《通王滋传》,第3635页。
⑥ 《旧唐书》卷二〇上《昭宗本纪》,第761页。

吾不忍见，不如先死！"①加上当时李茂贞、朱全忠都想发兵迎天子，韩建遂感恐惧，未敢遽行废立。

昭宗对自投罗网、取辱于华帅，悔恨莫及。他曾数度派人去太原向李克用致意："朕不取卿言，以及于此，苟非英贤竭力，朕何由再谒庙庭！在卿表率，予所望也。"②可是，李克用在中原争霸受挫，"不复有西意"③。此时他埋怨天子当初不听从他讨伐李茂贞等，致有今日之患。反倒是其他大镇节帅对昭宗的遭遇异常的关心：朱全忠上表请迁都洛阳，并请率兵两万迎车驾；淮南节度使杨行密"表请上迁都江淮"；西川节度使王建也"请上幸成都"。④由于诸帅皆欲挟天子以令诸侯，而仅有两州百里之地的韩建，自知不是诸藩镇对手，如果朱全忠等问罪，他就无力对付。为了自保，且为了天子不至于为人夺走，他伙同李茂贞，请求修复宫阙，奉昭宗归长安。于是，昭宗于光化元年（898）八月返归离开两年多的京城。

昭宗自华州还京后，因心里不快，每纵酒消愁，喜怒不常，常拿宦官等出气。而宰相崔胤又火上浇油，加上昭宗素忌宦官专横，遂日日与崔胤谋去除宦官。由此南衙北司益相憎嫉，各结藩镇为援以相倾夺。崔胤结朱全忠为奥援，逼天子诛枢密使宋道弼、景务修；而宦官刘季述等则引李茂贞、韩建为援，于光化三年十一月发动宫廷政变，囚禁昭宗，立太子李裕为帝。这次宫廷政变，刘季述在逼昭宗逊位时，虽然有凤翔、华州两镇节帅插手，但刘季述仍担心朱全忠出面干预，因此，派养子见朱全忠，"许以唐社稷输之"⑤。朱全忠犹豫不决，正逢亲信李振自长安回，提醒他说："今阉竖幽辱天子，王不能讨，无以令诸侯。"于是朱全忠决意扮演齐桓、晋文角色，命李振复去长安，与崔胤等"潜谋反正"。⑥由此崔胤有恃无恐，说服侍卫军将孙德昭等，于光化四年（901）正月杀刘季述、王仲先、王彦范等政变策划者和追随者。昭宗在被废近两月后，得以复位。

---

① 《新五代史》卷四〇《韩建传》，第435页。
② 《旧五代史》卷二六《武皇纪下》，第354页。
③ 《新唐书》卷二一八《沙陀传》，第6163页。
④ 《资治通鉴》卷二六〇，唐昭宗乾宁三年七月，第8490—8491页。
⑤ 《资治通鉴》卷二六二，唐昭宗光化三年十二月，第8541页。
⑥ 《旧五代史》卷二《梁太祖纪二》，第26页。

二、天子东迁

昭宗返正后，南衙北司之争不但没有缓解，反而斗得更凶。他们各倚强藩为靠山，所以当斗争呈白热化时，各自的靠山就从幕后走向前台。由此引出了汴帅朱全忠与岐帅李茂贞的殊死争夺，最后则以朱全忠胜利、南衙北司两败俱伤、天子东迁、唐朝灭亡而宣告斗争终结。

李茂贞，本名宋文通，深州博野（今河北蠡县）人。早年为博野军军人，唐僖宗时，博野军被命调到京师宿卫，屯于奉天，宋文通也随之到了关中，并且逐渐升任为队长。在与黄巢义军的战斗中有功，升任神策军指挥使。后来他又认田令孜为养父，改名田彦宾。在僖宗出幸兴元中，他护驾有功，被赐姓李，改名茂贞，并且任检校太保、同平章事、洋蓬壁等州节度使。后又改任凤翔节度使，封爵陇西郡王。

凤翔距京师长安颇近，使得他有条件凭借实力干预朝政。面对李茂贞咄咄逼人之势，唐昭宗非常气愤。李茂贞驱逐杨守亮，攻占了山南地区，向昭宗请求兼领山南西道节度使。唐昭宗当然求之不得，希望他早日离京城远一点，立即下诏任命他为山南西道兼武定节度使，同时命中书侍郎、同平章事徐彦若代替他为凤翔节度使。昭宗还担心李茂贞不会轻易就范，也做好了武力解决的准备。

李茂贞本来就没有放弃凤翔的打算，他要求兼领山南西道节度使，目的在于扩大自己的地盘。因此，在接到诏书后，他勃然大怒，认为这些都是宰相杜让能的主意，遂写信大骂杜让能。昭宗见李茂贞如此跋扈，敢于公然辱骂宰相，蔑视朝廷，遂召集群臣商讨出兵讨伐李茂贞。这个消息很快就被李茂贞知晓了，他又直接上书昭宗，对皇帝极尽讽刺挖苦之能事，使昭宗忍无可忍，决心讨伐李茂贞。昭宗命嗣覃王李嗣周为京西招讨使，率禁军三万护送徐彦若往凤翔赴任，与李茂贞开战。

景福二年（893）九月，李嗣周率军驻扎在长安西80里的兴平县，李茂贞与静难军节度使王行瑜率军六万在盩厔布防，兵力比禁军多1倍，而且多为久战之兵，禁军则为新招募的市井少年，未经训练和战阵的磨炼，战争没有开始，结果便可预知了。同月十七日，李茂贞军向禁军发动进攻，未经交手，禁军便望风而逃。李茂贞军乘势兵临长安城下，上书昭宗要求处死杜让能。杜让能见凤翔兵已临城下，形势危急，只好向昭宗请求把一切罪过都推到自己身上。昭宗明知杜让能冤屈，也只好委曲求全，先将杜让能贬为梧州刺史，后又贬为雷州司户，并处死了观军容使西门君遂、枢密使李周潼、段诩等人。但李茂贞仍不依不饶，非要将杜让能置于死地，声称不杀杜让能，绝不退兵。在这种情况下，昭宗只好处死了杜让能，又赐其弟户部侍郎杜弘徽自尽。李茂贞兴兵的目的是扩大地盘，壮大势力，仅处死杜让能等人自然不能使其满意，昭宗又任命李茂贞为凤翔节度使兼山南西道节度使、守中书令，于是李茂贞尽有凤翔、兴元、洋、陇、秦等十五州之地。

宰相崔胤诛杀了刘季述等，仍不满足，又鼓动昭宗尽诛宦官。凤翔监军使出身的左右军中尉韩全诲、张彦弘等惧诛，遂与禁军大将李彦弼、李继诲、李继筠交通谋乱。时朱全忠已兼并河中，由崔胤招引，朱全忠以讨韩全诲为名，统兵七万，径取同州，威震关中。韩全诲遂于天复元年十一月四日，劫昭宗、皇后、诸王等出奔凤翔。同日汴军至华州，韩建望风迎降，其多年聚敛所得九百万贯，尽为朱全忠所取。二十日，朱全忠亲率大军进驻凤翔城东，一面攻打凤翔，一面分兵攻取李茂贞所属诸州。同时，西川节度使王建趁火打劫，攻取李茂贞所属的山南诸州。双方相持一年多时间。李茂贞困守孤城，外绝救兵，内无粮草。是冬大雪，城中薪食俱尽，冻馁而死者达十万人。李茂贞无法支撑，遂与朱全忠讲和，杀宦官，送出天子。就在这时，平卢节度使王师范分数路起兵讨朱全忠，其中一路已潜入关中，攻打华州，因此朱全忠也急于班师，同意了李茂贞的请求。至此历时年余，给关中百姓带来深重灾难的南衙北司之争和岐汴之争宣告结束。

天复三年正月二十八日，昭宗回到长安。至此，唐中晚期百余年的宦官专权局面，彻底终结。

朱全忠东归不久，就迫使王师范投降。于是，他再度把全部注意力集中到长安。这一次他竟拿其在朝中的代理人宰相崔胤开刀以作为篡唐的突破口。崔胤自天子还京，假朱全忠之威，不唯悉诛宦官，且逐杀其他宰相和从幸近臣，"帝动静一决于胤，无敢言者"。他揣摩朱全忠将行篡夺，"顾己宰相，恐一日及祸"，①因此，为"握兵自固"，又以御李茂贞为辞，请朱全忠允其募军自守。朱全忠知其本意，遣汴军数百人入关应募，并以其子朱友伦入京师宿卫。碰巧朱友伦击球坠马摔死，朱全忠疑为崔胤阴计加害，当时又传说崔胤将挟帝幸荆、襄，而朱全忠正谋划胁帝迁都洛阳，担心崔胤有异议，于是密表说崔胤专权乱国，请诛杀崔胤。昭宗只好下诏将崔胤罢相，仅仅三日，朱全忠子宿卫都指挥使朱友谅又秉承其父之旨，会同应募汴卒杀死崔胤，解散禁军。崔胤死后十日，即天复四年（904）正月二十一日，朱全忠即胁迫昭宗迁洛阳。

唐昭宗自即位以来，多次扩大禁军力量，组建新的禁军部队，试图重建大唐雄风，但是都遭到了挫折，组建的禁军部队不是被藩镇军队打垮，就是被迫解散。此次任用崔胤重建禁军，随着崔胤的被杀，又一次成为泡影，也使得唐王朝完全失去了自我防卫的能力，成为藩镇随时都可以宰割的俎上之肉。因此，昭宗对此次迁都无丝毫抵抗的能力，只能按照朱全忠的意志行事。

正月二十一日，百官就被迫上路了，次日士民百姓上路，二十六日昭宗一行离开长安。当昭宗一行人来到华州时，百姓夹道欢呼"万岁"，昭宗流着泪说："不要再喊万岁了，朕已不再是你们的天子了！"当夜，昭宗住在华州行宫，并吟出一首《思帝乡》的诗，以寄托自己伤悲之情，其诗云：

纥干山头冻杀雀，何不飞去生处乐？

况我此行悠悠，未知落在何所？②

吟罢泪流不止，左右臣僚皆莫能仰视。在华州稍作修整后，昭宗一行继续东行，当行走到陕州时，昭宗便借口洛阳宫室尚未完工，遂滞留于陕州。昭宗滞留陕州还有一个目的，就是他曾秘密派人向河东李克用、西川王建、淮南杨行密告急，希望他们早日兴兵，匡扶社稷，因为他知道一入洛阳，便完全置于朱全忠的控制之下，再想脱身便没有任何可能性了。

朱全忠见昭宗停在陕州不行，便亲自来到陕州朝见。这年三月，昭宗任命朱全忠为判左右神策及六军诸卫事，这个官职虽然有名无实，但朱全忠可以利用此职把自己军队安置在昭宗身边，从而保证了对昭宗的有效控制。朱全忠也

---

① 《新唐书》卷二二三下《崔胤传》，第6357页。
② 《北梦琐言》卷一五《朱令公为昭宗拢马》，第293页。

深知昭宗滞留陕州之意，于是决定亲赴洛阳，督促加紧修缮宫室的进度。临行时昭宗设宴款待，宴会散后，又留朱全忠、韩建继续饮酒。这时晋国夫人来到昭宗身边，附在耳边低声说了几句话。韩建见状，暗中踩了朱全忠的脚一下，朱全忠会意，担心昭宗会对自己下手，假称酒醉，辞别出宫。

四月十六日，朱全忠奏洛阳宫室修建完毕，请皇帝早日启驾。昭宗以皇后新近产皇子，不便动身为由，要求到十月份再动身。朱全忠大怒，命寇彦卿速到陕州，督促皇帝动身。昭宗无奈，只好动身出发。朱全忠亲自到新安县（今河南新安）接驾。为了更进一步控制皇帝，朱全忠还将跟随昭宗东迁时尚存的击球供奉、内园小儿二百余人全部缢杀，又选了二百余年纪相仿之人，换上了相同服饰，代替他们侍候在皇帝身边。昭宗开始还没有觉察，过了一段时间后，才发觉自己的左右已经全是朱全忠的人了。

闰四月十日，昭宗终于到达洛阳，坐朝于正殿，接受百官朝贺。五月二日，昭宗设宴于内殿，诏朱全忠饮宴，朱全忠心疑，拒不前往。昭宗又说："全忠不欲来，可令敬翔来。"[①]朱全忠也以其酒醉而代为拒绝。敬翔是朱全忠的第一谋士，深得其信任，故不欲其入宫。不久，朱全忠要离开洛阳前往大梁，遂任命亲信蒋玄晖为宣徽南院使兼枢密使，王殷为宣徽北院使兼皇城使，张廷范为金吾将军，韦震为河南尹兼六军诸卫副使，朱友恭为左龙武统军，氏叔琮为右龙武统军，将唐昭宗完全置于自己的严密监控之下。

这年八月，昭宗被朱全忠弑于洛阳，另立13岁的辉王李祚（即位改名李柷）为帝。天祐四年（907），朱全忠逼李柷退位而自立为帝，国号梁，自此开始了五代十国时期。

第二节　长安城的被毁

一、战火对长安的破坏

唐长安城地势雄伟，规模宏大，它的前身是隋大兴城。虽然开皇三年就已初具规模并迁都新城（时名大兴城），但直至唐高宗永徽五年，外郭城才完工。

[①]《资治通鉴》卷二六五，唐昭宗天祐元年五月，第8633页。

也就是说此一空前伟大的工程跨越两个朝代、五个皇帝，历时七十余年才大功告成。它不仅超过汉长安城的规模，也远逾中世纪的中外大都会如君士坦丁堡、巴格达、元大都、明清北京城的规模。

严整的布局为自古帝京所未有。隋唐长安城略呈正方形，以宫城承天门、皇城朱雀门大街为中轴线，可将外郭城区划为东西相等的两部分：东为万年县和东市，西为长安县和西市；由南北十一条大街和东西十四条大街将全城分割为一百一十坊，两县各占地五十五坊，实际情况是长安五十五坊，万年只有五十四坊；街道宽55—155米，宽敞笔直。登高俯瞰全城，"百千家似围棋局，十二街如种菜畦"①；整齐划一的坊市布局如棋盘、菜畦，赏心悦目，故志书称唐长安城"棋布栉比，街衢绳直，自古帝京未之比也"②。

长安三城（宫城、皇城、外郭城）内外难以数计的建筑群蔚为壮观，其中最为壮丽的，当推宫禁的殿堂楼阁。如最早的宫殿建筑群——太极宫，有不可胜数的楼、台、亭、阁、池榭和千步长廊点缀其间。而自太宗时动工到高宗时最后完成的大明宫（东内），其供大朝会用的含元殿，经探测，殿基3211平方米。供天子宴乐的麟德殿，殿址面积9100平方米。供游乐的人工湖——太液池，面积300亩（20公顷），环池长廊1200米。玄宗登基后又于隆庆、永嘉二坊兴建兴庆宫（南内），占地2016亩（134公顷），为明清北京故宫面积的2倍。大明、兴庆二宫规模虽不及太极宫（西内），但其建筑之雄伟壮丽、富丽堂皇均超过太极宫。宫城之北的皇家禁苑，其范围东抵浐水，北枕渭河，西包汉长安城，东西27里（13.5公里），南北23里（11.5公里），周回120里（60公里），苑中遍植天下奇花贵木，充斥四方珍禽异兽，并置有小儿坊、内教坊、御马坊、球场，以及离宫别院、楼台亭阁等等。至于外郭城区，尽管总体上不及宫苑豪华，可是达官贵人居处，亦不乏巧夺天工的土木工程。如天宝六载，玄宗以宠臣安禄山在道政坊的旧宅"陋隘"，另于亲仁坊选择宽爽之地，拿出御库钱更造新宅，"敕所司穷极华丽，不限财物，堂隍院宇，重复窈窱，匠市诘曲，窗牖绮疏，

---

① 《全唐诗》卷四四八《登音台望城》，第5064页。
② 宋敏求：《长安志》卷七《唐京城》，三秦出版社2013年版，第256页。

高台曲池，宛若天造，帏帐幔幕，充牣其中。……虽宫中服御殆不及也"①。其后，功臣郭子仪安宅于亲仁坊，一家所居，占全坊的四分之一。郭氏第"中通永巷，家人三千，相出入者不知其居"，又有天子所赐"名园甲馆"，"不可胜纪"。②这些达官贵人所居，多为京师名胜园林，如永宁里的外戚独孤氏家族的宅院，"有通渠转池，巨石欹嶻，喷险淙潨，泂潭沈沈，殊声异状，而为形胜游衍之处者十四五"③。

京城的寺院道观建筑，只寺院佛堂就有三百余处。这些宗教建筑多置于"六岗"高地，以象征神权之凛然不可侵犯。如贞观二十三年于晋昌坊建成的慈恩寺，有13个院落，1897间房。高宗永徽三年，应玄奘请求，在寺中建造供藏经和放置舍利用的浮图（即大雁塔），原拟塔高30丈（100米），后因大功难成，只造了五层，18丈（60米）高，并改石塔为砖表土心塔。至武则天晚年，重修时又增高至十层，至今犹存七层64米。又如高宗显庆元年（656）于延康坊西南角建造的西明寺，有楼台廊庑4000区，"庄严之盛，虽梁之同泰，魏之永宁，所不能及也"④。建于靖善坊的大兴善寺更大，其面积"尽一坊之地"⑤。还有荐福寺（在安仁坊）的小雁塔十五层，历时一千二百余年，依然秀丽挺拔，至今犹余十三层43米，在西安南城外约1公里处。

长安城区还有两处最繁华热闹的所在——东市和西市，这是京师的两个最大的商业贸易中心。两市各据两坊之地，并各设市局、平准局，以管理市场交易。市内有220种商行，每行下又有若干行会，行会由许多店铺组成，以经营本地和四方货物。市内四面广置邸店（即货栈），"四方珍奇，皆所积集"⑥。其店铺和货物之多，从会昌三年六月二十七日夜里东市的一次失火损失可略窥一二：这次大火虽只烧了"东市曹门已西十二行"，但被焚的店铺就多达"四千

---

① 《安禄山事迹》卷上，第6—7页。
② 《旧唐书》卷一二〇《郭子仪传》，第3467页。
③ 《全唐文》卷二三二《右豹韬卫大将军赠益州大都督汝阳公独孤公燕郡夫人李氏墓志铭》，第2347页。
④ 慧立、彦悰：《大慈恩寺三藏法师传》卷一〇，中华书局2000年版，第214页。
⑤ 徐松：《唐两京城坊考》卷二《西京·外郭城》，中华书局1985年版，第38页。
⑥ 《唐两京城坊考》卷三《西京·外郭城》，第75页。

余家","官私钱物、金银绢药等总烧尽"。①而西市的繁华程度更超过东市，因公卿勋贵侵占东市地皮起造宅第，"由是商贾所凑，多归西市"②。由于西域胡商一般自开远门入城，因而就近在西市交易，所以这里波斯邸店林立，深目高鼻者（胡人）随处可见，成为全国最大的丝绸珠宝等珍贵货物的集散地和国际贸易中心。

规模空前、豪华无比的唐长安城，居住着百万左右的人口，不仅有数以万户计的向慕内地文明的少数民族的酋长、渠帅落籍于此③，周边邻国乃至"绝域"的使臣、入侍子弟、富商巨贾、留学生、僧侣、游人、降附者等诸色"蕃客"，也都接踵而至，充斥于"藁街"。这些"归化"者，同京师汉人和睦相处，水乳交融，共同创造了中外文化荟萃的大唐长安文明。

隋唐长安城总面积约84.1平方公里，是当时世界上规模最大、人口最多的大都市。自建成以来，多次遭到焚烧破坏，又多次重新进行修葺，其大体情况如下：

长安城在安史之乱、吐蕃攻占期间以及朱泚之乱时，都遭到一定程度的破坏，但是这些破坏程度都非常有限，经过修葺很快就恢复原貌，重现了繁荣昌盛的局面。对长安城破坏较大是在唐僖宗广明元年十二月，黄巢义军攻占长安，到唐昭宗天祐元年（904）正月，昭宗被迫迁都洛阳，在这二十多年间，长安城多次遭到焚毁破坏，不仅宫室损毁严重，而且坊市民居也都遭到了较大的破坏。

中和元年四月，黄巢义军击败官军，再次进入长安城内，"纵兵屠杀，流血成川，谓之洗城"④。同年十二月，官军围攻长安，纵火焚烧诸城门。中和三年四月，李克用军击败义军，黄巢自蓝田道退出关中。《旧唐书·僖宗本纪》载："初，黄巢据京师，九衢三内，宫室宛然。及诸道兵破贼，争货相攻，纵火焚剽，宫室居市闾里，十焚六七。贼平之后，令京兆尹王徽经年补葺，仅复安堵。"光启元年，僖宗自成都返回京师时，看到仍是"荆棘满城，狐兔纵横"⑤的残破

---

① [日]圆仁：《入唐求法巡礼行记》卷四，上海古籍出版社1986年版，第172页。
② 《唐两京城坊考》卷三《西京·外郭城》，第75页。
③ 《资治通鉴》卷一九三，唐太宗贞观四年五月条载：仅东突厥贵族"入居长安者近万家"。其后二百年中，又曾多次出现蕃酋入居京师的高潮。
④ 《资治通鉴》卷二五四，唐僖宗中和元年四月，第8250页。
⑤ 《资治通鉴》卷二五六，唐僖宗光启元年三月，第8320页。

状况。可见对长安城破坏的不仅仅是义军，官军的破坏也很严重。晚唐诗人韦庄在《秦妇吟》中写道："含元殿上狐兔行，花萼楼前荆棘满。昔时繁盛皆埋没，举目凄凉无故物"，描写的就是黄巢起义后长安衰败的景象。

宦官田令孜处事不当，引发了与河东节度使李克用、河中节度使王重荣的战争。神策军溃败，进入长安，烧杀抢掠，焚毁坊市与宫室，"宫阙萧条，鞠为茂草矣"①。光启二年，唐僖宗躲到兴元避难，邠宁将王行瑜攻杀朱玫，"诸军大乱，焚掠京城，士民无衣冻死者蔽地"②，致使长安城再次遭到破坏。后来在僖宗返京前，又对焚烧过的宫室进行了修葺，以供皇帝居住。

乾宁二年，王行瑜、李茂贞进攻长安，昭宗出城躲避，李茂贞养子李继鹏纵火焚宫门，烟焰蔽天，诸军剽掠不止。李克用率军进入关中，表请昭宗返京，因宫室焚毁，尚未修葺，昭宗只好暂时住在尚书省，百官往往无袍笏仆马。数月后，宫室修葺完毕，昭宗这才搬回宫中居住。

次年七月，李茂贞兵逼长安，昭宗再次出幸，被韩建迎至华州。李茂贞的军队进入长安四处抢掠烧杀，其中对宫室和两京的破坏最为严重，史载："自中和以来所葺宫室、市肆，燔烧俱尽。"③后来朱全忠奉表欲迎昭宗往洛阳，李茂贞、韩建恐惧，表示愿意负责修复长安宫室，昭宗任命韩建为修宫阙使，全面负责工程维修，诸道均出钱出人，帮助皇帝修复长安宫室。直到光化元年八月，昭宗才回到长安。

天复元年，宦官韩全诲将昭宗劫往凤翔，"李继筠等勒兵阙下，禁人出入，诸军大掠。士民衣纸及布襦者，满街极目"。昭宗临行之时，韩全诲又放火焚烧宫室，昭宗"回顾禁中，火已赫然"。④ 天复三年，昭宗自凤翔返回长安时，又陆续进行了一些工程维修，由于时日较短，加之财力的限制，长安的宫室、坊市已经无法恢复往日旧貌。

天祐元年，朱全忠强迫昭宗迁都洛阳，并强迫长安居民一同迁徙，紧接着

---

① 《旧唐书》卷一九下《僖宗本纪》，第 722 页。
② 《资治通鉴》卷二五六，唐僖宗中和二年十二月，第 8341 页。
③ 《资治通鉴》卷二六〇，唐昭宗乾宁三年七月，第 8491 页。
④ 《资治通鉴》卷二六二，唐昭宗天复元年十一月，第 8560 页。

又下令拆毁宫室、百司廨署及民间庐舍，取其材木，浮渭水、黄河，顺流而下，以营建洛阳，自此长安遂为丘墟矣，不复有京都的繁华景象。

二、韩建缩建长安城

唐昭宗迁走之后，韩建任佑国军节度使兼京兆尹，遂在长安另筑新城，史称"韩建新城"。所谓新城，元人李好文《长安志图》记载："新城，唐天祐元年匡国节度使韩建筑。时朱全忠迁昭宗于洛，毁长安宫室百司及民庐舍，长安遂墟。建遂去宫城，又去外郭城，重修子城（即皇城也）。南闭朱雀门，又闭延喜、安福门，北开玄武门，是为新城（即今奉元路府治也）。城之制，内外二重，四门，门各三重。今存者惟二重，内重其址尚在。东西又有小城二，以为长安、咸宁县治所。"据此可知，韩建实际上舍弃了原来的外郭城和宫城，在原来皇城的基础上改筑为外郭城，又在外郭城内新筑了子城，作为府署之所在，这样就形成了内外两重城墙。同时在长安新城之外的东西各筑一小城，作为长安、咸宁两县的治所。这样，韩建缩建后的长安城，就形成了东西略长、南北稍窄，呈回字形的重城形制。于是"唐末五代时期的京兆府城与长安、万年的县城就形成了母子城的独特结构形态，更增强了城市的防御能力"。那么，韩建所建的这座子城形制情况如何呢？有学者根据《长安志图》之《奉元城图》的描绘，推断其形制是："子城（衙城）是呈南北长、东西窄的长方形，中有东西向的隔墙将其一分为二，南部为奉元路治所，北部则由三个部分组成，中为北省（即陕西行中书省）治所，东为理问所，西为'楼'。'奉元路门'开置于子城（衙城）南墙正中，子城（衙城）北面无门，但在东西两面，却是左右对称也各开有一'门'，位置略为偏南。"进而推断"韩建新城中的子城（衙城）的形态应当亦是南北长、东西窄的长方形，与外城形态是有所不同的"。①（见图14-2）

唐代原来的皇城考古实测东西长2820.2米，南北长1843.6米，面积约5.2平方公里，改建后就只剩下这么小的一部分了，其面积仅相当于原长安城的十六分之一，已经沦为一个普通州郡的规模了。

---

① 吴宏岐：《论唐末五代长安城的形制和布局特点》，载《中国历史地理论丛》1999年第2辑，第145—159页。

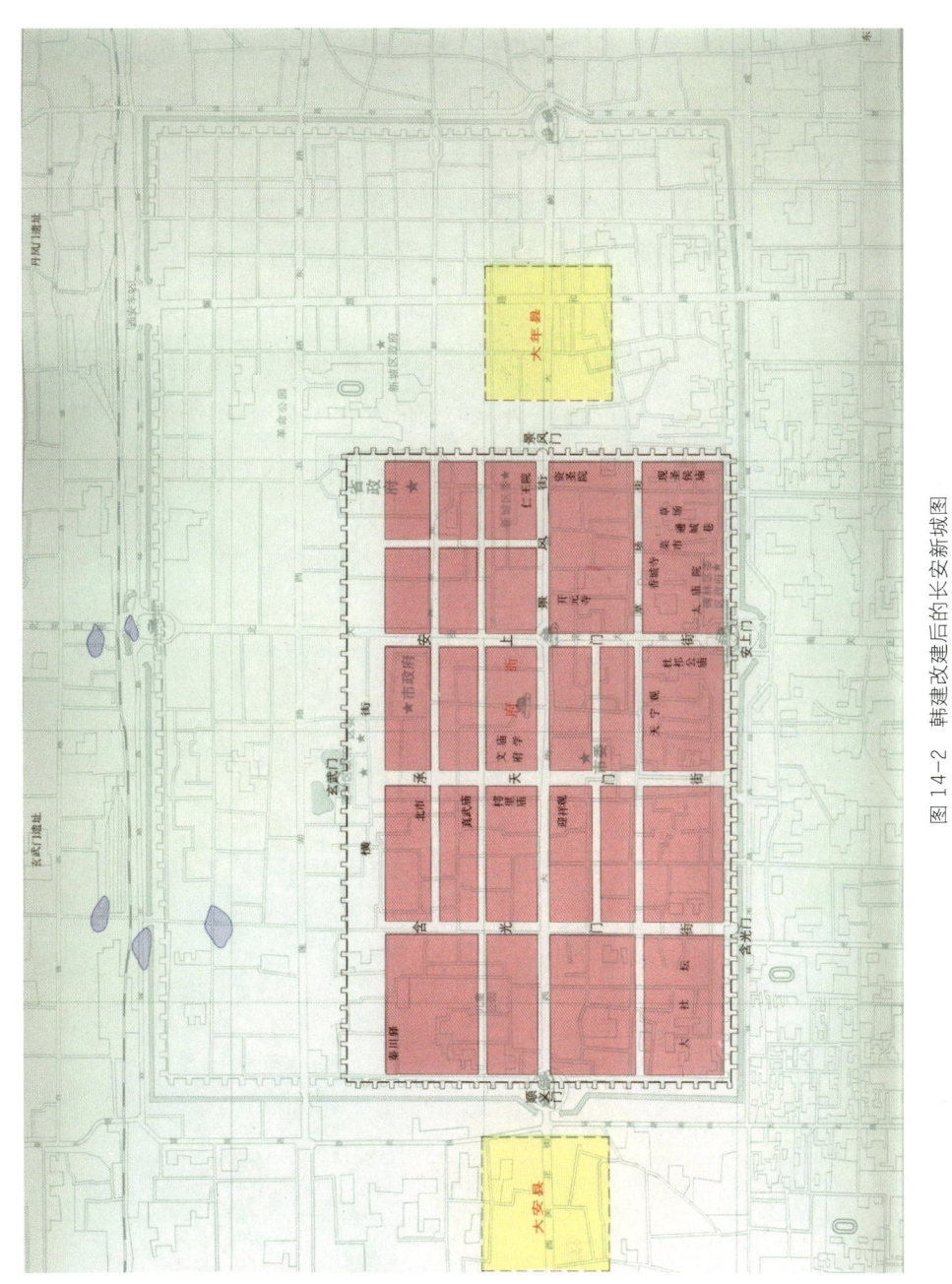

图 14-2 韩建改建后的长安新城图

（引自史念海主编：《西安历史地图集》，西安地图出版社 1996 年版，第 108 页）

后梁开平元年（907）四月，改京兆府为雍州大安府。开平三年（909）七月，又改佑国军为永平军。后唐同光元年（923）十一月，废永平军，以长安为西京，雍州大安府又恢复为唐朝时的京兆府旧称。后晋天福三年（938）十月，又废西京称号，在京兆府设置晋昌军。后汉乾祐元年（948）三月，则改晋昌军为永兴军。后周沿用后汉建置，没有进行大的调整。

韩建所筑的长安城，不仅在五代十国时期没有大的变化，元代的奉元路城也是在此基础上进行改筑的，明初又在元代的基础上进行了扩建，形成了西安府城。其西、南两面城墙仍沿元代之旧，东城墙向外扩大了500多丈，北城墙向外扩大了1100多丈。现在的西安城墙就是明初所修的城垣。在长安鼎盛繁荣时期，人口有百万之多，到了五代、宋金时期仅为十万之众。此外，五代时长安的经济地位也大幅下降，百业萧条，民不聊生，直到宋代才稍稍有所恢复。可见国都地位的丧失，对长安影响之大。

第十五章 五代十国时期的陕西

唐朝灭亡后，中原一带先后出现了后梁、后唐、后晋、后汉、后周等五个朝代。几乎与之同时，还先后出现前蜀、吴、闽、吴越、楚、南汉、荆南、后蜀、南唐、北汉等十个政权，因此这一历史时期被称为五代十国时期。此外，契丹民族建立了国号为"辽"的政权。这是个群雄纷争、战火纷飞的时代。因此，五代十国时期的今陕西地区，也呈现出一派混乱的景象。历代帝都长安，降为西北重镇；唐末曾凌驾于朝廷之上的凤翔李茂贞政权，在同梁、蜀争夺失败后，退据关中西北一隅，并最后不得不降于后唐王朝；关中和陕北区域，则尽分裂为藩镇，虽名分上为中原王朝所有，但镇帅的擅立、世袭和反叛事件屡有发生；以军阀混战为主要特征的大小数十次战争，给本地区的人民带来无穷无尽的灾难。

第一节 西北重镇长安与秦岐政权

一、西北重镇长安

昭宗迁洛后，长安从此失去全国政治中心的地位，降为西北地区的军事重镇。长安虽不再成为建都之地，可依然是名山耸峙，大川环流，原隰沃野，城池坚固，纵不能雄居于天下，仍不失为控遏西北、西南的形胜之地。因此，五代诸朝无不倾力经营长安。

朱全忠称帝前夕，为减少西顾之忧，遂割原隶山南西道的金、商二州归佑国军统辖。京兆府旧领县二十，这时又添加了二州十一县之地，① 大大增强了对抗关中邠、岐二强镇的实力。为防止李茂贞与有旧交的佑国军节度使韩建潜通，朱全忠命其爱将王重师徙镇佑国军。王重师"数年治戎恤民，颇有威惠"②。朱全忠称帝后数天，因长安为后梁长治久安所系，正式"废故西京"，改京兆府为大安府。③ 开平三年，在一场战乱后，又改佑国军为永平军。

长安在五代仍具有特殊的地位，后唐庄宗李存勖（见图 15-1）在同光元年灭梁之后，又立即诏令复永平军大安府为西京京兆府。以后还规定，长安在全国的地位仅次于洛阳，而在其他诸州府之上。这些虽只具象征性意义，却也表明长安至少为国家在西部地区的权力中心。

后晋天福三年，罢西京置晋昌军，原西京留守改为节度观察使。但同时又重申长安"依旧为京兆府"，并"列

图 15-1 后唐庄宗李存勖像

---

① 《文献通考》卷三二二《舆地考八》，唐时京兆府领县二十，另据同书卷三二一《舆地考七》载，唐时商州领县五、金州领县六。
② 《旧五代史》卷一九《王重师传》，第 258 页。
③ 《资治通鉴》卷二六六，后梁太祖开平元年三月，第 8674 页。

在七府之上"。①后汉乾祐元年,改晋昌军为永兴军。②这只是汉革晋命后的忌讳性易名,与长安在国家的地位无涉。

五代诸帝对长安的军政长官的任命极为重视,一般都遣派富有才力的亲信大臣充任。自王重师始,刘捍、刘鄩、康怀英(康怀贞)、张筠、张筅、索自通、王思同、李从珂、安重霸、李周、安审琦、桑维翰、赵莹、赵在礼、刘铢、赵匡赞、赵思绾等二十余人相继在这里任节度使或西京留守。他们中除个别人为叛将出身,绝大多数或为天子故旧、元从亲军,或为君王爱子、皇亲国戚,或为元老重臣,或为一代良将。这些肩负一方重任的封疆大臣,一般都能尽忠朝廷,像后梁刘捍、后唐王思同等,因不与反叛者为伍,在保卫长安的战事中以身殉职。

五代时的长安,既是中原王朝统治关西地区的政治中心,又是经营西北、西南的前哨和大本营,因此许多重大的军事活动,都是以长安为出发点而发动的。长安的动向,往往关系着国家的安危盛衰。如后梁开平二年(908)六月,岐、蜀、晋数万联军拟攻长安,佑国军节度使王重师等不待敌军集中,先发制人攻岐军一路,遂"大破岐兵于幕谷(即漠谷,在今陕西乾县境)",迫使"晋、蜀兵皆引归"。③后唐同光三年(925),枢密使郭崇韬仅以七十日就灭亡前蜀政权,其所统率的几乎全是西京及周围藩镇的军队。长兴元年,两川节度使董璋、孟知祥等叛,后唐明宗命西都留守王思同为伐蜀前锋,率军征讨。清泰元年(934),以西京留守徙镇凤翔的潞王李从珂,乘明宗驾崩、闵帝新立未稳,遂倚西京副留守刘遂雍为援,倾长安府库和民财以犒军,一路顺风,直抵洛京,夺得帝位。后汉乾祐元年,永兴、凤翔、河中三镇连叛,朝廷数遣诸将征讨无功,遂以顾命大臣郭威亲临前线督阵,经一年苦战,由于长安(永兴)率先投降,引致连锁反应,终于扫平了乱军。因平叛而实力膨胀的郭威,不久就取汉而代之,成为后周的开国皇帝。

失去国都地位的五代时期的长安,在国家的整个政治军事生活中,依然有举足轻重的地位。直到宋初,赵匡胤曾有迁都长安之议。事虽未行,却反映了

---

① 《旧五代史》卷七七《后晋高祖纪》,第1020页。
② 《资治通鉴》卷二八八,后汉隐帝乾祐元年三月,第9387页。
③ 《资治通鉴》卷二六六,后梁太祖开平二年六月,第8701页。

长安在统治者心目中的重要地位。

二、秦岐政权始末

唐朝亡后，凤翔节度使李茂贞在梁、蜀两大实力集团的夹击下，虽疆土日蹙，但还是建立了以"岐"为号的政权。李存勖灭梁后，慑于后唐的强大，李茂贞不得不对新朝天子俯首称臣，其政权作为中原王朝的附庸，维持到二世而亡。

李茂贞，原为博野军在凤翔的戍卒，因追随郑畋镇压黄巢军，龙尾陂之役以战功自队长升迁神策军指挥使。朱玫之乱，扈从僖宗有功，拜武定军节度使。僖宗东归逗留凤翔时，派李茂贞击杀节度使李昌符，因拜凤翔陇右节度使。昭宗时，茂贞擅发兵攻占兴元，鲸吞邻道，拥有岐、陇、泾、原、渭、武（今甘肃陇南市武都区）、秦、成、阶（今甘肃陇南市武都区东南）、凤、邠、宁、庆、衍（今陕西彬州北和甘肃宁县东南）、鄜、坊、丹（今陕西宜川）、延、梁、洋等二十州之地。后与朱全忠争挟天子，招致凤翔久围，王建趁火打劫，进占兴元等地。朱全忠解围后，挟天子东迁，"茂贞非惟亡唐，亦自困矣"①。（见图15-2）

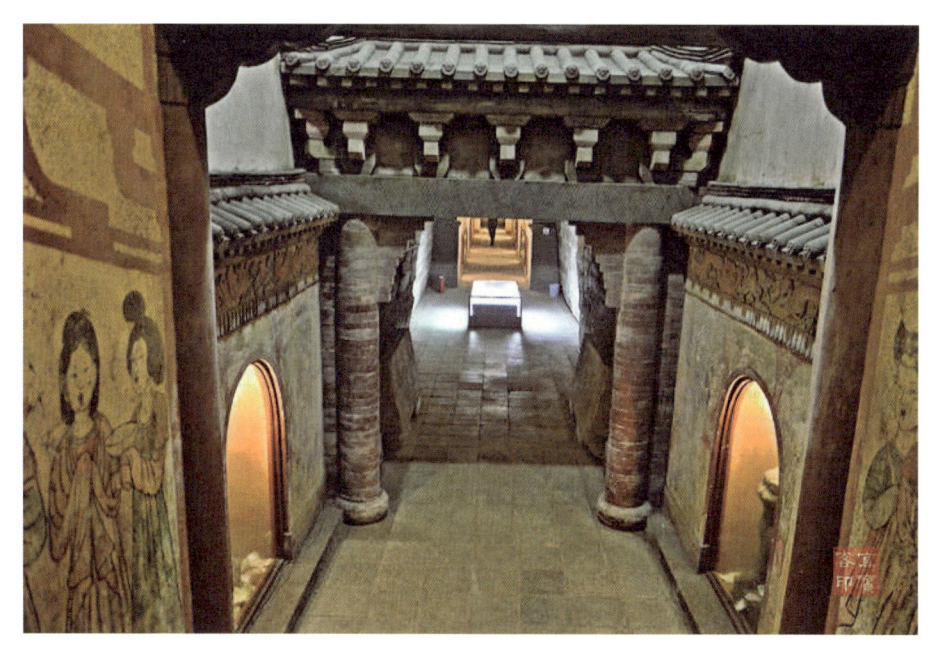

图15-2　李茂贞墓室
（杜文玉摄影）

---

① 《新五代史》卷四〇《李茂贞传》，第432页。

后梁太祖朱全忠即位后，李茂贞因处在梁、蜀两强夹缝中间，疆土日益缩小，在诸侯强者接踵称帝的形势下，对外只敢称"岐王"，并仍行昭宗年号。而于内则署置百官，名其所居为"宫殿"，以妻子为"皇后"，将吏上书称"笺表"，"鸣鞘掌扇，宣词令，一如王者之制"①。然而，这种关起门来当皇帝的日子并不好过。梁帝、蜀主对这个割据一隅的政权虎视眈眈，一有机会就大兴问罪之师。于是，邠、宁、鄜、坊、丹、延等州为梁所有，秦、凤、阶、成诸州又被前蜀夺去，至后梁末年，所剩仅七州之地。

同光元年，后唐庄宗李存勖灭梁，李茂贞致书祝贺，以季父自居，辞礼甚倨。可是次年正月听说庄宗自大梁迁都洛阳，又诚惶诚恐，赶忙派儿子李继曮入贡，并上表称臣。庄宗因李茂贞系耆老父辈，对他还算客气，"所赐诏敕不名。又以茂贞宿望耆老，特加优礼"②。而李茂贞因揣摸不透天子葫芦里卖什么药，又惴惴不安地上表"请正藩臣之礼"。庄宗则"优诏不许"，③且进封李茂贞为秦王，不名不拜。这年四月，李茂贞以69岁病卒，谥号"忠敬"。李存勖根据李茂贞遗愿，以其长子李继曮袭凤翔节度使。

李继曮对朝廷唯命是从，极为恭顺。同光三年，魏王李继岌、枢密使郭崇韬统军伐蜀，李继曮以诏命充供军转运应接使，"竭凤翔蓄积以馈军"④。蜀平归镇，为监军使柴重厚所逐，促令赴阙。他毫无怨言，立即上路。行至华州，听说明宗李嗣源入洛称帝，复又折回。新天子为笼络李继曮，下诏诛柴重厚。李继曮以柴重厚在岐"军民不扰"，不计旧嫌，反而上表为监军求情。明宗对其温顺谦让极为赏识，于后唐天成元年（926）五月复其凤翔节钺，且加检校太师。其年九月，又赐名从曮，待以宗室诸王之礼。长兴元年，入觐天子，诏命徙镇汴州。四年（933），复入觐，再徙天平军节度使。其凤翔帅则先后由朱弘昭和潞王李从珂替代。潞王起兵岐下，尽取李从曮在凤翔的家财器仗供军。当时吏民怀念旧主，乞请李从曮为帅。李从珂慨然允诺，在其称帝后，即于清泰

---

① 《旧五代史》卷一三二《李茂贞传》，第1739页。
② 《旧五代史》卷一三二《李茂贞传》，第1740页。
③ 《资治通鉴》卷二七三，后唐庄宗同光二年正月，第8913页。
④ 《资治通鉴》卷二七三，后唐庄宗同光三年十月，第8939页。

元年复以李从曮为凤翔节度使。后晋天福元年（936），石敬瑭称帝，先后进封李从曮岐王、秦王。

李茂贞、李从曮父子据岐期间，对治下的百姓并不太刻薄。史称"茂贞居岐，以宽仁爱物，民颇安之"①。李从曮更优于其父，他"厚文士而薄武人，爱农民而严士卒"②。一些文人有求于他，"无贤不肖皆尽其敬"。在同这些人聚会时，"客有困于酒者，虽吐茵堕帻而无厌色"。并且他自己也是个文人，"少敏悟，善笔札，性柔和"，"进退闲适"。他还温和地对待下人，"左右或有过，未尝笞责"。③其"爱农民"更超乎常人之举，他的先人留下田地千顷、竹园千亩，"惧侵民利，未尝省理"。④在五代藩镇中，像李从曮如此宽厚对待读书人和百姓的官宦王侯，简直是寥寥无几。因此，"凤翔人爱之"⑤。这也正是他徙镇四年后因父老求请得以复归原镇的重要原因。

后汉开运三年（946），李从曮以49岁卒于镇，此后，被朝廷除为岐帅的均非李茂贞族人。李茂贞自唐僖宗光启三年被任为凤翔节度使，历唐末及五代前四朝，父子据岐首尾六十年，减去其间徙他镇四年，这个世袭地方政权，存在了五十六年。

此外，凤翔李氏家族中，李茂贞的子、弟、侄、养子等，在唐末和五代初年被李茂贞署为节度使或刺史者也为数甚多，分散到渭北、山南、陇东等地。仅在今陕西境任刺史、节度使者就有十余人。

三、割据陕西的其他势力

五代时期的延州及其以北诸州，有不少蕃人酋帅和汉族土豪利用环境闭塞、朝廷鞭长莫及的条件，纷纷据州自立并以土地、百姓传袭后人。著名的主要有四个家族：党项拓跋（李）氏据有夏、绥、银、宥（今陕西靖边西北与内蒙古交界处）等州；党项折氏据有府州（今陕西府谷）；高万兴家族据有延州；杨

---

① 《新五代史》卷四〇《李茂贞传》，第432页。
② 《资治通鉴》卷二八一，后晋高祖天福三年十一月，第9196页。
③ 《旧五代史》卷一三二《李茂贞传附李从曮传》，第1741—1742页。
④ 《新五代史》卷四〇《李茂贞传》，第433页。
⑤ 《新五代史》卷四〇《李茂贞传》，第433页。

信家族据有麟州。

高万兴，河西延州人。祖君佐，鄜延节度判官。父怀迁，延州都押衙。唐末，自王行瑜败后，河西诸州皆为李茂贞占据，李茂贞以其将胡敬璋为保塞（即鄜延）节度使，高万兴与弟高万金俱事胡敬璋，为骑兵将领。天祐五年（908）冬，胡敬璋卒，李茂贞养子静难军节度使李继徽（即杨崇本）派爱将刘万子代镇延州。刘万子暴虐不孚众望，且阴谋投降后梁，李继徽又使延州衙将李延实于次年二月攻杀刘万子。当时为马军都指挥使的高万兴同弟高万金带兵戍守境上，一听到刘万子被杀，即与其弟率戍卒数千人降梁。时梁太祖朱晃（原名温，后赐名全忠，即位后改名晃）正在筹划讨伐李茂贞，对于高万兴兄弟的降附，自然十分看重。于是亲至河中，命同州节度使刘知俊率兵同高万兴等会合，攻取丹、延、鄜、坊等州。梁帝即委派高万兴为延州刺史、保塞节度使。乾化元年（911）十一月，延州都指挥使高万金受其兄派遣统兵收复盐州，"伪刺史高行存泥首来降"①。十二月，高万兴又领军于邠州界同岐军大战，歼灭岐属宁、庆两州军两千余人，"并生擒都头指挥使及夺马器甲等事"。梁帝非常高兴，于内殿召见入奏军将，赐以银器采物。接踵两次大捷，也使满朝文武有了恭维天子的机会，丞相及文武百官各上表称贺。此后，皇上酬功，授高万金保大军节度使。贞明四年（918），高万金卒，梁帝以高万兴兼忠义（保塞军易名）、保大两镇，管丹、延、鄜、坊四州之地，并加官封至太师、中书令、北平王。后梁亡，高万兴又奉后唐正朔和入觐天子。庄宗复以原来官封授。同光三年，卒于镇所，其嗣子高允韬为留后。

高允韬，字审机。初仕梁朝，授同州别驾，不久，任保大内外马步军指挥使。后唐明宗天成元年，以留后袭延州节度使。长兴元年，在朝廷削藩中，高允韬尽管"甲兵亦众"，但不敢贸然同天子分庭抗礼，遂"举族来朝"，徙镇邢州。唐明宗为嘉奖他"识时知变"，其兄弟"并建节麾"，连他的将僚也"悉分符竹"。②此后，或以朝命，或以力取，杨汉章、丁审琪、何重建、史懿、周

---

① 《册府元龟》卷四三五《将帅部·献捷二》，第5167页。
② 《全唐文》卷一〇九《晓谕夏州将吏百姓敕》，第1117—1118页。

密等相继为延州节度使。高允韬则于清泰二年（935）42岁时卒于滑州节度任上。至后汉高祖天福十二年（947），即在高氏家族的延帅中断十七年后，高万金之子高允权复夺延州节度使官位。

高允权虽出将门，但不娴武艺，起家为义川主簿，历肤施县令。节度使周密因高允权为故将之子，担心他在外生事，为便于控制，就调他到州城任主簿。结果正中下怀，高允权如虎归山，利用周密"暗而党下，惟诛掠是务"，遂"乘其民怨，时以言间之，复遣亲党潜构诸部，众心遂摇"。① 于是，在高允权的煽动下，将士作乱，攻周密。周密败，退保东城。乱军推高允权为留后，占据西城。时值契丹灭后晋，后汉高祖刘知远即位晋阳（今山西太原西南），高允权利用新主招降纳叛之机，奉表降于汉帝。汉帝谕高允权听周密赴行在，并以高允权为彰武（延州）节度使。高允权既正授旄钺，对外觊觎邻镇，与夏绥节度使李彝兴不协，对内贪残横暴，肆意诛杀。后汉不暇顾及，只好对他姑息，在后汉帝对他既加检校太师之后，后周太祖又对他加官兼侍中。后周广顺三年（953），卒于镇所。

高允权既卒，其子高绍基谋袭父位，"诈称允权疾病，表已知军府事"。观察判官李彬痛切地批评他不俟朝命擅立，高绍基大怒，杀李彬，加李彬以谋反罪名上报朝廷，并"屡奏杂虏犯边，冀得承袭"。② 后周帝识破高绍基阴谋，命静难军节度使折从阮分兵屯延州，又命供奉官张怀贞领禁军屯驻鄜、延。高绍基看大势不妙，只好悉以军府事授副节度使张匡国。至是，高氏再袭延帅的企图只好作罢。

高万兴兄弟子侄据延等州共二十八年，其两次被剥夺世袭特权，都是值中原王朝明君在位。尤其是后周太祖郭威，以统一天下为己任，对于关中等地藩镇"政途不一"的"殊风"，早都深恶痛绝，③ 他当然不会放过利用高允权死而

---

① 《资治通鉴》卷二八六，后汉高祖天福十二年二月胡注引《汉高祖实录》，第 9345 页。
② 《资治通鉴》卷二九一，后周太祖广顺三年正月，第 9489—9490 页。
③ 《全唐文》卷一二四《令州县军镇各守职分敕》，第 1243 页。

剥夺其子承袭的机会。

宋代以后,杨家将的故事在民间脍炙人口,杨家将的祖上即为麟州的世袭州刺史和土豪。《宋史·杨业传》讲杨家的籍贯为并州太原,其实不然。《资治通鉴》载:"初,麟州土豪杨信自为刺史,受命于周。信卒,子重训嗣,以州降北汉"①。按:杨信为老令公杨业之父,重训(或仲训)为杨业弟,既为"麟州土豪",当然是世居其地,为麟州人。今陕北神木、府谷的土著犹引杨家将为乡党、先贤,并非仅是传闻。《宋史》说杨业是太原人,是因杨业虽生于麟州,但后为割据太原的北汉主刘崇所收养,长成又为北汉累建功业,是在这个意义上说,他是"并州太原人"。杨业父、弟世袭麟州刺史事,史籍记载不详,只知道个梗概。

杨信始为麟州刺史时间,据《折继闵神道碑》,党项折氏"自唐末世有麟府之地"②。折嗣祚(即折嗣伦)于后唐庄宗改元同光前,卒于麟州刺史任上。③就是说,杨信为麟州刺史是在折嗣祚之后。史称杨信"受命于周",似乎其刺史职任为后周于公元951年建立后所授。但又讲"受命"之前就已"自为刺史",可见其为麟州刺史当在后周太祖郭威建号之前,即应在后唐同光元年到后汉乾祐三年(950)这段时间。麟州先后隶于后唐、后晋、后周三朝。若无大的变故,土豪杨信不大有机会自立为刺史。后晋高祖石敬瑭曾于天福元年割燕云十六州于契丹,契丹得寸进尺,继侵河西府、麟等州。后晋开运元年(944),"契丹欲尽徙河西之民以实辽东"④,府州党项酋折从远(即折从阮)据险抗契丹,并以州归晋。与折氏世为姻亲的麟州土豪杨信,当可能于这一年为保家卫境而自立为刺史。而杨氏家族在五代时至少有杨信、杨重训两代人为麟州刺史。

这个时期,杨氏同府州党项折氏为姻亲关系。杨业妻佘氏,即民间传说中的巾帼英雄佘太君。"佘"为"折"的音讹。⑤佘太君为府州党项酋永安军节度

---

① 《资治通鉴》卷二九一,后周太祖广顺二年十二月,第9487页。
② 戴应新:《北宋〈折继闵神道碑〉疏证》,见中国考古学会编:《中国考古学会第一次年会论文集:1979》,文物出版社1980年版,第456页。
③ 《金石萃编》卷一一九《刺史折嗣祚碑》考释。
④ 《资治通鉴》卷二八四,后晋齐王开运元年六月,第9273页。
⑤ 《金石萃编》卷一四七《折克行神道碑》考释。

使折德扆之女。而折德扆祖上也曾任麟州刺史。据《太平寰宇记》载，府州原为麟州的府谷县。杨、折两家本为同郡人。①杨、折两大汉蕃家族世代同处一地，又相继为该州刺史，故互相攀附为姻亲通家之好。

杨氏同北汉和后周的关系有数次反复。公元951年，郭威代汉建周的当月（二月），后汉高祖刘暠（本名刘知远，即位后改现名）弟刘崇也即皇帝位于晋阳，史称北汉。北汉所有的十二州之地中就包括麟州。②所谓杨信长子业少为刘崇所养，实际上当为麟州刺史杨信送往太原的质子。这也说明了《资治通鉴》记杨信的刺史职任，曾"受命于周"，当是误书。事实上，后周承认杨氏的麟州刺史地位，是在后周太祖广顺二年（952）。这时杨信已卒，承袭刺史的为他的次子杨重训。杨重训在这一年遇到一件危及其统治的事，其治下的群羌（即党项等族）造反，包围了州城。这次造反事件的背后当有后周朝廷插手，极可能为夏州帅李彝殷和府州帅折德扆所直接策划。李、折同为党项酋，并都臣附于后周，他们当然要鼓动麟州党项闹事，以逼迫杨重训脱离北汉归顺后周。正因为如此，后周太祖才会认为这一事件的性质是"蕃部助我讨违"③。也正因为如此，杨重训才会想到解铃还须系铃人——"求救于夏、府二州"④。有李彝殷等的软硬兼施，杨重训为摆脱眼前困境，只好归顺后周。但这次归顺后周是不得已而为之，所以在解围后不久，杨重训又叛后周复归北汉。直到周世宗显德四年（957），杨重训才再次举城投降。周世宗对他还算优遇，不仅未计较他的反复无常，且准他依旧为麟州刺史，并授本州防御使、检校太傅。

至于杨重训的长兄杨业，自"弱冠事刘崇"，似乎一直没有机会返归故里。他在北汉政权中，"以骁勇闻"，因所向克捷，人号"无敌"，官至建雄节度使。⑤后来归降于北宋。

---

① 乐史：《太平寰宇记》卷三八《府州》，中华书局2007年版，第812页。
② 《资治通鉴》卷二九〇，后周太祖广顺元年正月，第9453页。
③ 《全唐文》卷一二四《宣慰麟州刺史杨仲训敕》，第1242页。
④ 《资治通鉴》卷二九一，后周太祖广顺二年十二月，第9487页。
⑤ 脱脱等：《宋史》卷二七二《杨业传》，中华书局1977年版，第9303页。

第二节 灾难深重的三秦大地

一、战火连绵的陕西

五代十国时期，是中国历史上罕见的大动荡、大分裂的时代，在唐末就已形成的全国性藩镇割据局面，到这时又发展成为残酷的兼并战争。由于关中等地是控遏西北、西南的战略要地，中原王朝每于关中兴师动众，进行大的征讨。更由于早在唐末今陕西地方就已尽裂为藩镇，使陕西更加呈现极度混乱和不安定状态。大大小小的军阀，或拥兵自重，世代割据，并以邻镇为沟壑；或名曰王臣，又叛服不常，动辄称兵作乱，他们弱肉强食，为扩大地盘，每每兵戎相见。在他们当道的数十年间，三秦大地沦为战场，关西百姓处于水深火热之中。

据《资治通鉴》等载，自后梁开平二年至后周显德五年（958），关中等地几乎年年都有或大或小的战事发生。规模较大的有以下几次。

后梁太祖开平二年五月，凤翔李茂贞、邠州杨崇本、西川王建联军五万，拟大举进攻长安，太原李存勖也遣兵助战。六、七月间，梁军于漠谷大败岐军，"俘斩千计"，李茂贞"仅以身免"。[①] 晋、蜀兵为保存实力，急忙撤退。

开平三年，梁太祖朱晃亲至河中，发兵攻取李茂贞集团所据丹、延、坊、鄜等州。可是在梁大胜之后，形势复又急转直下：同年六月，梁忠武节度使刘知俊以同州降附李茂贞，并袭取华州和潼关，且策反长安，执梁佑国军节度使刘捍。朱晃即遣大军入关，收复了华州、长安等失地。十一月，刘知俊与梁镇国节度使康怀英等战于坊州升平县（今陕西宜君西北），结果康怀英大败，仅以身免。

开平四年（910），李存勖遣振武节度使周德威与岐、邠、泾三帅联兵五万攻围夏州。定难军节度使党项酋李仁福"固守月余"，直到后梁救援军到，周德威等才撤军退走。[②]

乾化元年，李茂贞派义子义胜军（今陕西铜川市耀州区）节度使温韬率邠、

[①]《旧五代史》卷四《后梁太祖纪四》，第62页。
[②]《旧五代史》卷一三二《李仁福传》，第1745页。

岐兵寇长安。朱晃遣同、华、河中兵应战，败温韬。① 与此同时，因李茂贞向蜀主王建索要山南失地，导致双方在兴州（今陕西略阳）等处摆开战场。蜀主投入十余万兵力，并亲至兴元督战，大败岐兵。同年，延州节度使高万兴派军攻取盐州，并于邠州界歼灭岐军数千人。②

乾化二年（912）十二月，蜀军攻取岐属文州（今甘肃文县）。③

乾化四年（914），蜀军攻打岐属阶州及固镇（今陕西凤县境）等地，破寨十五，斩首六千级。④

后梁末帝贞明元年（915）四月，邠、宁二州叛岐附梁。五月，李茂贞遣彰义节度使刘知俊围邠州城达半年之久。同年十一月，岐、蜀再次开战，蜀军攻占秦、阶、成、凤四州。十二月，温韬因岐王势衰，举耀（今陕西铜川市耀州区）、鼎（今陕西富平）二州降梁。⑤

贞明二年（916），蜀军二十二万，分作两路：出大散关，克宝鸡；出大镇故关（今甘肃清水东陇山东坡），至陇州，进围凤翔。适逢大雪，蜀主召军还。蜀军此役虽未能拿下岐军老巢凤翔，但仍取得"俘斩万计"和接纳降兵两万的辉煌战果。同年十二月，梁军讨岐，下宁、衍二州。这年，契丹王耶律阿保机率诸部兵三十万，号百万，南下入麟、胜二州，又东进攻陷晋王所属朔州。

贞明六年（920），梁河中节度使冀王朱友谦以兵袭取同州，并叛梁附晋。梁帝发三镇兵攻同州。晋王李存勖命李存审等统大军救援。晋军攻华州，战渭水，略下邦（今陕西渭南东北），谒唐陵，胜利而归。同年十一月，蜀主又一次兴兵讨岐，败岐兵于箭筈岭（今陕西岐山北）。蜀兵因粮尽而退兵。

后唐庄宗同光三年，魏王李继岌、枢密使郭崇韬统凤翔、同州、华州、邠州等镇六万兵大举伐蜀。后唐军出大散关，克威武城，凤、兴等州望风款附，降蜀兵以万计，获粮储数十万斛。又于三泉县（今陕西宁强阳平关）大战，斩

---

① 《资治通鉴》卷二六八，后梁太祖乾化元年三月，第8741页。
② 《册府元龟》卷四三五《将帅部·献捷二》，第5167—5168页。
③ 《资治通鉴》卷二六八，后梁太祖乾化二年十二月，第8764页。
④ 《资治通鉴》卷二六九，后梁均王乾化四年十一月，第8785页。
⑤ 《资治通鉴》卷二六九，后梁均王贞明元年十二月，第8799页。

首五千级，得粮十五万斛，尽收山南西道诸州。随后大军长驱，直捣成都。这次倚关中兵力、财力，并主要在凤、兴、梁等州进行的战争，自出师至前蜀灭，一共只用了七十天时间。

后唐明宗天成元年，绥、银二州军乱，剽掠州城。

长兴四年，定难节度使李仁福卒，其子李彝超拒命。后唐明宗发邠州步、骑兵士五万人讨伐，并征关中百姓挽运粮草供军。大军攻围夏州城三月不克。党项万余骑徜徉四野，抄掠粮饷，民夫死者甚多。

后唐潞王清泰元年，凤翔节度使潞王李从珂拒命，幼主闵帝命西都（长安）留守王思同、前静难军节度使药彦稠及河中、梁、洋、泾等镇帅以大军攻围凤翔。攻克凤翔东西关城，城中死者甚众。克凤翔之后，讨伐军突然倒戈，李从珂倾凤翔长安府库和民财赏军，由此被乱军拥戴入洛称帝。同年，山南西道梁、洋等州镇为后蜀孟知祥所有。

清泰二年九月，后蜀军入寇金州。

后晋高祖天福元年闰十一月，丹州义军逐节度使康承询。十二月，同州军乱，杀节度使杨汉宾，焚掠州城。

后晋齐王开运元年六月，府州刺史折从阮据险抗击契丹，并率兵深入边界，连拔十余寨。

后汉高祖天福十二年正月，长安晋昌军作乱，被节度副使李肃讨平。后蜀军攻拔凤州境内固镇。三月，蜀山南西道节度使孙汉韶率兵两万攻凤州，并分兵扼大散关。四月，凤州防御使举州降蜀。

乾祐元年正月，汉将王景崇于子午谷（西安西南至宁陕的通道）同蜀军交战，败蜀军。三月，河中、长安、凤翔三镇连叛。后汉朝廷在数遣大军讨伐之后，复命郭威（见图15-3）节度诸军对三叛大张挞伐。平叛战争历时一年半，军民死亡数十万。

后周太祖广顺二年，北汉军入寇府州。防御使折德扆与巡检使李处耘率部兵应战，歼敌两千，"收夺衣甲鞍马万余事"[1]。

---

[1]《册府元龟》卷三六〇《将帅部·立功一三》，第4280页。

广顺三年十一月，北汉兵再次入侵府州，被折德扆击走。

后周世宗显德二年（955），命凤翔节度使王景等攻后蜀秦、凤等州，经半年多苦战，克秦、凤、成、阶诸州。

显德四年五月，府州代理刺史折德愿与北汉军战于夹谷寨，斩其寨主和都监，后周世宗玺书褒赏。

显德五年十一月，右赞善大夫李玉自长安率孤军南向深入300余里，蜀金州归安镇守将据险邀击，李玉全军覆没。

图 15-3　后周太祖郭威像

数十年数十次征战，除个别具有反民族压迫和统一战争的性质外，绝大多数都是中央与地方、区内和境外、此一派同彼一派矛盾激化的反映，是以对抗形式解决权力再分配的统治者内部的争夺。

持续不断的战祸，都无例外地被转嫁到百姓的头上，加上节度使等大都贪残暴虐，三秦百姓受尽了灾难。

首先，民户养兵的负担大大加重，每户至少要养一兵。后唐明宗长兴四年，夏绥留后李彝超拒命，后唐朝廷命静难军节度使药彦稠"部领马步兵士五万人骑"①讨伐。这就是说，一个中等的藩镇竟有常备镇兵五万。若按唐穆宗长庆年间（821—824）"率三户以奉一兵"②推算，这个镇应拥有民户十五万。但情况远非如此。按：静难军节度领邠、宁、庆三州。据《元和郡县图志》和《宋史·地理志》载，自唐宪宗元和八年至宋徽宗崇宁元年（1102），邠州户数由两千六百七十增至五万八千二百五十五，宁州由一千一百零七户增至

---

① 《旧五代史》卷一三二《李仁福传附李彝超传》，第1748页。
② 《新唐书》卷五二《食货志二》，第1359页。

三万七千五百五十八户，①两州平均每年递增三百一十八户，所以长兴四年二州有四万户。元和八年的庆州户数阙载，而崇宁元年为两万七千八百五十三户，②以邠、宁二州前后户数类推，长兴四年的庆州不会超过万户。所以可以肯定，五代时期的邠宁镇所管，户当不足五万。不足五万户养五万兵，每户至少要养一兵。其他藩镇也大致如此。这是晚唐时期民户养兵负担的3倍。

其次，百姓的战争负担更重。中原王朝数度兴兵伐蜀，远涉沙碛讨击夏州，潞王起兵凤翔，郭威平"三叛"等重大军事活动，无不倾关中等地人力、财力供军。如后唐同光三年的伐蜀之役，充供军转运应接等使的为凤翔帅李继曮，他"竭凤翔蓄积以馈军"，"才支旬日"。③而前蜀经营山南西道凤、兴、梁诸州二十年，为与关中诸镇做持久争夺，也竭尽全力搜刮当地民财以实要塞军库。结果在后唐兵行"馈运将竭"时，先后拿下固镇、凤州、三泉，收军储七十余万斛。"自是师无匮乏，军声大振"④。伐蜀的胜利，则是以关中和山南纳税人所提供的巨大的物质基础为重要前提。史称，后唐明宗在位时"年谷屡丰，兵革罕用，校于五代，粗为小康"⑤。可是，即使在这个难得的好皇帝统治时期，关中百姓依旧痛苦不堪，在庄宗伐蜀创夷未复的情况下，又有长兴四年的夏州之役。这一役充粮运的为"关辅之人"。这些被强行征发来的关中百姓，"运斗粟束藁，动计数千，穷民泣血，无所控诉，复为蕃部杀掠，死者甚众"⑥。清泰元年，凤翔节度使李从珂为夺取皇位，在起兵的过程中，"悉敛（凤翔）城中将吏士民之财以犒军，至于鼎釜皆估直以给之"。大军路过长安，西京副留守为预防军士入城劫掠，"悉出府库之财于外"以犒军。前军赏过，后军又至，因库财用尽，

---

① 李吉甫：《元和郡县图志》卷三《关内道三》，中华书局1983年版，第64页；《宋史》卷八七《地理志三》，第2153页。
② 《元和郡县图志》卷三《关内道三》，第66页；《宋史》卷八七《地理志三》，第2153页。
③ 《资治通鉴》卷二七三，后唐庄宗同光三年十月，第8939页；《旧五代史》卷五七《郭崇韬传》，第889页。
④ 《旧五代史》卷三三《后唐庄宗纪七》，第458页。
⑤ 《资治通鉴》卷二七八，后唐明宗长兴四年十一月，第9095页。
⑥ 《旧五代史》卷一三二《李仁福传附李彝超传》，第1748页。

只好"率民财以充赏"。① 所以对关中等地百姓来说,每一次大的军事行动,即使是大军过境,都意味着是一场浩劫。

最后,军阀们随意屠戮无辜百姓,骇人听闻,牺牲者不计其数。后汉末年,河中与关中地区爆发了三镇连叛。三叛之一晋昌军节度使赵思绾在长安被官军困围期间,因城中食尽,就攫取妇女、儿童为军粮,"日计数给之","每犒宴,杀人数百,庖宰一如羊豕"。② 战乱前,长安有丁口十余万,战乱中由于被赵思绾一伙吃掉或饿死,城中"惟余万人而已"③。卷入三叛中的另外两个叛乱中心,即李守贞所据河中城和王景崇所据凤翔城,也有骇人听闻的死亡数字:平叛结束后,后汉隐帝命人去二城掩埋和祭奠"城内外杀伤饿殍遗骸"时,发现"已有僧收拾尸首至二十万"。④ 由是元人胡三省感叹说:"已聚者二十万,史言其未聚者尚多;大兵攻围积久,其祸如此!"⑤

三秦百姓不仅要饱受乱世战祸之苦,还要在暴戾贪残的节度使和其他封疆大吏的淫威下苦苦挣扎。野兽一般的晋昌节度使赵思绾尝当众"取人胆以酒吞之",且告诉众人说:"吞此至一千,即胆气无敌矣。"⑥ 他还嗜食人肝,在其倡乱的一年多里,"凡食人肝六十六。无非面剖而脍之。至食欲尽。犹宛转叫呼"⑦。为大摆人肉宴以犒军,惨遭杀戮者达一两万人。

他们的贪奢无厌,也让人瞠目。他们盛行"劫财之风","甚于盗贼","强夺枉杀,无复人理"。⑧ 他们首先当然是通过横征暴敛对民众"竭泽而渔"。他们同类中的失势者,也是其劫掠对象。像后梁、后唐时先后任永平军节度使、京兆尹的张筠,就是靠劫夺其同类而骤为巨富的。其前任节度使康怀英于长安任上曾聚敛至极厚的家底,死后张筠"即掠其家赀"。又在唐故宫掘地,"多

---

① 《资治通鉴》卷二七九,后唐潞王清泰元年三月及胡注,第9108页。
② 《新五代史》卷五三《赵思绾传》,第606页。
③ 《旧五代史》卷一〇九《赵思绾传》,第1444页。
④ 《册府元龟》卷一三五《帝王部·愍征役》,第1634页。
⑤ 《资治通鉴》卷二八九,后汉隐帝乾祐三年正月及胡注,第9418页。
⑥ 《旧五代史》卷一〇九《赵思绾传》,第1443页。
⑦ 《太平广记》卷二六九《赵思绾》,第2114页。
⑧ 《廿二史札记校证》卷二二《五代藩帅劫财之习》,第474页。

得金玉"。① 泾阳镇将侯莫陈威，曾与温韬盗掘唐朝诸陵，因而家藏大量瑰宝，"筠乃杀威而籍其家，遂蓄积巨万"。后张筠从郭崇韬伐蜀，以其弟张篯暂代西京留守事。后蜀主王衍因国亡挈族入朝，后唐庄宗派中使向延嗣于途中杀戮王衍全家，"所有奇货，尽归于延嗣"。② 不久，明宗登极，派人捕诛宦官，向延嗣遁逃，"衍之行装复为（张）篯有"③。魏王李继岌平蜀归来，途经兴平时，值明宗起兵，张篯遂趁火打劫，拆断咸阳浮桥，李继岌循水东渡至渭南自杀，"篯悉取其行橐"④。张篯因两次劫取，骤为巨富，"积白金万镒，藏于窟室"⑤。张筠后来居住洛阳，靠从长安劫取的不义之财，广造府第，花天酒地，"第宅宏敞，花竹深邃，声乐饮膳，恣其所欲，十年之内，人谓为地仙"⑥。

靠贪赃枉法、刻剥小民乃至放高利贷来聚敛的官吏更为普遍。后唐明宗时任过西京留守的安重霸，就贪婪得出格，连自己请客吃饭的酒食所费，都"私丐于部民"，故被秦人送雅号曰"捣蒜老"。⑦ 士族出身的后晋京兆少尹郑受益，"阿法射利（放高利贷），冀为生生之资"。在任仅一年左右，贪污所得，"其直百万"。⑧ 这些都发生在残破的长安。各镇也是一样。像后唐、后晋时期的保大军、彰义军等镇节度使突厥人出身的张万进，"所临之地，士民惨懔"。就连他的亲信属吏，都憾其凌虐，冀其速死。及其病卒，"凡数月之间，郡民百(数)万，无涕洟馈奠者"。⑨《旧五代史》撰者感叹道："为不善者，众必弃之，信矣夫！"由劫掠李继岌的"川货妓乐"暴富的毛璋，于邠州节度使任上"骄僭自大，事多不法"⑩。后汉时的延州节度使高允权，因眼红和猜忌其妻祖刘景岩的豪富和得民心，就"尽杀景岩之家，收其家财万计"⑪。后周显德中的延州兵马留后李

---

① 《新五代史》卷四七《张筠传》，第522页。
② 《旧五代史》卷九〇《张筠传》，第1182—1183页。
③ 《册府元龟》卷四五五《将帅部·贪黩》，第5396页。
④ 《新五代史》卷四七《张筠传》，第522页。
⑤ 《旧五代史》卷九〇《张筠传附张篯传》，第1183页。
⑥ 《册府元龟》卷四五四《将帅部·奢侈》，第5385页。
⑦ 《旧五代史》卷六一《安重霸传》，第819—820页。
⑧ 《旧五代史》卷九六《郑受益传》，第1279页。
⑨ 《册府元龟》卷四四八《将帅部·残酷》，第5316页。
⑩ 《册府元龟》卷四五四《将帅部·奢侈》，第5385页。
⑪ 《旧五代史》卷一二五《高允权传》，第1646页。

彦颙，"颇以货殖为意"。他集官、商于一身，"窥图剩利，侵渔蕃汉部人"①，搞得乌烟瘴气。

五代时期，三秦人民所蒙受的灾难除战祸和官吏的贪黩暴横之外，还有少数民族上层分子压迫和劫掠的困扰。如麟、府二州的蕃汉民众，就曾在契丹贵族的占领下被蹂躏达八年（936—944）之久。后晋开运元年，契丹又要将这一地区的居民全部迁走"以实辽东"，激起当地蕃汉人民的强烈反抗。在府州党项酋折从远的领导下，爆发了旨在摆脱民族压迫的人民起义。义军据险邀击敌军，又进而打出境外，围胜州，攻朔州，终于完全地从契丹贵族的占领和压迫下解放出来，并恢复了与中原王朝的隶属关系。后来契丹灭晋，辽主耶律德光并一度入主中原，"遣其部族酋豪及其通事为诸州镇刺史、节度使，括借天下钱帛以赏军"②。这时关中地区诸镇如凤翔、保大等也都被派去了辽国的代理人为新任节度使。对此，一些州镇军民，或不受代，以拒新帅，或以地附蜀，寻求庇护，采取了许多手段，以反对契丹统治者对关中的政治控制。此外，自唐末迄五代，散处灵州以东、庆州以西的党项诸部，屡屡犯边，邀劫往来使者和商旅行人，深入邠州等渭北地区，掠卖人口，劫夺财富。

不断发生的自然灾害，也使关中等地的百姓难以安居。如后唐清泰元年的秋冬大旱，迫使人民到处流亡，同、华一带最为严重。

二、温韬盗掘唐陵

在关中渭河以北的崇山峻岭上，分布着十八座唐代帝陵。陵中所藏，为劳动人民的血汗和智慧的结晶。然而，这些集中着唐代巨大社会财富的帝陵，除乾陵外，都曾被大盗温韬等盗掘过。

温韬，京兆华原人。少年时代就加入土匪团伙，活动于其家乡一带。后来又以"贼帅"身份攀附上凤翔节度使李茂贞。李茂贞收其为养子，改其姓名为李彦韬，委为华原镇将。唐昭宗天复二年十月，朱全忠攻围凤翔已到最后关头，温韬看李茂贞大势已去，遂又降附朱全忠。不久朱全忠东归，无所依靠的温韬

---

① 《册府元龟》卷四五五《将帅部·贪黩》，第5398页。
② 《新五代史》卷七二《契丹传》，第898页。

复聚众于嵯峨山（在今陕西泾阳西北），暴掠长安附近诸县，重又当起打家劫舍的土匪。这时的李茂贞正图谋东山再起，遂不计旧嫌，与温韬又修复了父子关系。天祐三年（906），李茂贞以华原县为耀州，以美原县（今陕西富平东北美原镇）为鼎州，置义胜军节度以领二州，授温韬为节度使。开平三年，梁同州节度使刘知俊叛朱全忠附岐帅李茂贞，后梁在关中的实力由此骤然降到低谷。善于趋炎附势的温韬在此形势下异常活跃，为向岐帅邀功，他加强了对长安附近诸县的骚扰行动。梁帝对此大动肝火，特发制书晓谕同、华、雍（长安）诸州，悬赏枭斩温韬。乾化元年，岐王李茂贞令温韬率领邠、岐兵攻打长安，他尚未接近长安，就在东度（在同州境）为梁将康怀英所败。至贞明元年关中形势大变，岐王在梁、蜀两大势力的夹击下接连损兵失地，反复无常的温韬又一次不顾父子情义，举耀、鼎二州再度投降朱梁。后梁末帝改耀州为崇州，鼎州为裕州，义胜军为静胜军，恢复其本姓，赐名昭图，仍以为节度使，并加官特进、检校太傅、同平章事，封河内郡开国侯。贞明六年，后梁河中节度使朱友谦附于晋王李存勖，末帝命温韬攻打朱友谦占领的同州，结果反为晋军大败。朱友谦乘其败退，分兵进击崇州，温韬甚惧。这时他据镇耀州前后十五年，朝廷早打算要他徙镇，遂利用他惧怕朱友谦进攻，命供奉官窦维劝其移镇。他明知这是朝廷的调虎离山计，但又害怕被晋军吃掉，也就只好请求徙镇。凭借他在朝中的靠山权臣赵岩的全力相助，次年正月，温韬徙匡国军节度使。匡国军镇许昌，领许、陈、汝三州，自中唐以来，一直为名藩。可是，在后唐同光元年，庄宗灭梁后，赵岩"恃韬与己素厚"，遂投奔许昌托身于他，而温韬为给新主子见面礼，竟"斩首传送阙下"。① 又通过厚赂刘皇后和伶宦，摇身一变，成为后唐庄宗的宠臣，赐姓名为李绍冲，依旧为许州节帅。温韬如此受宠，连宰相郭崇韬都感到不可思议，他批评天子说："国家为唐雪耻，温韬发唐山陵殆遍，其罪与朱温相埒耳，何得复居方镇，天下义士其谓我何！"庄宗则以"入汴之初，已赦其罪"来敷衍。② 天成元年，明宗入洛，将温韬下了大狱，由于大臣安重海

---

① 《册府元龟》卷九四三《总录部·不谊》，第11114页。
② 《资治通鉴》卷二七二，后唐庄宗同光元年十月，第8906页。

讲情，复其原姓名温韬，放归乡里。次年，流放德州（今山东陵县）。天成三年（928），终以盗陵罪赐死于流所。他的三个儿子后来也遭横死。

温韬一生，为匪为患，朝秦暮楚，反复无常。尤其是肆无忌惮地盗掘属于整个中华民族的历史遗产的唐陵珍藏，使他成为国家、民族的千古罪人。

温韬在任耀州节度使期间，不但把在他辖境的唐陵全都挖掘了，还盗掘了昭陵，攫取了陵内的珍藏。五代初的雍州诸县包括唐陵比较集中的三原、泾阳、富平、云阳、醴泉等县，分布于这些县境的定陵、元陵、丰陵、章陵、简陵（以上五陵均在富平）、崇陵、贞陵（二陵在泾阳）、献陵、庄陵、端陵（以上三陵在三原）都曾遭到温韬的疯狂破坏。奉先（今陕西蒲城）县与温韬所管的美原县相邻，因此奉先县境的桥陵、泰陵、景陵、光陵亦为韬盗发。唐十八陵除乾陵因暴风雨未能挖开，其他诸陵均受到过这个地方军阀的严重破坏。

温韬盗陵的具体情况，《新五代史·温韬传》有些介绍："韬在镇七年，唐诸陵在其境内者，悉发掘之，取其所藏金宝，而昭陵最固，韬从埏道下，见宫室制度闳丽，不异人间，中为正寝，东西厢列石床，床上石函中为铁匣，悉藏前世图书，钟、王笔迹，纸墨如新。韬悉取之，遂传人间，惟乾陵风雨不可发。"参与盗陵活动的还有泾阳镇将侯莫陈威，史称其"与温韬同剽唐氏诸陵，大贮瑰异之物"①。

温韬等盗掘之物，后来则落入他人手。侯莫陈威的全部所有因其被杀，为永平军节度使张筠攫取。温韬所盗昭陵图书，其死后则归其外甥郑玄素所有。郑玄素，京兆人，荟萃有古书千卷，内有钟、王法帖，就得自其舅温韬。至宋代初年，郑玄素的藏书堂仅存堂基，其所藏珍贵图籍不知流落何处。

第三节　党项拓跋（李）氏、折氏的崛起

一、党项在陕北的分布

唐五代时期，在今陕北地区，分布有突厥、吐蕃、吐谷浑、粟特、党项等民族，他们同当地汉人杂居，世代繁衍生息。其中人数最多、影响最大并于唐末以后

---

① 《旧五代史》卷九〇《张筠传》，第1182页。

上升为当地统治民族的是党项人。

党项是一个古老的民族,史称"汉西羌之别种"。原分布于今青海东南至川西北绵延1500公里的山谷地带。唐时因吐蕃侵逼,才相继大批内迁。①

内徙后的党项,足迹所至,西自河西走廊,东到河东石州(今山西吕梁市离石区)。唐朝政府对这些不远千里而至的降附者,实行羁縻统治,仅关内道就设置了侨治党项都督府十五、州五十一。而这些羁縻府州,除侨治于灵、秦、庆等州不在今陕西范围之内,其余则基本上都置于关中以北的今陕北地区。《新唐书·地理志·羁縻州》载:侨治银州境内的党项州有以"清塞""归德"为名者,而归德州都督则为吐蕃降酋论弓仁数代世袭。②弓仁于武则天圣历二年(699)内降时率有部落七千帐③,其降部不仅有吐蕃、吐谷浑人,更有大量党项人——这从以降部置党项州(即归德州)可知。论弓仁卒于开元十一年,其归德州设置当上距圣历二年不远,这当是在今陕北设置的最早的党项州。接踵而置的党项州还有麟州。开元十二年(724),玄宗根据大臣张说在过去的建议,割胜州银城、连谷二县,设麟州以安置因叛乱而被朝廷打败了的党项人。④可见,早在武周迄玄宗时代,今陕北榆林、神木一带就分布着不少的党项人。安史之乱后,吐蕃乘河西陇右边兵东调平叛,在唐边防不修的情况下,进占唐数十州之地。党项或因不甘吐蕃奴役而继续东迁北徙,或因为吐蕃和唐叛将仆固怀恩等驱使而大批内寇,加之其他某些民族亦有同样的经历,于是出现了"凤翔之西,邠州之北,尽蕃戎之境"⑤的局面。郭子仪由于担心散处盐、庆等州的党项、吐谷浑人为吐蕃所诱,"即表徙静边州都督、夏州、乐容(寄治灵州)等六府党项于银州之北、夏州之东,宁朔州(寄治夏州朔方县)吐谷浑住夏西,以离沮之"⑥。

---

① 《旧唐书》卷一九八《党项羌传》,第5290页。
② 《全唐文》卷二二七《拨川郡王碑》,第2297页,卷四一三《授论惟清朔方节度副使制》,第4235—4236页。
③ 《资治通鉴》卷二〇六,则天后圣历二年四月,第6540页;《全唐文》卷四七九《骠骑大将军论公神道碑》,第4891页。
④ 《旧唐书》卷九七《张说传》,第3053页;《新唐书》卷三七《地理志一》,第970页。
⑤ 《旧唐书》卷一九六上《吐蕃传》,第5236页。
⑥ 《新唐书》卷二二一上《党项传》,第6213页。

这就是说，唐前期侨治于庆州境的曾领州二十四个的静边州都督府所管的党项部众，经再次迁徙后，也集中到陕北榆林至内蒙古毛乌素沙漠一带。《新唐书·地理志》谓寄治银州的党项静边州都督府，"管小州十八"①。——仅银州境的党项州就占关内道党项羁縻州总数的三分之一强。徙银州以北、夏州以东的主要为党项最强部拓跋氏，而其他以姓氏为部的党项人，也多有迁徙于陕北地区的。如与拓跋部迁徙的同时，将宜定州刺史折磨布落、芳池州野利部也一并迁往绥州、延州。②内徙的党项于唐后期渐次形成四大部落集团：居陇山（今陕西陇县西北）以东庆州等地的号东山部；以拓跋氏为主体的静边州党项称平夏部；野利越诗、野利龙儿、野利厥律、儿黄、野海、野窣等部的组合体，号称六州部落；处于鄜、延二州以北山坡地带的党项曰南山部落。其中的六州部落，于代宗永泰年以后迁于河东道的石州，因永安镇（今山西霍县）将阿史那思暕不断的袭扰，六州部落全逃到河西。"河西"指黄河流经山、陕间的西岸地区，即丹、延、绥、银、麟等州的东部地带。这样，党项经多次内徙后所形成的四大部，至少有三大部全部或部分散处于今陕北地区，即麟、夏、银、盐、绥、延、鄜、丹等州。此外，邠、坊、同、陇、岐诸州以及山南西道的凤、兴、梁等州也都有党项活动的足迹。

五代时的党项，依然是"部有大姓而无君长，不相统一"。其分布仍大体为"散处邠宁、鄜延、灵武、河西，东至麟、府之间"。③他们在今天陕西的分布，主要为四个地区：（1）名义上隶于中原王朝而实际上建立了具有割据藩镇性质的拓跋（李）氏，即党项平夏部，仍主要集中于夏、绥、银、宥等州。（2）麟、府等州为党项折氏、尼也六族、薄备家族、逸利氏、越利氏所据。其中折氏最具实力，与拓跋（李）氏有所区别；五代初年，拓跋（李）氏隶于后梁王朝，而折氏则依附河东李存勖集团。（3）鄜、延、丹、坊等州也是党项诸部重要居地，像延州的党项司家族，"畜牧近郊，尤富强"④。（4）与秦、泾、宁、庆接界的陇、邠等州，当有部分党项东山部居住。

① 《旧唐书》卷三八《地理志一》，第413页。
② 《新唐书》卷二二一上《党项传》，第6214页。
③ 《新五代史》卷七四《党项传》，第912页。
④ 《新五代史》卷四七《刘景岩传》，第536页。

唐末五代时的党项拓跋（李）氏和折氏，或世袭夏绥节度使，或世袭麟、府州刺史和节度使，标志着党项族已上升为当地的统治民族。

二、夏州政权的创建

在党项诸部中，以拓跋氏为最强。部酋拓跋思恭自唐末以勤王镇压黄巢军而暴发，遂与兄弟、嗣子、族人相继割据夏、绥、银、宥诸州一个半世纪。

拓跋思恭出自党项平夏部，其祖上于天宝末因平夏部有战功，擢宥州刺史、天柱军使。懿宗咸通末年，拓跋思恭窃取宥州，自称刺史。黄巢入长安，拓跋思恭以勤王为名，于中和元年纠合蕃汉兵与鄜延节度使李孝昌"同盟讨贼"。因而被僖宗授予夏绥节度使，并赐夏州号定难军。但拓跋思恭在与黄巢军交锋中屡战屡败，"未尝有所可称"①。义军失败以后，拓跋思恭虽无显功，仍被唐朝封夏国公，赐姓李。此后，李思恭以夏、绥、银、宥为根据地，只要有隙可乘，就向南发展，向朝廷邀功。光启二年，李思恭乘朱玫之乱和保大军节度使东方逵卒，遣其弟李思孝攻取鄜州，不久又拿下延州。文德元年，从李思恭请，朝廷授李思孝保大军节度使、鄜坊丹翟等州观察使。于是兄弟二人据有两镇八州之地。唐昭宗即位后，李思恭、李思孝又以朝命统两军参加对河东李克用的讨伐。但这次因官军大败，李思恭等似乎未捞到什么好处。乾宁二年李思恭卒，弟李思孝代为定难军节度使。三年，李思孝上表致仕，荐弟李思敬接任保大军节度使。时李茂贞势倾朝廷，威震关内道诸藩镇，李思孝、思敬兄弟不仅向南扩充地盘受阻，而且受制于李茂贞。所以，光化元年，李思敬被迫徙镇武定，后降于西川王建。李茂贞则以从弟李茂勋任保大军节度使。此前，李思谏以定难节度让于侄子李成庆，并以朝命徙宁塞（延州）、静难节度。但这两镇也被岐帅李茂贞集团所据，党项李氏只好仍龟缩回夏绥据地。为寻求庇护，以保存实力于一隅，在天复二年朱全忠攻围凤翔时，夏绥李氏遂依附于朱全忠。因而招致李茂贞养子、静难军节度使杨崇本对夏州的进攻。杨崇本于天祐三年率凤翔、邠宁、保塞、保大、彰义、秦陇六镇五万兵，拟一举拿下夏绥。李成庆向朱全忠告急，朱全忠遣匡国节度使刘知俊等于美原大败杨崇本，六镇兵被迫引归，夏州李氏

---

① 《新五代史》卷四〇《李仁福传》，第437页。

转危为安。总之，党项拓跋（李）氏，以勤王为名邀得朝廷优容，得以称雄一方，及至南进受挫，为立于不败之地，复以退为进，依附唐末第一雄藩，由是实力得以保存。

五代时的夏绥拓跋（李）氏，实力更有长足发展，这主要表现在以下五个方面。

其一，承袭夏绥节钺成为制度。后梁开平二年，李思谏卒，三军拥立其子李彝昌为留后，不久正授旄钺。三年，李彝昌被牙将高宗益杀害，将吏共诛高宗益，推李彝昌族父、蕃汉都指挥使李仁福为帅，梁帝即以李仁福承袭定难军节度使。后唐长兴四年，李仁福卒，其子李彝超自立为留后。明宗命李彝超徙镇彰武，以彰武帅安从进移镇夏州。李彝超不受代，朝廷遣大军围夏州城百余日不克，只好准许李彝超袭定难军节度使。末帝清泰二年，李彝超卒，弟李彝殷（宋初避庙讳改名彝兴）袭帅。此后世帅夏州，直至北宋仁宗明道元年（1032），李元昊建立西夏王国。像这样以一隅数州之地传袭后人如此之久的藩镇，在唐五代史中是仅有的。

其二，在数大雄藩的夹缝中巍然屹立。后梁开平四年，李茂贞乘夏州内乱、李仁福新立，以凤翔、邠宁、彰义数镇兵，并联合晋王李存勖所属振武军，以联军五万，分数路攻围夏州。李仁福一方面婴城固守，另一方面立即向后梁朝廷告急。梁帝遣夹马指挥使李遇和刘绾自鄜、延趋银、夏，邀晋、岐等军归路。李仁福等固守夏州，"昼夜戮力逾月"，终于等来梁鄜、延方面的援军。于是河东、邠、岐等军在李仁福、李遇等梁军的内外夹击下，分路逃遁，夏州围解。此役结果意义重大，这是党项拓跋（李）氏继天祐三年的夏绥保卫战之后的又一次决定命运的辉煌胜利。前一次胜利为这一蕃人地方势力提供了继续生存机会，此一役结局则标志着拓跋（李）氏在夏绥的地位已非其他雄藩所能撼动。李仁福处在梁、晋、岐三大势力的夹缝之中，但他既有勇决习战的蕃将蕃兵为羽翼，又有坚如铁石的夏州城资以固守，再加上巧妙地利用梁与晋、岐的矛盾，奉梁正朔，以为外授，所以尽管岐王李茂贞、晋王李存勖"数会兵攻仁福"，最后都化险为夷。

后梁末帝乾化三年（913），李仁福在使相、检校太尉的头衔之上，又为梁加官检校太师，进封陇西郡王。

其三，由奉事大国到轻视朝廷。夏绥拓跋（李）氏之所以能在岐、晋等强藩多次冲击下都转危为安，除自身具备一定的实力外，一条重要的原因是他们能审时度势，奉事大国。所以每当受到强藩进攻时，"梁辄出兵救之"①。后唐同光二年（924），当李存勖灭梁的消息传到夏州时，李仁福"自以向拒晋师，中怀恐惧"。一向把奉事大国作为立足之本的李仁福，遂摇身一变，以新朝的拥戴者面目出现。他不失时机地遣派从兄、宥州刺史李仁裕"奉表入贡"②。而后唐庄宗李存勖则因李仁福主动款附，遂尽释前嫌，除命他依旧为夏州节度使，又进封他为朔方王。此后十年中间，李仁福对后唐天子贡奉不绝，臣礼颇修。

这种对朝廷奉事恭谨的情况，在李仁福卒后出现了较大的变化。后唐明宗长兴四年，李仁福卒，其子李彝超未经朝命即为三军推立为留后。而天子却将李仁福之死看作削除夏绥藩镇割据的机会。于是命李彝超徙镇彰武，而以彰武节度使安从进移镇夏州。为防止李彝超拒命，又派邠宁节度使药彦稠等统五万大军护送安从进赴夏州。李彝超则以"三军百姓拥隔"为借口，拒不受代。由此出现了朝廷与夏绥的一场大规模的冲突。战争的结果，官军失利，只好"授彝超检校司徒，充定难军节度使"③，承认了其世袭的特权。

夏绥拓跋（李）氏同朝廷抗争的胜利，其影响极为深远。如果说此前数战，只是同地区性雄藩较劲，那么此次夏州保卫战，则是同中原王朝分庭抗礼。而且自此之后，虽表面上先后奉后唐、后晋、后汉、后周正朔，但在心理上却不把朝廷放在眼里，"自是夏州轻朝廷，每有叛臣，必阴与之连以邀赂遗"④。如后汉乾祐元年至二年，河中节度使李守贞与长安帅赵思绾、凤翔帅王景崇连叛，李守贞赂李彝殷以求助。李彝殷发兵屯延、丹境上，以为李守贞奥援，直待官军包围河中，叛军败局已定，才将军队撤回。中原王朝对夏帅一味姑息、专事笼络，表明自朝廷讨夏失败，夏州的割据程度大大加深，夏帅的自主权进一步加强，夏军的实力已足以使朝廷不敢再对它轻举妄动。

---

① 《新五代史》卷四〇《李仁福传》，第437页。
② 吴广成撰，龚世俊等校证：《西夏书事校证》卷二，甘肃文化出版社1995年版，第13页。
③ 《旧五代史》卷一三二《李仁福传附李彝超传》，第1748页。
④ 《资治通鉴》卷二七八，后唐明宗长兴四年七月，第9085页。

其四，主动出击契丹。契丹主耶律阿保机在位（907—926）时，曾多次出兵攻击党项，河套以北的党项诸部被其征服。辽太宗耶律德光（927—947在位）即位后，复南侵，占领河套以南党项等蕃的部分地方。后唐清泰三年（936），河东节度使石敬瑭为在契丹的卵翼下当上儿皇帝，将燕云十六州割让于契丹。契丹在既有晋、冀北部地区之后，又得寸进尺，渡河西侵，迫使府州刺史（党项酋）折从远也归属契丹。由于契丹的南下西渐，本来不与契丹为邻的夏绥藩镇，其东北地区开始与契丹接境。为了保境安民，夏绥节度使李彝殷于后晋开运元年二月统兵四万，自麟州东渡黄河，攻入契丹的地域。后晋少帝对这种主动向契丹出击的策略表示赞赏，即以李彝殷为契丹西南面招讨使。此役在河西地区引起了强烈反响，契丹以府州等地与夏镇毗邻，为避免人地两失，遂计划将河西民众全部迁于辽东，由此导致府州人民起义和对契丹的脱离。不久契丹灭晋，关中等地一度为入主中原的辽太宗耶律德光遥控，而李彝殷则不为所制，夏、绥、银、宥诸州始终未让契丹染指。

其五，为治下蕃汉所拥戴。党项拓跋（李）氏之所以能享土长久，与其基本上能得到境内蕃汉民众拥戴有极大关系。如绥、银二州，有汉户约五千，当听说后唐明宗要攻讨夏州时，则采取不与朝廷合作的态度，皆藏匿山险。枢密使范延光在解释这种民心所向的现象时认为，尽管朝廷尝加抚慰绥、银民户，但由于这些民户同部落杂处，"其心翻覆多端"。既然对朝廷"翻覆多端"，对夏帅就是拥戴的了。所以在朝廷五万大军压境的百余天里，未见有当地汉人协助朝廷军队的事。至于夏属四州的蕃户，更是与夏帅同心同德，当药彦稠、安从进等兵临夏州城下时，李彝超即于城上燃起烽火，一夜之间，就有"杂虏数千骑"从远处赶来相助。及至朝廷军攻城，又有"党项万余骑徜徉四野，抄掠粮饷"，阻断关中百姓运送的粮草，使"官军无所刍牧"。① 这些都说明拓跋（李）氏在夏镇四州颇具深厚的社会基础，颇得人心。这才使其能立于不败之地。

三、折氏家族的崛起

折氏，源于世居云中的鲜卑折掘氏，唐时由于同党项世代杂处，遂融合于

---

① 《资治通鉴》卷二七八，后唐明宗长兴四年五月、七月，第9084—9085页。

该民族之中。据两《唐书·党项传》，党项在唐代有拓跋、费听、往利、颇超、野辞、房当、米禽七大姓，而《新五代史》则称有拓跋、细封、费听、折、野利五大姓。这说明五代时期党项原有的七大家族中的多数已衰微，而折氏和野利氏上升为大姓。野利氏属六州部落，唐贞元中徙于今陕北沿黄河一带，五代时他们在这一地区活动情况，因缺乏史籍记载，无法说清。折氏则不同，大量的文献记载表明，自五代迄宋，其家族世代缵缨，为府、麟等州党项诸部中最积极、最活跃、最有影响的势力。其家族情况得先从府州（即永安军）节度使折从远的父祖谈起。

1976年陕北府谷县出土的《折继闵神道碑》说："折氏自唐末世有麟、府地。初，宗本为唐振武军缘河五镇都知兵马使，其子嗣伦为麟州刺史，孙从阮，从阮子德扆，相继据府谷。"关于折宗本，文献中有作折太山的①，或作折大山的②。其发迹缘于为唐末割据太原的李克用所用。史载："李克用为晋王，知太山公可付以事，收录帐下，凡力所不能制者，悉命统之"③。李克用封晋王在唐昭宗乾宁二年十二月，可知折宗本被李克用授沿河五镇都知兵马使，当在此年之后。由于折宗本见重于李克用，所以其子李嗣伦于随后被晋王授麟州刺史。李嗣伦大约卒于后唐同光元年以前，终年50岁。有子五人：长子、次子、五子史籍阙名；三子从远于嗣伦卒时任府州副使；四子从依，任麟州司马。④

关于折从远，两《五代史》均有传。从远字可久，弱冠居父丧，以守孝尽礼闻名。李存勖镇太原时，以折从远为河东牙将，领府州副使。后唐庄宗同光（923—925）中，授府州刺史。明宗长兴初入朝，天子因折从远洞习边事，加检校工部尚书，复授府州刺史。后来石敬瑭为报契丹援立之恩，赂以云中、河西之地，折从远由是以郡隶于契丹。数年后，契丹欲尽徙河西之民以实辽东，折从远利用人心大扰，遂率众起义，据险抗拒契丹，并归附后晋王朝。又在晋少帝支持下，

---

① 韩荫晟编：《党项与西夏历史资料汇编》上卷《人物传志》，宁夏人民出版社2000年版，第205页。
② 《太平寰宇记》卷三八《府州》，第812页。
③ 韩荫晟编：《党项与西夏历史资料汇编》上卷《人物传志》，宁夏人民出版社2000年版，第205页。
④ 《全唐文》卷九九三《刺史折嗣祚碑》，第10291页。

深入敌境，连拔契丹十余寨。开运初年，加检校太保，迁本州团练使，兼领朔州刺史、振武军节度使、契丹西南面行营马步都虞候。刘知远称帝，建立后汉王朝，折从远率众归附，改名从阮。为优崇折从阮，后汉天子升府州为永安军，拜折从阮为节度使。乾祐二年（949），折从阮举族入朝，徙镇武胜军（今河南邓州），其子折德扆以朝命为府州团练使。后周太祖郭威称帝后，折从阮历徙宣义（滑州）、保义（陕州）、静难三镇。显德二年卒。

折德扆在任府州团练使期间，曾与北汉政权多次交锋，为巩固和发展后周在府州等地的统治立过汗马功劳。如广顺二年二月，北汉军三千入侵府州境，折德扆与巡检使李处稠等领兵应战，"杀贼（按谓北汉军）二千，收夺衣甲、鞍马万余事"①。折德扆又乘胜东渡黄河，攻克岢岚军（今山西岚县北），杀其军使张德仁、十寨都指挥使苏审，并派兵驻守岢岚军。此役不但胜利地保卫了府州，而且在北汉境内安插了据点。广顺三年，北汉军再次入寇，复为折德扆所败。显德元年（954），后周太祖郭威亲率大军讨伐北汉，在攻围太原时，折德扆带领州兵朝见天子。太祖因府州为对付北汉的前哨，且折德扆又战功卓著，于是复置永安军于府州，以折德扆为节度使。这时折从阮为邠宁节度使，"父子俱领节镇，时人荣之"②。显德三年（956），折德扆领军攻入北汉胜州境，杀敌五百余人。这年折德扆入朝，以弟折德愿代理州事，并请徙镇。后周世宗以其素得蕃情，不从其请。次年五月，折德愿同北汉也有一场交战，战事也发生在北汉境："败河东贼军（按谓北汉军）五百余众于夹谷寨，斩其寨主都（郝）章、都监张钊等。"虽是一般的战果，但天子为优崇折氏家族，遂"玺书褒美之"③。折德扆卒于北宋乾德二年（964），其子孙后人世代镇守府州并承袭官职，直到南宋建炎二年（1128）。

在唐末五代，真正做到了世卿世禄和享土长久的莫过于党项拓跋（李）氏和折氏。但这两大蕃姓家族，彼此之间不仅矛盾很深而且有着诸多不同。一是二者虽都发迹于唐末和五代初年，但拓跋（李）氏以朱全忠为靠山，折氏则依

---

① 《册府元龟》卷三六〇《将帅部·立功一三》，第4280页。
② 《宋史》卷二五三《折德扆传》，第8861页。
③ 《册府元龟》卷四三五《将帅部·献捷二》，第5174页。

附于朱梁的对立面——河东李克用父子。二是自后唐明宗讨夏失败，拓跋（李）氏傲视朝廷，并与叛镇暗中勾结，而折氏对中原王朝恭谨驯服，"控遏西北，朝廷赖之"①。三是早在唐僖宗中和元年，拓跋（李）氏就已授镇夏绥，而折氏直到后汉天福十二年才擢永安军节度，两年后又因节帅徙镇而镇废，七年后才又复置永安军。故拓跋（李）氏视折氏为晚出后进，于己则以老大、地区霸主自居。四是拓跋（李）氏拥有夏、绥、银、宥四州，后汉乾祐二年，朝廷又将新置党项州——静州（今陕西米脂西）隶于夏镇，②而折氏所据仅府州一州之地。五是基于上述情况，两家虽同出党项，但积怨颇深，而朝廷在处理二者纠纷时，则站在折氏一边。当折从阮、折德扆父子并据两镇时，李彝殷极为不满，尤其是对折德扆"亦为节度使"，竟"与己并列"，感到耻辱。由是迁怒朝廷，"塞路不通周使"。周世宗谋于宰相，宰臣认为："夏州边镇，朝廷向来每加优借，府州褊小，得失不系重轻，且宜抚谕彝兴（即彝超），庶全大体。"世宗则不以为然，驳斥说："德扆数年以来，尽忠戮力以拒刘氏，奈何一旦弃之！且夏州惟产羊马，贸易百货，悉仰中国，我若绝之，彼何能为！"于是天子下诏书责备李彝殷，李彝殷只好"惶恐谢罪"。③朝廷在处理党项二氏矛盾时，支持"尽忠戮力"的折氏，谴责骄慢无理的拓跋（李）氏。六是同地同族同有世袭特权的拓跋（李）氏、折氏，沿着截然相反的方向发展：傲视朝廷的拓跋（李）氏最终还是另立门户，建立了以西夏为号的政权；折氏"自从阮而下，继生名将，世笃忠贞"，历五代和宋世几二百年，一直"为西北之捍"。④

党项二氏虽然有诸多不同，但在享土长久上却基本一致：拓跋（李）氏由初为镇帅到立国到国破，首尾三百三十年；折氏从永安军始建至南宋建炎二年折可求以府州降金，亦据州镇一百八十二年。这不仅在陕西历史上占有突出的地位，就是在中华民族的发展史上，也具有特殊意义。

---

① 《册府元龟》卷四二九《将帅部·守边》，第5113页。
② 《资治通鉴》卷二八八，后汉隐帝乾祐二年正月，第9407页；《读史方舆纪要》卷五七《陕西六》，第2746页。
③ 《资治通鉴》卷二九二，后周世宗显德二年正月，第9523页。
④ 《宋史》卷二五三《折德扆传论》，第8875页。

第十六章 陕西文化的若干侧面

这一时期陕西文化的发展成就十分辉煌，尤其是以长安为中心的关中地区，不仅处于全国文化的中心地位，而且代表了这一时期中国文化的最高水平。无论是礼乐文明、宗教文明还是科技水平、儒学教育、文学与史学等，均是如此。同时，当时的长安还具有国际文化中心的地位，大量的外来文化在这里交融汇合，大批的外国人与各族之人在这里学习，并将中国高度发达的文化传播到世界各地，在很大程度上促进了世界文化的繁荣发展。陕西存留至今的隋唐五代文化遗址很多，这一切不仅是陕西宝贵的文化遗产，同时也是我国乃至世界文化的瑰宝。

第一节 礼乐文明的中心

一、《大唐开元礼》

《大唐开元礼》修成于唐代开元盛世,这一时期也是中国古代社会的全盛期。在开元之前,虽然已有《贞观礼》《显庆礼》的存在,两者颇有异同,一直没有调整,朝廷举行典礼,则"有司临事,远引古义,与二礼参考增损之,无复定制"[①]。这一状况显然不适合唐朝鼎盛的社会情况。于是,开元十四年(726),通事舍人王嵒上疏,请改撰《礼记》,削去旧文而以今事改编之。当时的皇帝玄宗诏集贤院学士等详议此事,学士张说认为《礼记》为历代不刊之典,很难改编。然贞观、显庆二礼,"仪注前后不同,宜加折衷,以为唐礼"[②]。玄宗从其意,初令右散骑常侍徐坚、左拾遗李锐、太常博士施敬本等编撰,历年不就。开元十八年张说死,萧嵩主持集贤院,以起居舍人王仲丘担此事,编撰者还有贾登、张烜、陆善经、洪孝昌等。开元二十年,撰成一百五十卷奏上,取名为《大唐开元礼》(以下简称《开元礼》)。同年九月五日,玄宗正式下诏,颁下行用。

《开元礼》分为吉礼、宾礼、军礼、嘉礼、凶礼等五礼,其中:前三卷为序例,吉礼七十五卷、仪五十五,宾礼二卷、仪六,军礼十卷、仪二十三,嘉礼四十卷、仪五十,凶礼二十卷、仪十八。这样共计一百五十卷、一百五十二仪,完整地展示了官方礼仪的规模和内容。这部礼书结构之缜密,叙述之精详,都是前所未有的,堪称中华礼学的旷世大典。在古代礼书中,它不仅篇幅最大,在质量上,也以完整的结构和详尽的叙述,成为后世依据的典范。

这部书堪称中华民族数千年的精神文化、物质文化精华的结晶,其对历史学、人类学、文化和思想的研究提供了丰富的资料。它涉及唐代社会的各个方面,蕴含着丰富的学术内容。例如:皇帝郊庙封禅之礼,不仅反映了古人的天人观念,而且展现出皇帝制度巩固发展的进程;释奠先圣先师之礼,昭示着道统与政统

---

① 《新唐书》卷一一《礼乐志一》,第309页。
② 《新唐书》卷一一《礼乐志一》,第309页。

的关系；自百官至庶民的婚丧仪制中有唐人的家族伦理观念；在诸国朝觐之仪中可见唐朝泱泱大国的气度及中外交通的盛况。此外，《开元礼》还保存了大量的唐令、唐式，是唐代法制史不可多得的宝贵史料；其中有关经义、礼法的论争，则是研治中古思想史、经学史的重要素材。在唐代的科举科目中，还专门设置了《开元礼》科，促使士子们精研这部礼书，从而扩大了其影响。此外，其对中国后世历代的影响也是非常大的，后世所编撰之礼书都是沿袭和参考《开元礼》而来的。

《开元礼》不仅是中国古代礼学的圭臬，更远播东亚、东南亚，对整个汉文化圈的礼乐律令制度都产生过重大影响，渤海、新罗、日本、高丽都曾请求唐朝传写《开元礼》，日本的古代礼书许多都抄录过其相关条文或者借鉴过《开元礼》。

《开元礼》虽为国家礼典，但是其修撰于长安，成书于长安，颁行于长安，在一定意义上也可以视为长安文明的结晶。

二、雅乐与燕乐

唐代乐舞有雅乐与燕乐之分。雅乐是朝廷举行各种典礼时所表演的乐舞，是所谓的庙堂之乐，用于南郊大典、宗庙祭祀以及朝贺、册封等典礼活动时。雅乐是所谓中国礼乐制度的重要组成部分，表演程式庄严、肃穆，但却死板、僵化，缺乏生命力，音乐也是固定不变的，因此除各种典礼活动外，即使在宫廷中也并非经常举行表演。

所谓燕乐，指的是举行宴享时表演的乐舞，也称为"宴乐"，因此燕乐并不只有娱乐性、艺术性，也具有一定的礼仪性。燕乐有广义与狭义之分。广义的燕乐是指所有宫廷和官方筵宴中表演的乐舞，狭义的则是指"十部乐"与坐部伎、立部伎中的第一部——《燕乐》。燕乐的根在民间，具有强大的活力与生命力。（见图16-1）

隋朝的燕乐为"九部乐"，即《西凉伎》《清商伎》《高丽伎》《天竺伎》《安国伎》《龟兹伎》《康国伎》《疏勒伎》《礼毕伎》等。唐朝初期仍然沿用隋朝的"九部乐"，贞观十一年，废除了《礼毕伎》。贞观十四年，创制了《燕乐》，并将它列为唐代"九部乐"第一部。这一年，唐朝灭亡了高昌王国，俘

图 16-1　西安唐李寿墓奏乐宫女壁画

（引自杜文玉、林兴霞编著：《图说中外文化交流》，世界图书出版公司 2017 年版，第 47 页）

获了许多高昌乐师。贞观十六年（642），唐太宗在举行宴会时，表演了《高昌乐》，从此以后，它便成为"十部乐"之一了。因此，唐代的"十部乐"是《燕乐》《清商乐》《西凉乐》《天竺乐》《高丽乐》《龟兹乐》《安国乐》《疏勒乐》《康国乐》《高昌乐》。在"十部乐"中，除《燕乐》和《清商乐》为中原固有的之外，其余八部均是少数民族及外国乐舞。

燕乐中包括多种音乐形式，如声乐、器乐、舞蹈、百戏等。其中歌舞音乐在隋唐燕乐中占有最重要的地位。多段的大型歌舞曲叫作大曲，在唐代燕乐中具有突出的艺术成就。

"十部乐"的内容十分复杂，其中中原地区固有的《清商乐》，又称《清乐》，乐舞甚多，武则天时部分亡佚，尚余六十多曲，可见内容之丰富。至于新创制的《燕乐》，完全是为了歌颂大唐帝国的兴盛繁荣，曲目不多，只有四部乐曲。其余八部乐，共计二十二曲。这些外来的乐舞，除了《高昌乐》，大多都在南北朝时期已经传入中国，比较多的保留了原来的民族风格或地区特色。

"十部乐"不仅是音乐，还包括舞蹈、歌曲在内，这与今天所说的音乐不同。如：《清商乐》包括舞蹈《白纻舞》《前溪舞》《铎舞》《公莫舞》《明君舞》《巾舞》《巴渝舞》等，歌曲《阳伴》等；《西凉乐》包括舞蹈《白舞》《方舞》，歌曲《永世丰》等；《天竺乐》包括舞蹈《天曲》，歌曲《沙石疆》等；《高丽乐》包括舞蹈《歌芝栖》，歌曲《芝栖》；《龟兹乐》包括舞蹈《小天》《疏勒盐》，歌曲《善善摩尼》；等等。

"十部乐"中的每部乐表演时都有一定的程式，其服饰、乐器、人数都有严格的规定，尤其是外来的那八部乐，表演者均要穿各自民族的服饰，乐曲的名称沿用音译，所使用的乐器也都是当地的民族乐器。

"十部乐"虽然是燕乐，但也只是在宫廷大宴或者皇帝在场的情况下才能表演，平常并不能随便演出。如果有朝廷官员擅自表演，将会受到严厉的处罚。即使是主管朝廷礼仪和祭祀乐舞的太常卿，也不能随意演出。如唐宣宗时，太常卿封敖在其任上时，未经皇帝同意便上演了，结果被贬了官，这就是前面所提到的燕乐具有礼仪性的体现。正因为如此，也使得"十部乐"具有较强的政治性，从而使其生命力受到较大的影响，在唐朝尚未灭亡之时，就已经有相当部分的曲目失传了。

在唐朝的燕乐中，最突出、最辉煌的是大曲。它是在乐府音乐和外来音乐的基础上，经过乐师们的创造而发展起来的，综合了歌唱、器乐和舞蹈的大规模乐舞，完成于唐代的极盛时期（开元、天宝年间，713—755），集中地代表了燕乐的最高艺术成就。大曲中有一部分称为"法曲"，是大曲中精致绚丽的部分。所谓法曲，因其融合佛门、道门曲，用于宗教法会，所以称为法曲或法乐。演奏乐器有钹、磬、铙、钟、笛、羯鼓、拍板、觱篥、洞箫、琵琶等，其中含有外来音乐成分之西域各族音乐，传至中原后，与汉族的清商乐结合，其音乐特点接近于清乐系统。唐玄宗创作的《霓裳羽衣》就是最有名的一部法曲。

唐代所用乐器有三百余种。燕乐中占主要地位的乐器是琵琶、箜篌、觱篥、笙、笛、羯鼓、方响等。唐代的乐器制造业很兴盛，长安有制造及修理乐器手工工场的集中地带。从史籍和敦煌的大量唐代乐舞壁画中，可以看到燕乐使用乐器的情况。（见图16-2）

图16-2 日本正仓院藏唐代琵琶

（引自杜文玉、林兴霞编著：《图说中外文化交流》，世界图书出版公司2017年版，第39页）

三、坐部伎与立部伎

由于"十部乐"逐渐成为宫廷仪式乐舞,仅在重要的筵宴和典礼上表演,缺乏活力。自唐高宗以来,宫廷乐舞以中原乐舞为基础,进一步吸收融合各民族和各国乐舞的精华,又创造出了新的乐舞,逐渐形成了精彩纷呈的坐部伎与立部伎。根据表演需要,在殿上坐着演奏的叫坐部伎,在殿下站着演奏的叫立部伎。这种分工实际上是根据表演者水平的高低而划分的,所谓"太常阅坐部,不可教者隶立部,又不可教者,乃习雅乐"①。坐部伎与立部伎的初具规模和形成体系是在唐高宗时期,至唐玄宗时期趋于完备。

坐部伎共有六部乐舞,即《燕乐》《长寿乐》《天授乐》《鸟歌万岁乐》《龙池乐》《小破阵乐》。坐部伎由于是在殿堂上表演,所以规模小,人数少,舞蹈者最少时只有三人,最多时有十二人。其中《长寿乐》舞者十二人,《天授乐》四人,《鸟歌万岁乐》三人,《龙池乐》十二人,《小破阵乐》四人。至于《燕乐》,包括四部乐舞,其中《景云乐》舞者八人,《庆善乐》四人,《破阵乐》四人,《承天乐》四人。坐部伎的舞蹈比较精致,对艺人的技艺水平要求较高,所以艺术性也较高。

立部伎共有八部乐舞,即《安乐》《太平乐》《破阵乐》《庆善乐》《大定乐》《上元乐》《圣寿乐》《光圣乐》。其由于是在室外广场庭院中演出,规模大,表演者人数多,最多的达一百八十人,最少的也有六十四人。其中《安乐》八十人,《破阵乐》一百二十人,《庆善乐》六十四人,《大定乐》一百四十人,《上元乐》一百八十人,《圣寿乐》一百四十人,《光圣乐》八十人。《太平乐》又称《五方狮子舞》,共五狮,每狮二人,每狮有狮子郎十二人,共七十人。立部伎舞蹈讲究排场,气势雄伟,有比较鲜明的政治性,主要歌颂唐朝皇帝的文治武功。

坐部伎与立部伎的所有乐舞节目,除《太平乐》之外,都是为了歌颂某一个帝王而创作的。除了《安乐》是歌颂北周武帝灭亡北齐的武功,其余多是歌颂唐朝的皇帝的。需要说明的是,在坐部伎与立部伎中均有《破阵乐》《庆善乐》,

---

① 《新唐书》卷二二《礼乐志十二》,第 472 页。

只是规模大小不同,也可以说前者是后者的改编而已。(见图16-3)

坐部伎与立部伎的节目虽然多为唐代新创作的,但却是在吸收各民族、各国乐舞精华的基础上形成的,比如《太平乐》《大定乐》《破阵乐》所用的音乐就具有龟兹乐的风格,《庆善乐》具有西凉乐风格,而西凉乐是在吸收西域音乐的因素后形成的。与此同时,坐部伎与立部伎又吸收了许多民间乐舞因素,如《鸟歌万岁乐》就包括《鸲鹆舞》《孔雀舞》《鹤舞》等唐朝的传统舞蹈。《龙池乐》吸收了雅乐的音乐因素,但去掉了钟、磬等雅乐乐器,曲调优美,舞步轻盈。所以坐部伎、立部伎与"十部乐"有很大的不同,已不再像后者那样照搬诸族及各国乐舞,而是在继承传统、吸取各种音乐精华的基础上新编制创作的唐代乐舞,反映了盛唐文化发展的总趋势,即从原样照搬到吸收融化再到重新建构

图 16-3 西安唐苏思勖墓壁画乐舞图

(引自杜文玉、林兴霞编著:《图说中外文化交流》,世界图书出版公司 2017 年版,第 47 页)

的发展历程。

由于唐朝的都城就在长安,这些乐舞都是在长安创作和表演的,他处不可见,因此它既是唐代乐舞最高水平的体现,也是长安艺术高超的一种表现。

四、梨园与梨园弟子

梨园位于长安城北皇家禁苑内,具体位置在光化门北,而光化门则是禁苑南面西头第一个门,具体位置在今西安市以北的小白杨村附近。因这一区域内多植梨树,故号"梨园"。其实长安及其周围称梨园的还很多,除此之外,还有蓬莱宫侧内教坊的梨园法部、东宫宜春北院的梨花园、长安太常寺西北的梨园别教院、华清宫瑶光楼南的梨园等。[1]

关于梨园之名,最早见于唐高宗仪凤元年(676),其名的确定可能还要早于这个时期。梨园内还有建筑物存在,武则天时,诗人沈佺期写有《三月三日梨园亭侍宴诗》:"九门驰道出,三巳禊堂开。画鹢中川动,青龙上苑来。野花飘御座,河柳拂天杯。日晚迎祥处,笙镛下帝台"[2],描写了女皇在梨园举行盛大宴会的情景。唐中宗也在这里举行宴会,景龙三年正月乙亥,"宴侍臣及近亲于梨园亭"[3]。这个梨园亭就建在梨园内。唐朝后期在梨园内还建有宫殿,《唐会要》卷二七载:唐文宗"太和四年七月,幸梨园会昌殿,观新乐"。《长安志》卷六《右别见》载:"梨园,在通化门外正北。禁苑南有文宗会昌殿。含光殿。昭德宫。"会昌殿、含光殿、昭德宫就建在梨园内。

《新唐书》卷二二《礼乐志十二》载:开元二年,"玄宗既知音律,又酷爱法曲,选坐部伎子弟三百教于梨园,声有误者,帝必觉而正之,号'皇帝梨园弟子'。宫女数百,亦为梨园弟子,居宜春北院"。从这段记载可以看出,唐玄宗的梨园弟子包括两部分人:一部分是坐部伎的子弟,人数为三百人;另一部分则为宫女,人数为数百人。其中宫女组成的这部分梨园弟子,住在宜春北院,那么坐

---

[1] 周伟洲:《唐梨园新考》,见周伟洲:《汉唐气象:长安遗珍与汉唐文明》,中国社会科学出版社2013年版,第245页。不过其将位于东内苑(即蓬莱宫侧)的内教坊视为梨园法部之所在地,并无充分的史料依据。

[2] 李昉等:《太平御览》卷三〇《时序部》,中华书局1960年版,第145页。

[3] 《册府元龟》卷一一〇《帝王部·宴享二》,第1308页。

部伎子弟三百人又住在何处呢？上面的记载没有提到。另据《旧唐书》卷二八《音乐志一》记载，在梨园附近另建有院落以安置他们。这是因为坐部伎子弟皆为男性，不便在宫内安置，只能把从宫女中选出的这部分梨园弟子安置在宜春北院，而他们被安置在梨园别院分别居住。宜春北院位于东宫之内。

唐玄宗教授的所谓法曲，现能考知的法曲曲目有数十种，即"王昭君乐一章、思归乐一章、倾杯乐一章、破陈乐一章、圣明乐一章、五更转乐一章、玉树后庭花乐一章、泛龙舟乐一章、万岁长生乐一章、饮酒乐一章、斗百草乐一章、云韶乐一章，十二章"①。此外，还有一戎大定乐、赤白桃李花、堂堂、望瀛、霓裳羽衣、献仙音、献天花、听龙吟、碧天雁、火凤、春莺啭、雨淋铃等，共计二十四曲。

除此之外，"梨园法部，更置小部音声三十余人。帝幸骊山，杨贵妃生日，命小部张乐长生殿，因奏新曲，未有名，会南方进荔枝，因名曰《荔枝香》"②。梨园小部的这三十人，年龄皆在15岁以下。这里所说的《荔枝香》，是一首新创作的乐曲。可知这些曲子有的是前代流传下来的古曲，有的是唐代创制的新曲，有的属于清乐，有的属于胡乐，有的属于俗乐，有的属于雅乐，有的则属于佛曲或道曲，都是供奉于内廷的唐代音乐的精华。

这样遂使梨园成为唐玄宗教授音乐的另一宫廷机构了，由于是皇帝亲自指导，故备受人们的重视。梨园弟子除了学习和练习音乐、歌唱、舞蹈，还承担为宫廷娱乐服务的职能，前面所提到的梨园小部在华清宫表演的情况，便是明证。

杨贵妃也时常到梨园来，与梨园弟子们切磋技艺，或者与其同乐。其实在天宝时期，不仅唐玄宗有梨园弟子可教，杨贵妃亦有弟子。据《明皇杂录》载，由于她善弹琵琶，"而诸王贵主洎虢国以下，竞为贵妃琵琶弟子，每授曲毕，广有进献"。只是杨贵妃的弟子与众不同，皆为亲王、公主及其他贵族妇女，包括杨氏姐妹在内。

安禄山叛军攻入长安后，梨园弟子四处离散，但是安史之乱平定以后，梨

---

① 《唐会要》卷三三《诸乐》，第717页。
② 《新唐书》卷二二《礼乐志十二》，第476页。

园作为宫廷音乐机构又一次恢复起来了。一直到唐代宗大历十四年五月,刚刚即皇帝位的唐德宗就宣布罢去梨园使及乐工三百人。此次罢去的只是作为宫廷音乐机构的梨园,将剩余人员转隶于太常寺。只是梨园置使不知始于何时,很可能是在肃、代时期。

但是从唐后期的情况看,梨园作为宫廷音乐机构又恢复了,直到唐朝末年的昭宗统治时期,还提到梨园乐工之事。如黄巢义军攻入长安后,"乐工沦散","钟悬之器,一无存者"。后来唐昭宗即位时,亲谒郊庙,只好另行铸造编钟,"求知声者处士萧承训、梨园乐工陈敬言与太乐令李从周,令先校定石磬,合而击拊之,八音克谐,观者耸听"。①唐昭宗即位于龙纪元年(889),距大历十四年已经一百一十多年了,故这里所提到的梨园乐工陈敬言,当是指昭宗时的梨园乐工。可见,梨园作为唐朝的宫廷音乐机构断断续续持续二百年左右。

第二节 宗教文明的中心

一、佛教中心长安

佛教传入中国后,随着佛经、佛教哲理的大量传入,许多佛经被翻译过来。唐长安城的荐福寺、慈恩寺、大兴善寺是三大佛经译场。唐代佛经的翻译在数量和质量上都超过前代。在翻译、宣讲佛经的过程中,由于僧人们所依据的经典不同,宗教理论体系各异,逐渐形成了许多佛教宗派,经过这些宗派创始人的努力,促进了佛教的中国化。在佛教宗派中影响较大的有天台宗、禅宗、法相宗、华严宗、净土宗、三论宗、密宗、律宗等,除天台宗、禅宗外,其余六个宗派都是在长安创立的。

法相宗的祖庭在大慈恩寺,故又称"慈恩宗",由著名高僧玄奘(见图16-4)创立;华严宗的祖庭在华严寺,建在长安城南少陵原上,京兆万年人杜顺是其始祖,法藏为其代表;净土宗的祖庭是长安城南神禾原上的香积寺,善导为其创始人;三论宗的始祖为后秦鸠摩罗什,实际创立者为隋代吉藏,祖庭在长安城西南圭峰山下的草堂寺;密宗的创始人为开元时期的高僧善无畏、金

---

① 《旧唐书》卷二九《音乐志二》,第1081—1082页。

图 16-4　玄奘雕像
（杜文玉摄影）

刚智、不空，大兴善寺是密宗的祖庭，长安乐游原上的青龙寺是长安密宗的重要传播地；律宗的创始人是道宣，因其常年在终南山沣峪的丰德寺、净业寺研究律宗，所以律宗又称"南山宗"或"南山律宗"。

　　唐代长安的著名寺院还有大荐福寺，保留至今，高僧义净从印度取经回来在此寺主持译经。荐福寺位于长安城开化坊南半部，寺内建有十五层佛塔，即小雁塔（见图16-5）。1487年被地震震毁两层，今存十三层。此外，还有西明寺、宝刹寺、宝庆寺、宝应寺、报恩寺、崇福寺、崇敬寺、崇圣寺、慈仁尼寺、大安国寺、大觉寺、大庄严寺、定海寺、法界尼寺、法觉尼寺、法明尼寺、甘露尼寺、光明寺、光德寺、兴唐寺等，都是著名的寺院。

　　唐代的长安是全国的佛教中心，高僧云集，名寺密布，但是关于长安到底有多少佛寺，诸书却记载不一。韦述的《两京新记》说有九十一寺，其中僧寺

图 16-5　西安荐福寺小雁塔
（杜文玉摄影）

六十四，尼寺二十七；宋敏求的《长安志》说有一百零四所，僧寺七十六，尼寺二十八；徐松的《唐两京城坊考》云有一百零七所，僧寺七十九，尼寺二十八；日本僧人圆仁说"长安城里坊内佛堂三百余所"①。目前有学者已考知的有一百九十二所②，其中包括郊外及终南山在内。又有学者在此基础上新考知了二十八所佛寺③，则已知的长安寺院共计二百二十所。可见日僧圆仁的说法比较切合实际。不过在这些已考知的佛寺中有少量的同寺异名，除去这些重复的

---

①《入唐求法巡礼行记》卷四，第 178 页。
② 孙昌武：《唐长安佛寺考》，见荣新江主编：《唐研究》第 2 卷，北京大学出版社 1996 年版，第 1—49 页。
③ 介永强：《〈唐长安佛寺考〉补苴》，载《中国历史地理论丛》2009 年第 3 辑，第 130—136 页。

佛寺①，已考知的长安佛寺仍然有二百多所，大量的山寺、僧舍、兰若、佛堂尚不在其内。

长安郊区与关中其他地区有名的寺院也很多，最著名的当属法门寺（见图16-6），位于宝鸡扶风县法门镇。其始建于东汉，北魏时进行了扩建，北周武帝废佛时，大部分建筑被焚毁，隋文帝重新修建，唐太宗又加以维修，武宗废佛时又遭到破坏，宣宗时重新恢复。法门寺以供奉释迦牟尼真身舍利而闻名。寺内有真身宝塔，1981年8月塔西南部毁崩。1986年开始拆除塔体。1987年4月3日发现塔底的地宫，在地宫发现四枚佛指舍利，引起轰动。还有唐朝各代皇帝所赐的各种稀世珍宝。据地宫的《物帐碑》记载，有金、银、铜、铁、珍珠、玳瑁、秘色瓷、水晶、宝石、玉石、松绿石、石刻、玛瑙、琥珀、木漆器、玻

图16-6　法门寺
（杜文玉摄影）

---

① 介永强《〈唐长安佛寺考〉若干问题辨正》（载《中国历史地理论丛》2010年第4辑，第151—156页）载："重复者共十二所，子虚乌有的一所。"

璃器以及大量丝绸、佛经,共计2889件。所藏金银器就有121件组,包括法器、供养器、生活用具,质地分纯金、纯银和银质鎏金三种。生活用具中有一套茶具,是宫廷使用的。这套茶具包括烧烤、碾磨、烹煮、储藏、饮用等程序的工具,银风炉,鎏金银锅轴,鎏金奔马仙人乘鹤银茶罗,鎏金鸿雁流云纹茶碾子,鎏金银则、银盆、秘色瓷碗、淡黄色的琉璃茶碗、茶托,整套茶具繁丽小巧,配套完备,可见唐宫室饮茶极为讲究。所藏金银器做工考究,精工细雕,华丽精致,光彩夺目,反映了唐代金银器加工的精湛技术。地宫珍宝对研究唐代政治、经济、文化、宗教、艺术等方面都有极高的价值。

在长安南郊的终南山中分布有大量的佛寺,现能考知的主要寺院有白泉寺、法池寺、法兴寺、丰德寺、奉日寺、惠炬寺、感配寺、广福寺、净业寺、龙池寺、龙田寺、王效寺、云际寺、云居寺、智炬寺、独圣寺、回向寺、九空仙寺、库谷内寺、灵感寺、太白寺、至相寺、竹林寺、棕榈寺、南五台等。

唐代长安不仅是全国的佛教中心,在一定意义上也可以说是世界佛教中心,因为印度佛教后来衰微了,唐朝周围各国僧人往往都到中国求法,其中长安是其必来之地,日本的许多佛教宗派都是从长安传过去的。

二、道教中心长安

道教是中国土生土长的一种宗教,基本定型于东汉,尊老子李耳为教祖。早期道教所信奉的主要经典为《道德经》。在北周武帝禁断佛教、道教之后,隋朝复开始重视二教。隋代的长安共有道观十处,而唐代的长安共有道观四十二座,比之隋代有了大幅度的增长,这是唐朝尊崇道教的结果。其中二十一座是公主、妃嫔和大臣的宅舍捐赠而建起来的,可见长安道教建筑的大量增加,是统治阶级大力支持的结果。唐高祖、唐太宗都对道教的发展持坚决支持的态度,其中太宗还颁布了《道士女冠在僧尼之上诏》,明确地说:"况朕之本系,起自柱下。鼎祚克昌,既凭上德之庆;天下大定,亦赖无为之功。"认为李唐皇室为老子(柱下)之后裔,天下大治是坚持老子"无为"学说的结果,并规定:"道士、女冠,可在僧尼之前。"①唐朝统治者的这一态度引起了

---

① 《唐大诏令集》卷一一三,第586—587页。

佛教徒的不满。在唐初，佛、道二教展开了激烈地辩论，而长安则是论战中心。释道宣《集古今佛道论衡》记载参加佛、道论辩的长安道士有李荣、成玄英、李仲卿、刘进喜、蔡晃、张惠元、姚义玄、郭行真等。东明观道士李荣，时人称为"老宗魁首"。龙兴观道士成玄英是"重玄之道"的著名道士。《两京新记》卷三载：大崇福观，"有道士刘宝概者，京兆三原人，善讲论，为时所重"。此后，长安一直是全国的道教中心，会集了许多著名的道士，而佛、道、儒三教之间的争论始终没有平息过，直到玄宗时还诏儒、释、道三教各选一百人，集于内殿辩论，其中道教首席即为玄都观道士叶静能。此人道法高妙，唐玄宗常驾幸其院内，与他讲论道法，朝廷卿相，也无不往之。

唐朝历代皇帝还广征召名山宫观高道至长安或传授法箓，或谈仙论道，或斋戒祈福，如唐太宗召孙思邈，唐高宗召刘道合，武则天召胡慧超，唐代宗召桑道茂，唐德宗召李泌，唐宣宗召邓元起、轩辕集。唐玄宗召高道最勤，天台道士甘泉先生、司马承祯，徐州道士王希夷、恒山张果、茅山李含光、嵩山吴筼、括苍道士叶法善等，皆被礼请入京。唐宪宗、唐武宗也都好神仙异术，"海内道流方士。多至辇下"①。征召入京的道士，即栖止长安道观，致使长安高道云集，发展成为道教文化中心。

长安道士在道学方面颇多贡献。唐初长安道士李荣撰《老子注》，阐发道教义理，颇为后人所重。龙兴观道士成玄英撰《老子道德经注》《开题序诀义疏》《庄子注》《庄子疏》等。《集古今佛道论衡》卷丙载：贞观二十一年，"道士蔡晃，成英二人，李宗之望，自余锋颖三十余人，并集五通观，日别参议，详核道德"。此成英即成玄英之讳称。太清观道士张万福，是中宗、睿宗、玄宗朝长安著名高道，他致力于道教科仪的撰写编修，著《传授三洞经戒法箓略说》《三洞众诫文》《三洞法服科戒文》《洞玄灵宝三师名讳形状文》《洞玄灵宝道士受三洞经诫法箓择日历》《洞玄灵宝无量度人经诀音义》等道经，张万福前承陆修静，后启杜光庭，是唐代道教科仪制定最重要的人物。唐代《道藏》编纂，参加者多是长安道士。长安昊天观主尹文操在高宗朝主持编《玉纬

---

① 《太平广记》卷七四《唐武宗朝术士》，466页。

经目》，著录道经七千三百卷。唐玄宗先天中，命长安太清观主史崇玄为大使，组织诸道观大德和昭文馆、崇文馆学士修《一切道经音义》。因此，有唐一代不仅道教获得了极大的发展，其学说也得到了空前的发展。

唐代关中的道教圣地当数楼观台（见图16-7），位于今周至县东南约20公里的秦岭山麓丛林之中。相传周大夫函谷关令尹喜，在此结草为楼，观察天体。后来老子在楼南高岗筑台讲经。自秦代起，历代均有扩建或修葺，唐代尤盛。高宗时改名宗圣宫，玄宗时改为宗圣观，是道教的发源地。除此之外，长安还分布有大量的道观，著名的有玄都观、清都观、清虚观、天长观、五通观、龙兴观、东明观、昊天观、昭成观、玄真观、先天观、福唐观、开元观、金仙观、玉真观、太清观、兴唐观、玉芝观、太真观、回元观、宗道观、唐昌观、归真观、大角观等。这些道教观舍主要分布在宫廷、里坊和长安郊外，其中归真观在太极宫内，大角观、玉晨观就在大明宫内。除此之外，在宫廷内还有一些带有道

图 16-7　楼观台老子像
（杜文玉摄影）

教性质的建筑,如太极宫内的三清殿、望仙殿,大明宫内的三清殿、望仙楼、望仙台、玄元皇帝庙,兴庆宫的大同殿等,都或多或少地与道教有着直接或间接的关系。以上这些道观的兴建大都与皇室或官府有关,至于民间建造的道观不在其内,这就进一步说明长安道教的发展具有强烈的官方色彩。

此外,长安道教还是城市道教发展的典型,长安道教的发展兴盛是民间道教官方化、正统化的必然结果。道教在长安的活动,对唐代政治文化的影响和作用,是各名山道教所不可企及的。长安是唐代道教学术文化的中心,长安道教文化是灿烂的长安文明的重要组成部分。

五代十国时期陕西著名的道士陈抟,后唐长兴时举进士不第,遂隐居华山,曾受到周世宗的召见,宋太宗赐号希夷先生。陈抟好《易》,著有《指玄篇》81篇,又有《三峰寓言》《高阳集》《钓潭集》传世。

三、三夷教、伊斯兰教在长安

传入中国的西方宗教,除了佛教,还有景教、摩尼教、祆教、伊斯兰教。这些宗教大都是先传到长安,再由长安传播到国内各地。

景教是唐朝对传入中国的基督教聂斯脱利派的称呼,其起源于今叙利亚,被视为最早进入中国的基督教派,目前已成为学术研究一个十分活跃的领域。唐太宗贞观九年,大秦国僧侣阿罗本将此教传入中国。贞观十二年七月,唐太宗颁诏曰:"波斯僧阿罗本远将经教来献上京,详其教旨,玄妙无为,生成立要,济物利人,宜行天下。所司即于义宁坊建寺一所,度僧廿一人。"[①]景教寺院,最初称波斯寺,后更名为罗马寺、大秦寺。自唐太宗以来,景教在中国发展较快。到高宗时,景教已流行于全国,信徒众多,据大秦景教流行中国碑(见图16-8)载,已经出现了"法流十道,国富元休,寺满百城,家殷景福"的盛况。高宗尊崇阿罗本为"镇国大法王",并下诏于诸州兴建景寺,使景教得以广泛流传。武则天信奉佛教,景教一度受到排挤,景教教士在洛阳修建"大周颂德天枢",并将景教教义佛教化,使得武氏大悦,景教才得以继续发展。

唐玄宗即位后,景教重获朝廷尊崇,开元年间曾命景教士在兴庆宫讲道。

---

① 《唐会要》卷四九《大秦寺》,第1011—1012页。

天宝初亦曾命宁国等五王到景寺礼拜，设立坛场，并陈列太宗、高宗、睿宗、中宗、玄宗五圣帝像于寺中供人礼拜。玄宗还邀罗含和普论等十七名景教士一起做礼拜，讲福音。当时称景教为波斯经教，其教堂称波斯寺，天宝四载（745），玄宗下诏改为大秦寺。唐代宗、德宗亦弘护景教。唐代宗在每年耶稣圣诞节时，均勤备异香，又传御膳以赐司祭，显其隆情。唐德宗亦优待景教，不亚于前朝。当时教会遍布全国，除两京外，在灵武、成都、广州等地都有大秦寺。（见图16-9）

景教传入中国后，为了自身的发展，曾同当时的主流文化紧密结合起来，极力顺应中国固有的宗教和宿命论思想，不但袭用道、佛二教经典词语、模式，另外在敦煌石室中发现的汉文景教文献也深刻地透露出佛、道文化及中国儒家文化的特征。

唐武宗会昌灭佛，波及景教等外来宗教。由于景教的传播过分依赖帝王庇护，而信奉者又多是胡人，故经武宗禁止后，便逐渐衰落了，但在中国并未完全绝迹，至唐末内地仍有残余的景教徒。

图16-8　大秦景教流行中国碑
（西安碑林博物馆提供）

祆教又称火祆教或拜火教，是中国古代对流行于中亚和中原地区的波斯琐罗亚斯德教的称呼，该教主张善恶二元论。其祭礼的主要特点就是在露天的祭台上燃放圣火，认为通过崇拜圣火可以与神沟通，故又称拜火教。

祆教传入中国较早，最晚在西晋末年，就有祆教徒在中国活动了。其在中国的传播，主要是由丝绸之路上追逐利益的粟特人完成的。经过漫长的教义传播，至迟在北魏时为政府所接受和信奉，曾受北魏、北齐、北周、南梁等朝的扶持。北魏灵太后率宫廷大臣及眷属数百人奉祀火天神。北魏以后的北齐后主"躬自鼓舞，以事胡天"①，在京都邺就有不少奉祀火神的神庙。北周"又有拜胡天制，皇帝亲焉。其仪并从夷俗"②。隋唐时期，中国同西方的交往更加密切而频繁，不仅新疆的高昌、焉耆、康国、疏勒、于阗等地流行祆教，长安、洛阳等地也随着胡人的深入出现了大量的祆教徒。（见图16-10）

图 16-9　陕西周至大秦寺塔
（杜文玉摄影）

　　从北魏开始，北齐、北周都在鸿胪寺设置祆教的祀官。至唐朝，祠部设有管理祆教的祀官——萨宝（也称萨甫）府官员，主持祭祀。有萨宝府祆正、祆祝、率府、府史等，从四品至七品不等。东、西两京都建有祆祠，其中东京洛阳有四所，西京长安有五所，分布在布政坊西南隅、醴泉坊西北隅、普宁坊西北隅、靖恭坊街南之西，崇化坊亦设有一处。

---

① 《隋书》卷七《礼仪志二》，第149页。
② 《隋书》卷七《礼仪志二》，第149页。

图 16-10 波斯波利亚的祆教最高神阿胡拉·马兹达雕像
（引自杜文玉、林兴霞编著：《图说中外文化交流》，世界图书出版公司 2017 年版，第 91 页）

祆教在东传过程中，亦与佛教相杂糅。敦煌石窟中发现过具有祆教特征的佛教图像，长安城中同一坊内祆祠往往与众多佛寺并立，布政坊的祆祠就与同坊内的佛寺善果寺、镇国大般若寺等并存。

虽然祆教曾一度得到唐政府的扶持，然而却禁止中国本地人信仰祆教。会昌五年，武宗排佛时祆教也受牵连。祆祠被拆毁，祭司勒令还俗，祆教受到严重打击。虽至唐宣宗大中年间弛禁，未能恢复元气。以后经五代、两宋犹有残存，民间仍有奉祀火神习俗，在汴梁、镇江等地仍然有祆祠存在。南宋以后，逐渐不见于中国典籍的记载，该教遂在中国内地基本绝迹了。（见图 16-11）

摩尼教又称作牟尼教、末尼教或明教，公元 3 世纪由波斯人摩尼所创。其基本教义主张男女平等，分财互助，不吃荤酒，死后裸葬，崇拜大明神、神的光明、神的威力及神的智慧四大尊严。摩尼教的基本教义是"二宗三际论"。摩尼教大约在唐以前便传入中国，唐高宗、武后时期，摩尼教教徒开始在中国公开传教。武则天延载元年（694），波斯人拂多诞把摩尼教的《二宗经》传入

图 16-11　史君墓石椁南侧的祆教祭司与火坛图
（引自杜文玉、林兴霞编著：《图说中外文化交流》，世界图书出版公司 2017 年版，第 92 页）

中国。开元七年，吐火罗国进献了一个精通天文的摩尼教传教士。

摩尼教在中国的传播和发展并不十分顺利。玄宗开元年间，曾下诏称摩尼教为邪教，禁止其在民间传播。由于回纥登里可汗皈依了摩尼教，在他的倡导下，摩尼教也大规模地传入回纥，回纥也由信奉萨满教改为信仰摩尼教，并定其为回纥的国教。安史之乱爆发后，唐王朝曾借兵于回纥以平息叛乱。摩尼教遂借助回纥的力量，在唐朝境内再次流行。摩尼教教徒经常随回纥使者来到唐朝，并得到唐王室礼遇，使得摩尼教在中国迅速传播。唐代宗大历三年（768），允许回纥摩尼教教徒在长安兴建摩尼寺，并赐额"大云光明寺"。大历六年（771），又应回纥之请，允许在荆州、扬州、越州等州各建一座大云光明寺。从此，长江南北的湖北、江西、江浙地区均建有摩尼寺庙。唐宪宗元和年间，又在河南、太原等地兴建摩尼寺，并派专员保护。（见图 16-12）

与景教、祆教一样，摩尼教在东传的过程中，也逐渐吸收了佛教的因素。北京图书馆所藏的《摩尼教残经》，是现存最早的汉译摩尼教经典，大约翻译

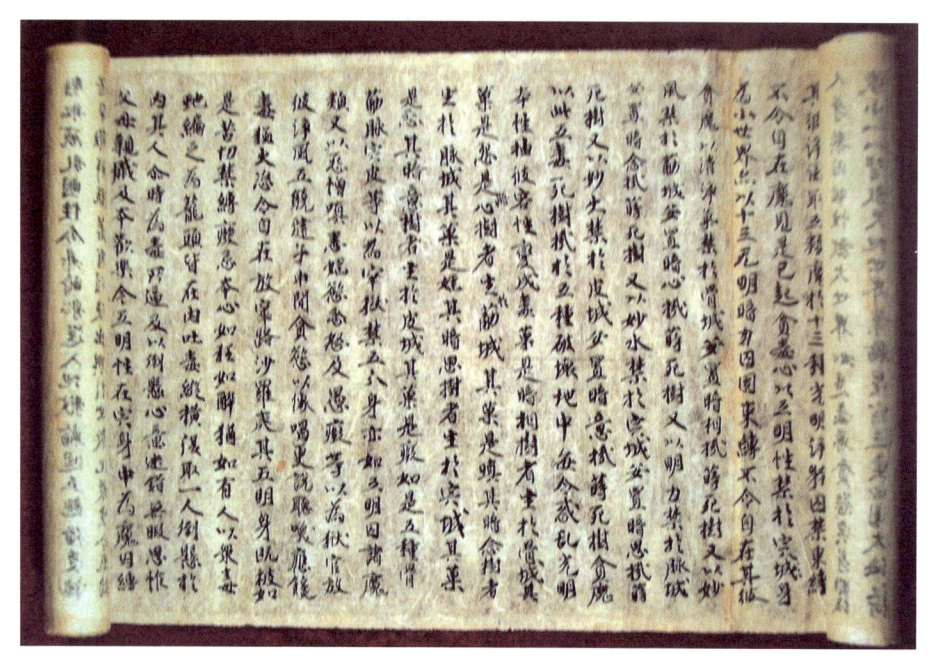

图 16-12　敦煌文书中的《摩尼教经》

（引自杜文玉、林兴霞编著：《图说中外文化交流》，世界图书出版公司 2017 年版，第 94 页）

于武则天时代，其中已有不少佛教术语。对佛教因素的吸纳，大大便利了摩尼教在民间的传播。

回纥衰亡之后，摩尼教在中国的传播受到严重影响。会昌元年，唐廷下令没收摩尼教资产与书像等物，一些摩尼教教徒反抗，导致长安的摩尼教教徒死者达七十二人。会昌三年，唐武宗进一步禁断摩尼教，废除寺院，焚毁经像，没收财产，摩尼教教徒或殉教而死，或配流诸道，一时作鸟兽散。此后，传入中国的摩尼教与中亚地区的摩尼教团失去了联系。

摩尼教先于祆教、景教被禁，这一点史书记载的较为详细，可见该教在唐后期声势颇大。会昌法难后，摩尼教不能在社会上公开传教，转而在民间秘密流传，并逐渐与其他宗教和民间信仰相结合，历五代两宋仍不衰。曾被一些农民起义用来作为组织形式，从事秘密活动，所谓"吃菜事魔""夜聚晓散"。北宋的方腊起义，元末的红巾军起义，都打出过明教的旗号，但是已经与摩尼教没有直接的关系了。

伊斯兰教传入中国的年代，学术界尚无定论。据唐人王钅共所说，伊斯兰教是隋文帝时传入的。一般以唐永徽二年（651）作为标志。据中国史籍《旧唐书》与《册府元龟》记载，这一年伊斯兰教第三任哈里发奥斯曼（644—656年在位）派使节到唐朝首都长安，晋见了唐高宗并介绍了伊斯兰教义和阿拉伯国家统一的经过。在唐朝境内有大量的穆斯林存在，阿拉伯人遍布于全国各地，人数最多的当属长安与广州两地，主要是商人、使者、大食士兵、战俘等，此外，今新疆、河西、陇右一带人数也不少。宣宗时允许穆斯林参加科举考试，并规定最低限度的录取名额。大食国人穆斯林李彦升就是在这种情况下于大中二年考取进士的。

唐代的长安已经有伊斯兰教寺院了，今天西安化觉巷的清真大寺（见图16-13）是天宝元年所建，大学习巷的清真寺建于唐神龙元年。五代时期，中国内地伊斯兰教传播重心由西部长安一带转移到了南部。在福建、广东等地，伊斯兰教的活动较为活跃。而原在长安一带的伊斯兰教信徒这时也大都迁往蜀中。

图16-13　西安化觉巷清真大寺（始建于唐天宝元年）
（杜文玉摄影）

第三节 科技文明

一、雕版印刷术的发明

雕版印刷术始于隋代初年。英国《大亚细亚》杂志1949年第1卷第2号载有对斯坦因从中国所盗文物的考释研究，其中有斯坦因从新疆吐鲁番吐峪沟所获一印刷品，上印有"延昌卅四年（公元594年，开皇十四年）甲寅，……家有恶狗，行人慎之"。这是现在所知最早的印刷品之一。雕版印刷是在印章和石刻拓印的基础上发展而来的。我国镂石刻字由来已久，刻字的技术和经验很丰富，使用印章更是相当普遍。雕版印刷就是根据这样的原理发明的，它是将文字雕刻在木板上，再刷上墨，复印到纸上。印刷术创自民间，充分显示了我国古代劳动人民的聪明才智。

由于文化繁荣，加之文化传播的迫切需要，又促进了印刷术的发展和推广使用。开始主要用以印刷佛经、佛像、历书等，不过早在贞观时，长孙皇后所写的《女则》就已经有了刻版传世，唐中叶以后，应用更广，长安城中发现有印卖元稹、白居易的诗作，太和九年，雕版印的历书，已相当普遍了。咸通九年（868）印造的《金刚经》（见图16-14），现藏英国伦敦大英博物馆，它是在敦煌千佛洞发现的。由七张纸装成的卷子本，第一张为雕印的佛的故事图，后六张为正文。虽年代久远，仍可看出雕刻技术精湛、印刷清晰，说明当时刻印技术已很成熟。五代十国时期，已大量印行儒家经书和诗文作品。

作为隋唐两朝的都城，长安的雕版印刷业也是走在全国前面的，从现在发现的一些印刷品实物看，已经可以证明这一点。如敦煌发现的咸通二年《新集备急灸经》一卷，书题下有"京中李家于东市印"的字样。《崔氏夫人要（训）女文》尾题"上都李家印《崔氏夫人》一本"。这两件物品都有"李家"，应该是指同一家印刷铺，位于长安东市之内。此外，1967年考古工作者在西安西郊张家坡西安造纸网厂工地，收集到唐墓出土的梵文《陀罗尼咒经》印本一页。1974年和1975年，西安市文管会分别在西安柴油机厂和西安冶金机械厂征集到从土坑唐墓中出土的印本《陀罗尼咒经》各一件，前者为梵文印本，后者为咒经汉译本。具体年代尚难确定，但无疑均为唐代的物品，又都是西安出土的，

图 16-14　唐咸通九年印刷的《金刚经》
（引自杜文玉、林兴霞编著：《图说中外文化交流》，世界图书出版公司 2017 年版，第 184 页）

当唐时长安所雕刻印刷。除长安外，中原的洛阳、蜀中的成都以及江淮一带，都有比较发达的印刷业，这是我国印刷业先于世界得到发展的真实情况。

在唐后期雕版印刷业还在不断发展，以后又传入欧洲、新罗、日本，促进了世界各地文化的传播和发展，对中国和世界文化的交流做出了重大贡献。

二、天文历算的成就

天文历算在我国古代很早就已受到高度重视，至隋唐时期已取得了很大的进步。循前朝旧规，隋时设太史曹，唐时设太史局（后改为司天监），掌管天文，制定历法。

隋代的耿询发明了用水力转动的浑天仪，还制作了计算时间的仪器——马上漏刻。刘焯测定岁差为七十五年差一度，已接近准确值，并且制定《皇极历》，提出"等间距二次内插法"的公式。唐代著名的天文历算家有傅仁均、僧一行（见图 16-15）等，李淳风尤为杰出，名重一时。傅仁均曾制定《戊寅历》，施行于唐初。僧一行在玄宗时制黄道游仪、水运浑天仪；前者用来测量每天太阳在天空中的位置，也可以用来测定月亮和星宿的位置；后者既能演示日、月、星辰的视运动，又能自动报时。僧一行主持编撰了《大衍历》（见图16-16），比之前代的历法更为精确，一直沿用达八百年之久。他还在长安主持全国范围内的大规模天文大地测量工作，对子午线的长度进行世界上第一次科学的测量。

图16-15　唐代天文学家僧一行塑像

（引自杜文玉、林兴霞编著：《图说中外文化交流》，世界图书出版公司2017年版，第168页）

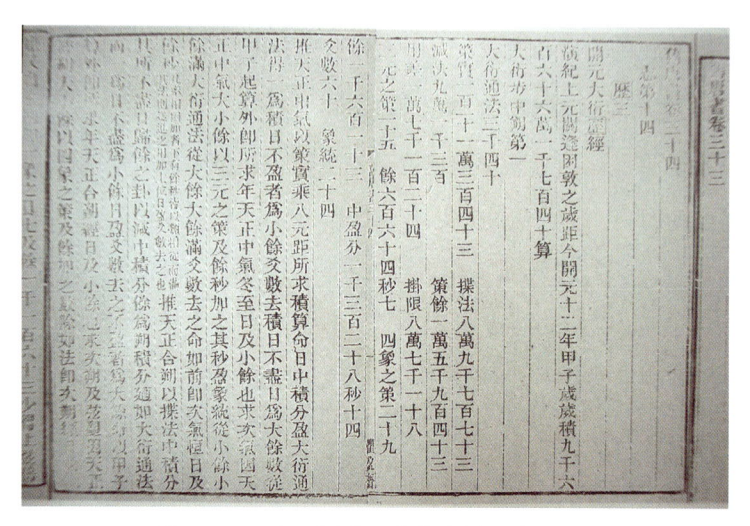

图16-16　《旧唐书》记载的《大衍历》

（杜文玉摄影）

李淳风（602—670），岐州雍县（今陕西凤翔）人。唐前期长期在太史局任太史令等职，专门从事天文历算的研究。他用铜制成黄道浑仪。浑天仪分表里三层，第一层名曰六合仪，第二层名曰三辰仪，第三层名曰四游仪。其中三辰仪是李淳风首创，可直接观测月亮的运行。李淳风著有《法象志》，论述前代浑天仪的得失。高宗时他又制定了新历法《麟德历》颁行于当时，取消了以每月二十九日和三十日时间排列的"平朔"，而采用按照太阳和月亮的位置真正相合的时刻来定朔日的"定朔"。李淳风还精于算学，参加审定并注解了算学的教材《五曹》《孙子》等十部算经。此外，李淳风参加了《五代史志》的编写，他主要撰写了其中的《律历志》《天文志》和《五行志》。《律历志》《天文志》各为三卷，《五行志》二卷，共为八卷。这三志保存了许多珍贵的科技成果，是研究天文历算有价值的参考资料，如在《律历志》中记载了祖冲之计算圆周的密率和约率。《五代史志》后编入《隋书》，作为《隋书》的一部分。李淳风还参与编写修订了《本草经集注》，并为《齐民要术》作注，为我国的科学文化发展做出了杰出贡献。

在天文历算方面，长安是全国的学术研究中心，司天监作为国家的专门机关，在当时集中了一大批中外专家，代表了当时的最高水平。司天监还招收历生三十六人，学习历法的编制；天文生六十人，专门学习天文学；漏刻生三百六十人，"掌习漏刻之节，以时唱漏"①。设在长安的算学，专门培养数学方面的人才，有博士、助教等学官，隶属于国子监。这些机构为国家培养了大量的相关人才，使得长安长期以来保持了天文历算方面的全国领先地位。

三、孙思邈与唐代医学

隋唐时期政府设有专门的医学机构尚药局和太医署。尚药局负责宫廷的医药事宜，太医署主管全国的医学教育。当时已经实行了医学分科，分为体疗、疮肿、少儿、耳目口齿、针灸、按摩等科。其中太医署置有医博士、助教等教官，招收医学生四十人，学习本草、甲乙脉经等课程；置针博士、助教，招收针生二十人，学习"经脉孔穴，使识浮、沈、沚、滑之侯，又以九针为补写之法"；

---

① 《唐六典》卷一〇《太史局》注，第305页。

置按摩博士、助教，招收按摩生十五人，学习"消息导引之法，以除人八疾：一曰风，二曰寒，三曰暑，四曰湿，五曰饥，六曰饱，七曰劳，八曰逸。凡人支、节、府、藏积而疾生，导而宣之，使内疾不留，外邪不入。若损伤折跌者，以法正之"。此外，太医署还置有咒禁博士一人，招收咒禁生十人。① 这是我国医学发展到一定阶段的产物。在唐代除太医署负责培养医学方面的人才外，还要求有条件的州府也要设置医学，置博士，招收学生。长安在唐前期称雍州，后来改为京兆府，应该是最有条件设置地方医学的，只是详情已难以弄清楚了。

隋唐时的长安，名医辈出，有许多医学著作问世。隋时的名医有许智藏、许澄等，其中巢元方最为著名。巢元方撰有《诸病源候论》五十卷，于公元610年成书，是我国第一部详论疾病分类和病因、病理的著作。唐时的名医有许胤宗、张文仲、李虔纵、韦慈藏、孟诜等，其中最杰出的是唐初的孙思邈（见图16-17）。

孙思邈（581—682），京兆华原人。他放弃高官，一生在民间采药行医。他特别注重医德、医术，关心病人。孙思邈在高宗时写成《备急千金要方》三十卷，三十年后在此书基础上写成《千金翼方》三十卷，合称《千金方》（见图16-18）。《千金方》收载了八百多种药物和五千三百多张处方，总结了唐代以前的医学理论和治疗经验。孙思邈对妇科、儿科特别重视，主张医学应分设妇科、儿科。他首创复方，提出一方治多病、多方治一病的方法，重视特效药物的研究，特别是治疗瘿病、脚气病的方法在当时是十分先进的。这两部书是孙思邈对祖国医学的巨大贡献。后世尊他为"药王"，他采药的华原五台山被称为"药王山"，山上有孙思邈纪念馆，有许多与孙思邈有关的碑石。人们永远怀念这位伟大的医学家。

此外，唐代还有几部重要的医药学方面的著作问世。苏敬奉高宗之命编写的《新修唐本草》，是一部图文并茂的药物学专著，全书共五十三卷，收集药物八百四十四种，是世界上第一部由国家颁定的药典。王焘编的综合性医学专著《外台秘要》、蔺道人的烧伤专著《仙授理伤续断秘方》、昝殷的妇产科专著《经效产宝》等，都对后代医学影响很大。

---

① 《唐六典》卷一四《太医署》，第411页。

图 16-17　唐代医学家孙思邈像　　图 16-18　唐孙思邈著《千金要方》与《千金翼方》
（杜文玉摄影）

第四节　史学、儒学、教育与文学

一、长安的史学成就

隋唐以前的史书大多为私人著述，隋文帝时下令禁止私人撰修国史。唐朝更重视史书的编纂工作。唐太宗设置史馆，由史馆征集史料，修撰前代和本朝的历史，并由宰相领兼修国史之职，从此成为定制。

唐代编纂的正史有房玄龄等撰的《晋书》、姚思廉的《梁书》和《陈书》、李百药的《北齐书》、令狐德棻的《周书》、魏徵的《隋书》、李延寿的《南史》和《北史》，称"唐八史"。其中姚思廉与令狐德棻为陕西人。

《梁书》《陈书》《北齐书》《周书》《隋书》称为"五代史"。由于这五部史书均无有关典章制度内容的"志"，高宗时又由李延寿、敬播、李淳风补撰《五代史志》，后附入《隋书》。

唐朝还出现了两部重要史学著作，一部是《史通》，一部是《通典》。《史通》为刘知几所撰。刘知几于 702 年来到长安，担任史官，参与修史。后因在史馆难述己见，遂离开史馆，自己著书，撰成《史通》二十卷，这是我国第一部系统的史学批评和史学理论的专著。《史通》对过去的史书，从源流、体例、内容、编纂方法、史料搜集选择、语言文字、写作技巧到人物评价、史事记述，都进行了全面的评论，同时提出自己的史学主张。刘知几对于史家和写史提出一些标准，指出史家必须兼备才、学、识"三长"，尤其强调"识"；写史要真实、客观地反映历史，而不能为迎合权势或以个人恩怨歪曲历史真相。他对唐以前史学做了全面系统的总结，奠定了我国古代史学理论的基础，在中国史学发展史上产生了深刻影响。《通典》为杜佑所撰。杜佑，京兆万年人，为唐代著名的政治家、理财家、史学家，出身关中望族，以门荫入仕。他从地方官做起，后在朝廷任宰相、度支使、盐铁使等要职，做官长达六十余年，通晓唐代政治、经济、军事等典章制度。他生活的时代，唐朝政治正处在由盛而衰的转折时期，杜佑研究典章制度的沿革，也是为了吸取历史经验教训，解决、挽救日益严重的政治经济危机，巩固唐王朝的统治。他在刘秩《政典》一书的基础上进行扩充和改编，历时三十五年撰成《通典》二百卷。此书为我国第一部记述典章制度的专史，分食货、选举、职官、礼乐、兵、刑、州郡、边防等九门，各门下又分若干子目，除《兵典》外，对每一种制度述其古今源流，对唐制尤为详尽。所搜集的史料，唐以前根据正史等书籍，唐代部分取自唐令、诏敕、奏疏及《唐六典》《大唐开元礼》等文献，有极高的史料价值。《通典》开创了史学著作的新体裁，南宋郑樵撰《通志》，元代马端临撰《文献通考》，与《通典》合称"三通"，到清代发展为"九通"。

唐代史学家还创立了会要体史书。德宗时的苏冕、苏弁兄弟所撰《会要》四十卷，记载从唐高祖至德宗九朝的政治、经济、军事、文化、礼乐等制度的兴废变化，是我国历史上第一部会要体史书。宣宗时又修《续会要》四十卷。宋人王溥所撰的《唐会要》，就是在这些的基础上编撰完成的。

唐玄宗时编纂的《唐六典》三十卷，保存了大量唐代前期的田亩、户籍、赋役、考选、礼乐、边防、驿传、刑法、营缮、水利等制度和法令的重要资料，是唐代历史的重要文献。

此外，唐人还为历代唐帝编撰了《实录》。在其他体裁的史书编撰方面也取得了很大的成绩，主要有《贞观政要》《大唐新语》《唐国史补》《大唐传载》《次柳氏旧闻》《明皇杂录》《安禄山事迹》《奉天录》《东观奏记》《朝野佥载》《封氏闻见录》《酉阳杂俎》等，亡佚者不述。地理方面最重要的著作是李吉甫的《元和郡县图志》，这是我国保留下来的最早的一部全国性的方志。

二、长安的儒学成就

隋唐时期的陕西在儒学方面也取得了一定的成就，其中最主要的是编撰了《五经定本》与《五经正义》两书。前者是为了适应学校教学和科举考试之需而编辑的。所谓五经，指《周易》《尚书》《毛诗》《左传》《礼记》，是儒家重要的经典，由于长期传抄，文字错讹，不堪使用，所以唐太宗令当时的大儒颜师古领衔，对各种五经版本进行考订，撰成了此书。后者是针对诸家对五代经义的诠释，众说纷纭，歧义纷出，不便于学生学习和考试，于是唐太宗令著名学者孔颖达率领一批学者，比较诸家经疏，择善而从，遵守注不违经、疏不破注的汉学传统，折中南北之学，编成了此书。从此，南北学子读经有了一个标准的定本，适应学校教学以及科举考试的统一要求，对儒学的发展也是一个贡献。其中颜师古为雍州万年人，即今陕西西安人。

太和四年，为了防止儒家经书在流传过程中再发生错误，宰相郑覃向文宗建议将经书刻在碑石上以广为流传和作为标准范本。于是，太和七年由艾居晦、陈阶等人书写，匠人雕刻，历时四年。在开成二年（837）完工，所以叫"开成石经"。石经的内容为《周易》《书经》《毛诗》《周礼》《仪礼》《礼记》《春秋左氏传》《春秋公羊传》《春秋穀梁传》《孝经》《论语》《尔雅》等十二部儒家经典著作。清朝时又补刻《孟子》《大学》《中庸》等三部，共刻一百一十四石，两面刻，计有六十五万零二百五十二字。石经原立在长安国子监内，唐末迁移到皇城内的尚书省的西隅，宋代移至今西安碑林。

在整理儒家经典和研究经义方面，隋唐两朝也取得了不少的成就，主要有隋代儒学家牛弘的《五礼》、刘焯的《五经述义》、刘炫的《五经正名》、王通的《中说》等，唐代李鼎祚的《周易集解》、史徵的《周易口诀义》、贾公彦的《周礼注疏》与《仪礼注疏》。此外，还有一部重要的典籍，这就是唐人陆德明所撰的《经典释文》三十卷。它主要是对九经再加上《孝经》《论语》《老子》《庄子》《尔雅》诸书的音句做解释，是一部简要而切于实用的注释经典的工具书，对后世影响很大。

最重要的儒学成就出现在中晚唐时期，代表学者是啖助以及其学生赵匡、陆淳，其中啖助长期生活在关中。他们的成就主要体现在对《春秋》以及三传的研究方面。他们提倡"舍传求经"的新学风，批评《左传》"序事虽多，释经殊少"①，提倡《公羊》《穀梁》的空言说经。陆淳在所撰的《春秋微旨》《春秋集传辨疑》等书，不为三传旧说所拘，专攻三传之失，凭己意指论孔子笔削本意，对《五经正义》的驳斥更是不在话下。这种学风及研究方法对宋儒产生了极大的影响，对宋代理学的形成也有不小的贡献。

三、长安的教育机构

唐太宗十分重视儒学教育，他尊孔子为"先圣"，兴办学校，大力提倡儒学。有唐一代以长安的教育事业最为发达，史载："是时四方儒士，多抱负典籍，云会京师。俄而高丽及百济、新罗、高昌、吐蕃等诸国酋长，亦遣子弟请入于国学之内。鼓箧而升讲筵者，八千余人，济济洋洋焉，儒学之盛，古昔未之有也。"②可见，长安国学不仅招收本国学子，外国及少数民族学子也充斥于其中。

唐代长安的教育机构最重要的是国子监下辖的六学，即国子学、太学、四门学、律学、书学、算学。前三种主要学习儒家经典；后三种为专门学校，分别学法律、书法和数学。各置有博士、助教等学官，负责教授学生。此外，在门下省下置弘文馆，太子东宫置崇文馆，亦置有博士、助教，专门教授贵族及官员子弟。每种学校都规定有招生数额，学习毕业后可以直接参加科举考试，及第者做官。

除了这六学二馆，唐朝还置有医学、针灸学、按摩学、咒禁学，分别置有博士、助教，以教授学生。此外，唐朝还规定："凡课药之州，置采药师一人。京师

---

① 永瑢等：《四库全书总目》卷二六《春秋集传纂例》，中华书局1965年版，第213页。
② 《旧唐书》卷一八九上《儒学传》，第4941页。

以良田为园，庶人十六以上为药园生，业成者为师。"①药园生就是学习药学的学生，在长安亦有设置。以上这些学校均隶属于太医署。由于长安是全国天文历算研究中心，所以还置有天文学、历学、漏刻学，各有博士、助教以教授学生，隶属于太史局（司天监）。在太常寺太乐署还置有乐学，以教授学习乐舞的子弟，所谓"凡习乐，立师以教，而岁考其师之课业为三等，以上礼部。十年大校，未成，则五年而校，以番上下"②。可见考核还是很严格的。另外，唐朝设在长安的内、外教坊，也招收学生学舞蹈及器乐，有不少著名的中外音乐家都在其中任教。因此，有唐一代的最高学府与教育中心都在长安。

当然，在地方上也置有各级官学，府有府学，州有州学，县有县学。学校分为两类：一类学习儒家经典；另一类学习医学，为民间培养医生。此外，社会上还有大量的私学，有的规模还不小，就不多说了。总之，唐代的教育体制是比较完善的，学校并不仅限于学习儒家经典，学科分类较多，这一点与后世的官学还是有很大的不同。

四、繁荣的陕西文学

在中国文学史上，唐诗光彩夺目，诗人辈出，作品丰富。清人所编《全唐诗》收录两千八百多位诗人共四万九千四百多首诗。唐诗之所以繁盛，除了社会经济繁荣、国力强盛为唐诗的发展提供物质基础的基本原因，还有多方面的因素。将诗赋纳入科举考试中，促使士人们不得不重视辞章，从而涌现出了大量的诗人。这些诗人用诗歌形式来反映多方面的现实生活，往往揭露统治阶级的残暴和反映人民的痛苦。此外，诗人们还继承和发展了先秦文学诗经、楚辞、汉魏乐府民歌的优良传统，突破了六朝以来只重形式、不重内容的浮靡之风，将南朝的绮丽文风与北朝的质朴风格相融合，经过不断的探索，使唐诗题材广泛、体裁完备、流派众多、内容丰富。唐代诗人众多，最杰出的当推李白、杜甫、白居易，以及王昌龄、王维、杜牧等。这里只约略叙述他们与京师、关中有关的内容。

李白（见图16-19）是继屈原之后又一位伟大的浪漫主义诗人。天宝元年

---

① 《新唐书》卷四八《百官志三》，第1245页。
② 《新唐书》卷四八《百官志三》，第1243页。

玄宗召他进京任供奉翰林，不到三年就被权贵排挤出京。李白原想在京城施展抱负、大济苍生的理想虽然破灭了，却促使他对唐朝的腐朽政治有了进一步的认识。他仍然关心国家的命运和前途，他的诗歌在反映现实方面有所发展，《古风》中许多反映黑暗现实的诗篇就是在长安生活后期写的。李白敏锐地感到大唐帝国的辉煌国势要断送在一群腐朽的权贵手中。李白在《行路难》《月下独酌》中述说自己怀才不遇的痛苦，但其性格仍旧是豪放的，仍旧执着地追求着他治国济世的理想。天宝初年

图 16-19　李白像

李白在长安写的《蜀道难》是其代表作之一，全诗淋漓尽致地刻画了古老的蜀道奇丽惊险，动人心魄，引人入胜，犹如一部雄放的乐章，激荡着读者的心弦。这首诗虽然描写的是蜀道的艰难，但读后并不会产生畏难低沉的情绪，而是使人感受到一种崇高雄伟的美。这是因为李白寄情于山水，借助对蜀道山川的描写，寄托自己开阔的胸襟和豪迈的气魄。全诗充满了积极向上的浪漫主义激情，想象丰富，热情奔放，气势磅礴，语气夸张、明快、生动，具有强烈的艺术魅力，开拓了唐诗的新境界。

杜甫（见图16-20），字子美，我国伟大的现实主义诗人。杜甫曾住长安南郊少陵原，自称"少陵野老"，后人称他"杜少陵"。

图 16-20　杜甫像

天宝五载（746）杜甫来到长安，次年应诏考试不第。751年、754年两次献赋，虽得到玄宗赏识，但未得到官职。在长安困居了十年，直到44岁才当上一名小官。政治上不得志，生活又十分困窘，但在长安这个政治斗争的中心，杜甫看到唐朝已是危机四伏。他写了《同诸公登慈恩寺塔》《兵车行》《丽人行》《贫交行》《自京赴奉先县咏怀五百字》等著名诗篇。在安史之乱的三年多时间里，杜甫目睹战争给社会带来的创伤和灾难，体察广大人民所遭受的惨重苦难，他始终关注着时政和战局以及人民的生活状况，写出了《悲陈陶》《对雪》《春望》《哀江头》《北征》《羌村》《曲江二首》以及"三吏""三别"等大量作品，真实地反映了当时的政治形势和社会现实，表达了人民的情绪和愿望，反映了唐王朝由盛到衰的巨大变化，充满了浓郁的时代气息，因此后人称杜甫的诗为"诗史"。

白居易（见图16-21），字乐天，自号香山居士，华州下邽人。他是继杜甫之后又一位杰出的现实主义诗人。白居易生活在安史之乱后唐朝统治的衰败时期，10多岁时就因战乱离家四处漂泊。16岁到长安应试，以《赋得古原草送别》一诗，得到诗人顾况的赞赏。元和元年白居易在盩厔任县尉，目睹地方官吏的横征暴敛，进一步了解了人民的痛苦。这对丰富他的诗歌内容，使他走上现实主义创作道路起了积极作用。元和三年在长安任左拾遗，815年因得罪权贵，被贬为江州司马。左拾遗是品级较低的谏官,使白居易有机会表达自己的政治主张。

图 16-21 白居易像

做谏官的三年，是他创作上的黄金时期。他的讽谕诗，大部分就是这时期所写的。其中《秦中吟》十首就是白居易描述他在长安时所见所闻的事情的一组讽谕诗，还有《新乐府》五十首。讽谕诗题材广泛，锋芒尖锐。《卖炭翁》《观刈麦》《村居苦寒》等诗，表现了对劳动人民悲惨处境的同情；《轻肥》《买花》等诗，尖锐地指出达官贵人奢侈的生活是建立在劳动人民悲苦的基础上的这一事实。《杜陵叟》是白居易刚任左拾遗时所写。当时长安周围和江南广大地区，遭受严重的旱灾，白居易上疏陈述灾情，请求减免租税。当租税已收完了，宪宗才批准了奏请。即使如此，地方官吏仍然强征租税。"剥我身上帛，夺我口中粟。虐人害物即豺狼，何必钩爪锯牙食人肉。"这是尖锐的揭露和愤怒的批判。作为唐王朝的官员，敢于如此激烈地为人民鸣不平，实是不易。此外，长篇叙事诗《长恨歌》和《琵琶行》都是这一时期的作品，是历来被人们传诵的优秀长诗。

白居易对中国文学史的重要贡献还在于他文学上积极倡导新乐府运动，主张"文章合为时而著，歌诗合为事而作"，主张文学要反映时代问题，反映与国家和人民有关的重大事件。《与元九书》是白居易诗论的纲领，建立了我国现实主义诗歌理论。

王昌龄，字少伯，京兆长安人，出身寒微，开元进士。在长安做校书郎时，是他文学创作的重要时期。王昌龄擅长七言绝句，他的边塞诗虽然数量不多，但篇篇是佳作，因此他也是边塞诗派的代表作家之一。著名的诗篇有《从军行》《出塞》等，其风格气势雄浑，格调高昂。这与当时强大的国力、昂扬的精神、诗人立功进取的思想、亲历疆场的生活是分不开的。

王维，字摩诘，开元进士。开元二十三年在长安任左拾遗，晚年隐居蓝田辋川。他的作品中的《奉和圣制从蓬莱向兴庆阁道中留春雨中春望之作应制》《和贾至舍人早朝大明宫之作》等，通过对长安城及大明宫的描绘，表现了兴盛时期帝都长安的神采。《终南山》《过香积寺》《积雨辋川庄作》等山水诗，描绘了长安附近的田园风光，令人神往。五绝组诗《辋川集》有诗二十首，是王维后期田园山水诗的代表作。

杜牧，字牧之，京兆万年人，著名诗人。26岁中进士。他在中进士前的十年中，就提出论政论兵的见解，写了《阿房宫赋》这样的名篇。杜牧忧国忧民的情怀和济世经邦的抱负，都体现在他的诗作中。他经过临潼骊山华清宫有感而作《过华清宫》："长安回望绣成堆，山顶千门次第开。一骑红尘妃子笑，无人知是荔枝来。"讽刺时政，精妙绝伦，深刻的思想内容与完美的表现手法相结合，使之成为唐人咏史绝句中的佳作。杜牧写景抒情的《山行》，歌颂秋色之美，清丽生动，脍炙人口。

在群星灿烂、名家如林的唐代诗坛上，还有不少的诗人是陕西人，较为著名的有杨炯、苏颋、裴迪、苏源明、窦叔向、严武、韦应物、常建、薛涛、张孜、韦庄、韩偓、鱼玄机、秦韬玉、李洞等。

唐代的古文复兴运动是一次重要的文学改革运动，运动的领导者是韩愈、柳宗元。他们主张废弃六朝以来所崇尚讲求对仗、词藻艳丽、内容空洞、华而不实的骈体文，提倡朴实流畅、内容充实的古文。古文就是散文，因为散文是周秦西汉通行的文体，唐人称之为古文。自北周苏绰，隋代的李谔、王通开始提出改革，到初唐陈子昂的奠基，中唐李华、萧颖士等人的努力奋斗，但成效都不大。韩愈、柳宗元一方面在理论上阐述观点，另一方面创作了大量的散文作品，在社会上产生了更大影响，形成了规模宏大的古文运动。

唐代传奇小说是在六朝志怪小说的基础上发展起来的，但已逐渐脱离了志怪小说只述神鬼的模式，描写的都是现实生活中的人，以刻画人物形象为中心，有较完整的故事情节。古文运动所提倡的散文体提高了小说的表达力；诗歌为传奇小说提供了丰富的营养，使传奇小说内容丰富、情节曲折、描绘生动。唐代中期是传奇小说的繁荣阶段，出现了许多著名的作家和优秀的传奇作品，如李朝威的《柳毅传》、蒋防的《霍小玉传》、白行简的《李娃传》、元稹的《莺莺传》。其中《李娃传》是以长安社会与生活为背景而创作的，写的是妓女李娃与荥阳公之子某生的爱情故事。故事情节复杂，波澜曲折，富有戏剧性，生活气息浓厚，表现了唐代长安繁华复杂的都市生活，具有很高的艺术技巧。作者白行简是白居易之弟，为陕西籍人士。唐代传奇小说的产生，开创了我国后世小说创作的先河，标志着我国小说的发展已逐渐趋成熟。

唐代民间的讲唱活动主要在寺庙。唐代佛教宣讲经文，分僧讲和俗讲两种。僧讲专对僧徒，俗讲则以普通人为对象。俗讲的内容从最初讲唱佛经故事发展到反映现实生活的故事。讲唱的形式是夹叙夹唱并配有图画。讲唱的话本称变文。在长安城内的赀圣寺、保寿寺、菩提寺、景公寺、会昌寺、惠日寺、崇福寺等寺院设有俗讲的讲席。韩愈的《华山女》一诗中描写"街东街西讲佛经，拦钟吹螺闹宫廷；广张罪恶恣诱时，听众狎恰排浮萍"，说明了当时俗讲的盛况。

在敦煌石室中发现的变文,除了讲佛经的故事,还有《王昭君变文》《张议潮变文》《孟姜女变文》等历史故事。

传奇小说、讲唱文学等,极大地丰富了长安的文艺生活。

第五节 典礼与游艺

一、三朝朝会

唐朝有所谓"三朝"制度,即所谓外朝、中朝和内朝之制,其宫殿建筑也体现了这一制度。唐朝前期分别在太极宫的承天门、太极殿、两仪殿举行外朝、中朝和内朝朝会。大明宫建成后,皇帝移居于此,遂在含元殿(见图16-22)举行外朝,宣政殿为举行中朝的场所,紫宸殿为举行内朝的场所。从唐朝礼制的角度看,外朝礼仪最为隆重,其次为中朝,由于紫宸殿是便殿,故在这里举行的内朝其礼最轻。但从国家政务的角度看,内朝反倒更加重要。

《唐六典》卷七《尚书工部》载:"若元正、冬至大陈设,燕会,赦过宥罪,除旧布新,受万国之朝贡,四夷之宾客,则御承天门以听政。"故这一制度也称为外朝听政。外朝一定是在元日、冬至举行,其他时间举行的典礼都不算外朝。外朝听政规模虽大,仪式隆重,但更多是一种礼仪性的典礼活动,并不涉及具

图16-22 唐大明宫含元殿复原图
(杨鸿勋绘,大明宫研究院提供)

体军国大事的商议与处置。

正因为外朝更多具有礼仪性质，所以在一些特殊情况下也可以不举行，如遇有灾害、战争、恶劣天气等情况下，往往罢外朝典礼。实际情况是，即使在唐朝前期外朝也不经常举行，安史之乱后，更是鲜少举行。

太极宫的太极殿或大明宫的宣政殿举行的中朝，实际上就是朔望朝及常朝。每月朔望日，即初一和十五举行的朝会，称大朝会，届时在京文武九品以上的官员皆可参加，包括在京的地方官员、三品以上散官，甚至还有部分致仕官，以及皇太子亦不例外。我国古代非常重视对天文的观察，允许负责此事的太史监官员有事可以不参加朝会，但朔望朝却不例外，可见唐朝对朔望朝的重视程度。对于无故不参加朔望朝的官员，规定最低要给予罚俸一月的处分。

"唐制，朔望天子御宣政殿，受百官起居，诸司奏事。"① 由于参加朔望朝的人数众多，真正能够进入宣政殿奏事者，只能是少数高级官员，唐后期高级宦官亦可进入殿内。一般来说，在朔望朝时诸司所奏之事，多为寻常公事，有关军国大事的议决，不在此时商讨。唐前期的朔望朝有时还要进行一些诸如发布新的政令、典籍，更换年号和诵读时令等政治活动。由于参加朝会的人数众多，规模宏大，仪式繁多，所以耗时较长。为了使参加朝会的官员不至于受饥饿之苦，唐朝规定朔望朝要给官员们提供饮食，称之为廊下食。廊下食由光禄寺负责供给，由殿中侍御史二人临视监察，如有"廊下食行坐失仪语闹"者，则要提出纠弹。

天宝时期唐玄宗认为朔望日是陵寝荐食之日，在前殿（宣政殿）举行大朝会有失思敬之心，于是改在便殿即紫宸殿举行。由于紫宸殿位于宣政殿之后，须从阁门而入，方能到达，故称之"入阁"。所谓"朔望荐食诸陵寝，有思慕之心，不能临前殿，则御便殿见群臣，曰入阁"②。实际上，朔望日能够入阁的只有高级官员和宦官，其余百官只能候于朝堂前或紫宸门前。这样，遂使朔望朝与唐太宗在贞观年间创行的常朝"入阁"廷议之制，合二为一。

唐朝还有所谓的常朝制度，指每日都要照常进行的朝参活动，亦称"常参"，

---

① 李攸：《宋朝事实》卷一二《仪注二》，中华书局1955年版，第196页。
② 《新五代史》卷五四《李琪传》，第618页。

这是唐代君臣朝参制度中比较重要的朝会形式。参加常朝的官员亦有明确的规定，所谓"五品已上及供奉官、员外郎、监察御史、太常博士，每日朝参"①。这里所说五品以上官当主要指文官五品以上的职事官，因为"武官五品以上，仍每月五日、十一日、二十一日、二十五日参。三品以上，九日、十九日、二十九日又参"②。这就是说五品以上武官每月只参加四次朝参，三品以上武官每月只参加七次朝参，而五品以上文官却要每天照例参加朝参。当然这里所说的每月几次朝参，是指朔望朝之外的朝参。

上面引文中所说的"供奉官"，是指侍中、中书令、左右散骑常侍、黄门（侍郎）、中书侍郎、谏议大夫、给事中、中书舍人、起居郎、起居舍人、通事舍人、左右补阙、（左右）拾遗、御史大夫、御史中丞、侍御史、殿中侍御史。③这些官员加上前述的那些官员，共同构成了唐朝所谓"常参官"群体。可以看出，参加常朝的官员较之朔望朝的参加者，人数要少得多，遂使一些比较重要的政事得以在这种场合下商议决策。关于举行常朝的地点，唐前期在太极宫两仪殿，后来改在大明宫宣政殿。唐代君臣常朝的内容包括朝谒君主、百官奏事和上封事以及殿廷议事等多种形式。（见图16-23）

不过每日常朝这种形式并未一直坚持下来，有所谓单日朝、双日不朝的变化，如遇雨雪寒暑，往往也罢去朝参。

内朝制度，指在太极宫两仪殿或大明宫紫宸殿举行的朝会，又称为"入阁"之制，因为紫宸殿在宣政殿之后，从阁门而入，故谓之。史载："自今后，紫宸坐朝，众僚既退，宰臣复进奏事。"④这是指唐朝前期的情况，唐朝后期，宦官势力大盛，参加内朝议政者便包括一些高级宦官在内。所谓"紫宸所见惟大臣及内诸司"⑤。这里所谓内诸司，便是指宦官所担任的内诸司使诸职，其余诸臣只能立于紫宸门之外。在唐朝前期，能够"入阁"参加内朝者，主要指中书、门下两省及三品以上的高官，后期扩大进来的所谓内诸司使，也并非凡任内诸

---

① 《唐六典》卷四《尚书礼部》，第114页。
② 《唐会要》卷二五《文武百官朝谒班序》，第565页。
③ 《唐六典》卷二《尚书吏部》，第33页。
④ 《唐会要》卷五三《杂录》，第1084页。
⑤ 叶梦得：《石林燕语》卷二，中华书局1984年版，第20页。

图 16-23　宣政殿东廊复原图
（杨鸿勋绘）

司使的宦官皆能参与，而是指左右神策护军中尉、两枢密使等宦官首领。所以说入阁议政者，仅限于少数朝廷高官和高级宦官。

之所以将入阁人数限制得如此严格，是因为其所议决，均为军国大事，出于保密的需要，自然要将其限制在一个极小的范围内。这一制度早在唐太宗时就已确立，而且还允许谏官和史官一起进入两仪殿，参与进谏，记录言事。但是自唐高宗永徽中立武则天为皇后以来，一批新贵如许敬宗、李义府得宠，将谏官、御史排除出去，直到开元五年（717），在宰相宋璟的主张下，才恢复了贞观旧制。内朝的时间是每月奇日，即单日议事，双日休沐，有时还会因雨雪寒暑，放罢朝参，如遇军国急务，则往往会贻误国事。因此，后来出现的"延英召对"之制，便具有弥补这种缺陷的优势。

二、宫廷游艺

唐代宫廷内从事的游艺活动种类繁多，尤其是在节庆或春深时节最为活跃，其中博弈类的活动主要有围棋、象棋、双陆、弹棋、握槊、叶子戏、选格、龟背戏、钱戏、蹙融、藏钩等。下面择其要者介绍如下。

围棋是中国非常古老的游艺项目，早在春秋时代就已见于记载，六朝时已经十分盛行。到了隋唐时期，文人学士均好此道，人们往往以"琴棋书画"来形容士大夫的高雅修养和闲适生活，而围棋尤其具有重要的地位。在宫廷中也颇流行弈棋，皇帝还特别在翰林院置"棋待诏"一职，选第一流的高手充任此职,他们除侍奉皇帝外,有时还教宫人弈棋。著名棋手王积薪、顾师言、王倚、滑能等人都是棋待诏。此外,围棋还是这一时期对外文化交流的一个重要方面。棋待诏顾师言是唐朝围棋的国手。唐宣宗大中初年,日本国王子入唐朝贡,宣宗令顾师言与王子对弈,王子战败。在唐代还有一些外国人也是围棋高手,如新罗人朴球甚至因棋艺出众,曾担任唐朝宫廷中的棋待诏。(见图16-24)

图16-24 新疆吐鲁番唐墓出土的下围棋的仕女绢画
(引自杜文玉、林兴霞编著:《图说中外文化交流》,世界图书出版公司2017年版,第157页)

象棋在唐代不如围棋广泛普及,不仅在民间就是在宫廷中亦是如此。如唐太宗曾读周武帝所撰《象经》,"不晓其旨",后来起居郎吕才花了一晚上的时间进行推演,然后画图为太宗解释。可见在当时了解象棋的人还是非常少的。到了唐朝中期,象棋的流行更加广泛。诗人李端的诗云:"争路忽摧车,……围棋智不如。"①这是说自己的围棋技艺不精,但却精于象棋。大诗人白居易诗云:"鼓应投壶马,兵冲象戏车。"②吟咏的也是象棋。这些诗句都说明象棋已经在唐代逐渐流行开来。

双陆也是唐代颇为流行的一种博弈之戏。这种活动在宫廷非常流行,皇帝、后妃、宫女等无不喜爱。双陆有许多不同的玩法,《唐国史补》卷下载:"子有黄黑各十五,掷采之骰有二。"对局时先掷骰子,以所掷之点数行棋。日本

---

① 《全唐诗》卷二八六《哭张南史因寄南史侄叔宗》,第3271页。
② 《全唐诗》卷四四九《和春深二十首》,第5088页。

的《双陆锦囊抄》一书中说："棋盘上下各十二道，棋子黑白各十五枚。黑棋自上左向右行，复由下右向左行；白棋由下左向右行，复由上右向左行。……二人对坐，轮流掷骰子行棋。骰子二枚，每枚上下左右前后六面标上点子"。六面共计二十一点，根据所掷点数的多少，决定棋走多少步。从考古资料看，双陆的棋盘为长方形。（见图16-25）

图16-25　新疆出土的唐代螺钿木双陆棋盘
（引自杜文玉、林兴霞编著：《图说中外文化交流》，世界图书出版公司2017年版，第159页）

弹棋在唐代曾广泛流行，关于其玩法，唐人柳宗元在《弹棋序》中曾有言及，大意是共有子二十四枚：一半为红子，即所谓"贵子"，谓之上；一半为黑子，即所谓"贱子"，谓之下。贱子二可敌贵子一，以贵击贵，以贱击贱，不得已才以贵子击其贱子。在木制棋盘（局）中双方互击，要求玩者击得又准又快。至于如何计算胜负，早在宋代时已不知其所以然了。

握槊又叫长行，也是唐代非常流行的一种游戏。《唐国史补》卷下载："今之博戏，有长行最盛。其具有局、有子，子有黄黑各十五，掷采之骰有二，其法生于握槊，变于双陆。……后人新意，长行出焉。又有小双陆、围透、大点、小点、游谈、凤翼之名，然无如长行也。"可以看出长行子分为黄、黑两色，其与双陆的不同处是长行子比双陆子多，从而增加了游戏的复杂性。

唐代流行的叶子戏、选格、龟背戏、钱戏、戚融和藏钩等游戏，由于记载零散，其玩法已不可考。从现有的这些零散记载看，在宫廷中也流行这些游戏，后来这些游戏从宫中传出，最初流行于长安城中的贵族官僚阶层，后来才传到民间。

竞赛类的活动包括蹴鞠、斗花草、马球、拔河、投壶、相扑等。这些活动有一个共同特点，就是竞赛的双方或者数方都以战胜对方为目的，除少数活动限于男子外，妇女参与的活动也很多。

蹴鞠类似于足球运动，在唐代有了很大的发展，并由以往的实心球发展到充气球。唐之前不设球门，只要将球踢入鞠坑即可，而唐代却立两竹竿，络网于上为门，并分为两队，蹴球入门者为胜。这种活动无论是宫中还是军队、民间都非常盛行，以寒食节期间最为流行。蹴鞠仍然以男子为主，不过妇女中也有人喜爱此项活动，只是人数较少而已。在宫廷中非常流行蹴鞠，皇帝中也不乏酷爱此项运动者，如唐文宗、唐武宗、唐僖宗等，而且唐僖宗踢球的技艺还相当不错。

斗花草，又叫斗草，是在唐代妇女、儿童中颇为流行的一种活动。斗花草一般指一种拉扯花草的游戏，不过在唐朝则多指妇女盛行的一种簪花于鬓发的斗花比赛，也有的比赛看谁采的花草多。

马球，又叫波罗球，一说起源于波斯，一说起源于我国西藏，是一种骑在马上的以杖击球的运动。这种运动的规则缺乏记载，但对抗非常激烈，有时还隐藏着杀机，经常出现死伤，小者伤面，大者残废。如在唐玄宗时的一次比赛中，荣王坠马闷绝。唐穆宗与内官击球于禁中，有一个内官突然坠马。唐武宗时，周宝因为善于击球，很得武宗的欢心，遂提升他为金吾将军，后来竟然因为击球一只眼睛失明。唐昭宗时，宣武节度使朱全忠命其子朱友伦率军宿卫京师。在一次马球比赛中，朱友伦坠马而死。马球运动在唐代具有广泛性的特点，参加的阶层比较多，上至皇帝、宗室、贵族，下至诸军将士乃至于富户及长安少年，无不喜爱这项运动。玄宗李隆基年轻时打球技艺十分高超，唐宣宗更是打球的高手，他能策马持杖，在空中运球，甚至能连击数百下，而马驰骋不止。这种高超的球艺，连神策军中善于打球的高手都赞叹不已。由于唐人非常喜爱此项运动，以至于宫中妇女中也有爱好此道者。直到五代时仍然有宫女打马球的相关记载。不过由于马的速度太快，风险较大，所以女子打球往往骑驴或步打，但也有骑马打球的情况出现。（见图16-26）

拔河，古代又称牵钩。唐人封演的《封氏闻见记》卷六详细地记载了拔河的规则：双方的人数不一定相等，一方或多或少一点，最多时达数百人。拔河这种活动上自宫廷，下至民间，均好此道。唐人写拔河的诗赋颇多，各自从不同的角度描写了拔河时的热闹场面。

图 16-26　唐章怀太子墓壁画《打马球图》局部
（引自陕西历史博物馆编：《唐墓壁画研究文集》，三秦出版社 2001 年版，前插页）

　　投壶是一种非常古老的游戏，早在春秋时期就已经流行了。其玩法是以壶象征箭靶，把短箭投入壶口内为胜。由于箭入壶中往往反弹出来，所以旧法是在壶内装入小豆，以减缓反弹的力量。后来人们反其意而改之，创造了一种新的投法，即不在壶内装豆，使箭入壶口后反弹出来，投者以手接箭为胜，继而再投，连续不断，从而提高了游戏的难度，也增加了娱乐性。在唐代，这种游戏主要在士大夫中流行，经常在宴席间举行，以赌胜负，人们乐此不疲，经常大醉而归。宫中妇女也喜欢投壶。不仅如此，投壶之戏还流传到高丽。《新唐书·高丽传》说："俗喜弈、投壶、蹴鞠。"即流行围棋、投壶、蹴鞠等活动。

　　相扑，又称角抵、校力、贯交、争交等，是一种以摔跤为主的角力运动。这种运动早在秦代就已有了，秦二世在甘泉宫观赏过这种表演，汉武帝也非常喜欢观赏角力表演。在唐代因为是徒手相搏，所以又称"手搏"或"卞"。唐朝的皇帝大都非常喜欢观看相扑，其宫廷里专门养有角抵壮士，在内宫举行宴会时，与百戏一起表演。唐代的中央禁军，主要指左右神策军中也有角抵之士，史籍记载了一些唐朝皇帝经常赴左右神策军观看相扑的情况。唐代文士周緘还专门写了一篇《角抵赋》，描写表演时的情景。从其描写来看，唐朝的相扑除了摔跤，还可以用拳击打。甚至有些皇帝还亲自参加这项活动，如唐敬宗就是这样一个皇帝，而且已经到了痴迷的程度。史载：敬宗"尝阅角抵三殿，有碎首断臂，流血廷中，帝欢甚，厚赐之"①。

相扑不仅具有观赏性，更重要的是它也是一种搏击技艺，同时又有助于军事训练，这也是唐代军中普遍流行相扑的原因。除了在禁军中流行，各节度使的军队中也盛行相扑，诸军均招募了一批角抵士，经常举行比赛，既活跃了军营气氛，又锻炼了军人体质，提高了格斗技能。此外，军中举行宴会时，除了有乐舞助兴，往往也命表演相扑，甚至出现十几个人轮流上场，与一个大力士比赛的场面。

唐代盛行的相扑之风，对日本也产生了很大的影响。日本从唐朝引进相扑后，一直流行到现在都长盛不衰，并依然保持着"相扑"这个名称，其相扑的装束也保留了唐代的遗风。

在唐代宫廷中还有许多游赏一类的活动，主要指秋千、放风筝、斗鸡、斗鹅、赏花、抛彩球、行酒令等，在很大程度上丰富了宫廷沉闷的生活。

唐代长安有非常浓厚的赏花风气。唐人爱花、惜花、赏花。在众多的花中，唐人最为重视也最为喜爱的一种花就是牡丹，可以说是唐朝的国花。关于唐人爱牡丹赏牡丹的记载很多，白居易的《牡丹芳》诗云："遂使王公与卿士，游花冠盖日相望。"描写了牡丹盛开之时，长安城中王公贵族与士大夫每日车马相望外出赏花的情景。又曰："花开花落二十日，一城之人皆若狂。"②徐凝诗云："三条九陌花时节，万户千车看牡丹。"③以上说明牡丹花盛开之时，不仅

---

① 《新唐书》卷二〇八《宦者传》，第5883页。
② 《全唐诗》卷四二七《牡丹芳》，第4714页。
③ 《全唐诗》卷四七四《寄白司马》，第5411页。

王公贵族喜欢赏花，长安城中百姓也非常喜爱牡丹，可见喜欢赏牡丹是唐代社会的普遍现象。

长安城中牡丹种植极广，无论士庶之家还是寺庙之中皆有种植，其中慈恩寺、永寿寺、崇敬寺等处牡丹种植极广。宫中也广植牡丹，《全唐诗》卷一六四《清平调序》载："天宝中，白供奉翰林禁中初重木芍药，得四本红、紫、浅红、通白者，移植于兴庆池东沉香亭。"所谓木芍药，就是牡丹花。每当牡丹盛开时，唐玄宗与杨贵妃选梨园弟子若干，奏乐赏花，并唱新词。李白的《清平调》三首，便是为玄宗与贵妃在沉香亭赏花时所撰的新词，以供演唱之用。唐文宗也非常喜爱牡丹，太和年间，他在内殿赏牡丹，问身边的文士程修己说："在京师所传的牡丹诗中，谁写的最好？"回答说："中书舍人李正封诗：'天香夜染衣，国色朝酣酒。'"①此答得到文宗的肯定。因此，人们将牡丹誉为国色天香。

正因为唐人热爱牡丹，所以唐代曾培育出了不少优良的牡丹品种，而且价钱极贵。白居易诗："一丛深色花，十户中人赋"②，是说一丛深色的牡丹花，价钱相当于十户中等人家所交的一年赋税。据说大宦官鱼朝恩家有一丛牡丹可开花千朵，可谓相当的珍贵。在唐代到了牡丹盛开之时，即使不种花的人家也要外出买花，白居易《买花》诗说："共道牡丹时，相随买花去。"③可见买花、赏花成为唐代的风尚，尤其是长安的社会风尚。唐代的文人学士不仅爱写以牡丹为题材的诗歌，而且也都喜爱种植牡丹。司马扎的《卖花者》诗云："长安甲第多，处处花堪爱"④，说明长安城中的达官贵人家中都普遍栽种有名贵的牡丹花。每到花开季节，大家相约逐家欣赏牡丹，然后进行品评，认为各家之花虽各有千秋，但最好的还是侍中浑瑊家的牡丹，"径尺千余朵，人间有此花。今朝见颜色，更不向诸家"⑤。有的官员爱赏牡丹，在自己家中种植还不够，又在官署中栽种，以便办公休息时观赏。《南部新书》丙记载说："岁三月望日，

---

① 钱易：《南部新书》甲，中华书局2002年版，第10页。
② 《全唐诗》卷四二五《秦中吟十首·买花》，第4688页。
③ 《全唐诗》卷四二五《秦中吟十首·买花》，第4688页。
④ 《全唐诗》卷五九六《卖花者》，第6955页。
⑤ 《全唐诗》卷三六四《浑侍中宅牡丹》，第4113页。

宰相过东省看牡丹"。在宫廷中，除了兴庆宫，大明宫、太极宫及诸王、公主之家也多种植有各色牡丹。

三、长安在丝绸之路上的地位

长安是丝绸之路的起点城市，这一点已为国内外所公认，其在经济交流方面亦占有十分重要的地位。众所周知，通过丝绸之路所进行的中外经济交流，主要表现为三种方式，即朝贡贸易、官方贸易与民间贸易。其中前两种只能在长安进行，后一种虽不一定在长安进行，但长安无疑在其中占有很大的份额。长安城中拥有大量的胡商，表明唐代的长安已经成为一个国际性的商业都市。(见图16-27)

长安在丝绸之路上的文化地位主要表现在：长安在中国文化的输出方面发挥了重要的作用。唐代的长安是全国的文化中心，这一时期优秀的人才多集中

图16-27 关中唐墓出土的彩绘骆驼俑
(杜文玉摄影)

在长安地区，加之教育事业发达，图籍丰富，制度先进，具有对外输出文化的优越条件。中国文化的西传大体上有三种主要途径，分别叙述如下。

其一，各国各族使团来华，在加强双方政治、经贸关系的同时，将中国先进的文化与制度带回本国。他们带回的文化除物质文化外，还有中国的文学、绘画、乐舞、科学技术、生产技术等。在西域、中亚诸国，通过多年的考古发掘，可以大体上证明中国文化对这些地区的确有着较大的影响。除在敦煌地区和吐鲁番地区这种影响表现得最为突出外，在新疆其他地区发现的残存壁画中也有不少内地的因素。中亚塔吉克斯坦共和国片治肯特的一处公元7至8世纪的居室遗址的壁画内容、人物，无论是服饰、发型，还是面貌，都与陕西西安执失奉节墓与新城公主墓的壁画基本相同。在今俄罗斯戈尔诺－阿尔泰地区的乌拉干河畔、卡通河和比亚河上游，中国新疆的阿拉沟东口，都发现了具有中国内地文化因子的文物。通常都认为中国的制度对东亚各国影响很大，对西域是否也有影响，还未见人进行过论述。实际上随着中国文化影响的不断扩大，其先进的制度文明也会成为西域各国学习或模仿的对象，比如西域一些国家仿照中国内地设置了宰相、将军等官职，便是一例。唐代实行的羁縻制度一度推行得很远，甚至到达了中亚地区，不少国王大都担任过唐朝政府任命的都督、刺史等官职，有些还接受了朝廷派来的长史、司马等官员。这些情况都说明了中国制度文化即使在遥远的西域地区也是有影响的。

其二，各国各族派到长安的质子和留学生，在学习中国的先进文化后，又将其带回本国。汉唐时期在长安的外国外族质子很多，他们大都为本国本族的贵族，来到中国后均在政府中任职，或者在禁军中担任宿卫之职。由于他们长期在中国生活，又与中国社会上层有颇多的接触，深受中国文化的影响，所以"汉化"十分严重。如波斯王子泥俚斯长期在长安生活，后来需要回国继承王位，唐高宗遂于仪凤四年（679），送其自长安归国，统率的部属就多达数千人。这些人大都在长安长期生活，受中国文化影响颇深，其回国后在传播中国文化方面发挥了重要的作用。许多外国留学生在长安学习中国文化，在科举考试入仕方面，为了照顾外国人和其他民族的学业生，特设宾贡科，考中者称宾贡进士，可入仕做官。大食国人李彦升就是宾贡及第，而成为宾贡进士的。他们学习中国的典章制度、天文、法律、算学、历法等，学成回国后，遂将中国文化传播到本国。

其三，中国派出的使团和商人、僧侣等，也负有传播中国文化的责任。如贞观十七年三月，太宗命卫尉丞李义表为正使，融州黄水县令王玄策为副使，送天竺使节返国。直到贞观二十年，王玄策一行返回长安。后来王玄策还两次出使过印度。王玄策的出使活动大大推动了唐朝与天竺的文化交流。王玄策勒铭天竺，宣扬"大唐之淳化"，还着意在天竺宣传道家经典《道德经》。王玄策与李义表第一次奉使归来时向太宗报告称，唐使途经迦没路国时，发现这里除了信佛，"外道"也很兴盛，于是对其国王童子王说，中国在佛教未流行前，就已有道家经典在民间广泛传布，道经如果传到迦没路的话，这里必定也会信奉。童子王于是请求老子像与《道德经》。太宗命令玄奘与道士蔡晃、成英等三十余人一起参详，将《道德经》翻译为梵文。关于此事，《集古今佛道论衡》载："奘乃句句披析，穷其义类，得其旨理，方为译之。"王玄策第三次回国后，又模仿印度摩诃菩提寺弥勒图像，在长安敬爱寺由工匠张寿、宋朝塑像，李安贴金。王玄策的这一行为对印度佛教绘画和雕刻艺术在中国传播，起到了极为重要的作用。王玄策三次出使印度，联络了印度各国，向他们传播了道教的基本理论和礼仪，加深了长安佛教艺术的造诣，为弘扬国威、交流文化、加强中印间关系做出了贡献。

中、印两国在物质文明与科学技术的交流方面，也取得了丰硕的成果。中国生产的丝绸很早就传到了印度，如成书于公元前4世纪的印度古书《政事论》中就提到"丝及丝衣产于支那国"。印度梵文中与"丝"有关联的物品名，大都冠以支那，可知中国古代丝织业对印度的重大影响。在其他印度古籍中也有许多关于中国丝绸的记述，可知中国丝绸在印度古代服饰中占有很重要的地位。

中国产的桃、梨，都传到了印度。梵文中称桃为 cinani（"支那来"），这个名称到现代仍然使用。波斯的桃子也是自中国传入的，后来，又由波斯传到亚美尼亚、罗马等地。梵文称梨为"支那王子"，明确地说明了其来源。中国传往印度的还有纸，中国纸传入后，取代了印度用贝叶书写的方式，对印度文化发展起了积极作用。此外，由中国传入印度的物产还有白铜、磁土、茶、肉桂、黄连、大黄、土茯苓等，种类繁多，不一而足。

中国雕版印刷术在唐代时已传入印度。王玄策第三次出使印度时，曾在显庆五年接受摩诃菩提寺主戒龙所赠各色礼物，其中有"佛印四"。在印度，佛印为泥制，可印于泥，也可印于绢。玄奘在公元645年归国后就将佛像印于纸上，每年要印5驮，施于四方。印度的佛印是泥制，到了中国就改用木刻，并且印在纸上。在贞观年间，中国既已开始木版印刷佛像和书籍。到7世纪末期，印度也学会了将佛像印在绢或纸上。

中国僧人为了求法，自魏晋南北朝以来就不断有人西去求经，著名的如法显、慧超、玄奘、义净等。他们在学习佛法的同时，也为中西文化的交流做出了许多贡献。如玄奘就向戒日王介绍过《秦王破阵乐》，他带回的许多佛教原典，其中有些梵文佛经后来在印度失传，玄奘带回长安后翻译的中文译本就成了研究印度古代文学、科学的重要文献。

在各国各族商队大量涌入中国的同时，中国的商队也络绎不绝地前往西域、中亚、南亚等地区，除了经营商业贸易，也不自觉地成为传播中国文化的使者。由于这方面的情况缺乏明确的记载，已经很难分得清哪些中国文化是由中国商队传播出去的，但是从常理推论，他们在这方面的贡献一定是不小的。自汉代以来直到隋唐时期，中国的农耕技术、灌溉技术、纺织技术、陶瓷制造技术以及天文、历法、医药等更是广泛流行于西域及中亚广大地区。至于中国古代四大发明中的两个，即造纸术和印刷术也都是通过丝绸之路传播出去的，从而为世界文化的发展和人类文明的进步做出了重大的贡献。

唐代的长安又是接受外来文化最多的一个城市，大量的外来文明在这里与中国文明汇合、碰撞乃至交融，从而促进了中国文化的繁荣发展。关于这一切，学术界已有大量的研究与论述，甚至有人使用了"胡化"的提法。来自西域各国、经丝绸之路东来的文化通过朝贡、宗教、商业以及民间市井生活方式融合传播，成为当时长安城市文化重要的组成部分，形成了所谓胡风胡韵。关于这一点，唐人也有深刻的认知，诗人元稹的"女为胡妇学胡妆，伎进胡音务胡乐。……

胡音胡骑与胡妆，五十年来竞纷泊"①的诗句，就是这种情况的真实写照。《旧唐书·舆服志》也说："太常乐尚胡曲，贵人御馔，尽供胡食，士女皆竞衣胡服。"所谓胡曲、胡服以及胡舞、胡音、胡妆、胡俗等成为唐朝当时社会上流行的时尚。唐朝人追求外来物品的风气渗透到社会的各个阶层和日常生活的各个方面，胡风对唐朝的文化艺术、礼仪风俗、社会生活等各方面都有很大的影响。（见图 16-28）

不仅乐舞、服饰如此，即使在饮食方面胡风也颇盛，当时称之为胡食，是唐人对外来食品的总称。慧林在《一切经音义》中指出："胡食者，即饆饠、烧饼、胡饼、搭纳等是。"②元和十四年白居易在忠州任刺史，将忠州制作的胡饼寄给万州刺史杨归厚，因而写了《寄胡饼与杨万州》诗，诗云："胡麻饼样学京都，面脆油香新出炉。寄与饥馋杨大使，尝看得似辅兴无。"③"辅兴"是唐代长安城内一个坊名，以出售的胡饼美味而著称于世，也成为各地胡饼制作的典范。这就说明长安在学习外来文化方面成就最大，以至于成为其他地区学习的榜样。不仅民间如此，宫中又何尝不是如此呢？据日本僧人圆仁的《入唐求法巡礼行记》记载，唐文宗于会昌元年在立春时节"赐胡饼、寺粥"。

许多胡人还在长安开店设坊，酿制并买卖西域酒，雇佣胡姬侍酒伴舞，长安两市中就有许多胡人开设的酒肆，备受时人欢迎。许多文人学士经常光顾，品尝着醇美的域外佳酿，醉眼蒙眬地欣赏着具有异国情调的歌舞，留下许多脍炙人口的诗歌。王维在《过崔驸马山池》诗中就有"画楼吹笛妓，金碗酒家胡"④的诗句。李白诗曰"五陵年少金市东，银鞍白马度春风。落花踏尽游何处，笑入胡姬酒肆中""胡姬招素手，延客醉金樽""胡姬貌如花，当垆笑春风"等均是此类情形。⑤

---

① 《全唐诗》卷四一九《和李校书新题乐府十二首·法曲》，第 4628 页。
② 慧林：《一切经音义》卷三七《陀罗尼集》卷一二，大正藏第 54 册，东京大藏经刊行会 1990 年版，第 552 页。
③ 《全唐诗》卷四四一《寄胡饼与杨万州》，第 4936 页。
④ 《全唐诗》卷一二六《过崔驸马山池》，第 1274 页。
⑤ 《全唐诗》卷一六五《少年行》，第 1710 页，卷一七六《送裴十八图南归嵩山》，第 1802 页，卷一六二《前有一樽酒行》，第 1687—1688 页。

图 16-28 唐骑驼乐舞三彩胡人俑
（引自杜文玉、林兴霞编著：《图说中外文化交流》，世界图书出版公司 2017 年版，第 41 页）

在绘画、文学、游艺、体育、风俗、用具、科学技术等许多方面，长安都受到了外来文化的影响。仅就科学技术而言，有唐一代，外来科学技术的影响主要表现在天文历法、医药学、建筑学、数学等方面。许多外国医生、学者在中国行医或者做官，如天竺的瞿昙家族，一家数代人都在中国做官，担任过太史令、司天监、冬官正等官职。再如波斯人李素，这个家族在其祖父李益初时入唐，一家三代在唐为官，其中李素历代、德、顺、宪四朝，直到元和十二年才去世。这是一个信仰景教的波斯家族，对波斯天文历算之学在中国的流传做出了贡献。此外，还有一些人以传教士的名义来到长安，他们有的精通医术，有的为历算家,都或多或少地为传播外来的科学技术做出过贡献。

日本学者木宫泰彦指出:"唐朝的文化,不单是汉人的文化,而且夹杂着来自四面八方的外国文化,尤其是夹杂着印度系统和伊朗系统的文化,这是很显著的事实。"① 除了以上所述外,大量的外来物种来到长安,进而传遍全国,极大地影响了中国人的生活。各种对中国内地来说堪称新奇的植物、香料、水果等,借着这条绵长的丝绸之路,慕风远飚,源源不断地输入中土。有的更是被打上了鲜明的外来标记——"胡"字,如胡桃、胡麻、胡萝卜、胡椒、胡蒜、胡葱、胡桐泪等。总之,随着丝绸之路的繁荣发展,长安已发展成为多种文明交融的中心,成为古代中国最为时尚的国际大都市。(见图16-29)

长安作为丝绸之路上多种文化的中心,向东对新罗、高丽、百济和日本等国产生了重要的影响,向西通过丝绸之路对西域、中亚、南亚乃至欧洲各国都产生了深远的影响,对各国各民族产生了极大的吸引力。长安的文化地位主要表现在两个方面:一是中西文明的交融中心和桥梁;二是多种文化的中心,代表着这一时期世界的最高水平。其桥梁作用主要表现在两个方面:一是向朝鲜半岛、日本等地输出,二是从长安向全国各地输出。其多种文化中心的地位表现是儒学中心、文学中心、宗教中心、乐舞中心、书法与绘画中心、

图 16-29 陕西出土的唐代都管七国人物画六瓣银盒
(陕西历史博物馆提供)

---

① [日]木宫泰彦:《日中文化交流史》,胡锡年译,商务印书馆1980年版,第214—215页。

科技中心等方面，因为长安集中了一大批高水平的学者、作家、诗人，拥有丰富的图籍以及健全的教育体系。它又拥有一大批高僧、高道以及外来宗教的传教人员，使其成为当之无愧的宗教中心。说长安是乐舞百戏艺术的中心，是因唐朝在长安建立了左右教坊、内教坊、梨园和太常寺太乐署与鼓吹署等机构，拥有一大批艺术人才，当时全国最优秀的乐舞人才都集中在长安，其中不少为外来的艺术家，如琵琶高手曹保、曹善才、曹纲祖孙三代均为曹国人，著名歌唱家米嘉荣，歌曲之妙，当时人无出其右，其为米国人。再如龟兹音乐家白明达、疏勒五弦圣手裴神符、康国琵琶演奏家康昆仑、安国的安万善等都是名噪一时的艺术家。当时世界上最优秀的艺术人才都希望能到长安去，以展示自己的才艺，可见长安在当时所处地位之重要。有唐一代，最著名的书法家、画家，都集中在长安，所以说它是书法与绘画中心也不为过。至于科技中心，是因为其在医学、药学、天文学、历算学、建筑学等方面，都拥有相应的机构和高水平的学者，甚至有不少杰出的外国专家，代表了这一历史时期最高的科技水平。

此外，唐代的长安还是民族融合的中心，有大量的少数民族与外国人在城中居住和生活，这也是长安国际化的标志之一，在此不再赘述。

第六节 陕西境内的文化遗址

一、陵墓遗存

长安作为隋、唐两朝的都城，隋、唐两朝帝王及重要人物的陵墓自然也多分布在其周围的关中地区，其中隋代帝陵两座，即隋文帝陵与隋炀帝陵。隋文帝陵位于今西安市杨凌区五泉镇王上村，隋炀帝陵位于武功县武功镇西塬上，洛阳村东，康海撰《武功县志》认为，武德五年唐高祖令李世民将其从扬州迁葬于这里。由于扬州已发现一座隋炀帝陵，所以关于关中的这座炀帝陵的真伪在学界就产生了分歧，到底真相如何？恐怕非科学挖掘不能辨明真相。

唐代皇帝除最后的两个皇帝唐昭宗与唐哀帝葬在河南外，其余均葬在关中，共计十八座帝陵，均分布在渭北地区，具体地理位置如下。

唐高祖献陵，位于三原县徐木乡永合村西，封土为陵。

唐太宗昭陵，位于礼泉县城西北的九嵕山上，凿山为陵。

唐高宗与武则天乾陵，位于乾县城北梁山上，凿山为陵。

唐中宗定陵，位于富平县西北凤凰山上，凿山为陵。

唐睿宗桥陵，位于蒲城县西北丰山上，凿山为陵。

唐玄宗泰陵，位于蒲城县东北五龙山余脉金粟山南，凿山为陵。

唐肃宗建陵，位于礼泉县城东北武将山南麓，凿山为陵。

唐代宗元陵，位于富平县西北的檀山，凿山为陵。

唐德宗崇陵，位于泾阳县西北嵯峨山，凿山为陵。

唐顺宗丰陵，位于富平县东北金瓮山，凿山为陵。

唐宪宗景陵，位于蒲城县城金帜山，凿山为陵。

唐穆宗光陵，位于蒲城县北的尧山，凿山为陵。

唐敬宗庄陵，位于三原县东北陵前镇柴窑村，凿山为陵。

唐文宗章陵，位于富平县城西北的天乳山之阳，凿山为陵。

唐武宗端陵，位于三原县徐木原桃沟村东北，凿山为陵。

唐宣宗贞陵，位于泾阳县白王乡崔黄村，凿山为陵。

唐懿宗简陵，位于富平县西北紫金山（又名虎头山），凿山为陵。

唐僖宗靖陵，位于乾县铁佛乡南陵村，封土为陵。

唐十八陵区内有大量珍贵文物，比如献陵的石虎、石犀、华表，著名的昭陵六骏与十四蕃王雕像，乾陵前的六十一王宾像以及鸵鸟、翼马、石人、石马等，以及其他帝陵前的石雕作品，都是很有时代特点的艺术品。在这些唐代帝陵陵区内还有大量的陪葬墓，其中以献陵、昭陵、乾陵为最多，包括许多著名历史人物的墓都在其中，如魏徵、李靖、李勣、房玄龄、长孙无忌、程咬金、尉迟敬德等。

除此之外，关中地区还分布有唐高祖的祖父李虎的永康陵、其父李昞的兴宁陵、武则天之母杨氏的顺陵等帝王级的墓葬。其他重要人物有牛弘、李密、武惠妃、杨贵妃、柳公权等人，人数众多，不再一一列举。

五代时期陕西境内的重要陵墓主要有秦王李茂贞夫妇墓与冯晖墓，其墓中均出土了不少乐舞砖雕图像,学者们认为这些图像反映了五代燕乐的流行情况。李茂贞封秦王,冯晖封卫王,其墓葬都是以王爵规格确立的,比较重要。

二、石刻与建筑遗存

除了唐陵陵区的石雕作品,在陕西境内还分布着大量隋唐时期的石雕和石刻品,比较集中的有药王山石窟、古庄子石窟、川庄石窟等,延安万佛洞与川子河石窟的石雕作品中也有不少唐代的。子长的钟山石窟,又名万佛岩,也有唐代的石雕存在。彬州大佛寺石窟,寺系唐太宗李世民为纪念在他指挥的邠州浅水原大战和五龙坂大战中阵亡将士而建,窟内有造像七百四十尊,主像为一佛二菩萨。大佛居中结跏趺坐,肩宽体厚,高约20米。麟游慈善寺石窟,开凿于唐永徽四年(653),有佛、菩萨造像数尊,为初唐时期作品。淳化金川湾石窟,为唐代所凿,造像均已残破。洛川寺家河石窟,开凿于唐开成元年(836)五月,为密宗造像,比较珍贵。旬阳千佛洞石窟,现存大小造像八百余尊,从现存残碑文字看,可能与五代之临济宗有密切关系。

陕西境内的重要石刻主要有周公庙唐代石刻、醴泉碑铭、王仁皎碑、晖福寺碑、符麟碑、刘沔碑、李晟碑、唐永淳碑、李光弼碑、李元谅碑、昭仁寺碑、杨珣碑、云麾将军碑等。此外,在西安碑林博物馆内收藏有大量的珍贵碑石,如开成石经、大秦景教流行中国碑、不空和尚碑、孔子庙堂碑、同州圣教序碑、大唐三藏圣教序碑、多宝塔碑、颜家庙碑、姜嫄公刘庙碑、大和尚碑、陇县陀罗尼经幢、铜川黄堡区陀罗尼经序幢等,许多都出自当时的书法名家之手,是我国珍贵的文化遗产。

在陕西境内隋唐时期地面建筑已经荡然无存,保留至今的主要是佛塔之类,如著名的大雁塔(见图16-30)、小雁塔、华严寺杜顺塔与澄观灵骨塔、香积寺善导塔、高陵昭慧寺塔、宝庆寺塔、仙游法王塔、灵感寺塔、延安宝塔山塔、兴教寺玄奘塔(见图16-31)、蒲城南塔、永寿旧县城古塔、洋县开明寺舍利塔等。

除此之外,还有一些重要的隋唐时期的建筑遗址,如大明宫、兴庆宫、华清宫、九成宫、玉华宫、西市、天坛遗址等。这些建筑遗址规模虽大,但是无一保留有当时的地面建筑物,通过对其发掘,可以提供许多珍贵的研究资料,也为进

图 16-30　大雁塔
（杜文玉摄影）

图 16-31　唐兴教寺塔
（杜文玉摄影）

一步保护提供科学的依据。

三、宗教遗存

陕西境内的宗教遗存最多是佛教方面的，主要有青龙寺、大兴善寺、华严寺、香积寺、兴教寺（见图16-32）、云居寺、法幢寺、法门寺、陇县石宫寺、彬州大佛寺、慈恩寺、荐福寺、净业寺、商州大云寺、罔极寺、仙游寺、长武昭仁寺、长安实际寺、长安牛头寺等。这些佛教寺院在历史上曾经声名赫赫，有的规模极大，可谓盛极一时，但现存的地面建筑均不是当时的，有的为明清时期的建筑，有的则为改革开放后新修的一些建筑，其中部分寺院中还保存有唐塔或经幢之类，有的保存有唐代佛像，如彬州大佛寺。有些寺庙经过历代兴修，至今仍保持着较大的规模，香火甚盛，游人如织，如法门寺、香积寺、大佛寺、兴教寺、慈恩寺、荐福寺等，为重要的佛教活动场所。青龙寺的唐代建筑已荡然无存，殿宇遗址被埋没地下，20世纪60年代经过科学发掘，弄清了其基本规模。青龙寺是唐代密宗大师惠果的驻锡地，日僧空海又在此留学，遂成为日本佛教真言宗的祖庭。出于这些原因，在原址上新建了寺宇，其中日方捐资惠果、

图 16-32　长安兴教寺
（杜文玉摄影）

图 16-33　西安青龙寺空海碑
（杜文玉摄影）

空海纪念堂（见图 16-33）及青龙寺出土文物展室等，又栽种了大量的樱花树，遂成为中日游客驻足游览之胜地。

　　唐代的长安为道教中心，当时除了长安城内建有大量的道观，城南的终南山也分布了不少道教观舍，但其遗存保留至今的寥寥无几，主要有楼观台、鳌崾楼观乡西行村三清殿、八仙庵、玉华观等。其中楼观台相传为老子入关后的讲道之处，为楼观派的祖庭。唐武德三年改名宗圣宫，大加营造；唐玄宗时再次扩建，使其成为当时规模最大的皇家道观和道教圣地。此后历代皆有修建，现存建筑为明清时期的。楼观台风景秀丽，翠竹密布，山峰耸立，古迹甚多，是著名的游览胜地。八仙庵位于今西安东关，据《历代真仙体道通鉴》载，吕岩于唐会昌时在此遇钟离权为黄粱一梦所悟遂入道。现存建筑均为明清时期的，是我国西北地区著名的道教圣地。周至三清殿相传为唐代所建，已衰败不堪。至于玉华观，又称玉真祠、升天台，为唐睿宗之女玉真公主修道之处，位于楼观台西7里处，现在遗址上重建了道观，以供人们参观。

　　伊斯兰教的遗存，主要指西安城内化觉巷清真大寺与大学习巷清真寺，其虽然始建于唐代，然保存至今的建筑物却是明代的。

　　摩尼教、祆教的遗存至今在陕西已找不到丝毫的痕迹了。近年来在西安发掘了一些粟特人的墓葬，他们均为祆教徒，出土了一些相关的文物，如礼泉安元寿墓、西安康令梓墓、西安康文通墓出土的石雕、三彩器、陶器等。由于汉化比较彻底，所以祆教色彩并不明显。反倒是西安发掘的北周时期的史君墓与安伽墓出土文物具有浓厚的祆教色彩，引人关注。

关于景教遗存，主要是大秦寺塔遗址，其在唐代为著名的景教寺，位于陕西周至县城东南30里的塔峪口。这座大秦寺始建于唐永徽元年（650），唐宝应元年为郭子仪的副使景教徒伊斯捐款所重建，使其成为全国四大景教寺之一。大秦寺塔是大秦寺遗址内唯一保留下来的一座唐代建筑物，塔高35米，每层有卷梯拱门。

结语

隋唐五代时期的陕西历史既波澜壮阔又曲折多变，是中国古代历史从中古向近古转变的重要时期。日本学者内藤湖南指出：中国之中世结束于唐代，近世开端于宋代，这期间从唐中期至五代为过渡时期。在唐宋变革时期的政治、社会、经济、文化等方面，中唐以来的变化主要体现在陕西历史中，或者说在陕西历史中集中地体现这些方面的变化。以社会阶层与社会经济为例，唐中期在长安向全国颁布了两税法，引发了三个方面的重要变化：一是征税对象由原来的以人丁为主，转变为以资产即土地为主，从而导致了政府对农民人身控制的松弛；二是两税法的颁布标志均田制的崩溃，只要田主向政府缴税，政府并不干预土地的归属，从而使地主土地所有制得到了极大的发展，有利于农业生产的发展；三是随着地主土地所有制的发展，租佃制遂成为普遍存在的土地经营方式，农民与地主的关系变为一种经济契约关系，农民一旦兑现了所承担的经济责任，则地主无权约束其人身自由。这些变化的影响是巨大的，决定了宋代社会结构以及经济形态的基本面貌。

文化方面的变化也是很大的，陈寅恪先生说："华夏民族之文化，历数千载之演进，造极于赵宋之世。"文化的内涵太复杂了，姑且以宋代最有代表性的宋词与理学为例，简单谈一下唐文化对宋代文化转型的影响。众所周知，词这种文学体裁是在曲子词的基础上发展起来的，是可以入乐的，故又称乐章、乐曲、乐府、诗余、长短句等。今存的敦煌曲子词多为民间创作，在文坛很难有多少影响。文人尤其是一些久负盛名的诗人，如韦应物、刘禹锡、白居易等，投入这种创作后，情况就发生了巨大的变化，遂使词这一文学体裁开始进入文学大流。再经过五代十国时期的发展，词终于登上神圣的文学殿堂，开始在文坛上占据一席之地，至宋代终于与诗并驾齐驱，成为文学创作的主要体裁之一。

这种变化与长安不无关系，韦、刘、白诸人无一不在长安创作了大量的作品，其中就不乏词的创作。五代时期著名的花间词派，其鼻祖韦庄、温庭筠也是从长安走出来的。韦庄，长安杜陵人，京兆韦氏之后裔，曾在秘书省担任过校书郎。温庭筠为唐初宰相温彦博之后裔，官至国子助教。他们的词辞藻华丽，情趣闲适，为花间派词人中成就最高者，并对宋初的词坛产生了极大的影响。

宋代理学成就斐然，然而却是在中唐人啖助、赵匡、陆淳等人所倡导的一种"舍传求经"的新学风影响下逐渐形成的。他们借研究《春秋》抒发自己的政治见解，提倡《公羊》《穀梁》的空言说经，批判"《左传》叙事虽多，释经殊少"。实际上他们不为三传旧说所束缚，专攻三传之失，凭己意指论孔子笔削《春秋》本意，至于其对《五经正义》的驳诘，就更不在话下了。宋代学者欧阳修、刘敞、王安石等，在啖、赵、陆的影响下，更大胆、更深入地继续了此项事业，他们完全荡弃家法，全凭己意说经、改经。至于朱熹和他的三传弟子王柏则更甚，他们整句、整段地颠倒删削经文，以就己意。王柏撰《诗疑》一书，"则攻驳毛郑不已，并本经而攻驳之；攻驳本经不已，又并本经而删削之"。学术界把经学发展到宋代这一阶段称为宋学，也叫理学。宋学与汉学相比，具有明显不同的特点。从内容上看，汉学侧重名物制度，宋学偏重性命义理；从方法上看，汉学重视章句训诂，宋学讲究缘辞生义；从指导思想上看，汉学笃守家法，宋学独抒胸臆。可见两者确实存在着明显的不同。从以上论述看，从汉学到宋学的转变是从唐代中期开始的。故宋儒对啖助等人推崇备至，如程颐称赞他"绝出诸家，有攘异端开正途之功"。原因就在于他开创了一代新学风，具有突破藩篱、解放思想的贡献。

正因为如此，我们在赞扬宋代辉煌的文化成就时，不能漠视唐人在这方面的贡献，尤其不能忽视长安文化在这种文化转型中的积极作用，否则宋代文化就是无源之水、无本之木。以往关于唐宋变革的研究，比较重视唐中叶以来的这些变化，但却对长安在这些变化中的影响研究不够，应该加强这方面的研究，以便更客观地评价陕西的历史地位。

参考文献

References

[1] 刘向.战国策[M].济南:齐鲁书社,2005.

[2] 司马迁.史记[M].北京:中华书局,1959.

[3] 班固.汉书[M].北京:中华书局,1962.

[4] 令狐德棻,等.周书[M].北京:中华书局,1971.

[5] 魏徵,令狐德棻.隋书[M].北京:中华书局,1973.

[6] 温大雅.大唐创业起居注[M].上海:上海古籍出版社,1983.

[7] 李世民.帝范[M].济南:山东友谊书社,1992.

[8] 吴兢.贞观政要[M].上海:上海古籍出版社,1978.

[9] 慧立,彦悰.大慈恩寺三藏法师传[M].北京:中华书局,2000.

[10] 慧林.一切经音义[M].东京:大藏经刊行会,1990.

[11] 李林甫,等.唐六典[M].北京:中华书局,1992.

[12] 王方庆.魏郑公谏录[M].文渊阁《四库全书》本.上海:上海古籍出版社,1987.

[13] 郑处诲.明皇杂录[M].北京:中华书局,1994.

[14] 刘肃.大唐新语[M].北京:中华书局,1984.

[15] 郭湜.高力士外传[M]//王仁裕,等.开元天宝遗事十种.上海:上海古籍出版社,1985.

[16] 杜佑.通典[M].北京:中华书局,1988.

[17] 陈鸿.长恨歌传[M]//王仁裕,等.开元天宝遗事十种.上海:上

海古籍出版社，1985.

［18］李吉甫.元和郡县图志［M］.北京：中华书局，1983.

［19］周叔迦，苏晋仁.法苑珠林校注［M］.北京：中华书局，2003.

［20］李德裕.次柳氏旧闻［M］//崔令钦.教坊记：外三种.北京：中华书局，2012.

［21］郑棨.开天传信记［M］//崔令钦.教坊记：外三种.北京：中华书局，2012.

［22］赵璘.因话录［M］.上海：上海古籍出版社，1979.

［23］姚汝能.安禄山事迹［M］.上海：上海古籍出版社，1983.

［24］裴庭裕.东观奏记［M］.北京：中华书局，1994.

［25］苏鹗.杜阳杂编［M］//上海古籍出版社.唐五代笔记小说大观.上海：上海古籍出版社，2000.

［26］段安节.乐府杂录［M］.上海：古典文学出版社，1957.

［27］范摅.云溪友议［M］.上海：古典文学出版社，1957.

［28］杜牧.樊川文集［M］.上海：上海古籍出版社，1978.

［29］圆仁.入唐求法巡礼记［M］.上海：上海古籍出版社，1986.

［30］孙光宪.北梦琐言［M］.北京：中华书局，2002.

［31］韦庄.韦庄集［M］.北京：人民文学出版社，1958.

［32］何光远.鉴诫录［M］//傅璇琮，徐海荣，徐吉军.五代史书汇编.杭州：杭州出版社，2004.

［33］杜光庭.录异记［M］//上海古籍出版社.唐五代笔记小说大观.上海：上海古籍出版社，2000.

［34］乐史.太平寰宇记［M］.北京：中华书局，2007.

［35］李昉，等.文苑英华［M］.北京：中华书局，1966.

［36］李昉，等.太平广记［M］.北京：中华书局，1961.

［37］李昉，等.太平御览［M］.北京：中华书局，1960.

［38］刘昫，等.旧唐书［M］.北京：中华书局，1975.

［39］薛居正，等.旧五代史［M］.北京：中华书局，1976.

［40］欧阳修，宋祁.新唐书［M］.北京：中华书局，1975.

［41］欧阳修.新五代史［M］.北京：中华书局，1974.

［42］王溥.唐会要［M］.上海：上海古籍出版社，2006.

[43] 宋敏求. 唐大诏令集[M]. 北京：商务印书馆，1959.

[44] 宋敏求. 长安志[M]. 西安：三秦出版社，2013.

[45] 王钦若，等. 册府元龟[M]. 北京：中华书局，1960.

[46] 李攸. 宋朝事实[M]. 北京：中华书局，1955.

[47] 司马光. 资治通鉴[M]. 北京：中华书局，1956.

[48] 范祖禹. 唐鉴[M]. 文渊阁《四库全书》本. 上海：上海古籍出版社，1987.

[49] 叶梦得. 石林燕语[M]. 北京：中华书局，1984.

[50] 钱易. 南部新书[M]. 北京：中华书局，2002.

[51] 王应麟. 玉海[M]. 江苏古籍出版社，1987.

[52] 周勋初. 唐语林校证[M]. 北京：中华书局，1987.

[53] 郑樵. 通志[M]. 北京：中华书局，1987.

[54] 马端临. 文献通考[M]. 北京：中华书局，1986.

[55] 脱脱，等. 宋史[M]. 北京：中华书局，1977.

[56] 贺复徵. 文章辨体汇选[M]. 文渊阁《四库全书》本. 台北：台湾商务印书馆，1986.

[57] 王夫之. 读通鉴论[M]. 北京：中华书局，1975.

[58] 王树民. 廿二史札记校证[M]. 北京：中华书局，1984.

[59] 董诰，等. 全唐文[M]. 北京：中华书局，1983.

[60] 彭定求，等. 全唐诗[M]. 增订本. 北京：中华书局，1999.

[61] 永瑢，等. 四库全书总目[M]. 北京：中华书局，1965.

[62] 纪昀. 四库全书总目提要[M]. 石家庄：河北人民出版社，2000.

[63] 王昶. 金石萃编[M]. 北京：中国书店，1985.

[64] 顾祖禹. 读史方舆纪要[M]. 北京：中华书局，2005.

[65] 徐松. 唐两京城坊考[M]. 北京：中华书局，1985.

[66] 龚世俊，等. 西夏书事校证[M]. 兰州：甘肃文化出版社，1995.

[67] 岑仲勉. 隋唐史[M]. 北京：中华书局，1982.

[68] 范文澜，蔡美彪，等. 中国通史[M]. 北京：人民出版社，1994.

[69] 韩荫晟. 党项与西夏历史资料汇编[M]. 银川：宁夏人民出版社，2000.

[70] 木宫泰彦. 日中文化交流史[M]. 胡锡年，译. 北京：商务印书馆，

1980.

［71］孙迟.略论唐帝陵的制度、规模及文物［C］//陕西省文物事业管理局.陕西省文博考古科研成果汇报会论文选集.西安：陕西省文物事业管理局，1982.

［72］孙昌武.唐长安佛寺考［M］//荣新江.唐研究：第2卷.北京：北京大学出版社，1996.

［73］周伟洲.唐梨园新考［M］//周伟洲.汉唐气象：长安遗珍与汉唐文明.北京：中国社会科学出版社，2013.

［74］戴应新.北宋《折继闵神道碑》疏证［C］//中国考古学会.中国考古学会第一次年会论文集：1979.北京：文物出版社，1980.

［75］韩乐学.试评隋炀帝［J］.西北师院学报（社会科学版），1985（4）.

［76］何德章.隋文帝对江南的控制及其失策［J］.西南师范大学学报（哲学社会科学版），1993（2）.

［77］介永强.《唐长安佛寺考》补苴［J］.中国历史地理论丛，2009（3）.

［78］介永强《唐长安佛寺考》若干问题辨正［J］.中国历史地理论丛，2010（4）.

［79］胡如雷.隋文帝评价［J］.社会科学战线，1979（2）.

［80］倪正太.隋末农民战争和唐初的"让步政策"［J］.南京大学学报（哲学社会科学版），1979（1）.

［81］吴宏岐.论唐末五代长安城的形制和布局特点［J］.中国历史地理论丛，1999（2）.

［82］魏国忠.关于隋文帝的历史教训：兼评《隋文帝评价》［J］.求是学刊，1980（2）.

［83］魏承思.论隋王朝的经济政策及其灭亡［J］.历史教学问题，1985（3）.

［84］杨志玖.隋文帝凭什么条件统一中国［J］.历史教学，1954（6）.

［85］杨蒲林.试论隋代封建统治阶级内部的矛盾［J］.历史教学，1965（12）.

大事年表

Chronology

581 年 开皇元年

杨坚取代北周,建立隋朝,改元开皇,建都长安。

582 年 开皇二年

隋文帝下诏,命高颎等人于龙首原之南另建新都,取名大兴城,宇文恺受命为总设计师。

583 年 开皇三年

三月,隋文帝迁居新都。改州、郡、县三级为州、县两级制。

584 年 开皇四年

开广通渠,自大兴城东引渭水到潼关,长 300 余里。

587 年 开皇七年

隋文帝召梁主入朝,然后派兵进入江陵,灭亡了梁国。

588 年 开皇八年

十月,隋军五十余万,东自沧海,西至巴蜀,向陈朝发动全面进攻。

589 年 开皇九年

陈朝灭亡,全国统一。

593 年 开皇十三年

在麟游兴修仁寿宫。

600年 开皇二十年

废太子杨勇，另立晋王杨广为太子。

604年 仁寿四年

太子杨广指使人弑隋文帝，杨广即位，是为隋炀帝。下诏营建东都。

605年 大业元年

征调河南、淮北一带百余万民开凿通济渠。征发淮南十余万人民修整、扩大邗沟。

607年 大业三年

征发百余万人修长城。

608年 大业四年

征发河北百余万人开永济渠，征发二十余万人修长城。

611年 大业七年

王薄领导农民在山东长白山（今山东章丘）起义，揭开全国农民战争的序幕。

612年 大业八年

隋朝出动水陆大军一百一十三万，发动了对高丽的战争，失败而归。

613年 大业九年

隋炀帝亲率大军第二次进攻高丽，因杨玄感在洛阳起兵反隋，仓皇退军。扶风向海明领导农民起义。

614年 大业十年

隋炀帝第三次发动对高丽的战争，因高丽求和而退军。扶风有唐弼领导的农民起义；延安有刘迦论领导的农民起义；大荔一带有孙华领导的起义军。

615年 大业十一年

李渊任山西、河东抚慰大使。

617年 大业十三年

李渊任太原留守。七月，起兵进攻长安。十一月，攻克长安，立杨侑为傀儡皇帝，遥尊隋炀帝为太上皇，自封唐王、大丞相。

618年　武德元年

宇文化及等在江都缢杀隋炀帝。李渊废杨侑，在长安称帝，建立唐朝。秦王李世民与薛仁杲在浅水原交战，薛仁杲投降。

619年　武德二年

刘武周进逼太原，达黄河岸，李世民东渡黄河进讨刘武周。高祖把关中分为十二道，以安置十二军。灭亡割据者李轨。

620年　武德三年

李世民收复太原及河南诸州。诏改楼观为宗圣宫。

621年　武德四年

李世民扫平王世充、窦建德等割据势力，统一了中原、河北一带。突厥进攻代州，唐军拒城自守。九月，突厥又先后进攻并州、原州。十月，李靖扫平萧铣于江陵。

622年　武德五年

突厥进攻太原，同时遣使请求和亲。

623年　武德六年

颉利可汗进攻马邑，唐军坚决抵抗。唐军镇压了江淮辅公祏的叛乱。

624年　武德七年

突厥分别攻朔州、原州、陇州、阴盘、并州。

626年　武德九年

六月，秦王李世民在玄武门设下埋伏，射杀太子李建成、齐王李元吉，夺得了太子之位，史称"玄武门之变"。八月，李世民即皇帝位。突厥十万余兵进攻泾州、武功、高陵、泾阳，兵临渭河便桥。唐太宗与突厥颉利可汗盟于渭水便桥上。

627年　贞观元年

唐太宗改元贞观。关中发生旱灾。

628年　贞观二年

关中发生旱灾、蝗灾。唐军平定梁师都。

629 年 贞观三年

关中又发生旱灾。

630 年 贞观四年

唐军彻底击败东突厥，俘颉利可汗，解除了唐初最大的威胁。北方各族首领到长安，共尊唐太宗为"天可汗"。

634 年 贞观八年

始建大明宫。唐蕃始互访。

635 年 贞观九年

李靖进攻吐谷浑取胜。

636 年 贞观十年

唐太宗改军府名为折冲府。

637 年 贞观十一年

唐太宗下诏营建昭陵。

640 年 贞观十四年

唐朝大将侯君集灭亡高昌国。

641 年 贞观十五年

唐蕃和亲，文成公主入藏，嫁吐蕃赞普松赞干布。

644 年 贞观十八年

在骊山修建汤泉宫。

647 年 贞观二十一年

北方各族首领要求开辟参天可汗道。唐在漠北回纥所统地设置六都督府、七州。

649 年 贞观二十三年

太宗病死，高宗李治即位。于晋昌坊建成慈恩寺。

652 年 永徽三年

应玄奘请求，建大雁塔。

654 年 永徽五年

长安外郭城完工。

655年 永徽六年

　　武则天被册立为皇后。

657年 显庆二年

　　在延康坊建造西明寺。

662年 龙朔二年

　　重修大明宫。

682年 永淳元年

　　关中饥馑。

683年 弘道元年

　　高宗病死，中宗李显即位。

684年 光宅元年

　　武则天废唐中宗，另立唐睿宗，自己临朝称制。

690年 天授元年

　　武则天改唐为周，以洛阳为神都，自为皇帝。

705年 神龙元年

　　张柬之等发动政变，武则天被迫退位，中宗再次为帝。

706年 神龙二年

　　唐中宗还都长安。

707年 景龙元年

　　在荐福寺始建小雁塔。

709年 景龙三年

　　关中发生灾荒。

710年 景云元年

　　六月，唐中宗被毒死，韦后矫诏立温王李重茂为皇帝，自己临朝称制。临淄王李隆基等人发动政变，铲除韦氏及乱党，拥立睿宗即位。金城公主入藏，嫁吐蕃赞普尺带珠丹。

712年 先天元年

　　唐玄宗李隆基即位，唐睿宗自称太上皇。

713年 开元元年

　　关中干旱。铲除太平公主集团。

714年 开元二年

　　玄宗决定从皇室开始纠正奢侈腐化风气，禁厚葬，抑制佛教泛滥，下诏自今以后不得再建新寺。命天下僧尼还俗者一万两千余人。兴建兴庆宫。

721年 开元九年

　　僧一行受命造新历《大衍历》，较《麟德历》更为精密。

723年 开元十一年

　　自京兆、蒲、同、岐、华等州选府兵及白丁十二万，称"长从宿卫"。宰相张说奏改政事堂为中书门下。

724年 开元十二年

　　僧一行主持实测子午线。

725年 开元十三年

　　长从宿卫更名为彍骑，分隶十二卫。玄宗封禅于泰山。

727年 开元十五年

　　兴建十王宅、百孙院及少阳院。

728年 开元十六年

　　玄宗始听政于兴庆宫。

732年 开元二十年

　　《大唐开元礼》修成。

733年 开元二十一年

　　唐与吐蕃共立唐蕃会盟碑。关中久雨成灾。

740年 开元二十八年

　　金城公主薨，吐蕃遣使来告丧。是岁，长安米每斛不满二百钱，绢价亦低。

741年 开元二十九年

敕令两京诸州各置玄元皇帝庙,并兴办崇玄学。

743年 天宝二年

左散骑常侍兼陕州刺史韦坚自禁苑西引渭水到长安城东九里外,再汇合浐水、灞水,形成广运潭,江南运船可直达长安城下。

744年 天宝三载

寿王妃杨玉环入宫。

745年 天宝四载

册杨玉环为贵妃。

749年 天宝八载

废止府兵制,改行募兵制。

750年 天宝九载

封安禄山为东平郡王,唐代将帅封王自此而始。

751年 天宝十载

安禄山兼领范阳、河东、平卢三镇节度使。

755年 天宝十四载

范阳节度使安禄山在范阳起兵,发动叛乱。

756年 天宝十五载

正月,安禄山在洛阳建立政权,自称大燕皇帝。六月九日安禄山攻占潼关,唐军败退。十二日玄宗出逃西蜀。十四日玄宗一行来到马嵬驿,禁军发生兵变,杨国忠、杨贵妃被杀。玄宗逃到成都。七月,太子李亨在灵武即位,是为肃宗。十月,肃宗命宰相房琯将兵收复两京,唐军大败。

757年 至德二载

安禄山之子安庆绪杀父夺位。肃宗以郭子仪为副元帅,借回纥兵,联军收复长安。十二月,玄宗自成都返回长安,居兴庆宫。

762年 宝应元年

唐肃宗崩,太子李豫即位,是为代宗。

763 年 广德元年

　　正月,史朝义失败自杀,安史之乱平定。十月,吐蕃攻入长安,代宗逃至陕州。郭子仪带兵收复长安。十二月,代宗返回长安。

764 年 广德二年

　　朔方节度使仆固怀恩反。以刘晏为河南、江淮转运使,刘晏善理漕运,疏通汴水,每年运粮数十万石至关中。

765 年 永泰元年

　　九月,仆固怀恩率回纥、吐蕃、吐谷浑等部兵数十万再次进犯。十月,郭子仪与回纥在泾阳会盟,共却吐蕃。

769 年 大历四年

　　二月、四月,长安两次地震。

770 年 大历五年

　　诛杀大宦官鱼朝恩。

773 年 大历八年

　　吐蕃十万攻扰泾、邠州,郭子仪遣朔方兵马使浑瑊、泾原节度使马璘力战拒之。

779 年 大历十四年

　　代宗崩于大明宫紫宸殿,太子李适即位于太极殿,是为德宗。

780 年 建中元年

　　实行两税法,取代租庸调制。

783 年 建中四年

　　长安发生泾原兵变。德宗逃到奉天,朱泚在长安称帝,国号秦。

784 年 兴元元年

　　朔方节度使李怀光勾结朱泚反叛,德宗再逃梁州。李晟率领唐军收复长安,朱泚败亡。

793 年 贞元九年

　　初征茶税,十分税一,岁收四十万缗。

796年 贞元十二年

以宦官窦文场、霍仙鸣为神策军左右护军中尉，自此以宦官任中尉统率神策军遂成为制度。

803年 贞元十九年

修葺大明宫含元殿。

804年 贞元二十年

关中春夏大旱，罢中和节宴。

805年 贞元二十一年

唐德宗李适崩，太子李诵即位于太极殿，是为顺宗。任用王伾、王叔文进行改革。由于顺宗患病，不能理政，遂以太子李纯为皇帝，是为宪宗。二王主导的改革失败，同党被贬，是为"二王八司马"事件。

806年 元和元年

太上皇李诵崩。西川刘辟叛乱被荡平。

807年 元和二年

镇海节度使李锜反，被执斩于长安。

808年 元和三年

策试贤良方正直言极谏科举人。牛僧孺、皇甫湜、李宗闵在策论中抨击时政得失，录为上第。宰相李吉甫恶其直言，泣诉于宪宗前，故牛僧孺等人久不得重用。此事被视为日后牛李党争的诱因。

817年 元和十二年

裴度、李愬平定淮西之乱。

819年 元和十四年

举行盛大的迎奉佛骨活动，刑部侍郎韩愈上表谏之，宪宗大怒，贬其为潮州刺史。淄青节度使李师道被杀，自此，藩镇皆受朝廷约束。

820年 元和十五年

宪宗被宦官谋害，其子李恒即位，是为唐穆宗。

821年 长庆元年

李德裕排斥李宗闵，将其贬为远州刺史，牛李党争自此始。

822年 长庆二年

销兵之策失败，引起了藩镇叛乱。第二次牛李党争。

824年 长庆四年

穆宗服长生药暴崩，太子敬宗李湛即位。

826年 宝历二年

敬宗为宦官所弑，文宗李昂即位。

828年 太和二年

昌平人刘蕡应贤良方正能直言极谏科，在其对策中极言宦官专权为乱政之祸，引起社会极大的震动，史称"刘蕡对策案"。

830年 太和四年

第三次牛李党争。

832年 太和六年

第四次牛李党争。

835年 太和九年

甘露之变爆发，宦官大杀朝臣千余人。

837年 开成二年

《开成石经》刻成，现存于西安碑林。

839年 开成四年

蓝田人民酝酿起义，被人告发，六十多人被斩。

840年 开成五年

文宗病亡，其弟李炎即位，是为唐武宗。李德裕入朝为相，第五次牛李党争。

843年 会昌三年

唐军大破回纥乌介可汗于杀胡山。

844年 会昌四年

平定昭义镇叛乱，杀刘从谏。

845年 会昌五年

诏毁天下佛寺，勒令僧尼还俗为民。敕上都长安，东都洛阳左、右两街各留两寺，每寺留僧三十人；节度观察治所及同、华、商、汝四州各留一寺；寺分三等，下等留僧二十人，中等留十人，下等留五人。与此同时，唐政府还禁止已经在中国流行多年的景教、摩尼教、祆教等外来宗教。

846年 会昌六年

武宗因服食丹药而亡，宦官拥立光王李怡为帝，是为宣宗。李党首领李德裕被贬，牛党执掌大权。宣宗下令恢复佛教，增加寺额。

847年 大中元年

敕会昌五年所废寺，听僧尼修复居住。

848年 大中二年

沙州豪民张议潮利用民众不满吐蕃统治，率领当地汉族民众起兵，将吐蕃沙州守将赶走，接管了沙州政权。

849年 大中三年

吐蕃将以秦、原、安乐三州及石门木峡、驿藏、制胜、石峡、六盘、萧关七关降唐。李德裕贬死于崖州，朋党之争渐消。

851年 大中五年

张议潮又派遣其兄率使团至长安，进献诸州版籍。宣宗遂改沙州为归义军，以张议潮为节度使。

853年 大中七年

华州农民起义。

859年 大中十三年

唐宣宗因服食丹药死，太子李漼即位，是为懿宗。

860年 咸通元年

裘甫起义失败，裘甫被擒，后被送至京师斩杀。

869年 咸通十年

庞勋起义失败。

873年 咸通十四年

四月，懿宗迎奉佛骨于宫中，花费钱财无数。七月，懿宗驾崩。宦官拥立普王李俨为帝，更名李儇，是为僖宗。

874年 乾符元年

濮州人王仙芝聚众数千起义。

875年 乾符二年

黄巢聚众响应王仙芝起义。

879年 乾符六年

黄巢攻广州，取桂林北上，转战于江西、安徽、浙江等地，队伍迅速扩充到二十多万人。

880年 广明元年

黄巢突破潼关进入长安，建立农民政权，国号大齐。黄巢称皇帝，建年号为"金统"。僖宗出逃成都。

881年 中和元年

正月二十八日，僖宗一行至成都。

882年 中和二年

关中大饥。黄巢部将朱温以同州投降唐军，被任命为河中行营招讨副使，赐名朱全忠。

883年 中和三年

四月，黄巢撤离长安，李克用进入长安，藩镇兵烧宫殿，毁民房，长安遭到破坏。

884年 中和四年

黄巢在泰山虎狼谷自杀身亡。

885年 光启元年

僖宗回到长安。沙苑之战，李克用大败邠、凤等镇兵和神策军，宦官田令孜因李克用逼近京城，引火烧宫城，挟僖宗逃往凤翔。

886 年 光启二年

僖宗逃到汉中，嗣襄王李熅于长安僭位。邠宁军以讨逆为名，自凤州引兵入京，又一次焚掠京城。

888 年 文德元年

僖宗回到长安，不久病亡。寿王李晔即位，是为昭宗。

893 年 景福二年

凤翔节度使李茂贞举兵进攻长安，逼迫昭宗处死宰相杜让能。

895 年 乾宁二年

邠宁、凤翔、华州三镇节度使称兵犯阙，李克用入关"勤王"获胜，败兵溃退时，焚毁长安城，昭宗避难于终南山。

896 年 乾宁三年

凤翔节度使李茂贞又一次进犯长安，在京城大肆烧掠，昭宗避难于华州。

898 年 光化元年

昭宗从华州返京。

900 年 光化三年

左神策中尉刘季述等人发动宫廷政变，囚禁昭宗，立太子李裕为帝。

901 年 光化四年

刘季述被杀，昭宗复位。宦官韩全诲勾结李茂贞劫持昭宗奔凤翔，纵火烧宫城。宣武节度使朱全忠以讨韩全诲为名，进逼长安。汴军两度攻围凤翔，历时一年多。

903 年 天复三年

李茂贞困守孤城，不得已与汴讲和，送出皇帝。昭宗返回长安，大杀宦官，血流成河，从此宦官集团退出唐代政治舞台。

904 年 天复四年

正月，朱全忠挟天子东迁洛阳，对长安施加毁灭性的破坏。八月，朱全忠弑昭宗于洛阳，另立辉王李柷为帝。

907 年 天祐四年

朱全忠逼李柷逊位，建立梁朝，建都开封，史称"后梁"，朱全忠改名朱晃，是为梁太祖。唐朝历时二百八十九年，至此结束，历史进入五代十国时代。

908 年 后梁开平二年

李茂贞联军五万拟攻长安，梁军击败李茂贞等军。

909 年 开平三年

梁太祖发兵攻取李茂贞所占据的丹、延、坊、鄜等州，又收复华州、长安等失地。

911 年 乾化元年

李茂贞派兵寇长安，梁军反击获胜。李茂贞向蜀主索要山南失地，双方在兴州开战，蜀主动用兵力十余万获胜。延州节度使高万兴派军攻盐州，并在邠州界歼灭岐军数千人。

912 年 乾化二年

蜀军攻取李茂贞所属的文州。郢王朱友珪弑梁太祖。

914 年 乾化四年

蜀军攻打李茂贞所属的阶州及固镇。

915 年 贞明元年

邠、宁二州叛岐附梁，李茂贞派兵围邠州城达半年之久。

916 年 贞明二年

蜀军分两路出大散关克宝鸡，出大散故关至陇州进围凤翔。梁军讨岐，克宁、衍二州。契丹主率诸部兵三十万，南下入麟、胜二州，东进攻陷朔州。

920 年 贞明六年

梁河中节度使冀王朱友谦袭取同州，叛梁附晋，梁帝发兵攻同州。晋军攻华州，战于渭水。蜀主又一次兴兵讨岐，双方战于箭筈岭。

923 年 后唐同光元年

李克用之子李存勖灭梁称帝（庄宗），国号唐，建都洛阳，史称"后唐"。诏令复永平军大安府为西京京兆府。

925 年 同光三年

魏王李继岌、枢密使郭崇韬统六万兵大举伐前蜀，主要在凤、兴、梁等地进行战争，前蜀灭。

926 年 天成元年

绥、银二州军乱，剽掠州城。

930 年 长兴元年

东川节度使董璋与西川节度使孟知祥等叛，西都留守王思同率军征讨。

933 年 长兴四年

后唐明宗发五万大军攻围夏州城三月不克。

934 年 清泰元年

凤翔节度使潞王李从珂拒命，后唐闵帝命大军围攻凤翔，讨伐军倒戈，拥戴李从珂入洛称帝，是为后唐末帝。秋冬大旱，同、华一带最为严重。

935 年 清泰二年

后蜀军入寇金州。

936 年 后晋天福元年

后唐河东节度使石敬瑭灭后唐称帝，国号晋，迁都开封，史称"后晋"。丹州义军逐节度使康承询。同州军乱，杀节度使，焚掠州城。

937 年 天福二年

石敬瑭割让燕云十六州于辽朝，契丹又侵占河西府、麟州等地。

938 年 天福三年

罢西京置晋昌军，原西京留守改为节度使。

944 年 开运元年

党项酋长、府州刺史折从远据险抗击契丹，并以州归晋。在折从远的领导下，爆发了为摆脱民族压迫的人民起义。

947 年 后汉天福元年

后晋河东节度使刘知远称帝，改国号汉，建都开封，史称"后汉"。长安晋昌军作乱，被平。后蜀军攻拔凤翔境内固镇。蜀山南西道节度使孙汉韶率兵两万攻凤州，并分兵扼大散关。凤州降蜀。

948年　乾祐元年

改晋昌军为永兴军。后汉将王景崇于子午谷击败蜀军。河中李守贞、长安赵思绾、凤翔王景崇，三镇连叛。

949年　乾祐二年

长安被围既久，城中无粮，以妇女、儿童为军粮，每犒军屠杀数百人。赵思绾无计可施，出城投降，不久被杀。李守贞据河中，城中食尽，百姓饿死大半，李守贞自焚死。汉军急攻凤翔，王景崇听闻二镇已败，举家自焚。于是，三镇皆平。

951年　后周广顺元年

天雄节度使郭威在开封称帝，国号周，建都开封，史称"后周"。后汉高祖弟河东节度使刘崇在晋阳称帝，是为北汉。

952年　广顺二年

北汉军攻府州，被击败。

953年　广顺三年

北汉军再次进攻府州，被击退。

954年　显德元年

周太祖郭威死，养子柴荣即位，史称周世宗。

955年　显德二年

后周凤翔节度使王景进攻后蜀，连取秦、成、阶、凤四州。

957年　显德四年

府州代理刺史折德愿击败北汉军于夹谷寨。

958年　显德五年

右赞善大夫李玉自长安率军进攻蜀金州，全军覆没。

960年　建隆元年

后周禁军统帅赵匡胤夺取后周政权，国号宋，史称北宋。

索引

Index

A

安乐公主 / 108, 110, 112, 113

安禄山 / 147—152, 164, 467

B

八柱国 / 012, 014, 015, 037

白居易 / 261, 427—428, 444

C

柴绍 / 040—041, 047, 054, 078

常何 / 058

程知节 / 086, 091

慈恩寺 / 097, 355, 402, 439, 450, 464

D

大明宫 / 002, 097, 135, 354, 430, 464, 465, 469

大秦寺塔 / 452

大索貌阅 / 017

《大唐开元礼》 / 393—394, 422, 466

大兴城 / 019—022, 027, 029, 046, 353, 461

党项 / 071, 367, 381—384, 388

窦建德 / 030, 032, 044, 045, 046, 053

杜伏威 / 030, 031, 032

杜甫 / 425, 426—427

杜牧 / 280, 425, 428—429

杜如晦 / 074—077, 080, 086

杜佑 / 422

F

法门寺 / 264—266, 314, 405—406, 450

房玄龄 / 074—077, 083, 086, 089, 091, 448

府兵制 / 015, 061, 145—146, 244, 467

G

甘露之变 / 224, 229—233, 234, 294, 296, 470

感业寺 / 098

高昌 / 054, 080, 081, 394, 464

高力士 / 153—155, 167, 208, 213, 216, 225—226

高丽 / 028—029, 034, 394, 424, 437, 446, 462

哥舒翰 / 148, 150—151, 153, 327

关陇胡汉贵族军事集团 / 006, 014—015

广通渠 / 006, 022, 461

郭子仪 / 162, 164, 175—178, 181—184, 468

H

邗沟 / 028, 462

韩建 / 238, 348—349, 351, 358

侯君集 / 072, 080—081, 464

虎牢关 / 032, 039, 046, 091

华清宫 / 127, 136—137

黄巢 / 326, 327, 329, 340, 472

回纥 / 179, 295, 413

J

羁縻府州 / 071, 072, 382

江南河 / 028

颉利可汗 / 051—052, 054, 071, 079, 463, 464

金城公主 / 069, 173, 465, 466

泾阳会盟 / 183—184, 468

泾原兵变 / 190—193, 203, 244, 468

K

开元之治 / 096, 119, 121

L

梨园弟子 / 166, 400, 401, 439

李白 / 425—426

李淳风 / 417, 419, 421

李存勖 / 346, 363, 366, 386, 474

李道宗 / 054, 068, 069

李德裕 / 223—224, 292, 294, 298, 304, 470, 471

李光弼 / 150, 151, 162, 175

李轨 / 031, 044, 045, 053, 463

李怀光 / 195—199，203，468

李勣 / 054，066，078，086，091，448

李建成 / 058，060，075，076，463

李靖 / 077—079

李克用 / 323，339，344—347，472，473

李林甫 / 146—147，225

李隆基 / 111—117，436，465，466

李茂贞 / 350，365，366

李密 / 030—031，032

李晟 / 199—202，210，242，468

李世民 / 042，043，057—060，463

李愬 / 227，255—256，281，469

李训 / 223，227—233

李渊 / 036，037，043，462，463

李元吉 / 042，043，057—058，060，075，463

李宗闵 / 222—224，242，292，304，469，470

立部伎 / 394，398—399

梁师都 / 047，049，065，463

灵武 / 158，159

凌烟阁 / 074，113

刘文静 / 040，041，049

刘武周 / 044，045，046，049，463

洛阳 / 027，046，096

M

马嵬之变 / 152—155

N

南衙北司 / 213—214，225，241，350

牛李党争 / 223—225，469，470

牛僧孺 / 222—225，282，292，304，469

P

裴寂 / 043，058，059，060

辟署制 / 018

平壤 / 029

平阳公主 / 040—041

仆固怀恩 / 169，180—182，468

Q

契丹 / 362，370，379，387，474，475

乾陵 / 104—105，448

秦叔宝 / 091

屈突通 / 041，072

R

仁寿宫 / 026，461

S

上官婉儿 / 105，107，109，113

十八学士 / 074，086

十部乐 / 394, 396, 398, 399

十二军 / 063, 463

十六卫 / 061, 063, 214

十率府 / 061—062

十王宅 / 126—127, 218, 466

史思明 / 150, 151, 162, 165, 168, 188

松赞干布 / 068—069, 070, 094, 173, 464

宋金刚 / 046, 091

宋璟 / 115—116, 117, 121, 122, 125, 433

隋文帝 / 011—012, 017—019, 026, 033, 461

隋炀帝 / 025—029, 032—034, 462, 463

孙思邈 / 284, 407, 420—421

T

太平公主 / 108, 115—118, 466

唐代宗 / 168—169, 410

唐德宗 / 186, 189, 190—199, 202—204, 468, 469

唐高宗 / 097, 099, 464, 465

唐敬宗 / 285—288, 470

《唐六典》 / 139—141, 422

唐穆宗 / 264, 269, 279—285, 469, 470

唐睿宗 / 099, 114, 465, 466

唐肃宗 / 158—159, 168, 467

唐文宗 / 289—294, 471

唐武宗 / 234, 294—303, 470, 471

唐僖宗 / 318—324, 472, 473

唐宪宗 / 248, 249—253, 258, 261—263, 269—276, 469

唐宣宗 / 234—235, 276, 303—310, 436, 471

唐懿宗 / 311—318, 471, 472

唐昭宗 / 237—241, 343, 353, 473

唐中宗 / 099, 103, 108, 111, 465

天可汗 / 054, 056, 066—067, 088, 092, 183, 464

田令孜 / 235—236, 472

通济渠 / 028, 162, 462

潼关 / 022, 149

突厥 / 048—054, 065, 071, 463, 464

吐蕃 / 068, 173, 310, 466, 468, 471

吐谷浑 / 079, 080, 173, 174, 464

W

瓦岗军 / 030, 031, 032, 039, 045, 094

王薄 / 030, 462

王昌龄 / 425, 428

王世充 / 032, 044, 046, 463

韦后 / 107—111, 113, 114, 128, 465

魏徵 / 081, 083, 085, 087

温韬 / 372—373, 378, 379—381

文成公主 / 068—070, 173, 464

无字碑 / 105—107

吴元济 / 253, 254—257, 264

武川镇 / 011, 012, 013, 014, 015, 037

武则天 / 097—103, 104, 465

X

西苑 / 026—027, 335

萧铣 / 031, 044, 045, 077—078, 463

兴教寺 / 097, 449, 450, 451

兴庆宫 / 126, 135, 166, 354, 466

玄武门之变 / 057—060, 075, 463

薛举 / 044, 045, 050, 053

薛仁杲 / 031, 045, 050, 074, 091, 463

薛仁贵 / 174

薛万彻 / 054, 058—059, 078

薛延陀 / 065, 066, 071, 094, 179

Y

杨贵妃 / 146, 153, 154, 401, 467

杨国忠 / 146, 147—149, 151, 153, 467

杨素 / 018, 025, 026

杨玄感 / 029, 038, 042, 462

杨业 / 370, 371

杨勇 / 025—026, 462

姚崇 / 116, 121—122, 123, 124, 125, 131

永济渠 / 028, 462

鱼朝恩 / 178—179, 226, 468

宇文化及 / 031, 032, 042, 050, 066, 463

宇文恺 / 006, 019—020, 022, 461

宇文泰 / 006, 011, 013—015

尉迟敬德 / 058—059, 076, 080, 091

Z

翟让 / 030—031, 094

张柬之 / 103, 105, 109, 465

长孙无忌 / 058, 075, 076, 080, 099, 448

昭陵 / 088—091, 094, 381, 448, 464

昭陵六骏 / 091—093, 448

折冲府 / 061，062，064—065，145，464

折德扆 / 371，374—375，389，390

贞观之治 / 086—088

郑注 / 223—224，227—233

朱泚 / 191—202，468

朱全忠 / 237，238—240，342，351—353，472，473

涿郡 / 028，029

坐部伎 / 394，398—399，400—401

后记

Epilogue

《陕西通史·隋唐五代卷》花了将近两年的时间，终于在《陕西通史·隋唐卷》1997年版基础上撰写完毕。本次撰写新增了不少章节，并且全部是新写的，同时对原书的一些章节进行了删节与调整。原书总字数为二十多万字，本次撰写后为四十多万字。因为原书是二十多年前出版的，这些年来随着学术研究的深入发展，学术界取得不少新的研究成果，故此次增补了不少新的内容，对一些观点根据最新研究成果进行了修正。

由于隋唐时期的陕西是全国的政治、文化中心，许多重要决策以及重要制度的确定，都是在长安完成并颁行的，凡此种种又不能漏而不述，故采取了简要介绍的方式。凡发生在长安、宫廷以及今陕西境内的事件，均在本书的写作范围之内。对于大小战争，在陕西境内进行的详写，境外的情况一笔带过。这样做就是希望与隋唐五代断代史有一个区别。

此外，本书新增加了结语、参考文献、索引。对1997年版所附的大事年表进行了较大幅度的修改，补充了许多年份的大事。当前对学术论著的出处注释有了更加规范的要求，此次撰写时新注旧注一并统一改过。还有一点需要说明，即此次书中的所有图片均为笔者收集。除古图外，现代拍摄的图片已一一注明出处。

需要说明的，此次撰写是在编委会的统一安排下，对撰写提纲进行过至少两次集中讨论，初稿完成后，又进行了一次讨论，并根据专家的意见进行了修改，从而保证了书稿的学术质量。这是集体智慧的体现，并非笔者一人之力，在此表示感谢。还有一点需要指出，此书之所以能够在一个不长的时期内完成，与《陕西通史·隋唐卷》1997年版的良好基础是分不开的，在此对该书的作者史念海、牛致功、马驰、牛志平、史先智表示崇高的敬意与感谢。书中若有不当之处，还望大家批评指正。

杜文玉

2021年8月8日